VIDEO EVERYWHERE

张海潮　郑维东◎等著

中国视频媒体生态考察报告

中国出版集团公司
中国民主法制出版社
全国百佳图书出版单位

图书在版编目（CIP）数据

大视频时代：中国视频媒体生态考察报告：2014～2015／张海潮等著．—北京：中国民主法制出版社，2014.9
ISBN 978-7-5162-0588-4

Ⅰ.①大… Ⅱ.①张… Ⅲ.①视频—传播媒介—产业发展—白皮书—中国—2014—2015 Ⅳ.①G219.2

中国版本图书馆CIP数据核字（2014）第209794号

图书出品人／肖启明
出版统筹／赵卜慧
责任编辑／刘春雨
责任印制／曲　静
发行总监／陈晗雨

书名／大视频时代：中国视频媒体生态考察报告：2014～2015
作者／张海潮　郑维东等著

出版·发行／中国民主法制出版社
地址／北京市丰台区右安门外玉林里7号（100069）
电话／010-63292534　63057714（发行中心）63055259（总编室）
传真／010-63292534
Http：//www.npcpub.com
E-mail：//mzfz@npcpub.com
经销／新华书店
开本／16开　710毫米×1000毫米
印张／31.25
字数／481千字
版次／2014年10月第1版　2014年10月第1次印刷
印刷／北京中创彩色印刷有限公司

书号／ISBN 978-7-5162-0588-4
定价／99.00元

专家组名录

张海涛　薛继军　陈若愚　张　莉

周然毅　唐世鼎　黄升民　崔保国

丁俊杰　张小琴　郑维东　姚　林

张　锐　周　逵　张海潮

序　言

2013年，对于整个视频媒体产业而言，正在面临一场史无前例的巨大变革。新技术的层出不穷、视频内容生产制作的蓬勃发展、经营模式的基因链重组，以及市场格局的演变等一系列变化正在将“无处不视频”进行得更为彻底。

在此背景下，编辑出版一本关于视频产业发展状况的书籍，总结我国视频媒体发展的经验和特点，梳理分析全球视频媒体产业的现状和趋势，对探索今后一段时期内如何发展壮大中国的视频媒体产业具有重要的意义。

作为当今文化领域中十分重要的一个行业，视频媒体产业承载了多层面的社会功能和产业功能。从世界经济发展的角度看，以视频内容为代表的文化产业的发展对整个国民经济的影响越来越重要，文化产品不仅构成了国家的软实力，也日益成为重要的经济贸易指标，广义文化产品在国民经济中所占的比例越来越大。从国家文化发展的层面看，视频产业富有引导社会、教育人民、推动发展的社会责任和文化责任。作为文化领域的领军行业，视频媒体产业必须将社会效益放在第一位，担当社会责任，坚持正确的文化立场和文化追求，弘扬社会主义核心价值体系，成为先进文化的引领者和实践者。从产业发展层面看，我国视频媒体产业显示出蓬勃的朝气和生命力：2013年电视剧以441部15783集年产量居世界榜首，视频网站也加大了对自制内容投入，优质的视频内容促进整个产业良性循环，2013年仅《中国好声音》（第三季）广告招标额就超过13亿元；《爸爸去哪儿》（第二季）和《我是歌手》（第二季）广告招标额达到18.7亿元。从国际文化领域来看，随着以互联网为代表的新媒体技术的不断进步，视频内容的传播壁垒和障碍日趋式微，国际市场的竞争也必将更加激烈。

在蓬勃发展的势头下，我们要清醒地认识到视频行业整体面临着不少值得引起重视的问题：如何寻求持续发展繁荣的后劲动力，如何增强视频内容原创能力，如何实现视频媒体产业做大做强，如何应对新媒体传播环境之下的机遇与挑战，如何进一步增强在国际市场上的竞争力……这些问题的解决，既需要在实践中努力探索，也需要在发展方向研究和文化传播层面理论上的前端研究。

《大视频时代——中国视频媒体生态考察报告》付梓问世，对探讨如何进一步发展繁荣我国视频媒体产业具有重要参考价值。首先，本书对我国不同类型的视频媒体市场现状做了重点梳理，借助于建立在科学基础之上的研究分析，有利于中国视频媒体产业反观自身，进一步增强优势、发现差距、理清未来的发展思路和路径。其次，本书具备了一定的学术性和理论性，全书使用了大量权威统计数据，并对其进行深度加工分析，将结论和观点建立在客观数据和精准事实的基础之上，可信、可靠是本书的一个突出特点。再次，本书注重可读性，使用通俗易懂、流畅明快的语言，增强了与读者之间的亲近感与阅读快感。最后，本书注重前沿性，尤其是将国内外新旧视频媒体之间的市场现状和未来发展趋势作为重要章节，这对广大从业者把握未来视频媒体产业发展方向有一定指导意义。

衷心希望本书的出版，能够给全行业带来更多的启示和思考，能够对我国视频媒体产业的进一步大发展、大繁荣起到积极的促进作用。

薛继军

2014年5月27日

前　言

本书是国内第一本视频媒体市场综合研究专著。

众所周知，中国是世界上视频产业发展最为迅速的国家之一。然而这一市场到底有多大？电视、电影、互联网络、手机、Pad、户外等各种视频媒体间的竞争态势到底如何？它们在相互的博弈与合作中，下一步将向什么方向发展？而这些发展变化又会对视频行业和我们每个人的生活产生哪些影响，是摆在视频行业面前的一个急迫、重要的问题。然而，相关的研究滞后。《大视频时代——中国视频媒体生态考察报告》正是在市场迫切需求下的一个成果。

本书主要内容由四部分组成。

第一部分是“第一章 中国视频媒体生态大观”。该章节首先以精准、权威的大数据为依托，首次对中国视频媒体市场的生态环境、竞争格局进行客观、立体、全面的梳理与分析，构建出了一幅比较清晰的宏观与微观相结合的中国视频媒体市场全景图谱。此外，本章还用了另外两个部分详细分析探讨了传播渠道革命引发的视频市场巨变的原因，以及在大视频时代电视媒体的应对策略与可能的发展的走向。

本书的第二部分是本书的重头，有四个章节，对中国电视、网络、移动、公共环境视频媒体市场情况进行了分门别类的详实统计与分析研判，不同视频媒介的市场生态在此一览无余。

本书的第三个部分为第六章，“视频节目跨平台传播的价值评估”，意在探讨在新的多渠道传播环境下，视频节目跨平台传播的价值评估新变化与走向。作为媒介交换的货币，大视频时代的新视频媒介价值评估体系的构建对其发展至关重要。

本书的第四部分由：多传播途径下的节目走向、技术进步对产业发展之影响、重视节目版权保护、真人秀节目的发展趋向、视频媒体经营变革、国际视频市场发展观察、中国视频产业的未来展望等7个深度分析专题组成，力求使读者对急速变化的视频媒体市场有更为透彻全面的了解。

归纳起来，本书的主要特色有三：

一是新颖性。作为国内第一本视频媒体产业全景研究报告，其最新市场调查数据、独到的观察角度和意见观点，以及中国至少已有近21亿视频媒体复合用户、中国人的视频消费量至少爆炸性增长了50%—70%、中国已逐渐进入以视觉为主要传播方式的社会、海量视频消费已成为新的全民生活方式、大视频时代、“新电视”、视频进化论等新发现、新提法都具有相当的新颖性和独到性。

二是权威性。几乎所有的统计数据都是出自国家相关管理机构、行业组织、大型媒介调查公司。特别值得一提的是，众多网络、手机、公交、地铁、户外视频媒体市场调查统计数据，是央视市场研究有限公司（CTR）研究团队多年研究成果的首次公开，弥足珍贵。此外，本书的作者均是由来自一流大学、大型视频媒体、大型内容制作集团、权威市场调查机构的业有精专的专家学者组成，他们的专业素养和严谨的工作作风，也为本书的专业品质打下了坚实的基础。

三是实用性。本书内容紧贴当下市场现实，聚焦行业热点，涉及领域广泛，力求最大限度地满足视频媒体领域内外各方相关人士的需求。本书主要读者定位为视频媒体行业的管理、生产等从业者；传媒院校相关专业师生；视频产业投资机构相关人士；对视频媒体产业市场感兴趣的读者。

此外，本书的写作风格定位在杂志与行业报告之间，数据和专业分析尽量转换成日常表达。文字力求简洁、生动、可读性强。

总之，本书是一本高质量的中国视频媒体市场综合性研究著作，新颖性、权威性、实用性、可读性兼具，有重要的现实和一定的理论意义。

张海潮

2014年6月6日

目 录

第一章　中国视频媒体生态大观

本章概要

- 首次对中国视频媒体市场生态进行全面的量化统计对比分析。包括的视频媒体有电视媒体、网络视频、手机视频、电影、公交、地铁移动视频、户外新媒体等视频。在权威跨频大数据基础上，本文对中国视频媒体市场生态产生了一些新的发现与洞见。
- 传播渠道革命使原有电视生态环境下的媒介之间、产业之间、产品之间、生产者之间的界限被打破，引发了视频产业一系列巨变。
- 在大视频时代，中国电视行业在接下来的发展中，需要通过一系列变革实现产业全面升级，从而带来自身和整个视频行业的跃进与攀升。

一、视频媒体市场大数据洞察

（一）统计数据

1. 用户数量

20.7 亿——电视、网络、手机、户外视频媒体复合用户规模

人口数量：13.540 亿人，网民数量：6.32 亿人，其中手机网民 5.27 亿人。

网民手机上网比例：83.4%，首次超过 pc 网民规模：80.9%（截止到 2014 年 6 月）。

电视用户：12.87 亿人，综合覆盖率 98.42%。

网络视频用户：4.28 亿人，使用率 69.3%，年增加 0.5637 亿人，

增幅 15.2%。

手机视频用户：2.47 亿人，使用率 49.3%，年增加 1.12 亿人，增幅 **83.8%**。

户外视频媒体用户：1.0983 亿人，年增加 0.4702 亿人，增幅 50.9%，

（包括户外大屏、公交、地铁、楼宇电梯、卖场等视频）。

——《2013 年中国统计年鉴》、《2013—2014 中国移动互联网调查报告》、CSM 统计、CNNIC 统计

75.7%、82.5%——网民中三屏及以上网络视频用户和电视用户比例

使用三屏（PC、智能手机、平板电脑）及以上的网络视频用户：

2012 年上半年为 35.2%，2013 年为 **75.7%**，多屏用户已成为网络视频用户的主体。

近年来，网民中电视用户占比一直保持在 90% 以上，2013 年下半年跌至 **82.5%**。

——DDCI 互联网数据中心《2013—2014 中国移动互联网蓝皮书》

6.2 亿、32.4%——城市电影观众数量、增长率

城市观众：6.169 亿人，增幅 32.4%，电影票房增幅 27.51%。

连续三年（2012—2014）**30% 以上**增速，观影习惯正在被唤醒和逐渐形成。

——《中国广播电影电视发展报告》（2014）

2. 年龄与学历

29 岁、31 岁、36 岁、39 岁——移动、网络、户外视频媒体、电视用户平均年龄

移动视频：平均年龄**29 岁**（15—24 岁占比 36.6%、25—34 岁占比 35.9%、45 岁占比以上 5.5%）。

网络视频：平均年龄 31 岁（15—24 岁占比 34.7%，45 岁以上占比 10%左右）。

户外视频媒体：平均年龄 36 岁。

（公交车 15—33 岁占比 47.4%（城铁六成以上为 70 后和 80 后）。

电视媒体：平均年龄**39 岁**（各年龄层均占二成左右）。

——CSM、CNRS36 城市 2013 年调查数据

76%、64%、53%、9%——移动、网络、户外视频媒体、电视用户高等学历比重

电视媒体：高等学历占比**9.24%**（1.19 亿人），高中及以下学历者为 11.68 亿人。

移动视频：高等学历占比**76.2%**（平板视频达到 87.8%）。

网络视频：高等学历占比 64%。

户外视频媒体：高等学历占比 53.05%，

（地铁占比 65%、公交车占比 44.9%、楼宇视频占比 52.3%、公共场所视频占比 50%）。

——CSM、CNRS36 城市 2013 年调查数据

3. 播出与收视

425 万小时、2.9 小时、-4 分钟——电视节目全年播出总量、人均日收视时间、减少分钟数

全年播出总量 424.84 万小时，比上年增加近 2 万小时，增长率**0.47%**。

观众日均收视 173 分钟（2.9 小时），比上年减少**4 分钟**，为近年最低。

2010—2013 年，19:00—21:00 时段，4—44 岁人群收视量平均下降约 **5%**。

——CSM 统计（2013）

31.48%、15%、12%、8%、5%、4%、3%——电视剧、新闻、综艺、教育、服务、电影、体育节目电视收视比重

电视剧：播出比重为 24.5%，收视比重为 31.48%，资源使用率优秀。

新闻类节目：播出比重为 10%，收视比重为 15%，资源使用率良好。

综艺类节目：播出比重为 6%，收视比重为 12%，**资源使用率最佳**。

教育类节目：播出比重为 11%，收视比重为 8%，资源使用率差。

服务类节目：播出比重为 13%，收视比重为 5%，**资源使用率最差**。

电影节目：播出比重与收视比重均为 4%，资源使用率不理想。

体育节目：播出与收视比重均为 3%，资源使用率不理想。

——CSM 统计（2013）

53、25、20、14、9、7、4 分钟——电视剧、新闻、综艺、教育、服务、电影、体育节目电视人均日收视时间

电视剧：52.7 分钟（2012 年为 51.7 分钟），**增加 1 分钟**。
新闻节目：24.7 分钟（2012 年为 22.49 分钟），**增加 2.21 分钟**。
综艺节目：19.8 分钟（2012 年为 18.9 分钟），**增加 0.9 分钟**。

教育节目：14.17 分钟（2012 年为 15.95 分钟），减少 1.78 分钟。
服务节目：8.56 分钟（2012 年为 8.39 分钟），增加 0.17 分钟。
电影节目：6.9 分钟（2012 年为 7.2 分钟），减少 0.3 分钟。
体育节目：4.23 分钟（2012 年为 6.02 分钟），减少 1.79 分钟。

——CSM 统计（2013）

76%、73%、59%、42%——电影、电视剧、综艺、新闻节目网络端收视比例

电影节目：**76%**。
电视剧、综艺、新闻节目：73%、59%、42%。
动漫、搞笑、音乐、微电影等：**30%**。
网站自制和用户自制（UGC）内容：**14%和 17%**。

——央视市场研究 iCTR“四视同堂”调查数据（2013）

65%、63%、48%、42%——电影、电视剧、综艺、新闻类节目移动端收视比例

电影节目：**65%**；电视剧：63%；综艺节目：48%；新闻节目：42%。

微电影更受移动端网民喜爱。

——央视市场研究 iCTR“四视同堂”调查数据

新闻、服务、综艺、专题节目公交、地铁视频播出比例

公交电视：新闻、生活服务节目分别为**25%**。综艺节目为15%。专题节目为9%。

地铁电视：新闻节目为**31%**。专题节目为18%。服务节目为17%。综艺节目为15%。

节目与广告比例：64%比36%，平均节目时长**244 秒**（4分钟）。

——央视市场研究（CTR）专项调查数据

1.82 **万块**、38.7%——**银幕数量、增长率**

银幕 **1.8195 万块**（2012 年 1.3118 万块；2011 年 0.9286 万块；2010 年 0.6256 万块）。3 年增长了 **3 倍**。

院线 45 条、座位 **48 万个**。

新增影院 1048 家，新增银幕 5077 块（日均增加 14 块），增长率 38.7%。

——《中国广播电影电视发展报告》(2014)

4. 时间与场所

2.8、1.8、1 **小时——电视、网络、移动视频用户工作日收视时间**

电视用户：工作日 2.8 小时，休息日 3.1 小时。

网络视频用户：工作日 1.8 小时，休息日 2.6 小时。

手机及平板视频用户：工作日 1 小时，休息日 2 小时。

——CSM71 城市统计、央视市场研究 iCTR“四视同堂”调查数据

19:00—22:00、22:00—24:00、17:00—19:00——电视用户主要收视高峰

黄金时段：19:00—22:00，人均日收视时长 **65 分钟**，占比 **37.57%**。

次黄时段：22:00—24:00，人均日收视时长 23 分钟，占比 **13.29%**。

傍晚时段：17:00—19:00，人均日收视时长 22 分钟，占比 **12.72%**。

——CSM71 城市数据

12:00—13:00、20:00—21:00——网络视频用户主要收视高峰

工作日：小高峰为 12:00—13:00，23% 用户在午休时间进行短暂的娱乐消费。

工作日：大高峰为 **20:00—21:00，36%** 的网民集中在这段时间看视频。

周末及节假日：会出现多个小高峰，**20:00—21:00** 是收视最高峰。

—央视市场研究 iCTR“四视同堂”调查数据

12:00—13:00、21:00—22:00、20:00—22:00——手机视频用户主要收视高峰

手机端视频用户的主要收视高峰在午休和入睡前。

工作日：**21%**的用户在12:00—13:00观看视频。

工作日：**20%**的用户在21:00—22:00观看视频。

周末及节假日：**70%以上**用户在**20:00—22:00**观看视频。

——央视市场研究iCTR“四视同堂”调查数据

20:00—22:00——平板电脑视频用户主要收视高峰

工作日：主要收视高峰在20:00—22:00，**50%**的用户在此时段观看视频。

周末及节假日：**70%**以上用户在20:00—22:00观看视频。

——央视市场研究iCTR“四视同堂”调查数据

63%、76%——手机、平板电脑视频用户在家里观看比例

63%的手机用户在家里、47%在上班途中、41%在单位观看视频节目。

76%的平板电脑用户在家里、28%在宿舍、24%在单位观看视频节目。

——央视市场研究iCTR“四视同堂”调查数据

17%、13%、15%——网络、手机、平板电脑视频用户深度接触广告比例

网络视频用户：55%会或多或少地观看广告，有**17%**会对感兴趣

广告点击观看。

手机用户：64%会或多或少地观看广告，有13%会对感兴趣广告点击观看。

平板电脑用户：63%会或多或少地观看广告，有15%会对感兴趣广告点击观看。

——央视市场研究 iCTR“四视同堂”调查数据

5. 投入与产出

339.8 万小时、-1.1%——电视节目年产量、增长率

2013 年电视节目总产量 339.78 万小时，同比下降 1.12%。

播出总量 424.84 万小时，增加近 2 万小时，增长率 **0.47%**。

新闻资讯类节目制作量占比：**25.51%**。

专题服务类节目制作量占比：25.14%。

广告类节目制作量占比：15.98%。

综艺类节目制作量占比：13.68%。

影视剧类节目制作量占比：5.92%。

其他类节目制作量占比：13.77%。

——《中国广播电影电视发展报告》(2014)

441 部 15783 集、-11%——电视剧年产量、增长率

2013 全年生产电视剧 441 部，15783 集，比上年减少 1933 集，降幅为 10.9%。

占全年播出量的**24.5%**，总收视量的**31.48%**，人均日收视增长1分钟。

——国家新闻出版广电总局、CSM统计、CTR统计

1700集——2014年网络自制剧规模

2014年，网络自制剧制作量将达到1700集左右。

2015年，网络自制剧预计可达到**3000**集上下。

——艺恩咨询统计

638部、-14.4%——国产故事片产量、增长率

2013年中国电影生产总量为824部，故事片638部（同比**减少107部**）。动画片29部，纪录片18部，科教片121部，特种电影18部。

——《中国广播电影电视发展报告》(2014)

1119.26亿元、6.97%——电视广告总收入、增长率

2013年电视广告总收入1119.26亿元，增幅6.97%，较上年**下降5个百分点**。

（2012年为1046亿元，增幅11.96%；2011年为934亿元，增幅17.32%；

2010年为796亿元，增幅17.87%；2009年为675.82亿元，增幅10.94%。）

——国家新闻出版广电总局财务司

1100 亿元、128 亿元——网络广告、在线视频市场规模

2013 年网络广告市场规模达到 1100 亿元。

2013 年，中国在线视频市场规模达 **128.1 亿元**，同比增长 41.9%。

在线视频收入构成中广告所占份额达到 75%。

——国家新闻出版广电总局、艾瑞咨询统计

217.69 亿元、27.51%、10%——电影票房收入、增长率、全球票房占比

2013 年放映场次 2885 万场，同比增长 39.7%。

全国电影票房收入为 217.69 亿元，同比增长 **27.51%**。

国产片票房收入 127.67 亿元，增长 **54.32%**，占总票房 **58.65%**，超出进口片 17%。

全年票房前 10 名影片中，国产片占七席。

排名前 10 名国产片票房收入约占全国总票房的四分之一。

中国电影市场占全球总票房 **10%**，仅次于美国，为全球第二大电影市场。

2013 年外销影片 45 部（33 部为合拍片），票房和销售收入 14.14 亿元，增长 **33.02%**。

——《中国广播电影电视发展报告》(2014)、《中国电影研究报告》

100 亿元、17 亿元、6 亿元——电视剧、动画片、纪录片国内交易规模

2013 年电视剧销售额 100.09 亿元，电视动画片 17 亿元，纪录片

6.34 亿元。

比上年分别增长 29.25%、172.82% 和 **381.65%**。

——《中国广播电影电视发展报告》(2014)

13 亿元、2.5 亿元——《中国好声音》电视广告招标、网络版权销售额

浙江卫视《中国好声音》(第三季)广告招标总额超过 13 亿元，仅冠名费 2.5 亿元。

湖南卫视《爸爸去哪儿》(第二季)和《我是歌手》(第二季)广告招标总额 **18.7 亿元**。

中央台《梦想星搭档》《汉字听写大会》冠名费分别为 1.35 亿元和 0.86 亿元。

《中国好声音》第三季独家网络版权以 **2.5 亿元**卖给腾讯网，比第二季上涨了 2 倍。

《爸爸去哪儿》与另四档节目网络版权打包 2 亿元卖给了爱奇艺。

乐视网花费过亿元买下《我是歌手》第二季的独家网络版权。

——《综艺》

58%、57%、61%——湖南、江苏、浙江广电集团产业收入比例

2013 年一线省级广电集团经营收入均超百亿，其中产业收入均超过广告，达 60% 左右。

湖南广电总收入 183.4 亿元，广告 76.5 亿元，占比 41.71%，产业 **106.9 亿元**，占比 58.29%。

江苏广电创收 123 亿元，广告约占比 43%，产业收入约占 57%。

浙江广电总收入 102 亿元，广告约 40 亿元，占比 39.22%，其他 60.78% 为新媒体和相关产业收入。

——《媒介》

13 元、15 元——网络、移动视频用户月均付费金额

55% PC 端网民坚持免费看视频，**45%** 的用户表示在近 6 个月内曾付费看视频，月均花费为 13 元。

移动端五成用户进行过付费观看，月均费用为 15 元，主要购买流量或包月。

——央视市场研究 iCTR“四视同堂“调查数据

（二）市场观察

1. 至少近 21 亿视频媒体复合用户令国人视频消费量至少爆炸性增长 50%—70%；逐渐进入以视觉为主要传播方式的社会；海量视频消费已成为新的全民生活方式

- **用户数量**

电视用户 12.87 亿，视频新媒体用户 6.75 亿，地铁、公交、户外视频媒体用户 1.10 亿，中国视频媒体复合用户总规模至少达到 **20.72 亿人次**。

主要视频媒体传播渠道

表1-1 主要视频媒体传播渠道

原有播出的渠道	新增播出渠道	新增视频应用
电视媒体： 2000多个开路频道、数百个有线频道	网络、移动视频媒体： 户外、公交、地铁、楼宇、卖场等视频	视频应用： 用户制作视频、游戏、视频聊天、电子邮件视频等

主要视频媒体收视时间与多屏使用比例

工作日：电视用户日均收视2.8小时；网络视频、移动视频分别为1.8小时和1小时。

网络用户使用三屏及以上比例达到75.7%。

电视用户与网络+移动视频用户日均收视时间相等。

多屏用户已成为网络视频用户的主体。

通过以上传播渠道、用户数量、收视时间的统计数据，再去掉一些可能会有的重合用户，我们首次得到了一个令人惊叹的全新中国视频媒体市场用户与消费增长的大观图景。

需要特别强调的是，以上统计是极其保守的估算，不包括电影、Pad端、飞机、火车、轮船视频，游戏视频，用户制作视频，视频聊天，电子邮件视频等使用人数和消费时间。

大视频时代，视频无处不在，全民尽享视频消费饕餮盛宴。

2. 视频新媒体用户近7亿，年增长1.68亿；年轻、受过高等教育人群为消费主体

• 年增加1.68亿，总人数6.75亿

网络视频用户增长0.56亿人，达到4.28亿人（增长率为15.2%，2012年为3.72亿人）。

手机端视频用户猛增**1.12**亿人，达到2.47亿人（增长率为**83.8%**，2012年为1.34亿人）。

视频新媒体用户一年增加1.68亿人，总人数达到创纪录的6.75亿人。

户外视频媒体用户增加0.4702亿人（增长率50.5%）。

电视用户12.87亿，与上年变化不大。

• 电视用户平均年龄比移动、网络视频用户大10岁和8岁，电视用户受高等教育比例比移动、网络视频相差67%、55%

29、31、36、**39**岁，网络、移动、户外视频、电视用户平均年龄。

76%、64%、48%、**9%**，网络、移动、户外视频、电视用户高等学历比例。

视频新媒体用户已成为决定市场发展“关键的大多数”。

其思维方式、收视偏好、使用习惯将极大影响视频市场未来。

3. 工作日电视与网络+移动视频收视时间相等；节假日网络+移动视频收视时间比电视多1.5小时；收视高峰均为20:00—21:00，主要收看场所均在家里

• 电视与网络+移动视频工作日收视时间相等

工作日：

电视日均收视时间2.8小时。

网络视频日均收视时间1.8小时。

移动视频日均收视时间1小时。

• 网络+移动视频周末及节假日收视时间比电视多1.5小时，三类视频媒体用户周末及节假日收视均呈现全天候状态

周末及节假日：

电视日均收视时间3.1小时。

网络视频日均收视时间2.6小时。

移动视频日均收视时间2小时。

• 20：00—21：00均为三类视频媒体收视高峰，21:00—22:00是电视和平板电脑视频的收视高峰，19:00—22:00是电视收视高峰

电视收视最高峰19:00—22:00。

网络视频收视最高峰20:00—21:00。

平板电脑视频收视最高峰20:00—22:00。

• 电视媒体在傍晚和次黄金时间，网络、移动视频在中午时段有开掘空间

12:00—13:00 是网络、移动视频收看的一个小高峰。

17:00—19:00 和 22:00—24:00 为电视收视的两个小高峰。

• 主要收看场所均在家里

绝大多数电视用户在家里收视。

63% 和 76% 的手机、平板电脑视频用户在家里观看。

20:00—21:00 竞争呈白热化，客厅是竞争主战场。

4. 娱乐是网络、移动视频用户首要需求；电视媒体是视频新闻传播第一平台

• 电视、网络、移动视频新闻节目收视比例

电视新闻节目：人均日收视 **24.7 分钟**（2012 年 22.49 分钟），增加 **2.21 分钟**。

电影、电视剧、综艺、新闻节目：占网络收看的 76%、73%、59%、42%。

电影、电视剧、综艺、新闻节目：占移动收看的 65%、53%、48%、42%。

网络与移动用户收视排名前三均为娱乐节目。

电视新闻节目收视增长显著。

5. 获取新闻与服务资讯是公交、地铁电视用户主要诉求

• 公交、地铁电视主要节目比列

公交电视新闻、生活服务、综艺、专题节目占比：25%、25%、15%、9%。

地铁电视新闻、专题、生活服务、综艺节目占比：31%、18%、17%、15%。

平均4分钟长度的新闻讯息类节目适配公交、地铁用户需求。长篇幅电视剧、综艺、纪录片等节目不适合快速移动人群。

6. 电视新闻节目人均收视增长最多；综艺节目资源使用率最好；电视剧收视发动机地位不可撼动

• 主要电视节目类型播出、收视状况

新闻资讯类节目：播出比重为10%，收视比重为15%，人均日收视24.7分钟，**增加2.21分钟**。

综艺类节目：播出比重为6%，收视比重为12%，人均日收视19.8分钟，**增加0.9分钟**。

电视剧：播出比重为24.5%，收视比重为31.48%，人均日收视52.7分钟，**增加1分钟**。

电视新闻、综艺节目加大了创新力度，收视增幅显著。

电视剧虽然产量减少，缺少好剧，市场需求依然旺盛。

创新是市场竞争的致胜法宝，故事永远是人类娱乐第一需求。

7.“高概念”真人秀引领综艺节目市场；综艺娱乐晚会仍有广泛用户；民营制作公司话语权增强

2013 年度受到市场追捧的综艺娱乐节目如《中国好声音》《爸爸去哪儿》《梦想合唱团》几乎全是真人秀节目类型。娱乐真人秀已成为中国综艺娱乐节目市场当之无愧的新势力（该类节目亦受到网络视频用户追捧）。

但是在全国综艺节目收视 TOP 的调查统计中，有前 7 席均为《春晚》《中秋晚会》等综艺晚会节目形态，真人秀节目仅占 3 席，说明大型综艺晚会在我国仍有着极其广泛的用户基础。

在综艺娱乐节目的制作上，2013 年有两个非常突出的特点：一是大投入、大产出、高风险的“高概念”（High Concept）生产运营方式开始广泛使用；二是民营制作公司的长足发展。2013 年约有 20 家上星频道购买了民营制作公司的综艺节目。

以下是根据《综艺》刊发文章整理的一组数据：

• 大投资、高风险——部分娱乐真人秀节目投资规模

湖南卫视《中国最强音》投资规模约为 2 亿元。

上海东方卫视《中国梦之声》制作费用约 1.6 亿元。

浙江卫视《中国好声音》第二季造价约 1.2 亿元。

• 大产出——部分娱乐真人秀节目收入

浙江卫视《中国好声音》（第三季）广告招标总额超过 **13 亿元**，仅冠名费 2.5 亿元。

湖南卫视《爸爸去哪儿》（第二季）和《我是歌手》（第二季）广告招标总额 18.7 亿元。

中央台《梦想星搭档》《汉字听写大会》冠名费分别为 1.35 亿元

和 0.86 亿元。

《中国好声音》第三季独家网络版权以 2.5 亿元卖给腾讯网，比第二季上涨了 2 倍。

《爸爸去哪儿》网络版权与另四档节目打包 2 亿元卖给了爱奇艺。

乐视网花费过亿元买下《我是歌手》第二季的独家网络版权。

• 新势力——民营制作公司生产的部分节目与营收

灿星制作：《中国好声音》——浙江卫视，《梦想合唱团》——CCTV-1。

东方风行：《美丽俏佳人》——黑龙江卫视，《超级访问》——安徽卫视。

维化传媒：《我爱我的祖国》——湖北卫视，《爱拼才会赢》——东南卫视。

综艺娱乐节目进入“高概念”时代，竞争门槛大幅提高。

“制播分离”步伐加快，民营制作公司长足发展。

8. 电视广告蛋糕最大，增速放缓；在线视频广告不足百亿，增长迅速；网络广告几近追平电视广告

• 电视、网络、在线视频广告收入

2013 年电视广告总收入 **1119.26 亿元**，增幅 6.97%，比上年下降 5 个百分点。

2009—2012 年，电视广告增幅在 11%—18% 之间。

网络广告市场规模达到 **1100 亿元**。

在线视频市场规模达 128.1 亿元，增长 41.9%。

收入构成中广告所占份额 75.0%，为 **96.1 亿元**。

广告主对户外视频媒体使用比例从 2010 年的 55% 上升至 2013 年的 80%。

电视与视频新媒体广告市场份额差距巨大。

在线视频、户外视频广告行驶在增长的快车道。

9. 电影市场持续高企，加速融合新媒体；国际市场是新的蓝海

● 持续高速增长

2013 年国产故事片 638 部，票房收入 127.67 亿元，增幅 **54.32%**。

占总票房 58.65%，超出进口片 **17%**。

银幕 1.8195 万块，三年增长**近 200%**（2010 年为 0.6256 万块）。

● 加速融合新媒体

倾力打造网络传播运营平台：

"电影网全媒体平台"，日均浏览量超过 **2000 万**人次，注册会员 305 万。

网络付费频道拥有 1500 余部高清大片，付费用户超过 50 万。

深受网络、移动端用户喜爱：

电影节目网络、移动端用户收视需求分别为 76%、65%，**均排名第一**。

微电影受到 30% 网络用户欢迎。

电影节目电视端人均收视 6.9 分钟，比上年减少 0.3 分钟。

在电视端收视需求排名第六，新、老视频媒体形成强烈反差。

发展网络营销：

利用新媒体进行影片宣传预热、票务销售已成常态。

电影营销成为电影产业传统制作、发行、放映环节之外的第 4 个细分市场，营销总费用逾 **28 亿元**，比 2007 年增长近 4 倍。

● **积极拓展海外市场**

2003 年，中国电影业向 49 个国家和地区外销影片 45 部（33 部为合拍片），实现票房和销售收入 14.14 亿元，同比增长 **33.02%**（2012 年为 10.63 亿元，增幅为 -48.04%）。

最老的视频产业活力焕发，电影、电视、视频新媒体市场通吃。以成熟开放的姿态拥抱新媒体、放眼海外市场。

10. 多元经营、产业化发展成为趋势

一线省级广电集团百亿经营收入构成中，60% 左右为广告收入以外的电视购物、新媒体、增值服务等相关产业带来的贡献，树立起新的行业标杆。

视频新媒体在发展付费用户、增值服务、销售设备、投资电影、探索节目反向输出电视等方面也有长足发展。

从相对单一经营向多元化、产业化拓展是产业组织发展的必由之路。

二、渠道革命引发产业生态巨变

人类是一个不断自我延伸的物种。

推土机、挖掘机、起重机是手的延伸；汽车、火车、飞机是腿的延伸；电话、广播是耳的延伸；电影、电视是耳和眼的延伸；电脑、互联网是脑的延伸；而移动互联网视频则是人类耳朵、眼睛和大脑的共同延伸。

如影相随的是，伴随着人类文明的每一次新攀升而推出的新产品、新应用，也都会对原有的产品以及市场产生重大影响。以视频的发展演变为例：

19 世纪 80—90 年代发明的电影，影响的主要是舞台表演市场。

20 世纪 20 年代产生的电视，主要影响了舞台表演和影院。

20 世纪末产生的 PC 互联网，影响的主要是书籍和纸媒。

发端于本世纪第二个 10 年的移动互联网，则是对传统电视生态的颠覆。

（一）绕不开的麦克卢汉——媒介即讯息

如果说一个科学家最重要的贡献通常并不是提出一个新理论，或是揭示一个新现象，而是在旧理论和旧现象中发现观察的新方法的话，那么名不见经传的英美文学教师，加拿大人马歇尔·麦克卢汉（Marshall Mcluhan）20 世纪 60 年代推出的《理解媒介——论人的延伸》所提出的新媒介观和新传播观就是传播研究领域一座绕不开的丰碑。他的精髓思想：地球村——全球生活同步化；电子媒介是中枢神经系统的延伸——人的更高层次的全面发展；媒介即讯息——媒介对其传播的内容有强烈的反作用等，把人类对讯息传播的规律、对世界的认知提升到一个新的高度，其思想遗产已经渗入到了人类生活的一切领域。

马歇尔·麦克卢汉

过去一般认为，媒介仅是形式，仅是内容的载体，在传播过程中是消极被动的。而麦克卢汉认为，媒介是积极能动的，对传播内容有强烈的反作用，它决定着传播的清晰度和结构方式。“媒介即讯息”总结归纳出了传播媒介既是形式也是内容的规律性，是人类对媒介认识上的新方法论，对我们在日益纷繁复杂的媒介生态环境下理解媒介、发现规律、看清趋势，有重要的现实意义。

需要再说一句的是，关于在传播媒介与使用者的互动过程中，到底哪一方的作用更大些，麦克卢汉没有做详细论述，学界对此多有争论，至今仍未有令多数人信服的观点。

(二) 致敬乔布斯——重新发明手机

对于近20亿的全球移动互联网用户来说，2007年1月9日是一个值得记住的日子。这一天，一个有些怪异、名叫史蒂夫·乔布斯(Steve Jobs)的人以“重新发明手机”的名义推出了一款简约优雅、操作便捷、被称之为iPhone的手机，由此，一个移动互联网时代的大幕徐徐拉开。

该款手机与过往同类产品最大不同是，苹果应用商店（App Store）聚合了大量的第三方开发者，为iPhone提供各种各样的应用软件，大大提升了手机的应用空间，让全世界消费者为之疯狂。iPhone改变了移动互联网（Mobile Internet）的生态环境，移动互联网从PC互联网的延伸逐渐转变为全新的互联网应用形态。

同样重要的是，作为世界计算机业与娱乐业的标志性人物，史蒂夫·乔布斯缔造的麦金塔计算机、ipad、iPod、iTunes Store、iPhone等一系列知名数字产品极大地改变了媒介的传播与应用方式，也改变了全球媒介市场的格局与生态。

史蒂夫·乔布斯

乔布斯用生命践行了他的人生信念：**活着就是为了改变世界。**

2013年底，全球移动互联网用户已达19亿，占所有网民的73%。

2014年6月，中国移动网民达4.64亿，手机已成为第一大互联网接入设备。

（三）OTT TV——无处不视频

作为视频媒体行业近几年使用频率最高的新词汇之一，OTT是“Over-The-Top”的缩写，源于篮球运动名词“过顶传球”，指把球在对方运动员头顶之上来回传送，以达到超越对手的一种技巧和状态。

该名词借用到互联网行业，OTT TV（互联网电视）是指基于开放互联网的一种视频服务，终端可以是电视机、电脑、机顶盒、PAD、智能手机等等。如2010年在市场上推出的Apple TV、Google TV，以及国内已有数亿用户的微信即是此种模式。

OTT TV 最大的特点主要有三：

1. 随时随地

OTT TV 颠覆了传统的视频传递模式，挣脱了传播渠道对信息流动的限制与束缚，视频传播从固定收视向随时随地转变，实现了人与信息的无缝链接，实现了视频的无处不在。

2. 我看我选

OTT TV 给媒介使用带来的另一解放就是使用者选择空间的加大，主要包括两个方面：一是可以利用不同的接收终端在多个屏幕上选择收看，用户的信息选择自主性得到了极大的加强。二是多屏提供的海量内容几乎达到了“无限供给”，可以满足各类使用人群多样性、个性化的不同需求。

多屏时代主要的四个屏幕是电视屏、PC 屏、手机屏和平板屏。

3. 传用分离

开放互联网技术还强调内容服务与物理传输网络的无关性。内容服务商可直接面向用户提供服务和收费，使得网络运营商沦为单纯的“传输管道”，无法触及管道中所传输内容的巨大价值，内容与渠道之间的相互关系和利益格局发生重大改变。

多屏分发、多屏选择、随时随地、良好的互动功能、打破了原有的技术格局、拓展了媒介的盈利空间，OTT TV（互联网电视）使人类的视频传播与使用达到了一个新的高度，实现了人的新的延伸，也引发视频产业生态一系列山呼海啸般的革命性变化。

（四）UGC——新的势力

渠道革命引发的媒介产业生态的另一重要变化就是**大众自传播**（mass self-communication）时代的到来。

UGC是用户制造内容（User Generated Content）的缩写，也被称为UCC（User Created Content 用户创造内容）。起源于互联网，用户将自创内容通过互联网传播或提供给其他用户使用，使互联网应用方式由原来以下载为主变成下载和上传并重。由于有极强的自主性和互动性，该种应用方式迅速成为潮流，网络运营商也敏锐地抓住商机，通过各种形式来推动用户制造内容的蓬勃发展。

社交网络、视频分享、博客和播客等是UGC的主要应用形式，传播的内容有文字、图片和视频。UGC的广泛使用给视频生态带来的主要变化有：

1. 增强用户媒介黏度

从内容的使用者（user）到消费者（consumer）到生产消费者（prosumer），UGC使用户媒介使用的积极性和主动得到了极大地的高。在竞争日益激烈的环境下，通过发展UGC来增加用户的媒介黏度，这是任何媒介都乐于看到、愿意为之努力的。

2. 重要内容来源和盈利工具

由于使用者众多，数量呈几何级数膨胀，用户制造内容已成为媒体产业一个不可忽视的重要内容来源，同时也迅速成为了一种盈利工具。目前，所有的大型视频网站都开办有UGC频道；截至2013年12月底，新浪微博注册用户数已超5亿，而微信的用户量已接近6亿，是当前最火爆的网络社交化应用。在国际上，美国的 You tube 是世界最著名的以用户上传视频为主的视频网站。

除了海量以外，快速、独家、独到、内容的原生态化是 UGC 内容不可替代的优势和特点。

此外，在此还要特别强调的是，在社交媒体时代，用户在媒介消费中的社会互动活动，使消费成为了一个集体过程，通过集体智慧对媒介文本进行的演绎，可以大大丰富原媒介内容的内涵和外延，使用者的分享、传播、评论为节目创造出新的传播和市场价值。

用户自制和内容的社交化已成为媒介的重要发展方向，前景不可限量。

（五）媒介融合——重构产业生态

传播革命的浪潮猛烈冲击着旧有的传媒生态，其对媒介产业最大的影响就是媒介融合（Media Convergence）。

媒介融合主要强调的是：跨越多个平台的信息流动，多种产业间的沟通与协作，以及多层媒介资本结构间相互流通与利用。

媒介融合包括了媒介技术、形态、内容、平台、终端，以及媒介生产者、信息消费者身份的自由转移等方面的汇合与交融。

伴随着电信运营商、电视机制造商、视频网站、其他产业组织、金融投资机构等力量的纷纷涌入，固有电视生态链中的内容生产商、电视机构、有线传输渠道、无线传输渠道、广告公司之间的市场格局发生巨变，媒介之间、产业之间、产品之间、生产者之间的界限被彻底打破，大视频市场以开放的胸襟、包容的姿态、洞开的门户拥抱着每一位老友与新朋。

(六) 观众到用户——以人为本

在信息稀缺时代，人跟着终端走，人围绕着信息转，使用者叫**观众**(Audience)，以媒介为中心，我播什么你看什么，媒介的生产运营模式是自我导向——B2C。

在信息过载时代，是终端跟着人走，信息围绕着人转，使用者变成了**用户**（subscriber、user、consumer)，以使用者为中心，自己想看什么就选择什么——媒介的生产运营模式变为以市场为导向——C2B。

从观众到用户，从媒介使用者到消费者，再到生产消费者，体现了传播技术进步的本质。

每一次传媒革命，都是新的传播工具对使用者提供更周到信息服务的跃进——科技始终源于人性，以人为本是所有产品与服务永恒的发展法则。

三、"新" 电视

"新" 电视在此指的是在新的媒介生态环境下，中国电视在接下来的发展中，通过一系列变革进行的产业全面升级，以及由此而带来的自身和整个视频行业的跃进与攀升。

"新" 电视时代是以 2014 年 8 月 18 日中央深改组第四次会议审议通过《关于推动传统媒体和新兴媒体融合发展的指导意见》，习总书记在会上指出的"以先进技术为支撑，内容建设为根本，推动传统媒体和新兴媒体在内容、渠道、平台、经营、管理等方面的深度融合"；"着力打造一批形态多样，手段先进，具有竞争力的新型主流媒体，建成几家拥有强大实力和传播力、公信力、影响力的新型媒体集团，形成立体多样、融合发展的现代传播体系”。总书记高屋建瓴的讲话吹响了中国电视全面升级发展的进军号角，这一天和这一年将以中国媒体融合发展的元年而写入史册。

（一）谁说电视将亡

不时出现的电视行将灭亡之言论，不是知识不足就是别有用心。纵观历史，每当一种新媒体出现，就会有老媒体将要消亡的喧嚣。

毋庸置疑的事实是：**每一种媒体都在按照自己不可替代的生存逻辑生存着，发展着。**

1. 优势依然明显

● 用户基本稳定

在如此复杂多变的媒介生态下，12.87 亿的电视用户没有出现大的变化，这是中国电视行业最应该引以为傲的伟大成就！

世界最大、相对稳定的用户群体的热切关注，是中国电视几代人近60 年奋斗获得的最宝贵的财富，是中国电视所有生存与发展的基础。

● 公信力依然最强

了解新闻时事是用户媒介使用最重要的需求之一，新闻也是彰显媒介品质和影响力最重要节目类型。媒介间的新闻大战，其本质是影响力和公信力之争。

从 2013 年电视新闻资讯类节目占电视节目总制作量的 25.51%，为产量最大的节目类型；

从电视新闻节目人均日收视比上年增加2.21分钟，达到24.7分钟，为收视增加最多的节目类型；

再通过对网络、移动视频用户新闻节目收视需求均排名第4等情况的分析，我们可以肯定地说：电视依然是公信力最强，新闻用户最多的视频媒体。

如果说到中国的电视新闻得到了政府的支持与帮助，那也属正常——世界各国政府对公信力、影响力最大的媒体没有不给予一些特别的支持与关照的。

超强的新闻节目制作与传播能力是中国电视媒体在内容领域最重要的核心竞争优势。

● 节目最多最好

全年340万小时的节目产量，电视媒体在视频市场内容生产上的绝对优势目前无人可以靠其左右。2013年，在电视、网络、移动等视频媒体中，影响广泛的“现象级”节目全部出自电视媒体，韩剧《来自星星的你》除外。

● 观看舒适度最佳

随着高清电视技术的普及，电视媒体提供的高品质音画内容，使用户的观看体验提升到了一个新的层次。在所有视频媒体中（电影除外），电视播出内容的观看舒适度应该是最佳的，特别是在欣赏综艺、电视剧、体育等娱乐节目的时候。

● 广告份额仍旧最大

即便增长速度有所放缓，2013年中国电视广告总收入依然达到创纪录的1119亿元。事实上，电视业的实际影响力和盈利能力还应该更大些——视频新媒体播出的许多内容都源自电视，只是这一部分成绩并没有算在电视身上。

根据艾瑞咨询统计，2013年，中国在线视频市场广告规模为**96.1亿元**。

虽然我们缺少完整的视频新媒体广告经营收入上的统计数据，但其目前在盈利能力上与电视媒体的巨大差距，无需赘言。

● 强大的技术保障

通过几十年不懈努力，巨资构建的由有线、无线、卫星组成的传输网络所实现的98.42%的综合覆盖，以及成熟完善的技术保障体系，是中国电视坚实的技术基础。

从黑白到彩色，从无线到有线再到卫星，从模拟到数字，从标清到高清，电视业在技术创新和发展变革上的努力从来就没有停止过。将逐步投入使用的超高清4k电视，分辨率为现有高清电视的4倍。

● 习惯的巨大力量

行为科学研究表明，人们日常活动的90%源于习惯。业已养成的习惯在潜意识中会转化为程序化的惯性，即不用思考便自动运作，这就是极大地影响人们生活，乃至命运的习惯的力量。

中国电视业针对全国、区域；大众、小众用户，经过精心编排，采用线性传播方式传播推送的近3000个综合、专业频道，用户只需简单搜索与选择便可使用的接收方式，目前依然为大多数电视消费者所乐于接受。虽然，随着技术的进步，线性的传播方式显示出了不足，需要改进，但在当下也仍自有其存在的充足理由。用户，特别是中老年用户经年累月形成的电视使用习惯，绝非一朝一夕可以改变。因为，越早形成，重复次数越多的习惯，越难改变。仅从这一点上我们就不难理解，为什么在中老年用户是电视媒体忠实的拥趸了。

用户长期养成的收视习惯是极其重要的电视力量。

● 其他诸多优势

再往下细数，中国电视媒体还有优秀的管理运营队伍、丰富的用户服务和市场经验、完整的内容生产供应链条、成熟的广告经营生态系统、积极拥抱新媒体等诸多长项和优势，在此就不一一细表了。

2. 问题与挑战

● 青年用户流失

前文已经谈到，2013 年：

以网络和移动视频为代表的视频新媒体用户增加了 2.15 亿人，总人数达到创纪录的 7.85 亿；

电视用户日均收视时间比上年减少 4 分钟，为近年最低。2010—2013 年，在 19：00—21：00，4—44 岁人群收视量平均下降了约 5%；

电视用户平均年龄比移动、网络视频用户大 10 岁和 8 岁，受高等教育比例比移动、网络视频相差 67%、55%。

虽然以上数字是在视频消费量爆炸性增长，多屏使用已成为常态的大视频时代背景下得出的，但是减少青年用户的流失是电视业下一步生存与发展必须面对的严肃课题。

● 存在应用局限

电视最大的技术短板，是线性的单屏传播无法满足用户在内容、时间、地点的自由观看选择以及意见、观点的自由分享，参与表达方面的需求。而视频新媒体则基本解决了上述技术问题，用户可使用不同的接收终端，随时随地选择收看和发表意见观点，甚至直接自制传播内容，媒介使用者获得了极大的自由与解放。

此外，线性传播也使电视的内容制作优势和广告经营空间无法最大限度发挥，媒介价值被分散，经营空间无法最大释放化也无法避免。

• 体制机制亟需调整

脱胎于事业体制的电视媒体的体制机制需要调整改造，过于行政化的运行方式制约事业的发展，不利于解放生产力，是一个业内外老声常谈的问题。如果说在竞争不那么充分的市场环境下，上述体制还能保证电视媒体运转的话，那么面对日益开放的产业环境，面对不断出现的竞争对手，对不相适配的体制机制进行调整改造，就是电视业保证其生存发展急迫和必需之选择了。

一言以蔽之，中国电视的使用人数、经营收入并没出现明显颓势；在主流用户中的影响力，在广告市场龙头地位都没有大的变化；其深度覆盖、节目制作、技术创新、高质量声画观看舒适度等优势依然明显，电视媒体总体上仍处于发展的高点。但是，中国电视行业也存在着用户流失、应用局限、广告增速放缓、视频新媒体激烈竞争等诸多问题与挑战。

（二）挑战者的逻辑

从十年前的摸索前行，到今天至少 6.75 亿的使用者，极大地推动了中国视频产业飞速发展的视频新媒体也必有其合理之生存与发展逻辑。

1. 以人为本——技术的逻辑

多屏、随时随地、我看我选、海量供给、参与互动，视频新媒体实现了人类眼睛和大脑的更大的延伸，代表着先进的媒介发展方向。

在媒介使用上，OTT 技术实现了电视、电脑、手机、pad 等接收终端的多屏分发，自主选择，随时随地应用的飞跃，使用者信息选择的自主性得到了极大的加强。

在内容供应上，以最大的包容性集纳国内外电视、电影、用户制造以及网络自制等内容，海量内容存储几乎达到了“无限供给”的境界。极大丰富的内容储存和有序的分类使信息不再是快速消费品，“过时”的信息价值不减，此外，网络的海量内容存储功能也满足了特定群体和个人个性化的不同需求。

在用户对信息的主动参与互动上，视频新媒体提供了良好的平台环境，用户不但可以发表意见和评论，还可以上传自制内容与公众分享。与此同时，用户的意见、评论、自制内容也成为了视频新媒体重要的内容组成部分。

正是基于新技术带来的使用者应用和自主表达的更大自由和解放，基于使用者在“无限选择”下的各取所需的满足，一时间，用户即主要是青年用户蜂拥而至，仅在短短数年间就迅速汇聚近 8 亿，且呈现出高学历者居多的波澜壮阔的新媒介生态景观。

如果说媒介是人体和心灵的技术延伸的话，那么以人为本就是视频新媒体最有力的竞争利器。

2. 海纳百川——发展的逻辑

在资源的汇聚上，视频新媒体少有门户之见。除了实现技术、信息跨越多个平台流动以外，还吸引了其他行业和资本等力量的大规模涌入，跨界融合为视频市场注入了新的能源与活力。当然，伴随着媒介、产业、产品之间的固有界限被打破，也引发了视频市场从未有过的繁荣、喧嚣与激烈竞争。

3. “剩者为王”——市场的逻辑

与电视脱胎于行政体制不同，商业化的视频新媒体生下来就带着市场的基因。其资金来源、组织结构、运营方式、游戏规则完全以市场为导向，资本的力量在这里起着巨大的作用。遵循着优胜劣汰，“剩者生存”的原则，众多商业视频网站在经过了十来年的资本操作、烧钱游戏、内容拚抢、版权诉讼、商业运营的大浪淘沙过程中，大部分都已经死去，“剩者”——优酷、土豆、爱奇艺、搜狐视频、乐视网、腾讯等巨头无不具备十八般武艺，其在技术、资本、人才上的积累，以及丰富的市场经验，再加之有强大的国内外资本做后盾，管理者又多年轻、雄心勃勃，极富攻击性，对电视媒体来说，他们无疑都是一些极难对付的竞争对手。

4. 有关注就有财富聚集——希望的逻辑

对于视频新媒体来说，目前是有了影响力，有了用户规模，有了巨大流量，但整个行业仍旧难以摆脱烧钱的困境。到目前为止，中国仍没有一家视频新媒体实现盈利，且都共同面临内容同质化、公信力有待提高、节目版权、带宽成本居高不下、广告收入不高、用户付费、增值服务业务一时无法取得突破等棘手问题。但是，其从业者和投资者相信：

有关注聚集的地方，就会有财富聚集；对于媒介来说，眼球永远为王，盈利只是时间问题。

（三）视频进化论

任何生命都是进化的成果，没有进化就没有世界。进化这个概念，对于生物学家，是指遗传进化；在其他学科中，它的意思可以是随时间而发生的变化或展开；进化有时还带有渐进的含义，以区别于革命。

媒介是人体和心灵的技术延伸，也可视同于有生命的物体。在此，笔者借用遗传进化的一些思想，尝试着分析不同视频媒体的发展轨迹与走向的规律性。

1. 永远的卢米埃尔兄弟

全世界日夜忙碌的视频媒体行业的起点都源自 1895 年 12 月，巴黎卡皮欣大道上“格拉咖啡馆”的地下室。年轻的卢米埃尔兄弟用他们研制的活动电影机（cinematograph）在此播放了人类历史上的第一部电影。从此，人世间运动的场景可以成为永恒。

据说，卢米埃尔兄弟拍摄的电影之一《火车进站》所引起的最大反响就是恐慌，当看到电影中火车朝自己开过来的时候，惊恐的观众四散而逃。即使如此，想要目睹这一新鲜玩意儿的人们仍排成了长龙。

再接下来，电影技术普及开来，电影成为了一门独立的产业，电影也成为了视频产业的始祖。

2. 视频进化大观

我们用一个图表来简要梳理一下视频媒体的发展历程以及由此所产生的应用和生态上的变化——横看成岭侧成峰。

表 1－2　不同视频媒介内容与使用方式变化

视频媒介	融合方式	使用方法
电影	照相技术＋投影技术	技术门槛高，必须到固定场所观看，内容有限，质量上乘
电视	广播＋电影	技术门槛低，客厅为主要接收环境，内容丰富，媒介选择播出内容
网络视频	电影、电视＋互联网	技术门槛较低，书房、办公室为主要接收环境，内容非常丰富，自由选择收看，可发表意见评论
移动视频	电影、电视＋互联网＋移动互联网	几无技术门槛，多终端接收，随时随地使用，内容“无限供应”，自由选择收看与参与内容制造（意见、评论＋自制视频等）综合

通过上表，结合相关传播理论，起码可以初步得出以下结论：

- 一种新媒介的出现总是意味着人的能力获得一次新的延伸。两种媒介杂交或交汇的时刻，就是发现真理和给人启示的时刻。
- 媒介即认识论。每种形式的媒介，都会反作用于内容，从而总会带来传播内容的变化。
- 新旧媒介的相互作用模糊了媒介间的界限。但没有一种媒介能够独立存在，一种媒介总是充当另一种媒介的“内容”。媒介之间只有进行相互作用才具有自身存在的意义。
- 一种新媒介通常不会置换和替代另一种媒介，而是增加了其运行的复杂性。如电影是视频的始祖，通过不断提高故事讲述能力和视听觉享受效果，一直繁衍发展至今。

最后，笔者想说的是，在大视频产业范畴，除了电影的诞生，所有其他视频媒体的产生都是进化性的而不是革命性的。

网络和移动视频改变了原有的电视生态，丰富了视频家族，促进了视频市场发展，但电视不可能消亡。

（四）几点思考

中国电视业下一步如何发展，是一个复杂的问题，我们在此提出几个观点和思路供读者参考。

1. 平台化："终极目标"

就现有的理论和实践所及，无论在电视行业还是视频新媒体领域，竞争的焦点、努力的最高目标就是构建**"视频全媒体传播运营平台"**（笔者暂起的名）。这一借用经济学管理概念的所谓"平台"，应该是一个媒介生态系统，它起码要完成：内容汇聚、分发、广告经营、节目交易、版权管理以及与此相对应的运营管理等主要目标。

有一种专家观点认为，未来视频媒体的内容传播可能全部会基于平台来分发，平台的品牌号召力，内容的丰富性、渠道的多元性决定用户的数量和忠诚度。平台的入口将是媒介争夺的关键点。

如果下一步视频媒体产业的发展确如业内外专家们预测的那样，"视频全媒体传播运营平台"的搭建和运营必然会对电视媒体原有运行模式，组织架构、体制机制产生重大影响和改变。

需要强调的是，"平台化"是一个过程的概念。作为"终极目标"，适用于电视的"视频全媒体传播运营平台"的构建和完善显然需要时日。此外，不同市场定位、不同规模的电视媒体平台构建的规模、功能大小也一定会是有差异的，甚至不排除联合或合作构建的可能。总之，如果"平台"确实代表趋势，电视媒体应早做准备。

2. 融合：发展的主旋律

原有的电视生态环境下的媒介之间、产业之间、产品之间、生产者之间的界限已被打破，站在大媒介、大视频市场的角度，电视媒体应顺应时势，主动学习融合先进的媒介技术，其他媒介的内容、平台、终端，以及接纳其他产业组织、金融投资机构等力量的进入，以海纳百川的包容胸怀聚合各方力量，促进自身和全行业的快速发展。

融合是当今媒介发展的主旋律。

3. 价值观：很多事情变了，大多数事情没有变

在接下来的发展中，一定会有很多的变化，但是，中国电视机构既定的一个原则：**负责任**的公众服务信息机构的根本不可改变，必须要坚守，绝对不能变成纯粹的商业媒体，除非把一些台改为商业电视机构。有用户、有影响力和有公信力有时并不等同。

国内外无数事例也可以证明，一个有远见的组织会像保持信仰一样坚守自己核心的意识形态，它们的变化很少。核心价值观构成了组织机构坚实的基础，它们并不因为一时的时尚或趋势而随波逐流。

提升媒介影响力和公信力最重要的载体是新闻，电视媒体目前在新闻节目制作与传播上的优势极其明显，这一优势必须保持，乃至进一步加强。如果缺失了新闻优势，电视媒体在视频市场中的地位一定会大打折扣。

无论是现在还是将来——最有影响力的新闻仍然主要会由大型媒介集团来提供，肩负媒介责任，保持公信力是中国电视媒体的生存之本，也是其最核心的竞争优势之所在。

在此，“唯一不变的是变化本身”这句广为流传的名言，不适用。

4. 渠道：“双轨”并行

电视行业还应该清晰地看到，电视线性的传播方式有短板，也有其优势和使用惯性，再加之无数优质的内容流通其间，在相当一段时间内现有电视传播通路仍会是主流的视频传播渠道，一时不可能完全被取

代。与此同时，电视行业也应该有紧迫感，尽快发展其他的内容传播通道，以最现代的传播方式适应迅速变化的媒介市场。在传播渠道上的“双轨”并行发展，应该是合理的技术选择。

5. 全媒体：寻找用户

城镇人口 7.31 亿，农村人口 6.30 亿，千万以上人口城市 14 个，流动人口 2.36 亿，初等教育到研究生在校人员 2.24 亿，65 岁以上人口 1.31 亿。

图书、期刊 116.06 亿册（张），报纸 482.41 亿张。

电视用户 12.87 亿，视频新媒体用户 6.75 亿，地铁、公交、户外视频媒体用户 1.10 亿，中国视频媒体复合用户总规模至少 20.72 亿人次。

网民中三屏及以上网络视频用户比例为 75.7%。

以上主要来自国家统计局等权威部门的统计数据清晰地勾勒出中国媒介的主要生态环境。大众每天的有限时间与媒介形式、渠道的日益丰富、内容的近乎无限供给形成了强烈的反差。再难有内容稀缺时代电视节目的老少咸宜、万人空巷的盛世景观了。寻找消费者、寻找并锁定用户，成为当今所有媒介的首要任务。

在社会已进入以视觉为主要传播方式，部分电视用户开始出现游离，网民中三屏及以上视频用户比例达到 75.7% 的大背景下，电视媒体增加内容传播渠道、改善传播环境，是必然的发展选择。

在生活方式多元、媒介选择多样的当下，传统意义上的“大众”已不复存在，媒介使用人群已经分化，每一类视频媒体的核心用户都有所不同。因此，时下流行的笼统要电视“改变传播语态”的说法是不尽准确的。改变传播语态，改变的强度多少，一定是相对于不同特点的媒介，不同的用户群体而言的。

总之，大视频时代的用户稀缺，如何精确地利用渠道和内容寻找并锁定消费者，是一门大学问，是媒介之要务。

6. 经营：将广告进行到底

数十年来，广告收入一直都是电视行业主要的衣食父母，但是，多年保持的2位数以上的高速增长，2013年出现增速放缓。对于2013年的广告经营成绩，电视业同仁应该欣慰与自豪，7%左右的涨幅，1100亿以上的广告收入，电视依然是中国媒体中的大哥大；就已有的统计数据，电视与在线视频新媒体之间的广告收入差距在11倍以上。

再拓展到国内、国外所有媒介，无论新与老，大与小，最重要的盈利方式基本仍都是广告（国外付费电视广告收入所占比例也很大）。电视业应该清楚，传播媒介短期内很难有可以取代广告的盈利方式，因此，面对日益增多的媒介和不可能迅速增大的广告市场蛋糕，媒介间的广告竞争必将愈演愈烈。电视行业必须以更好的内容、创新的经营方式，将广告经营进行到底，才能为电视的发展打下坚实的物质基础。

7. 体制创新：解放生产力

从基因上来说，中国的电视媒体是行政化的产物，其组织架构、人事安排、运营模式、评价体系等方面都带有明显的行政化烙印。在媒介竞争不那么激烈的时期，借助技术优势，行政体系下的电视媒体做得也是风生水起。随着市场经济的纵深发展，特别是以网络、移动为代表的新兴媒体的兴起，长期一枝独秀的电视开始受到了挑战，日子不再那么好过了。为促进发展，解决体制机制方面的问题，很多电视台都相继成立了一系列的运营公司，利用事业和企业两个工具来保障其发展。如中央电视台设立的中国国际电视总公司、中国电视剧制作中心有限公司、新科集团，又如上海、浙江、江苏、湖南等的广电集团把事业部门和产业机构合并在一起进行统一的决策和管理，都有效发挥了两种体制的优势，增强了竞争实力，促进了事业的发展。一些电视台还进行了市场化的节目运营和制片人制的尝试，收到了较好的成效，如《中国好声音》

《爸爸去哪儿》《非诚勿扰》等。

接下来，中国电视机构逐渐把除新闻以外的其他节目部门剥离出来，进行更适合其发展的公司化运营是绕不开的门坎。只有建立有效的优胜劣汰、适者生存机制，才能充分激活人的创造性和积极性，获得媒介效益和个人发展空间的最大化。

此外，对自己旗下所属公司进行股份制改造，引入战略合作伙伴，做大做强，发展相关产业，也是电视媒体重要的市场拓展与机制创新重要的方法和途径。

在此必须要强调的是，电视的体制机制改革是大方向，但并不是一改就灵，并不是所有机构一下都必须改，改制不是解决问题唯一的万能妙药，应根据各个电视台、各个部门的具体情况来有序推进。

8. 像自己：量体裁衣

面对大视频时代的到来，面对视频新媒体的攻城拔寨，面对技术进步引发的媒介融合，面对一家独大、“赢家通吃”格局的改变，电视业刚开始有些不适应是正常的反应。

其实，在相当一段时间里，借助技术和资金等优势，全世界电视市场的竞争都是不尽充分的。新的媒介技术彻底改变了原有的视频生态，外部分食者的进入使媒介间的竞争加剧，人才出现流动，资源重新分配——从促进市场繁荣的角度，竞争才是正常的发展逻辑。

适应变化、迎接挑战，是电视行业必然的选择。但是，对于不同地区、不同规模、不同情况的电视媒体，如何制定发展战略，哪些是攻坚的重点，哪里是技术上的突破口、资本该如何聚集，金融工具该如何使用、组织结构需要做哪些调整，体制机制上要有哪些变化、战略合作伙伴又该如何去选择，是狂飙突进式变革还是循序渐进式发展，个中风险又该如何防范？上述一系列问题，每一个电视媒体都应根据自己的实际情况来分析研判，找到适配自己的发展路径和有效策略。

必须要注意的是，电视媒体简单地照搬互联网公司的技术和运营模式，或者只是简单地开办一些互联网就是拥抱新媒体了，可能很难有好的结果。发挥自己最大的竞争优势，根据自身的特点寻找适合电视媒体、适合自身的方式和路径，应该是正确的选择。

9. 马上行动：不发展是最大的风险

事实上，面对视频新媒体的冲击，电视媒体感受到的压力早已实实在，对自身的发展瓶颈和问题也都比较清楚，但在针对电视的转型与调整问题上，很多电视机构反复纠结的是时机问题，始终认为自己还没有准备好，还不足以与新媒体展开正面对垒。

那什么时候是最佳时机？有没有最佳时机？特纳在开办 CNN 的时候，是不是一切都准备就绪？中央电视台在创办《东方时空》《焦点访谈》之时，是否对未来的发展都了然于心？没有破釜沉舟的勇气和顽强不懈的坚持，谁能预想湖南广电会有今天的成就？互联网企业在发展之初，不都是在前赴后继、"摸着石头过河"吗？即使在今天，哪一家视频新媒体不是在拼尽全力、如履薄冰……

要成就一番事业，也许永远都没有什么最佳时机，所谓的最佳时机，往往就是你下定决心一往无前的时候。因此，从某种程度上似乎可以说，电视行业缺少的不是对问题的判断和解决问题的办法，而是先行者们在创业时的那种开拓精神和奋不顾身的勇气。时下"互联网思维"这一名词在电视业很是流行，也被一些人解释得神神秘秘，云里雾里。其实，它的核心意思很简单，指的就是：顺应形势，发展创新，马上行动。

总之，电视的许多优势尤在，与视频新媒体的界限从来就没有那么泾渭分明。习总书记高屋建瓴的讲话，吹响了中国电视全面升级发展的进军号角，大视频时代的媒介融合大潮，给电视业注入了新的能量和活力，带来新的创新思维和科技理念，也带来了突破单一屏幕束缚的机会，使电视得以从封闭的花园走向朝阳化，进行新的跃进与攀升，拥抱新的蓝海。

以变革应万变，才是生存发展王道，不发展才是最大的风险。

结　语

未来——张开想象的翅膀

● 把生命连起来

物联网的发展将推动信息、人、物的连接，使得真实世界与虚拟世界相融合，所有物品都会变得智能。屏幕也将变得更加智能化和个性化，形式日趋多样，无处不在——家具、家电、装备、户外建筑……当所有东西开始联网时，原本的价值体系将遭受冲击。

未来的视频应用都将同步分发在多个终端平台，所有数据都是互通的，视频质量不断改善，用户体验不断提升，内容聚合极大丰富。多通路传播、充分满足多终端用户个性化需求的平台化发展是网络传播的最高境界。

● 第一屏之争

观点一：

电脑、平板、手机等小屏与电视大屏的互联互动构筑成现代化的家庭信息应用平台，客厅中的电视成为家庭网络的控制中心。

观点二：

手机屏超过电视屏，成为第一屏。移动终端将成为视频的接入口，所有的用户体验都是从手机出发，电视则成为更好的视频显示终端。

观点三：

在多屏时代，用户的注意力被分割，使得电视屏在伴随性方面开始逐步接近于广播，电视屏将成为其他屏幕的伴随屏和背景屏。

● **无处不视频，无人不视频**

内容生产和存储的云化，传输渠道的互联网化，接收终端的智能化和多屏化之结果：

任何网络都是 video 的传输者，任何终端都是 video 的呈现者，任何人都是 video 的生产者——地球人将是大视频时代的最大受益者。

……

在如此纷繁复杂的环境下预测未来是有风险的，对未来最好的预测就是把握现在！

第二章　电视媒体市场年度观察

本章概要

- 在视频市场中，尽管面临着网络等新媒体的强有力竞争，但电视媒体仍占据视频市场的主导地位。本章针对电视媒体市场中的六大类型节目，即新闻类节目、影视剧、综艺类节目、体育类节目、教育类节目和服务类节目展开分析。
- 首先，从节目收视排行、节目播出量、观众规模及人均收视时间、观众特征、频道竞争格局、广告收入等方面，给出每一类节目市场的数字特征。
- 其次，从节目基本情况、节目收视表现、节目特色等角度对每一类节目的代表性节目（栏目）进行剖析。
- 最后，从年度亮点、与视频新媒体的联动情况等方面对每一类节目的年度发展状况进行总结，并对未来发展趋势进行展望。

一、新闻类节目

2013 年中国电视新闻节目的播出量增幅明显，老牌新闻栏目收视活力依旧，重大时事新闻仍是引发收视高潮的爆点。

电视新闻的内容和议题呈现出由“扁平”向“纵深”的拓展态势。

平民化、口语化的报道语态渐成电视新闻的主流，淳朴真实的百姓语态得到回归。

随着新技术的蓬勃发展，电视新闻与新媒体的融合不断深入，借力新媒体创新已成为电视新闻发展和创新中最为重要的一环。

综合来看，2013 年电视新闻在制作理念、节目样态和传播方式等方面呈现出多元化、立体化、跨媒体化的发展特征，“新闻本位”正不断回归和还原。

（一）年度数字

1. 全国收视 TOP10

● **央视一家独领，老牌栏目常青**

2013 年度[①]全国新闻类节目收视市场中，中央电视台新闻节目以其得天独厚的权威性和影响力吸引众多观众的拥趸，将收视率排名前 10 位收入囊中；中央电视台综合频道更是独揽 9 个席位，新闻霸主地位显而易见。《新闻联播》《东方时空》《焦点访谈》等老牌新闻栏目，近年来在节目形式和内容上不断推陈出新，节目收视独领风骚；在大型新闻直播类节目中，中央电视台拥有庞大的新闻网和优秀精良的记者团队，在重大新闻事件上反应迅速、经验丰富，大型新闻直播节目吸人眼球，竞争优势突出。

表 2－1　2013 年度全国新闻类节目收视率排名前 10 位

排名	节目名称	播出频道	收视率（%）
1	新闻联播	中央电视台综合频道	3.52
2	东方时空	中央电视台综合频道	2.41
3	中国共产党第十八次全国代表大会专题新闻	中央电视台综合频道	2.19
4	焦点访谈	中央电视台综合频道	2.06
5	李克强总理会见中外记者并回答提问	中央电视台综合频道	1.83
6	今日关注	中央电视台四套	1.75
7	共同关注	中央电视台综合频道	1.59
8	李克强总理会见中外记者并回答提问	中央电视台综合频道	1.59
9	太空新旅再探天宫一号与神州十号载人飞行任务特别报道	中央电视台综合频道	1.48
10	太空新旅神十返回	中央电视台综合频道	1.32

数据来源：CSM 媒介研究（2012 年 10 月 1 日—2013 年 9 月 30 日，71 城市）

---

① 本章分析中 2013 年度的数据范围为 2012 年 10 月 1 日—2013 年 9 月 30 日，2012 年度的数据范围为 2011 年 10 月 1 日—2012 年 9 月 30 日。

2. 播出与收视

● 节目播出量：政策引导释放红利，新闻节目增量又增收

近年来各级电视媒体“新闻立台”理念的践行直接表现为新闻类节目播出量和播出比重的上升。2013 年度新闻类节目播出时长超过 42 万小时，相比上年增加了 3.5 万小时，增幅为 9.01%；新闻类节目占所有节目播出总量的比重由 2012 年度的 9.28% 上升到 2013 年度的 10.04%。新闻类节目作为拉动收视的三驾马车之一，2013 年度收视比重为 14.81%，明显高于播出比重，资源使用率保持良好状态。

图 2－1　2012—2013 年度新闻类节目播出时长及收视、播出比重

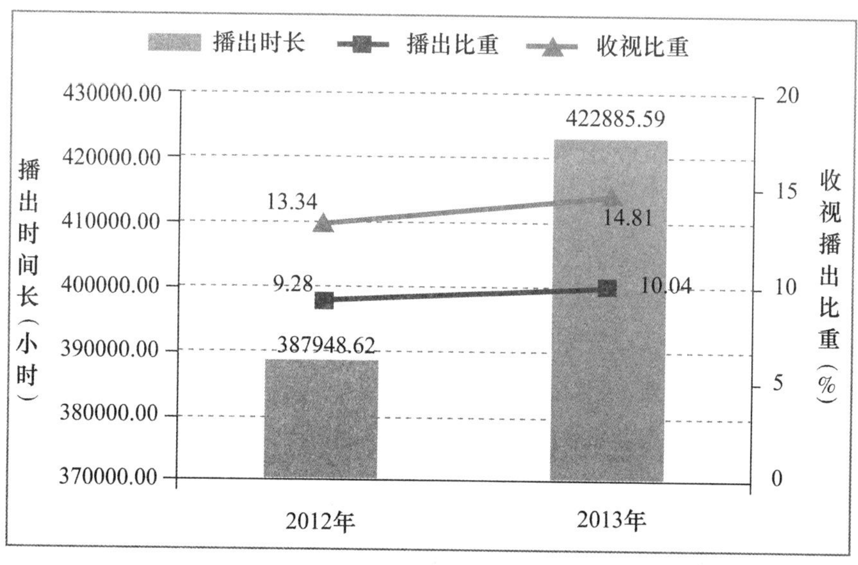

数据来源：CSM 媒介研究（全天，71 城市）

● 观众规模及人均收视：稳中有升

总体来看，受新闻类节目播出量增大以及新闻节目更接地气、贴近民生等内外因素的综合作用，2013 年度新闻类节目的观众规模和人均收看时长都有所提升，新闻类节目影响力不断提升。2013 年度新闻类

节目平均每天的到达人数超过 1 亿，人均日收视分钟数为 24.77 分钟，与上年同期相比都有所上升。

表 2－2　2012—2013 年度新闻类节目人均收视分钟数与到达率

年度	人均收视分钟数	平均到达率（000）	平均到达率（%）
2012 年	22.49	101443.38	48.4
2013 年	24.77	105199.4	48.24

数据来源：CSM 媒介研究（全天，71 城市）

● 观众特征：观众更趋高端，老年收视居高不下

电视新闻类节目凭借其权威性高、影响力大、可信度高等优势被受众视为获取信息、了解世界的重要渠道之一。但不同性别、年龄、学历、职业、收入的观众收视需求的差异性，也影响其对新闻类节目的拥趸程度。总体来看，2013 年度新闻类节目观众构成在性别上男性更多；年龄群体多分布在 45—54 岁，其次为 55—64 岁；学历以初、高中为主；除无业人群外，初级公务员/雇员比例最高；收入群体多分布在 1201—2000 元。

图 2－2　2012—2013 年度新闻类节目观众构成与集中度

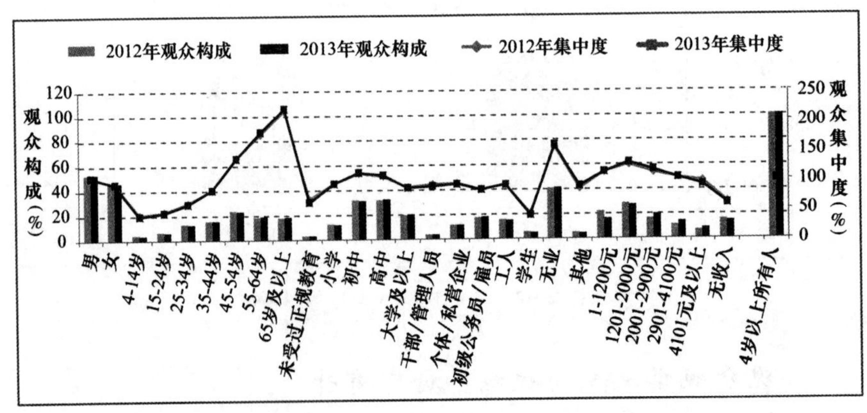

数据来源：CSM 媒介研究（全天，71 城市）

• 竞争格局：中央台主导收视，省卫视份额略升

近年来，各级频道间新闻节目的收视竞争格局基本稳定。2013 年度新闻节目收视市场仍然由中央电视台和省级非上星频道主导，其中中央电视台占据了 39.64% 的收视份额，央视收视霸主地位毋庸置疑；省级非上星频道收视份额为 26.89%，排名第二，虽与央视存在一定差距，但明显领先于其他频道组。对比近两年的收视份额，中央电视台、省级上星频道新闻节目收视份额增长明显，其中中央电视台增长显著，比 2012 年度提升了近 4 个百分点。省级非上星频道、市级频道和其他频道的收视份额都有不同程度的下降。

图 2－3　2012—2013 年度各级频道组在新闻类节目市场的收视份额

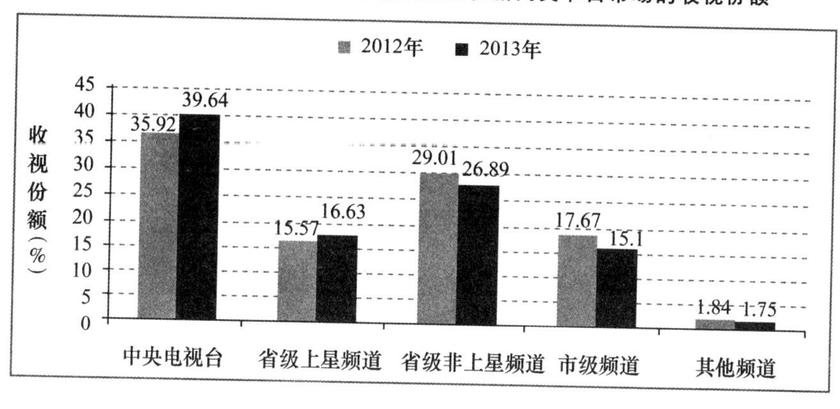

数据来源：CSM 媒介研究（全天，71 城市）

3. 广告收入

新闻节目优势市场地位彰显广告传播价值，广告投放额进一步增长。按刊例价计算，2013 年度电视新闻节目广告投放总额达 1962.6 亿元，比 2012 年度增加了 242.63 亿元。2013 年度，化妆品/浴室用品、饮料、酒类是新闻节目中广告投放额最高的三个行业。电视新闻节目广告投放额排名前十的行业中，除邮电通讯行业出现负增长外，其他行业都有所增长。其中清洁用品、酒类、饮料类行业增幅显著，分别为

45.18%、27.54%、27.49%。新闻节目凭借自身的权威性、观众的高端性以及在收视市场上的出色表现形成对广告产品的有效“背书”。

表2-3 2013年度新闻类节目广告投放额排名前10位的品类及变化（人民币：亿元）

品类	2013年	2012年	投放额变化	增长率（%）
化妆品/浴室用品	232.60	200.75	31.85	15.87
饮料	198.41	155.63	42.78	27.49
酒精类饮品	167.05	130.98	36.07	27.54
食品	159.92	137	22.92	16.73
商业及服务性行业	159.88	150.13	9.75	6.49
药品	120.72	117.61	3.11	2.64
娱乐及休闲	101.22	86.51	14.71	17
交通	66.53	54.95	11.58	21.07
清洁用品	41.26	28.42	12.84	45.18
邮电通讯	38.06	43.18	-5.12	-11.86

数据来源：CSM媒介研究（全天，71城市）

（二）代表性节目

1.《新闻直播间》

基本情况

《新闻直播间》海报

中央电视台新闻频道《新闻直播间》自2009年8月17日开播以来，一直将时效性作为栏目追求的目标。《新闻直播间》播出时间集中在凌晨和白天时段。凌晨时段共有5档，每档时长为10—15分钟，在凌晨1点到5点整点播出，主要以消息类新闻为主。白天时段分为 8 档，每档为 55 分钟。“内容提要”部分先介绍该档的重点新闻，此后为国际和国内新闻事件逐条播报，另外每档也会有一到两个社会热点问题或焦点新闻的深度报道。通过白天时段 8 档和凌晨时段 5 档的滚动播出，向观众展示了“大直播时段，焦点新闻播报”的独特栏目特色，除建立了良好的栏目品牌形象之外，还培养出了稳定的观众群。

收视表现

2012 年 10 月—2013 年 9 月，《新闻直播间》在 71 城市的平均收视率为 0. 39%，同比提升幅度为 25. 81%；整体市场份额为 3. 92%，同比提升幅度为 24. 84%，栏目有着较强的收视竞争实力。《新闻直播间》在 2012 年 10 月—2013 年 9 月的首播周收视走势形成“整体稳定、个别波动”的格局，2012 年 10 月 1 日—6 日，由于“十一国庆长假”假日出行信息及各地新闻特写的广泛及时报道，收视率最高点为 0. 55%，其他周收视率保持在 0. 3% －0. 5% 之间，观众群的收视习惯相对稳定。

图 2－4　2012 年 10 月—2013 年 9 月《新闻直播间》首播周收视走势

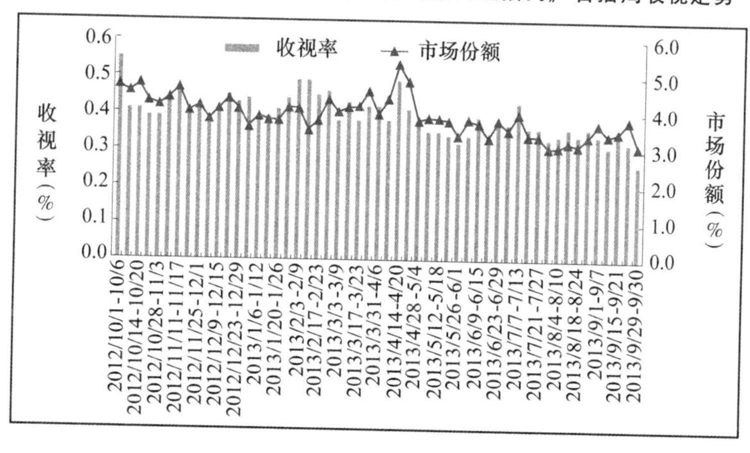

数据来源：CSM 媒介研究（71 城市）

栏目特色

突发事件及时处置，常规报道推陈出新

《新闻直播间》时段8个小时的直播窗口，就像一个“社会环境动态监测仪”，覆盖全球，涉及政治、经济、军事、文化、体育等社会的各个方面，最新消息随时插播，现场画面及时引进，以一个小时为一档进行编排，信息滚动递进，实现了“新闻与播发同步”。对于突发事件，如四川雅安芦山地震、波士顿爆炸案等，处置合理，应对得当；对于常规报道，时段内特别策划、重点板块已经常态化；对于春节、五一等特殊节假日和大型活动，提前策划，精心组织，以动态新闻、新闻观察、记者体验、新闻人物、评论员解读等形式多方位呈现。整体而言，突发事件的及时处置，常规报道的推陈出新，都充分体现了《新闻直播间》速度、深度、锐度并重的节目风格。

直播资源高效整合，重大事件第一直击

《新闻直播间》定位于“消息和直播报道”，“时效”和“现场”是栏目的核心竞争力。中央电视台在国内、海外的报道站点和驻站记者的广泛覆盖，使得《新闻直播间》在重大国际、国内新闻事件发生时，得以“第一时间现场报道”。《新闻直播间》的“现场”和“直播”的特点还体现在对重大时政活动的直播上，包括十八大、两会开闭幕式、总理记者招待会等。其中，《新一届中央政治局常委亮相》特别报道广受社会各界好评。此外，庆祝中国共产党成立92周年大会、纪念辛亥革命100周年大会直播、香港回归16周年等重点报道均以直播报道的形式进行了重点关注。

设置议题、策划热点，体现人本思想

作为新闻频道时长最长的一档栏目，《新闻直播间》是央视履行国家电视台舆论引导责任的重要栏目，因此栏目在议题设置和热点策划上在突出重大性的同时也注重贴近性和服务性，深入践行“以人为本”的新闻理念。《新闻直播间》策划制作的“我的父亲母亲”“最美妈妈”“最美教师”等多个特别报道，整合社会热点，深挖热点背后的意义，弘扬正气，传递正能量。《新闻直播间》在新闻的播报中，也充分体现了人本理念，在《白血病女孩的1001个愿望》的新闻中，报道了网名“国家美”身患白血病的女孩乐观面对疾病，投身公益的事迹，以“国家美”的个人故事、个人心声和体验为报道切入点，向观众展示了“国家美”坚强与大爱的美丽形象。

2.《超级新闻场》

《超级新闻场》海报

基本情况

《超级新闻场》创办于2004年12月，是安徽卫视一档大型杂志化早间新闻栏目，每天06:30—07:30在安徽卫视播出，时长60分钟。栏目分为“新闻直通车”“社会透明度”“天天故事会”三个板块，每个板块时长均为20分钟，播出节奏相对均匀。栏目通过时事图片、媒体评论、视频等方式剖析当今社会时事要点、时事热点，通过一件件发生在你我身边的故事折射当今社会心态与现象，贴近人民生活。

栏目收视

根据《超级新闻场》近一年来的收视走势，栏目的收视水平基本稳定，收视率数值处于0.07%—0.25%之间，市场份额在3.3%—

5.1%之间。整体上看，2012 年 12 月—2013 年 3 月间的收视有所走低，2013 年 5—9 月的收视相对较高。受春节期间观众集中收视文娱节目影响，近一年收视率最低点出现在 2013 年春节一周。

图 2－5　2012 年 10 月—2013 年 9 月安徽卫视《超级新闻场》收视周走势

收视率　市场份额
收视率（%）
0.2 0.2 0.2 0.1 0.1 0.1 0.1 0.1 0.0 0.0 0.0
市场份额（%）
6.0 5.0 4.0 3.0 2.0 1.0 0.0
2012/10/1-10/6
2012/10/14-10/20
2012/10/28-11/3
2012/11/11-11/17
2012/11/25-12/1
2012/12/9-12/15
2012/12/23-12/29
2013/1/6-1/12
2013/1/20-1/26
2013/2/3-2/9
2013/2/17-2/23
2013/3/3-3/9
2013/3/17-3/23
2013/3/31-4/6
2013/4/14-4/20
2013/4/28-5/4
2013/5/12-5/18
2013/5/26-6/1
2013/6/9-6/15
2013/6/23-6/29
2013/7/7-7/13
2013/7/21-7/27
2013/8/4-8/10
2013/8/18-8/24
2013/9/1-9/7
2013/9/15-9/21
2013/9/29-9/30

数据来源：CSM 媒介研究（71 城市）

 栏目特色

以板块为单位，呈现方式灵活多样

杂志型新闻节目《超级新闻场》是按杂志的方式组织、编排内容，以传播深度新闻为主，同时兼顾其他社会功能，满足受众多方面需求。《超级新闻场》以板块为单位，用报、评、说的形式，灵活编排新闻内容，将栏目分成了三个板块，分别定位为以播报为主的新闻速读、以新闻评论为主的新闻解读和以社会生活资讯服务为主的故事分享，这不仅保证了栏目体量，使得栏目可以容纳各种类型的新闻内容，同时还满足了不同观众对不同体裁新闻节目的需要。

编排错落有致，解读深入浅出

在板块编排的基础上，《超级新闻场》采取了交叉混合的内容编

排方式。与部分新闻栏目区分国内新闻和国际新闻的做法不同，《超级新闻场》在板块内没有区分新闻发生地的差异，而是将国内外和省内外新闻打乱，将各地各类新闻放在一起、交叉组合。使得同一板块内的新闻内容呈现形式相似但来源各异，形成了大局整齐划一、局部错落有致的视觉效果。从新闻内容呈现形式看，《超级新闻场》的三个板块分别具备新闻速读、新闻评论和社会故事剖析分享的功能，这在内容解读上形成了由浅入深、由易及难的渐进过程使得观众在阅读时更容易接受。

播报短平快，点评来源丰富

节目精短、节奏明快，是早间电视新闻的基本要求。“新闻直通车”板块在20分钟时间内播出10—15条新闻，达到了新闻播报语速快、信息量大的要求，有利于在惜时如金的早晨时段迅速提升收视。“社会透明度”板块口号是“透过社会表情，感知社会热度”，板块内新闻内容，除了主持人评论、专家观点、群众意见外，还要加进两三条报纸媒体的评论或网友评论，不仅加深了观众对事件的印象，还使节目内容显得更加立体丰富。

加强互动环节，增进观众黏度

通过短信互动和微博关注等方式增加栏目与观众的黏度，是《超级新闻场》提升观众口碑的重要途径。在栏目播出期间，屏幕下方滚动条或播放新闻信息，或播放观众点评与提问。在“天天故事会”板块，还针对案件内容设置了有奖竞答环节，这些都有力地增强了观众和栏目的关联度，有利于收视和观众忠实度的提升。此外，在微博盛行的当下，栏目和主持人都注册了官方账号，主持人在播报时也注重栏目和自身的形象宣传，提示观众关注栏目和主持人的微博，是增强曝光率的又一途径。

3.《决胜制高点》

基本情况

《决胜制高点》是深圳卫视于2012年4月2日推出的一档国际战略问题谈话节目，节目在每周一21:20—22:20播出，时长60分钟。栏目采用三维虚拟演播室技术，将节目现场分为“讲述场”和“辩论场”，每期围绕一个话题采取“夹叙夹议”的方式播出，女主持人的“讲述场”负责新闻的“叙”，男主持人与嘉宾的“辩论场”则承担对新闻的“议”。节目在选题上全方位聚焦国际新闻热点，并提出对策建议，帮助观众洞悉和把握错综复杂、变幻不定的国际局势，同时为高端收视群的战略决策提供有价值的参考资讯和意见。

《决胜制高点》海报

栏目收视

2012年10月—2013年9月，《决胜制高点》在71城市的平均收视率为0.58%，整体市场份额为1.82%。观察2012年10月—2013年9月《决胜制高点》的首播周走势可以看到，节目收视在波动中有所下降。显而易见，收视波动受选题的影响较大，选题对拉动收视率起着重要的作用。2013年1月20—26日当周播出的《钓鱼岛危机如何管控》收视率为0.9%，排名第一，市场份额为2.98%居首位，其后两周播出的《日美调整对华战略，中国如何应战》和《日本自卫队正式扩张，美国暗中放纵》两期的收视率也均接近0.9%，市场份额也都在2.7%或之上。其他周的收视率在0.32%—0.77%之间波动，市场份额则分布在 0.94%—2.8%之间。

图 2－6　2012 年 10 月—2013 年 9 月《决胜制高点》首播周收视走势

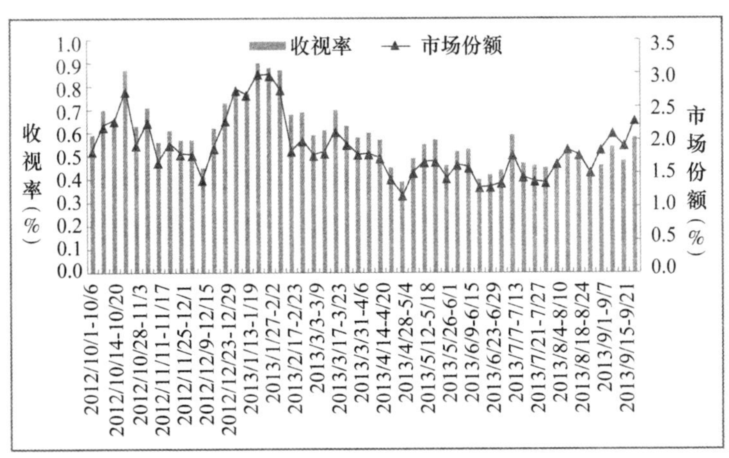

数据来源：CSM 媒介研究（71 城市）

栏目特色

突出公众话题，深挖内容细节

好的选题是成功的一半，好的选题是节目是否“好看”的根本，《决胜制高点》讨论的话题多是大众关注的热点，有着较强的公共性特征，并且涉及多方利益，存在着多元价值的冲突。节目改变了“观点就是理论”的旧思维，让嘉宾用故事、细节来证明观点，用形象的比喻来输出观点，用口语化的表达来讲述观点，以增强观众的收视兴趣。而在缺乏热点的新闻“淡季”，《决胜制高点》则通过日常“平淡”资讯的“小切口”进行“深挖掘”，甚至从热点时事衍生出一个完全不同的选题，通过内容的挖掘以及角度的新颖来吸引观众。

嘉宾选择多元，对话激荡智慧

《决胜制高点》在嘉宾的选择上显示出多元化和代表性的特点，其评论嘉宾资源日趋雄厚，涵盖两岸三地以及全球。截至 2013 年 10 月，《决胜制高点》已邀请了来自境内外接近一百位嘉宾评论员，其中不乏中国前驻外大使，大陆国际关系学术界的精英、两岸资深的电视评论员以及一些会说中文的海外媒体人等。嘉宾的背景多元化是形成话语抗辩的先决条件，每期节目选择的嘉宾，都在相关专业领域具有较强的代表性和专业性，他们观点和思想的激荡碰撞，营造出了充满张力的抗辩现场。主持人向嘉宾提出尖锐和深刻的问题，针对具体问题嘉宾和主持人用“辩证”的方式表达出各自理性的观点，并从媒体和公众的双重立场出发，通过理性的探讨，精英式的对话，向观众传递出智慧和远见卓识。在表达多元观点和平衡多种“声音”上的努力，成就了《决胜制高点》的深度和锐度。

点评睿智犀利、生动形象专业

在《决胜制高点》的“讲述场”中，女主持人对于新闻话题提纲挈领的归纳总结，既有趣又给人启迪。在《日本自民党上台，中日关系添变数》一期中，女主持人点评菲律宾在日本修宪问题上与日本“右翼”势力站在同一站线时，使用了“马尼拉爱幻想”和马大姐式的“热心肠”等逗趣的语言，入木三分地刻画了菲律宾此时扮演的角色。在《安倍钓鱼岛问题表态呈人格分裂特征》中，主持人用兵书《三十六计》中的“无中生有”计来解读日本在钓鱼岛问题上表现出的“从无到有，由虚到实”的行径，用中国古老的兵法智慧深刻揭示了现代社会错综复杂的国际关系。主持人独到老辣的点评，在节目中起到了“画龙点睛”的作用。

（三）年度综述

1. 年度亮点

● 央视新闻改版升级，内容亲民接地气

2013 年，央视新闻节目在制作流程、环境硬件、管理软件等方面都进行了升级。其中，《新闻联播》加大民生和国际新闻的报道量，增加新闻现场连线、新闻评论员机制，播报员的播报语速从每分钟300字提高到每分钟320字；《焦点访谈》加强突发性新闻的深度报道，加大社会民生选题比例，运用多种技术手段丰富视听元素，并在主持人播报方式、演播室包装等多个方面进行调整。此外，包括《朝闻天下》《新闻30分》《晚间新闻》等在内的新闻栏目也进行了改版调整。2013年，中央电视台综合频道重点在改进提升现有五档新闻栏目的基础上，优化频道新闻格局：内容上，从报道角度、深度等方面突出与新闻频道的差异性；形式上，通过设立中心演播室、引进品牌主持人、实时在线包装等手段，强化新闻节目品牌特色。

● 央视新闻布局新媒体，树立社交化转型范本

在2012年11月1日中央电视台新闻中心推出新闻微博官方账号“央视新闻”后，2013年“央视新闻”品牌延展到微信和新闻客户端两大新媒体领域。两会期间，央视新闻频道开始“央视新闻”微信的试运营，并于4月1日正式推出认证公众账号，微信在新闻内容的生产、接收、推送和反馈四个环节为新闻传播带来变革。5月1日，中央电视台在《新闻联播》中正式宣布“央视新闻”入驻搜狐新闻客户端。“央视新闻”独立的手机客户端于7月23日正式上线，基于中央电视台遍布全球的记者资源及雄厚的视频制作力量，该客户端24小时滚动更新向用户提供“看得见的新闻”，并作为央视移动互联网内容发布的主要平台。“央视新闻”通过向微博、微信、客户端三个平台差异化延伸，实现内容多平台分发、资源共享、优势互补和差异化运营，“央视新闻”作为台网融合的新媒体先锋，成为电视媒体实现社交化转型的一个范本。

● 两会报道改文风转语态，“短、实、新”拉近受众距离

2013年3月全国两会召开期间，各级频道在新闻报道中注重调整文风语态，改变以往概念化、抽象化的话语体系，学习用“接地气”的短话、实话、新话，直播人大代表、政协委员审议讨论的核心内容，撷取大会中有细节、有内涵的瞬间。如中央电视台《夏丹追新闻》、北

京电视台《小曹跑两会》、浙江卫视《直通两会》等都精心搭建起百姓和两会沟通的桥梁，围绕会上、会下热议话题进行新闻报道，报道语态更平民视角，内容更实在，篇幅更精炼，公信力、亲和力显著提高。电视新闻“两会”报道实现了由长篇累牍报道会议议程转向关注与人民切身利益直接相关的问题，由官方话语到口语化的语言风格的转变，“新的文风语态变化拉近了新闻与观众的距离，更好地满足了观众对新闻资讯的期待，新闻可视性也有所提高，大大增强了新闻报道的传播效果。”①

● 省卫视发力雅安地震报道，应急能力大幅提升

2013 年 4 月 20 日四川雅安地震发生后，各卫视也都迅速反应，上海东方卫视的直播甚至早于央视，不少卫视频道暂停常规栏目打通全天的时段直播震区特别报道。从收视来看，湖南卫视、江苏卫视凭借对雅安地震的出色直播报道，其收视直逼中央电视台综合频道，在重大突发事件直播报道中，省级卫视与央视的正面交锋可谓首战告捷。自汶川地震以来，各省台都开播了各种形式的省级地面新闻频道，有意识地组织大型直播活动锻炼直播团队。这次雅安强震众多省级卫视集体发声，既体现了电视台的应急能力，彰显了卫视的社会责任感，也对卫视品牌产生了重大有利影响。

2. 与视频新媒体联动概况

● 内容输出新媒体，扩展新闻传播广度

随着视频网站的日渐壮大，电视新闻栏目可以在网站上点播的也越来越多，对于新闻栏目来说，在网络上播出可以扩大其传播广度，增强

---

① 罗红辉：《走基层电视新闻节目的民生关怀及公益传播审视》，载《中国广播电视学刊》2012 年第 2 期。

节目影响力，增加受众群。通过对网站上电视新闻节目的点播情况观察①，可以发现新闻专题和新闻谈话类栏目在网上栏目数量更多，点播量也更大，而新闻资讯类栏目多以单条新闻出现，整档栏目在网上可以点播的数量则较少。总体而言，收视较好的电视新闻栏目大部分在主流视频网站都有播出，点播量大多在十万到百万这一量级之间。

就电视媒体而言，因频道落地方式等差异，上星频道成为强势频道，地面频道则相对弱势。但是新媒体跨越时空的特性，为地方电视台突破地缘局限面向全国提供了机会。2012 年 10 月，土豆网城市频道宣布实现频道改版，上线了三档特色内容，其中最具特色的就是以方言内容为主的地方精品栏目，如山东齐鲁频道《拉呱》、绍兴电视台公共频道《师爷说新闻》、苏州电视台社会经济频道《李刚评话》等。地方电视台携手网络媒体，时间上实现了本地观众对优秀节目的随时点播，空间上也为各地的网友欣赏外地的特色节目提供了可能。对地方电视台而言，此举扩大了地方优秀内容的影响力，提升了地方频道的品牌价值。

● 台网融合资源整合，增强新闻传播深度

随着技术的发展，我国的新闻资源融合也逐渐从比较浅层次的相互利用对方推广自己的内容，过渡到在新闻采集与新闻播发两方面进行全方位的合作，利用不同媒介的优势最有效地报道新闻，增强新闻传播的深度。

2012 年 9 月，中央电视台与新媒体联合举办的“我的父亲母亲”大型新闻公益行动，2013 年 4 月中央电视台和中国网络电视台联合推出“中国梦·我的梦”大型视频征集与展播活动等，都引发了观众的广泛参与和关注。相关系列节目除了在《新闻联播》《朝闻天下》《东方时空》《焦点访谈》等栏目中进行报道之外，央视还以网络宣传片、微访谈等多种方式，积极推介活动。此外，央视新闻中心联动多家门户

---

① 网络点播量为各栏目在其有播出的网站上各期节目播放量的总和，主要观察的网站有优酷土豆、凤凰、新浪、爱西柚、酷 6、华数 tv、爱奇艺、乐视、风行、腾讯、PPS、56 网、山东网络台等 14 家网站。

网站、微博平台共同发起的相关活动，每天动态公布投票结果，新华网、新浪网等媒体也同时跟进报道，进一步扩大了活动的影响力。电视媒体与新媒体联合举办大型公益活动，一方面，多平台覆盖有助于扩大活动影响力；另一方面，不同平台通过不同方式来报道和跟进活动，也能更好地发挥不同媒体的优势，如电视媒体的品牌优势以及新媒体的互动性等，以形成联动效应。这一系列的评论将“台网联动”从相互宣传的浅层次互动，向共同策划节目、制作节目、共同进行营销、共同节目输出的深层次互动转变，增强了传统电视平台与网络媒体互动平台的良好融合。

● 多屏差异化覆盖，加快新闻传播速度

随着移动终端重要性的与日俱增，布局移动终端打造全媒体平台，成为电视新闻与新媒体融合创新的路径之一。2012 年下半年以来，各电视台纷纷推出电视台或新闻节目的微博、微信、新闻客户端三个新媒体平台，布局最有影响力的三个新媒体传播阵地，力求形成三位一体、差异化呈现的新媒体传播格局。

最具代表性的当属在以上三个新媒体阵地上排兵布阵的中央电视台新闻中心“央视新闻”。央视的“新媒体新闻首发”制度使微博被视作中央电视台在传统电视、国际视通对外发稿平台之外的第三个发稿平台，也是央视重大新闻、突发事件、重点报道的首发平台，而且其表述方式更加生动、活泼，使其话题性和参与性更具特色。而微信的优势则在雅安地震等突发事件中显现。2013 年 4 月 20 日“央视新闻”微信平台 8:14 将地震消息同步推送给用户，并从 4 月 20 日下午开始，将央视网的新闻频道直播信号引入微信平台，打通了电视屏幕与移动媒体的间隔。除了中央台外，四川卫视也联合微信紧急上线了“四川卫视雅安热线”公众账号，联合腾讯在第一时间公布救助内容、现场照片等信息。新闻客户端相比于微博和微信更注重社交性，更能体现媒体的传播实力和影响力。2013 年 7 月，中央电视台新闻中心推出中央电视台新闻中心官方客户端。2013 年 8 月，江苏广电总台也推出手机新闻客户端“荔枝新闻”。手机新闻客户端通过 24 小时滚动更新，力求在第一时间

为用户提供来自现场的独家报道、权威消息，并在互动功能上充分弥补了电视单向传播的不足。

● 新媒体内容广吸纳，信息来源更丰富

随着新媒体技术和设备的发展普及，新媒体正成为电视新闻节目内容的重要来源。一方面，电视新闻节目将网络上经过核实的信息或网友观点评论作为报道素材或例证，另一方面，多档影响力较大的网站自制脱口秀和访谈节目直接登录电视台，实现新媒体向电视台的反向输出。在全媒体融合下，传播广度和传播深度的整合正不断加大新闻节目的传播力度。

新媒体时代，电视新闻栏目从微博等社交网站上寻找热点话题观点作为节目素材的方式越来越普及。2012 年 10 月，中央电视台联合腾讯视频等多家媒体共同发起了“文明天下”大型媒体行动，在这次活动中，中央电视台《东方时空》《24 小时》《新闻 1 + 1》《新闻周刊》以及《新闻直播间》等多档新闻栏目先后采用了腾讯视频的 UGC 拍客视频 30 多条，总时长高达 100 分钟。[①] 此外，当视频网站自制栏目成为一个明显趋势之后，高品质的节目也逐渐显现，其中有些有影响力的栏目开始反向输出电视台，如搜狐视频自制的脱口秀《大鹏嘚吧嘚》被石家庄、福州、合肥等多家地面频道购买，爱奇艺出品的深度人物访谈《头号人物》等栏目也在多家地面频道播出。由优酷出品、高晓松坐镇的网络脱口秀节目《晓说》在第 18 届上海国际电视节上与浙江卫视《艺术北纬 30 度》达成合作，成为首个被主流电视台购买在黄金档播出的网络自制脱口秀节目。电视台和互联网之间的合作输出，不仅限于优质栏目本身，有影响力的品牌资源也是挖掘的对象。

---

① 《腾讯视频 UGC 精品频出，内容规模化反哺电视台》，http://news.xinhuanet.com/tech/2012-12/28/c_124161043.htm

3. 年度小结

2013年度电视新闻类节目在收视和播出表现上都有长足发展。纵观新闻类节目收视排名，老牌新闻栏目收视活力依旧，重大时事新闻是大量聚集观众眼球的爆发点。近年来，受国家政策的引导和电视台“新闻立台”理念回归的影响，中国电视新闻节目的播出量和播出比重都呈上升趋势。电视新闻类节目的发展不仅体现在量的增加也伴随质的提升，作为拉动收视的三驾马车之一，其收视比重明显高于播出比重，资源使用率保持良好状态，观众规模和观众忠实度更是稳中有升，新闻类节目观众构成更趋高端。2013年度电视新闻节目市场的竞争格局基本稳定，仍以中央电视台和省级非上星频道主导新闻节目收视。新闻节目优势市场地位彰显广告传播价值，新闻栏目广告投放额进一步增长。

在新媒体时代，各级频道新闻类节目在践行“内容为王”理念的同时，也深谙“渠道制胜”的关键性。新闻类节目与新媒体多角度的融合表现在内容的跨媒体输出、栏目的跨平台差异化覆盖、资源的多媒体整合以及主动吸收新媒体素材和话题等方面。新闻类节目通过与新媒体资源的整合，以实现自身品牌传播与内容生产数字化、网络化和移动化，在整个信息媒体产业链中探索适合自己的发展模式。

4. 趋势与展望

近五年来新闻类节目收视份额呈现出在波动中不断上升的趋势，除2011年收视份额有所下滑，其他年份收视份额都有所上升，折射出新闻节目对电视观众的吸引力在日益提升。新闻节目承载了传递信息、传播知识、提供娱乐和引导舆论的多重社会功能，深受广大电视观众喜爱，成为电视节目的“重中之重”。随着“新闻立台”理念的不断回归，未来全国电视新闻播出量将增加，电视新闻工作者创新实践的空间将增大，电视新闻各种节目形态将呈现出多元发展趋势，与新媒体的融合将进一步加强，未来新闻类节目的市场份额将持续上扬。

图 2－7　2009—2013 年（1—9 月）新闻类节目收视份额

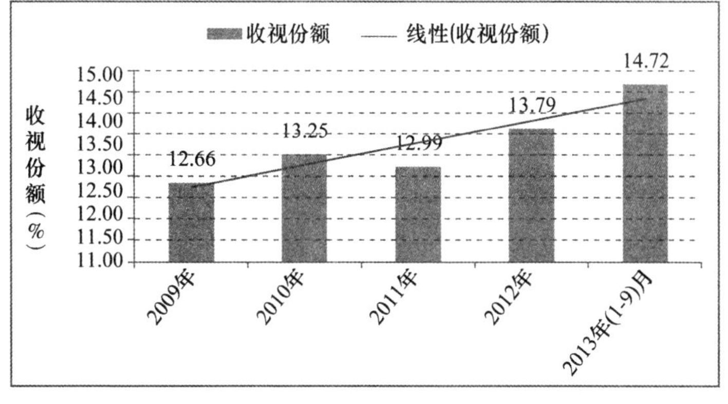

注：此图中的年份为自然年份，即为每年的 1 月 1 日到 12 月 31 日

数据来源：CSM 媒介研究

二、影视剧节目

2013 年，是中国电视剧的“小年”，15770 集的剧目产量较上年减少了 1933 集，降幅达 10.9%。尽管好剧不多，但本年中国电视剧的收视与播出量依然稳定，电视剧依然是拉动观众市场最有力的“发动机”。

就具体受众情况来看，电视剧收视出现了观众规模和忠诚度双双下滑迹象，但中高收入观众比例明显上升。

强势卫视对优质剧目的垄断更加突出，顶尖剧目出现扁平化、接近化现象。

电视剧广告依然是电视市场的价值高地，但增幅有所放缓。

电视剧的台网联动合作向纵深发展，优质剧目永远是争夺重点。

（一）年度数字

1. 全国收视 TOP10

●《有你才幸福》独占鳌头

《有你才幸福》海报

《泰囧》海报

作为电视剧的“小年”，2013 年似乎没能诞生出一部堪和《甄嬛传》比肩的大剧。然而，不可否认的是仍然有部分电视剧获得了不错的收视效果，一定程度上也折射出近来电视剧市场的流行“风向”。

2013 年度，卫视频道在 71 城市播出的电视剧和电影，按照平均收视率排名取前 10 位，会发现几个有趣的现象：

一是上榜的以现代剧居多，占 6 部，近代剧占 3 部，古装剧仅占 1 部（《陆贞传奇》）。从此点看，颇为符合广电总局扶持现代剧的精神。

二是各类题材均有冒尖剧目。入榜的剧集有都市生活剧《有你才幸福》、军事斗争剧《战旗》、近代传奇剧《闯关东前传》、反特/谍战剧《与狼共舞》、警匪剧《营盘镇警事》、奋斗励志剧《温州一家人》、当代传奇剧《百万新娘第二部之爱无悔》《幸福妈妈》、军旅生活剧《麻辣女兵》。可见，电视剧的题材不过是个“筐”，内容才是做好剧的食材。

三是少数强势平台垄断最优质剧目资源，3 个强势卫视频道包揽了前 10 名，表现出强悍竞争力。其中，中央台一套和湖南卫视平分秋色，各占 4 席；剩余 2 席则落入江苏卫视的囊中。

四是顶尖剧目的收视率出现了扁平化、平庸化、接近化。进入收视排名前 10 的电视剧，平均收视率都超过了 2%，最高为 2.45%，最低为 2.03%，然而没有一部超过 3%。相比前些年，明显缺少引领收视高峰的领军剧目。收视数据清晰地反映出我国电视剧市场近两年来优质剧目资源匮乏之现状。

五是电影在电视荧屏播出尽管能取得一定的收视率，但整体竞争力不敌电视剧，最高收视率仅有 1.6% 左右（电影《人再囧途之泰囧》）。

表 2－4　2013 年度全国影视剧首播收视率排名前 10 位

排名	节目名称	题材	播出频道	平均收视率（%）
1	有你才幸福	都市生活	中央电视台综合频道	2.45
2	温州一家人	奋斗励志	中央电视台综合频道	2.38
3	百万新娘第二部之爱无悔	当代传奇	湖南电视台卫星频道	2.28
4	陆贞传奇	戏说演绎	湖南电视台卫星频道	2.19
5	幸福妈妈	当代传奇	湖南电视台卫星频道	2.13
6	战旗	军事斗争	江苏卫视	2.11
7	闯关东前传	近代传奇	中央电视台综合频道	2.06
8	营盘镇警事（第 22—28 集，2012/10/2—2012/10/5）	警匪	中央电视台综合频道	2.03
8	麻辣女兵	军旅生活	湖南电视台卫星频道	2.03
8	与狼共舞	反特/谍战	江苏卫视	2.03

数据来源：CSM 媒介研究（全天，71 城市）

2. 播出与收视

● 占总播出量28%，占总收视量36%

尽管精品不多、创新乏力，电视剧在传统电视市场并非秋扇见捐，反而竞争力强劲，依旧是吸引观众、拉动收视的当之无愧的“发动机”。2012 年度、2013 年度影视剧约占节目播出总量的 28%，收视比重的 36%。

在播出的影视剧中，电视剧挑大梁，电影处于辅助地位。2013 年度，电视剧播出比重占 24.6%，同比略增 0.4 个百分点，收视比重占 31.5%，同比略降 0.3 个百分点；电影播出比重占 3.8%，同比略增 0.1 个百分点，收视比重占 4.1%，同比略降 0.2 个百分点。

总体而言，两类节目播出与收视结构保持平稳状态，而且收视需求量远远高于播出供给量，资源使用效率颇高，可谓供不应求，市场存在一定的缺口，有力地证明了影视剧的市场地位巍然屹立、不可或缺。

图 2－8　2012—2013 年度影视剧播出时长及收视和播出比重

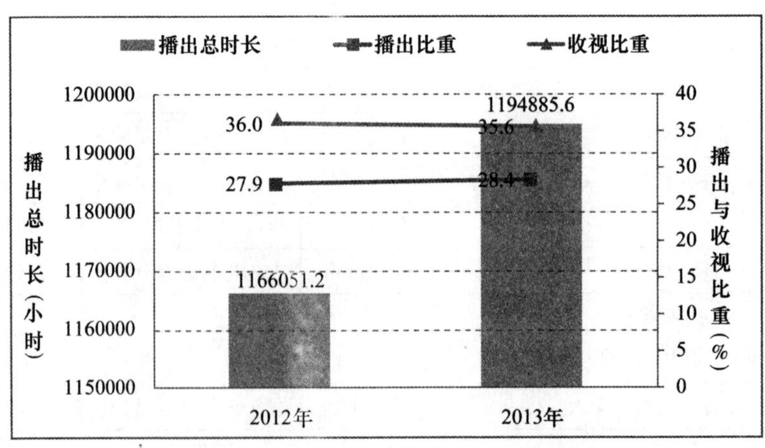

数据来源：CSM 媒介研究（全天，71 城市）

● 日均 54% 观众收看，人均收视 53 分钟

电视剧的收视贡献大，源于其在观众中的传播范围“广”和传播

力度“深”。对应到数据上，平均到达率代表了传播广度、观众规模，人均日收视分钟数代表了传播深度和观众忠诚。

2013 年度，电视剧的平均到达率是 54.1%，较之上年下降 1.1 个百分点，平均每人每天收视时间是 52.7 分钟，也较之上年下降了 1 分钟。电影的平均到达率是 22.5%，较之上年下降 0.4 个百分点，平均每人每天收视时间是 6.9 分钟，也较之上年下降了 0.3 分钟。

电视剧和电影均出现了观众规模和忠实度双双下滑，从一个侧面反映了在激烈的视频内容竞争领域，影视剧包括整个传统电视内容产业，尽管地位稳固，但已悄然出现了丝丝裂痕，正面临观众被分流的威胁，这是不能不被警惕的发展隐忧。

表 2－5　2012—2013 年度影视剧人均收视分钟数与平均到达率

节目类型	年份	人均日收视分钟数	平均到达率（%）
电视剧	2012 年	53.7	55.2
	2013 年	52.7	54.1
电影	2012 年	7.2	22.9
	2013 年	6.9	22.5

数据来源：CSM 媒介研究（全天，71 城市）

● 中、高收入观众增幅明显

电视剧观众中比例较大的观众群体有：女性（2012 年度占 54.5%，2013 年占 53.9%），45—54 岁（2012 年度 22.7%，2013 年度 22.4%），初、高中学历（2012 年度 63.8%，2013 年度 63.5%），无业（2012 年度 37.4%，2013 年度 37.5%），个人月收入在 1201—2000 元之间（2012 年度 26.2%，2013 年度 25.4%）。

电影观众中比例较大的观众群体包括：男性（约占 56%），35—54 岁中年人（约占 45%），初、高中学历者（约占 64%），无业者（约占 27%），每月 1201—2000 元的中低收入者（23%）。

值得注意的一个信号是随着国民生活水平的提高，影视剧观众的经济收入层次也在水涨船高。2013 年度个人月收入在 2001—4100 元的中等层次观众比例，在电视剧和电影观众中同比各增加了约 6 个百分点；4100 元以上高收入观众比例，电视剧同比增加近 2 个百分点，电影增加 2. 4 个百分点。与此同时，这两类节目 2000 元以下的低收入和无收入观众比例出现了大幅下降，降幅均不低于 8 个百分点。

图 2－9　2012—2013 年度影视剧的观众构成

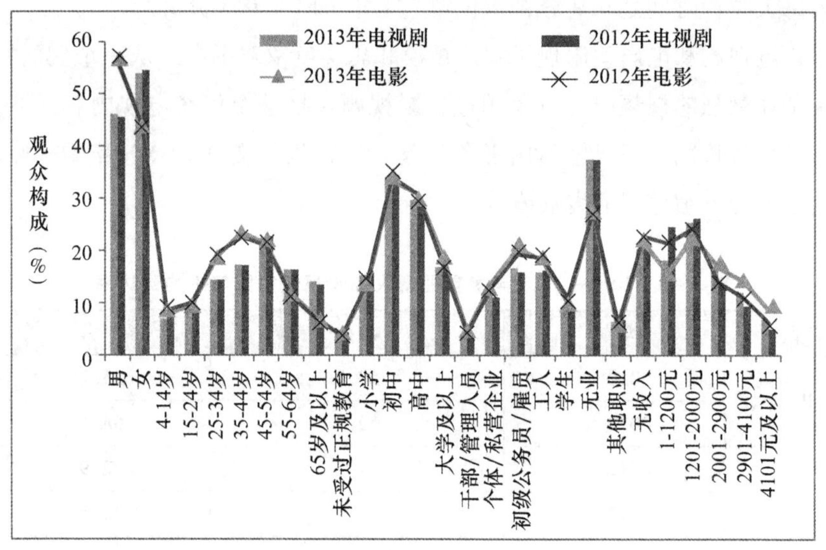

数据来源：CSM 媒介研究（全天，71 城市）

● 省卫视和中央台分占收视市场半壁江山

各级“势力军团”挟剧逐鹿荧屏，都试图在观众注意力所形成的收视份额中多分得一杯羹。然而，收视份额的分布并不均衡，出现两极分化的趋势。

2013 年，在电视剧市场上增长的一级是卫视军团。2013 年度中央台电视剧的收视份额达到 14. 7%，较之上年增长 1. 4 个百分点；省卫视获得 49. 5% 的份额，同比增长 1. 1 个百分点，二者显然是市场大赢家。下滑的一级是地面频道军团，2013 年度地面频道共分掉约 35% 的份额（省级地面频道占 24. 8%，地市级频道占 9. 7%），较之上年共损失 2. 3 个百分点。

电影市场与电视剧市场呈现出截然不同的竞争格局，大体呈现出

“阶梯状”分布。中央台稳居寡头垄断地位，收视份额超过50%，但比上年度缩水2.6个百分点；省卫视竞争力中等但不断提升，2013年度份额上升到20.7%，同比上升4.3个百分点；省级地面频道连续两年保持在22.8%；地市级频道竞争力较弱，2013年度份额下滑到4.2%。

图2-10　2012—2013年度各级频道组在电视剧和电影中的收视份额

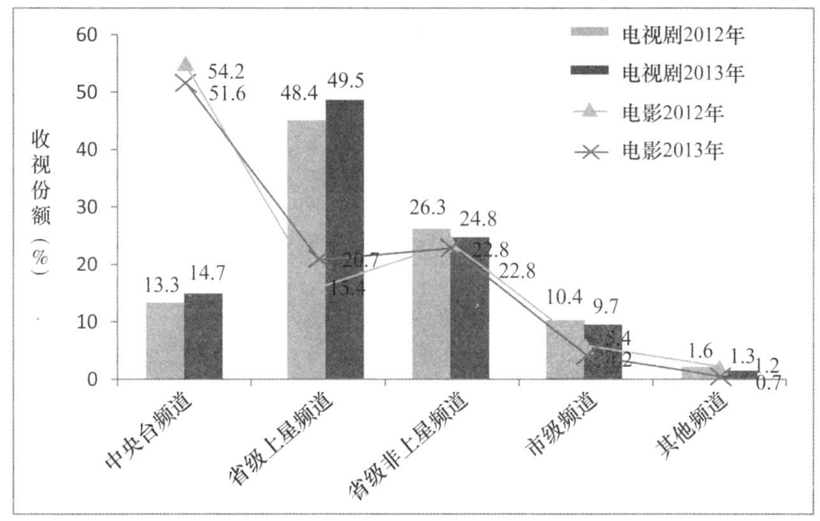

数据来源：CSM媒介研究（全天，71城市）

3. 生产与收入

● 发行剧目441部、15770集

如今，我国是世界上当之无愧的电视剧生产大国，电视剧俨然成为文化创意产业中的投资新贵，热钱不断涌入，影视公司纷纷上市，制作资金充沛，产量自2009年以来节节攀升，并在2012年达到一个高峰。

2012年，全国各类电视剧制作机构共计生产完成并获准发行国产电视剧506部、17703集。其中，现实题材剧目共计284部9274集，分别占总量的56.1%和52.4%；历史题材剧目共计216部8189集，分别占总量的42.7%和46.3%；重大题材共计6部240集，分别占总部数、集数的1.2%和1.4%。

《闯关东》海报

然而，市场繁荣的背后隐藏着产能过剩泡沫。电视剧市场作为政府率先推行的节目产业化试点领域，自然要接受“看得见的手”和“看不见的手”的调控，在一番投资热潮过后，旺盛的虚火开始冷静下来，不少制作公司采取谨慎态度，电视剧制作产量得到控制。

2013 年全年全国共计生产完成并获得《国产电视剧发行许可证》的剧目共计 441 部、15770 集。现实题材剧目共计 242 部、8143 集，分别占总量的 54.88% 和 51.63%；历史题材剧目共计 192 部、7366 集，分别占总量的 43.54% 和 46.71%；重大题材共计 7 部、261 集，分别占总部数、总集数的 1.59% 和 1.66%。总产量比 2012 年大幅下降了 10.9%。

图 2-11　2012—2013 年（自然年）广电总局批准发行的国产电视剧数量

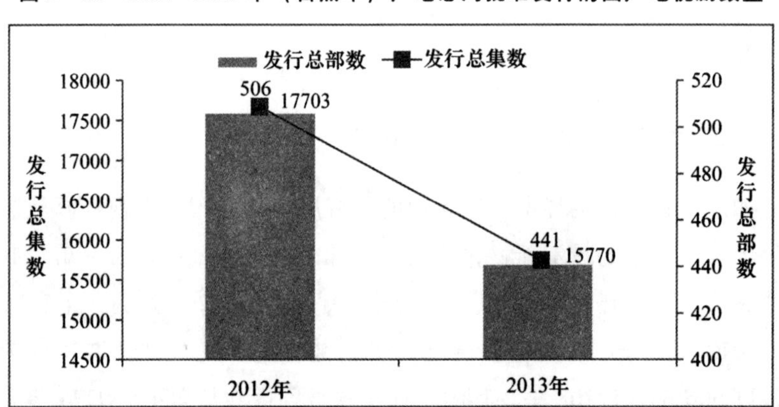

数据来源：广电总局网站

图 2－12　2012—2013 年度各级频道组在电视剧和电影中的收视份额

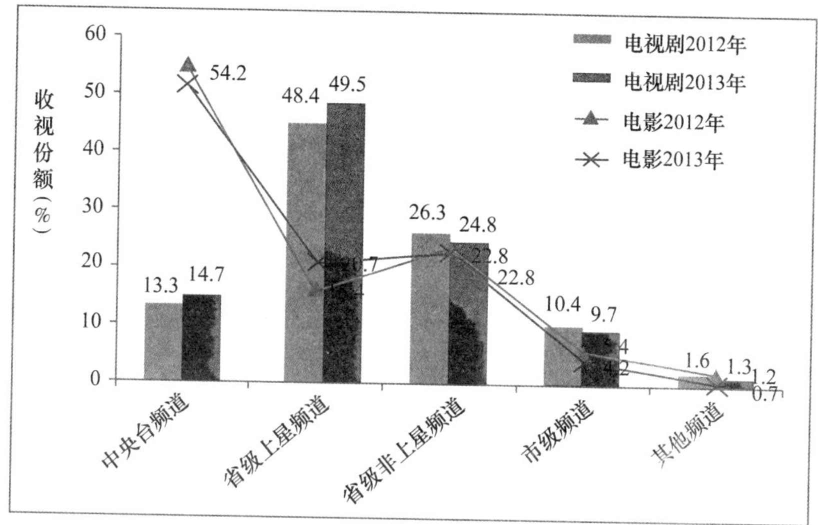

数据来源：CSM 媒介研究（全天，71 城市）

● 广告投放超 4000 亿，增幅近 6%

影视剧极低的收视门槛使其拥有良好的观众基础，庞大而丰富的题材类型、千姿百态的内容，又使得各行各业的广告主都可以找到理想的投放空间，因此影视剧具备很强的广告吸附力，成为金光闪闪的价值高地。

根据央视市场研究（CTR）广告投放额（按刊例价计算）统计数据，影视剧 2012 年度共吸纳广告投放额 3993 亿元（电视剧 3557 亿元，电影 436 亿元），2013 年度达到 4228 亿元（电视剧 3786 亿元，电影 442 亿元），同比增长 235 亿元（电视剧增长 229 亿元，电影增长 6 亿元），增幅为电视剧增长 6.4%，电影增长 1.5%。

2012 年度以来共有 22 个品类广告主对影视剧进行广告投放，跻身投放额前十位的包括：化妆品/浴室用品、药品、饮料、食品、商业及服务性行业、邮电通讯、金融业、娱乐及休闲、酒精类饮品、杂类等。

表 2－6　2012—2013 年度影视剧广告投放额（刊例价，人民币：亿元）及增长率

品类		2012 年	2013 年	增加额	增度率（%）
杂类	MISCELLANEOUS	971.54	1，085.0	113.46	11.68
化妆品/浴室用品	TOILETRIES	528.62	580.82	52.2	9.88
药品	PHARMACEUTICALS	420.47	399.58	－20.9	－4.97
饮料	BEVERAGES	352.2	444.45	92.25	26.19
食品	FOODSTUFF	327.04	382.37	55.33	16.92
商业及服务性行业	BUSINESS & SE	375.8	332.07	－43.73	－11.64
邮电通讯	POST & COMMUNICATION	193.01	128	－65	－33.68
金融业	FINANCE INDUSTRY	157.03	124.58	－32.45	－20.66
娱乐及休闲	LEISURE	117.45	136.1	18.64	15.87
酒精类饮品	ALCOHOL	97.6	128.33	30.73	31.49
清洁用品	CLEANSERS	71.56	85.2	13.64	19.06
电脑及办公自动化产品	COMPUTER	62.77	89.84	27.07	43.13
交通	AUTOMOBILES	61.22	72.23	11.01	17.98
个人用品	PERSONAL ITEMS	70.93	28.1	－42.83	－60.38
衣着	CLOTHING	38.51	58.98	20.47	53.15
家居用品	HOUSEHOLD	44.49	34.36	－10.13	－22.77
活动类	CAMPAIGN	32.48	40.1	7.62	23.46
家用电器	HOME ELECTRICAL APPLI	34.94	35.81	0.87	2.49
房地产/建筑工程行业	REAL ESTAT	10.63	13.38	2.75	25.88
农业	AGRICULTURE	12.47	9.58	－2.89	－23.19
工业用品	INDUSTRIAL	8.27	10.51	2.24	27.09
烟草类	TOBACCO & ACCESSORIES	4.41	9.02	4.61	104.69
合计		3,993	4,228	234.96	5.88

注：按照 2012 和 2013 年的各品类广告投放额总和排序。

数据来源：央视市场研究（CTR）（全天，71 城市）

广告是国民经济生活的“晴雨表”，随着老百姓生活水平的提高，衣食住行娱乐活动等品类投放也相应增多。2013 年化妆品/浴室用品、饮料、食品、娱乐及休闲、酒精类饮品、清洁用品、电脑及办公自动化产品、衣着、交通、活动类、房地产/建筑工程行业、工业用品、烟草类和杂类的广告投放额同比增幅较大，而个人用品、邮电通讯、金融业、农业等类则出现下滑。

（二）代表性节目

1. 《咱们结婚吧》

《咱们结婚吧》海报

基本情况

2013 年底，正当人们以为电视剧市场终将平淡收场的时候，荧屏突然跑出一匹“黑马”，一路跑到年度最高山顶，这部剧就是《咱们结婚吧》。该剧是由北京华录百纳影视股份有限公司制作的当代都市言情剧，导演刘江，编剧孟瑶，主演高圆圆、黄海波、凯丽等。

该剧共 50 集，2013 年 11 月 6 日起在中央台一套和湖南卫视播出，于 12 月 10 日播完。该剧讲述了一位“黄金剩女”与一位“恐婚男”之间如何战胜心理阴影，克服层层障碍，消除家长不满，有情人终成眷属的爱情故事。

 收视表现

该剧是中央台首次联袂省卫视同步播出的试水之作，在中央台一套首播时平均收视率为3.19%，单日最高收视率达4.2%；在湖南卫视平均收视率为2.28%，单日最高收视率达2.64%。

该剧以每天两集的节奏播出，收视率曲线在71城呈现出每天攀升的良好成长态势。中央台一套和湖南卫视的"博弈"备受市场关注。两个频道的收视率曲线前三天交织在一起，几乎难分伯仲，第三天的收视率均超过了2%，湖南卫视还略高一点。从第四天起，两个平台方逐渐分出高下，中央台一套逐步领先，自此扶摇直上，2013年11月18日收视率突破3%，25日进一步破冰4%，随后收视率略有回落，但依旧保持在3%以上的高水平。再观湖南卫视，收视走势在71城市尽管不如中央台一套那么惹眼，但贵在稳中有升，到了最后一天收官，收视率达到最高峰2.62%。从这点看，双方同台飙戏获得了"双赢"效果。

图2－13　电视剧《咱们结婚吧》首播时每天收视率走势

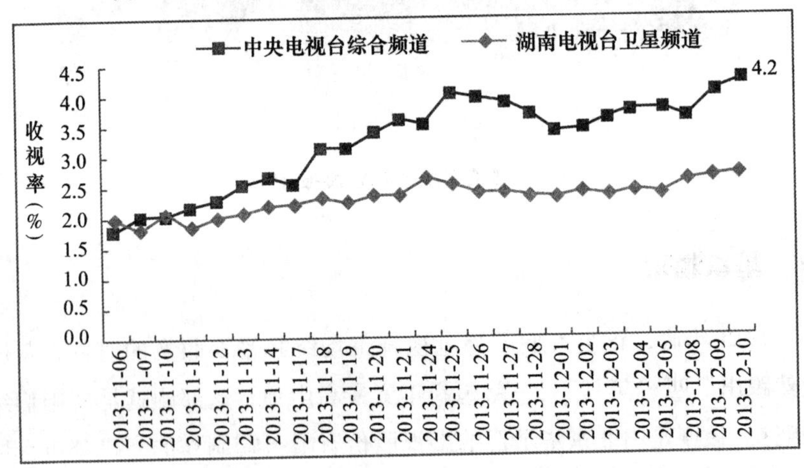

数据来源：CSM媒介研究（71城市）

节目特色

剧情设计视角独到，风格清新温馨真实

《咱们结婚吧》设计出“恨嫁女”与“恐婚男”这一对活宝为了爱情展开“大斗法”，闹出了很多啼笑皆非的爆笑故事。该剧延续了刘江导演一贯特色，节奏明快，情节不狗血离奇，细节充满温暖意趣。导演善于通过频繁的镜头切换抓住每个人最有生活气息的表情和细节，增加了生活的真实感。

表演功力深厚，台词诙谐幽默

黄海波演出了果然情感发展的层次感，高圆圆则相当传神地演绎出了一个气质清纯的美丽剩女。此外，极品老妈、贴心男闺蜜、温柔表姐、欢喜公婆等角色的出场也极具个性和特色。

该剧台词幽默风趣接地气，抓住时下社会心理，金句频出。例如：“婚姻是爱情的坟墓，不结婚，就死无葬身之地”等。

制作水准电影化，彰显浪漫唯美风

该剧在整体视觉效果、叙事风格颇具电影质感：服装养眼，造型帅气，场景设置漂亮，主旨基调温暖、浪漫。导演在画面呈现上，大量运用粉、橙等暖色调，拍摄场景多发生在画面鲜亮养眼的酒店、家中、婚纱店、大海边，卖相上佳，成为吸引观众的重要特色。

央视、卫视牵手，开拓合作空间

《咱们结婚吧》的最大独到之处在于能够凭借良好品质让两个“骄傲的”大台牵手联袂播出，首开先河。该剧的话题、内容、演员、水准都选择得恰到好处，既能覆盖年轻观众，又能吸引成年观众，既能满足湖南卫视一贯的青春偶像的定位，又可符合央视一套高端、大气、上档次的需求，一举多赢，开拓了新的电视剧营销思路和编排模式。

当然，该剧也并非完美无瑕，观众“吐槽”最多的是剧中过多的

植入式广告。据统计，全剧植入了广告品牌近50个。如何巧妙地植入广告又不引起观众反感，也是现代剧应该考虑的问题。

2.《悬崖》

《悬崖》海报

基本情况

在近两年的诸多开年大戏中，《悬崖》是一部让人眼前一亮的谍战剧，它以自身的独特品质而成为近两年谍战剧的标杆之作。该剧由东阳狂欢者影视文化有限公司制作，编剧全勇先，导演刘进，主演张嘉译、小宋佳、程煜。剧中故事发生在1938年的中国东北，讲述的是为了获取重要的情报，共产党员周乙和顾秋妍假扮夫妻，潜伏在伪满洲国警察队伍中，与阴险多谋的汉奸头子高斌斗智斗勇。

《悬崖》共40集，2012年1月3日起在上海、天津和黑龙江三家卫视联合首播，21日收官。在天津卫视的平均收视率是0.8%，单日最高收视率为1.07%；在上海东方卫视平均收视率是0.78%，单日最高收视率为1.04%；在黑龙江卫视平均收视率是0.65%，单日最高收视率为1.45%。

节目收视

图 2－14　电视剧《悬崖》首播时每天收视率走势

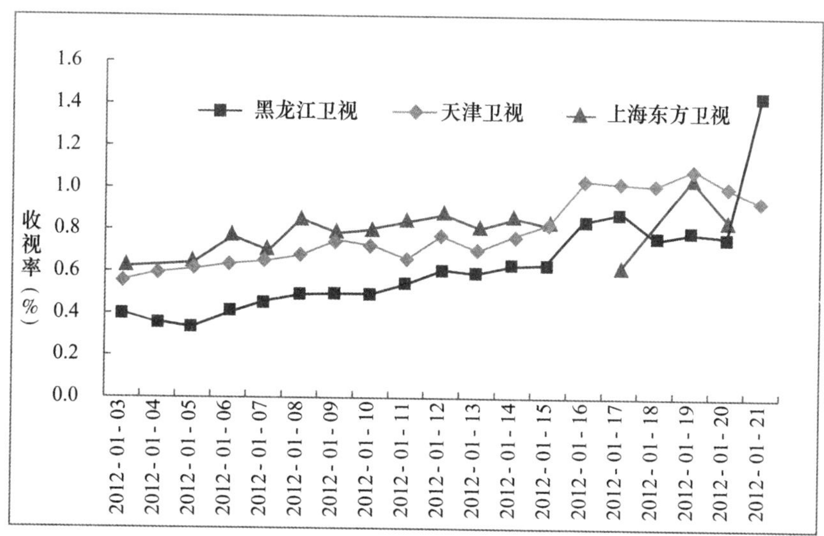

数据来源：CSM 媒介研究（71 城市）

节目特色

故事设计有创新，情节紧凑吸眼球

《悬崖》的情节进展采用了与美剧相似的紧凑型结构，“三分钟一小高潮、五分钟一大高潮”，融合了“悬疑、爱情、智斗、枪战”等元素，并且注重细节展现，营造出跌宕起伏、险象环生、惊心动魄的效果，牢牢吸引观众看下去。

该剧另一个独到之处是情节设置有所创新，最典型的有两处：一是将“假夫妻进行到底”，并将男主角的真妻子也作为一位潜伏者加入到了剧情当中；二是结局打破大团圆模式，周乙最终壮烈牺牲，赋予全剧浓厚的悲剧色彩，更让观众久久回味。

人物个性鲜明，表演真实生动

《悬崖》在人物关系设计上的主要特色有二：一是正面人物和反面人物在矛盾和冲突中相互映衬，以反面人物的“高超”，反衬正面人物的智勇。周乙每次窃取发报，都是在对手高彬严密、阴险地防范中进行；二是以顾秋妍的不成熟、不完美反衬周乙的成熟与优秀，制造出别样的真实性。

侧重剖析人性，风格深沉冷峻

《悬崖》立意深刻，是一部侧重于表现人性的电视剧。一是剧中台词充满耐人寻味的人性光辉；二是努力剖析每一个人物人性中面临选择时的两面性，特别将诸多矛盾加在男主角身上，使其人物特性鲜明饱满，散发着那个特殊年代里独有的理想主义光辉。

此外，影片还有其他不少优点，例如故事发生的历史背景营造得非常真实，制作精美大气，镜头考究，进一步为影片加分。

3. 《甄嬛传》

基本情况

《甄嬛传》在大堆后宫剧中脱颖而出，并远渡重洋，成为海外文化输出的经典之作。该剧根据流潋紫的同名网络小说改编，编剧流潋紫、王小平，导演郑晓龙，主演陈建斌、孙俪、蔡少芬，由北京电视艺术中心制作。

《甄嬛传》海报

该剧长达76集，讲述了雍正年间，一个不谙世事的单纯少女甄嬛进入后宫，几经沉浮，逐步成长为善于谋权的深宫妇人，充分展示了宫廷生活的尔虞我诈、情爱纠缠。2012 年 3 月 26 日起该剧在上海东方卫视和安徽卫视同步播出，5 月 2 日播完。

节目收视

图 2－15 电视剧《甄嬛传》首播时每天收视率走势

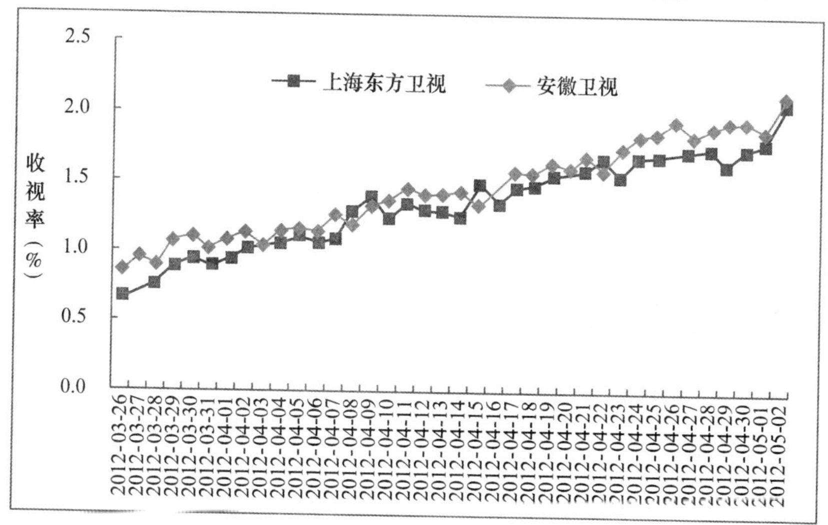

数据来源：CSM 媒介研究（71 城市）

《甄嬛传》在上海东方卫视平均收视率为 1.33%，单日最高收视率 2.07%；在安徽卫视获得平均收视率为 1.44%，单日最高收视率 2.12%。

该剧收视率曲线属于典型的“低开高走”型，节节攀升的趋势非常明显。安徽卫视在第 4 天的收视率既已突破 1%，东方卫视在第 8 天收视率超过 1%，二者在最后一天收视率双双突破 2% 大关，呈现出一条非常漂亮的收视曲线。

节目特色

真实再现后宫生活

《甄嬛传》在艺术虚构与历史真实之间做出了探索。首先是采用落地法，将原著小说的架空故事挪移在清朝雍正年间。其次，该剧遵循历史正剧的路数，在礼仪、服装、陈设、器物、场景等方面下了大工夫，精雕细琢。例如，采用了大量细致入微的细节描写皇帝用膳规矩、嫔妃等级排位封号规则等，将清宫中森严的礼仪等级制度展现无遗。

主角配角个个出彩

该剧无论是主角还是配角，都塑造得性格鲜明、栩栩如生。孙俪、陈建斌、蔡少芬等"腕"演技出众，毋庸多言；华妃、温太医、眉庄、陵容、曹琴默、敬妃、端妃、淳儿、果郡王等几乎都是由二三线演员或新面孔出演，却也性格各异、颇具神采。还有一些小配角尽管出场寥寥，但也恰到好处。

制作考究颇具古风

《甄嬛传》另一个特色就是制作考究精良。服装、化妆、舞美、音乐、画面风格都追求唯美，共同营造出令人赏心悦目的历史画卷，是近年不可多得的高品质剧集。编剧流潋紫在作品中大量借用古代典籍、唐宋诗词等，半文半白的台词颇具《红楼梦》语言的神韵，深受好评，被誉为"甄嬛体"。此外，该剧的插曲、配乐、片头曲、片尾曲也都相得益彰地传递出古风古韵，耐人品味，增加了该剧的艺术美感和厚重感。

（三）年度综述

1. 年度亮点

- **地面台联手打造定制剧**

2013 年 8 月 20 日，由浙江影视集团牵头江苏幸福蓝海、贵州经纬星、四川星空等具有广电背景的国企影视公司携手 20 家强势地面频道组建"G20 制播俱乐部"，由上述影视公司制作的电视剧在"G20"中的地面频道将有优先采购权。定制剧已不再是卫视频道的专享资源，也开始与地面频道结缘，电视市场上对优质剧目的争抢将进一步激烈。

《西游降魔篇》海报

●省卫视买断电影播映权

省级卫视只能购买老电影的格局正被逐渐改变，对优质新电影的版权购买正成为一些卫视影视剧采购的重要方向，2013 年，江苏卫视买断了周星驰最新电影《西游降魔篇》15 年的独家电视播映权，并在 8 月 14 日晚间黄金时段首播。这是最新院线电影首次登录省级卫视，当晚在全国 71 城市取得了 1.09% 的收视率。近年来随着电视剧竞争加剧，一些卫视已开始把目光投向对电影资源的开发，开拓电视剧之外的新战场。

●演员身价暴涨，大荧幕明星回归

近年来电视剧产业不差钱，明星片酬一路蹿升，吸引不少电影明星纷纷回归电视剧，成为一个值得关注的现象。黄晓明挑战《精忠岳飞》，冯绍峰当起《兰陵王》，黄渤、刘烨、张涵予三大影帝撑起《火线三兄弟》，高圆圆出演《咱们结婚吧》，周迅加盟电视剧版《红高粱》，吴秀波和姚晨搭档《离婚律师》，孙红雷和陈数担纲《一代枭雄》……演员的影、视通吃已成趋势。

●“80 后”剧目井喷，育儿题材扎堆

《小儿难养》海报

前些年，都市生活剧几乎是婆妈婆媳的天下，近两年风向开始转变，以描写“80 后”婚姻、爱情、理想和事业的电视剧开始流行。《AA 制生活》《小夫妻时代》《金太狼的幸福

生活》《我的经济适用男》《北京青年》等相继播出。进入2013年，育儿剧异军突起：《小儿难养》《宝贝》《小爸爸》《辣妈正传》《孩奴》等引发市场对于“80后”生子育儿题材的关注和探讨。除了育儿剧，关于家庭关系、爱情、婚姻、职场等的“80后”剧目也层出不穷。

● 关注老人生活，拓展市场空间

随着我国迅速进入老龄化社会，老年人的生活与情感正逐渐成为制片方挖掘的新亮点。2013年上半年，中央台一套播出了由李雪健、刘佩琦、陶慧敏等主演的反映老年生活的家庭伦理剧《有你才幸福》，创造出该频道上半年收视率高峰。下半年，四家卫视播出了赵宝刚导演聚焦“暮年”的情感话题作品《老有所依》，收视表现突出。此类电视剧还有很大的市场拓展空间。

● 政府支持原创，推动内容创新

电视剧创新乏力正成为制约市场发展的瓶颈，政府开始伸出“看得见的手”进行扶植。广电总局设立了电视剧优秀原创剧本奖，奖金总额起点是1000万元，每年评选出十大原创剧本和二十部入围剧本，大力倡导原创精神。2013年1月，北京市文联举办了面向全国的征集评选推介优秀剧本及曲艺作品活动的启动仪式，拟为评出的优秀剧本举办推介会，让剧作家与文艺院团、影视文化公司对接搭桥，让优秀的“本”有机会转化成“剧”。此外，不少省市的宣传主管部门都设有扶植原创优秀剧本的专项奖励资金。

● 内地市场繁荣，港台演员涌入

港台剧是我国电视剧市场的重要组成部分，涌现了许多深受大陆观众欢迎的影视剧明星。近些年来随着内地发展机会增多，不少香港和台湾演员北上发展，俨然成为一种趋势，而大陆市场也热衷与他们合作，形成双赢格局。目前活跃在内地荧屏的台湾演员有霍建华、陈乔恩、林心如、安以轩、吴奇隆、刘雪华、明道等，香港演员有钟汉良、刘恺威、陈浩民、陈小春、蔡少芬、叶璇等。

●《纸牌屋》启迪，大数据给力

2013 年全球影视界都在津津乐道《纸牌屋》的成功之道，因为这部电视剧的导演和男主角都是被“计算”出来的。美国 Netflix 公司使用大数据对近 2700 个订阅用户进行网络行为分析，根据精确分析统计出的观众对电视剧的题材、演员、节目类型的普遍收视偏好 3 个要素有极强针对性地投拍了大获成功的《纸牌屋》，给影视业带来了一种新思路。在国内，互联网公司、院线、影视制作公司都开始了大数据挖掘和应用的尝试。2013 年 4 月 11 日成立的盛大文学编剧公司已宣布将依据“大数据”来创作电视剧本。

2. 与视频新媒体联动概况

如今的节目市场真正迈入了多媒体、泛渠道、“一鱼多吃”的交互时代，电视剧产业正迎来巨大的升级发展良机。

● 台网联动，深度合作

更多卫视日益看重高品质视频网站的媒体平台价值，台网融合成为一种趋势，合作双方甚至从内容策划、节目制播、推广营销、采购播出、广告运营等一系列方面联合行动。例如爱奇艺实现“一部大剧、一家卫视、一家网络平台”的“1 + 1 + 1”台网联动共振模式。风行网与 SMG 实行五个联合，即联合策划、联合制播、联合推广、联合营销、联合采购。

● 网络营销，扩大影响

电视剧网络营销的模式日益成熟，包括门户网站广告、微博发酵、天涯社区和贴吧等各种形式。比如《龙门镖局》的预告片发布后，在微博的转发量很快过万；《新恋爱时代》热播，剧中主人公和演员先后成为微博热门词；京东商城在《男人帮》做了广告植入之后，围绕男主角孙红雷做了许多营销活动。

● 反向输出，电视播出网络剧

排名靠前的几家大型视频网站，不仅自己推出网络自制剧，还开始反向输送给电视频道播出。例如，搜狐视频推出的国内首部门户剧《钱多多嫁人记》登录旅游卫视；土豆网自制剧《爱啊哎呀我愿意》反销深圳卫视；乐视网和成都电视台携手打造的《青春大爆炸》在成都台黄金时间播出；爱奇艺自制情景喜剧《奇异家庭》登录江西电视台影视频道。相比传统电视剧，网络剧具有周期短、成本低、互动性强的优点，未来将成为传统电视剧市场的一个补充。

● 跨界合作，电视、游戏捆绑经营

目前部分武侠或神怪玄幻题材的电视剧正被改编为游戏作品，实现了双赢的跨界合作。例如，麒麟游戏与北京如意吉祥影视有限公司联合推出新版《水浒传》电视剧的同名网游，开创了网游与影视跨业合作的全新商业模式。双方还展开捆绑营销，新版《水浒传》电视剧中包括 LOGO、片尾、片尾定帧等多处均已体现出《水浒传》网游元素。此外，也出现了网游带动影视剧情况，比如热播剧《仙剑奇侠传》三部曲皆改编自同名网游。

● 社交互动，且观且议成潮流

社交电视（Social TV）正逐步在国际上流行，社交网络的主动体验与被动的看电视被无缝结合起来。今后，收看电视剧不仅仅是单一传输的线性被动接受的行为，而且还会成为社会交往、社会互动的一种方式。我国目前社交电视的平台包括：新浪看点、卫视通、电视粉、蜗牛、电视切客、“TV-time”、电视 e 族等，观众在看电视的同时，可以登录社交平台，实时地对电视节目进行评论，与其他观众朋友进行互动交流。2013 年初，湖南卫视与上海宏蝠网络联合研发的手机互动社交应用 APP——“呼啦”上线，全线打通湖南卫视各档剧场，实现了剧目播出与观众互动的对接。

3. 年度小结

从总体来看，2013 年的电视剧市场从数量到质量都是公认的“小年”，具体表现为：制作数量高位回落，部数和集数上均较上年有明显萎缩；在质量上好剧匮乏，全年除了《咱们结婚吧》，再无一部平均收视率超过 3% 的作品。顶尖剧目的收视出现了扁平化、平庸化趋势，影视剧的观众规模和忠实度出现下降。

尽管不尽如人意，但影视剧依旧担当着节目市场的主力军，占节目总播出量的 28%、占节目总收视量的 36%，且播出与收视结构平稳，资源使用效率高。2013 年，我国每天有 54% 的观众收看电视剧，人均收视时间近 53 分钟；有近 23% 的观众收看电影，人均收视时间近 7 分钟。2013 年影视剧广告投放额（按刊例价计算）超过 4000 亿元，同比增幅近 6%，并且随着老百姓生活水平的提高，衣食住行、娱乐活动等品类广告投放正在增多。总体看来，电视剧作为电视市场“大儿子”的地位依旧稳固。

影视剧市场寡头垄断特征鲜明。一是收视份额蛋糕的分配出现两极分化的趋势，省卫视获得 50% 的电视剧市场份额，中央台约获得 15%，而地面频道份额下跌，弱势地位更加显著。二是顶尖电视剧被中央台一套、湖南卫视、江苏卫视等少数频道掌控，其他卫视难以染指。三是在电影方面则是中央台稳居半壁江山。

影视剧收视比例最大的观众依旧是初高中学历、无业者、中低收入者、中老年观众。但在总收视人群中，中等收入和高等收入者的比例变高了，低收入者的比例变低了。

通过对本部分挑选出的三部代表性剧目分析可以看出，无论是古装剧《甄嬛传》，还是谍战剧《悬崖》，抑或是现代剧《咱们结婚吧》，都有若干相同或相似的特质：剧情设计视角独特，风格令人耳目一新，台词生动有内涵，人物表演出色真实，后期制作精良堪比电影等等。总之其思想性、艺术性和观赏性都高度统一。

除了顶尖剧目，还有部分年度亮点可圈可点：政府设立原创剧本奖鼓励内容创新，省卫视频道开始把目光投向电影，地面台也成立“制播联盟”来抢剧，电视剧资金充沛，吸引电影演员和港台演员加盟，热门题材关注幼儿又聚焦老人，大数据开拓创作新思路。

最后的一点是，电视剧市场高度关注和拥抱新媒体，台网互动、网络营销、跨界合作，乃至接受网络剧的反向输出——技术进步带来的多渠道、多方式的传播革命，为电视剧产业的下一步发展带来了无限的可能和想象空间。

4. 趋势与展望

历经30多年的积累，中国电视剧从当初一株稚嫩的小苗成长为一片成熟丰茂的产业森林。尽管面临着视频新媒体的巨大市场竞争和分食，但是电视行业对电视剧市场的统治地位依然稳固，电视剧在视频节目中的领军优势仍不可动摇。71城市数据表明，2010年以来，电视剧在所有节目中的地位巍然屹立，牢牢占据31—32%左右的收视份额，位居各类节目之首。

图2－16　2009—2013年影视剧收视份额

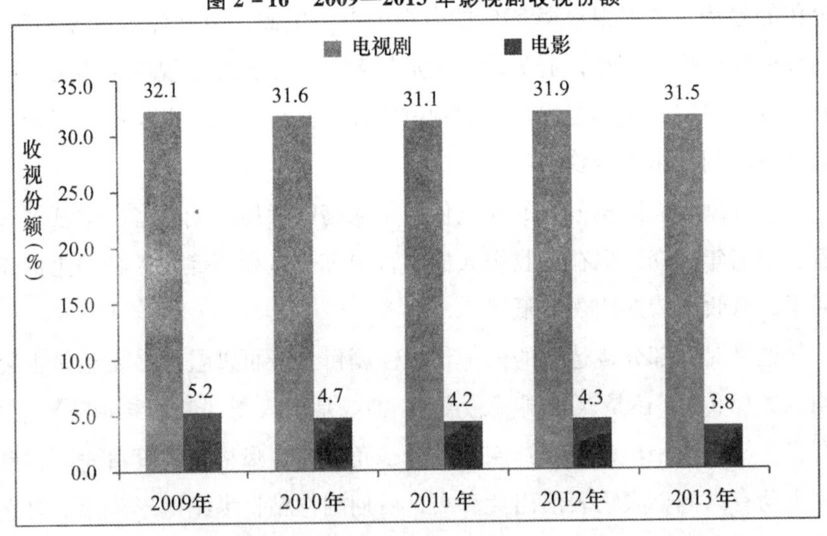

注：2009—2012年数据采用自然年度，2013年度用2012.10.1—2013.9.30数据。

数据来源：CSM媒介研究（全天，71城市）

在我们可以预见的未来几年内，传统电视剧产业固然会被新媒体分流，但通过与新媒体融合，乃至逐渐共生共荣，很有可能将产生新的经济利益体和增长亮点。

但是，传统电视行业在电视剧市场面临的隐忧不可小觑，观众规模将持续被新媒体分流，顶尖电视剧的收视高峰很可能持续疲软不振。要想保持高收视水准，电视台必须花大力气保持和提升观众的忠实度。而决定忠实度的关键因素乃是电视剧的品质。

因此，如何有效提高剧目质量、解决内容不断创新的问题，将是今后一段时间内市场发力的焦点。对此，电视剧产业链上的各方力量都已是心如明镜，关键是如何行动了。

总体来看，电视剧市场资金是充沛的，在制作品质上追求影片化高质量效果的趋势明显，电影明星和港台明星回归的潮流也将持续下去，但是大浪淘沙，制作业投资将更加谨慎，更加关注投入产出比。这也是从近两年的市场教训中得出的宝贵经验，一味追求大投资、大场面、大明星的所谓“高端、大气、上档次”的剧目大部分反而收视败北，甚至不及小成本剧目来得划算。

适者生存，在接下来的发展中，在大数据的支持下，电视剧的市场定位会更加精准，多渠道传播、多元化盈利的运作会更加成熟——新的传播环境和市场空间是中国电视剧产业前所未有的、更宽广的发展机遇。

三、综艺类节目

2013 年度中国电视综艺节目的收视量增幅明显，在观众收视总时长中所占比重达到近 5 年来的最高值。综艺节目类型不断丰富，歌唱类、亲子类、演讲类、传统文化类等不同主题的节目令观众耳目一新。以湖南卫视为代表的省级卫视积极引进国外优质模式节目，部分综艺节目创下近年来少见的高收视。热门综艺类节目不仅是观众的“吸睛王”，也是广告的“吸金王”，节目冠名费用一路水涨船高。热门综艺节目不仅在传统电视屏幕火热，在网络视频等新媒体上也受到热捧。综合而言，综艺节目进入了大片时代，精良的节目制作水准给观众带来更多的视觉盛宴。

（一）年度数字

1. 全国收视 TOP10

- **晚会仍是主力军**

2013 年度全国综艺类节目收视市场中，综艺晚会类节目仍占据着收视率排行前 10 的主体地位。其中，春晚、元宵、中秋以及3·15晚会等占据 7 席；真人秀类节目进入收视 Top10 的有浙江卫视的《中国好声音》、湖南卫视的《我是歌手总决赛歌王之战》以及江苏卫视的《非诚勿扰》。

表 2-7　2013 年度全国综艺类节目收视率排名前 10 位

排名	节目名称	播出频道	收视率（%）
1	2013 春节联欢晚会	中央电视台综合频道	13.34
2	2013 元宵晚会	中央电视台综合频道	7.4
3	2013 春节联欢晚会	中央台三套	5.68
4	中国好声音	浙江卫视	4.51
5	我是歌手总决赛歌王之战	湖南卫视	4.18
6	幸福 NO.1 春节联欢晚会 2013	江苏卫视	3.97
7	2013 元宵晚会	中央台三套	3.76
8	CCTV2013 年 3·15 晚会	中央电视台综合频道	3.48
9	梅州月中华情 2013 年中央电视台中秋晚会	中央电视台综合频道	3.15
10	非诚勿扰	江苏卫视	2.81

数据来源：CSM 媒介研究（2012 年 10 月—2013 年 9 月，71 城市）

2. 播出与收视

● 日均播出量微增 2.9%

综艺类节目平均每天播出量从 2012 年度的 719 小时增加到 2013 年度的 740 小时，增幅约为 2.9%；综艺类节目在所有播出节目类型中的播出比重从 2012 年度的 6.3% 微涨至 2013 年度的 6.4%。

图 2 – 17　2012—2013 年度综艺节目日均播出量

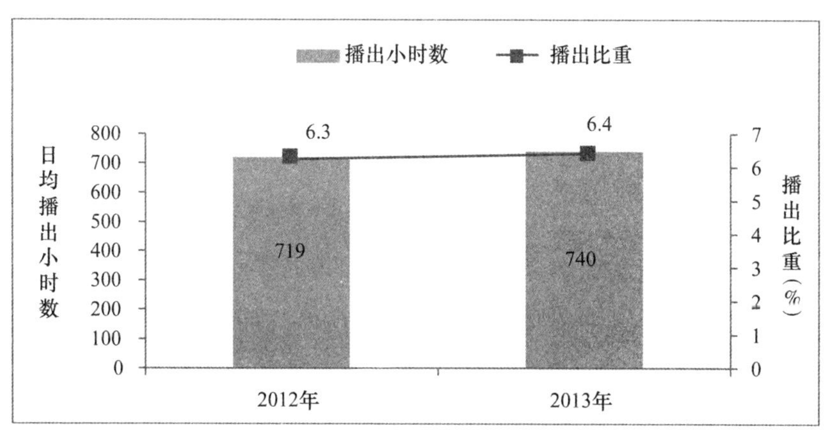

数据来源：CSM 媒介研究（全天，71 城市组）

● 人均日收看增长 5.2%

综艺类节目日均观众到达率从 2012 年度的 43.1% 微幅下滑至 2013 年度的 42.6%，观众规模并没有因为互联网等新媒体的扩张而出现明显下降。综艺类节目观众人均日收视量从 2012 年度的 18.9 分钟增加到 2013 年度的 19.9 分钟，增幅约为 5.2%。综艺类节目在所有节目类型中的收视比重从 2012 年度的 11.1% 上升至 2013 年度的 11.9%。以上数据反映出综艺类节目的创新力度加强对收视市场的拉动效果。

图 2-18　2012—2013 年度综艺类节目观众日平均到达率

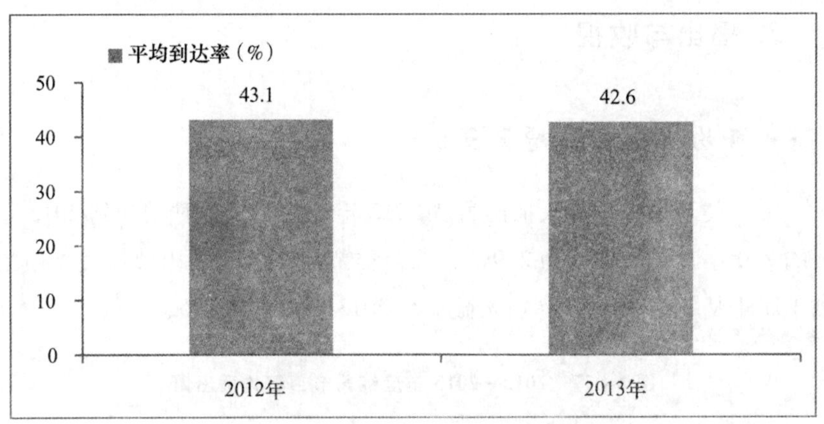

数据来源：CSM 媒介研究（全天，71 城市组）

图 2-19　2012—2013 年度综艺类节目人均日收视时长及收视比重

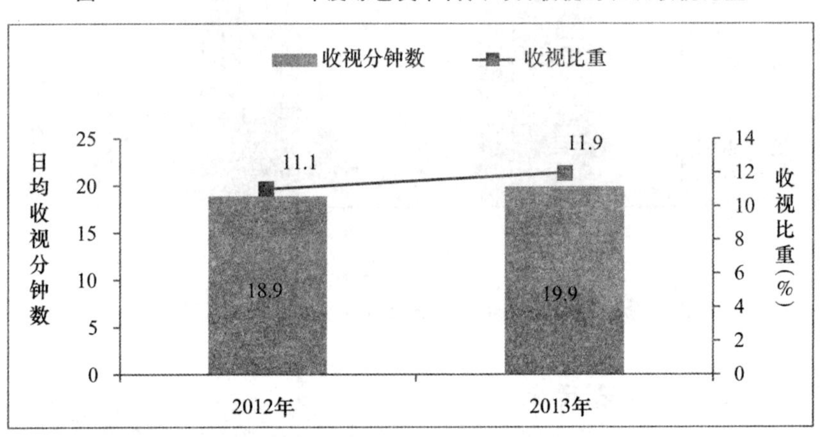

数据来源：CSM 媒介研究（全天，71 城市组）

● 不同频道差异明显

综艺类节目的观众特征总体来看与电视观众整体的特征接近，观众构成在性别上以女性为主；年龄段最高分布在 45—54 岁，其次为 25—44 岁以及 55—64 岁；学历以初、高中为主，大学及以上的观众比例也不低；1201—2000 元收入水平观众收视最多。对比 2012 年度的观众特征，2013 年度在性别、年龄、受教育程度等方面没有发生明显变化，但近年随着居民收入的稳步增长，2000 元以上月收入的观众比例有较大提升。

虽然综艺类节目的观众特征与电视观众总体特征接近，但由于综艺节目类型及市场定位的差异，不同频道综艺节目的观众特征也存在着明显的差异，比如湖南卫视、江苏卫视、浙江卫视等频道的观众特征就与电视观众总体特征有所差别。

图 2－20　2013 年度综艺类节目观众构成及集中度

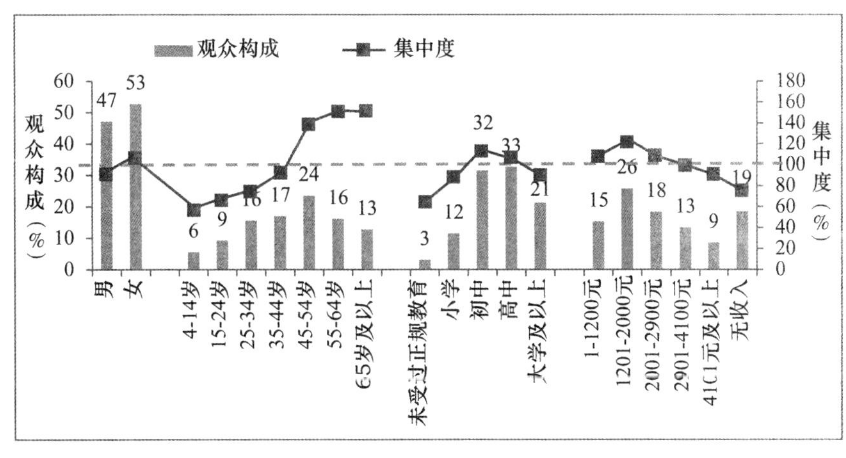

数据来源：CSM 媒介研究（全天，71 城市组）

图 2－21　2012—2013 年度综艺类节目观众构成对比（%）

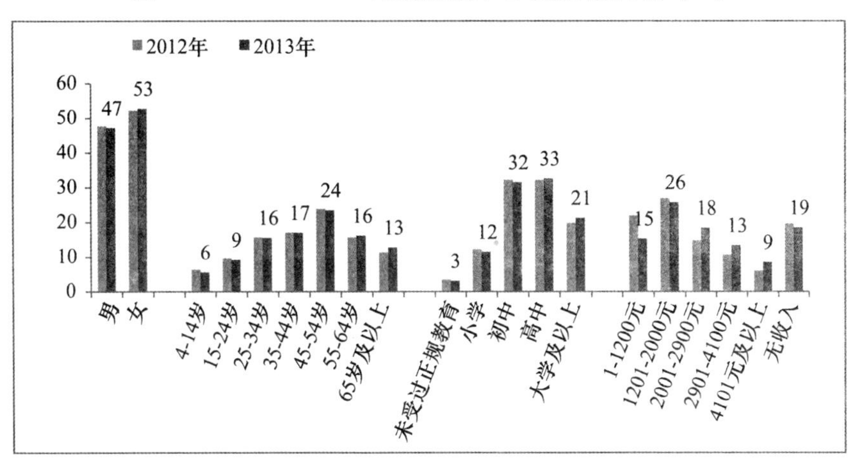

数据来源：CSM 媒介研究（全天，71 城市组）

● 上星频道绝对占优

上星频道在综艺类节目的收视竞争中占有绝对优势，2013 年度，中央台和省级上星频道合计所占份额近 80%，地面频道竞争力整体不高，合计份额为 20.6%，其中省级非上星频道占比 14.5%，市级频道只占 5.2%。

图 2－22　2013 年度各频道组在综艺类节目中的收视份额（%）

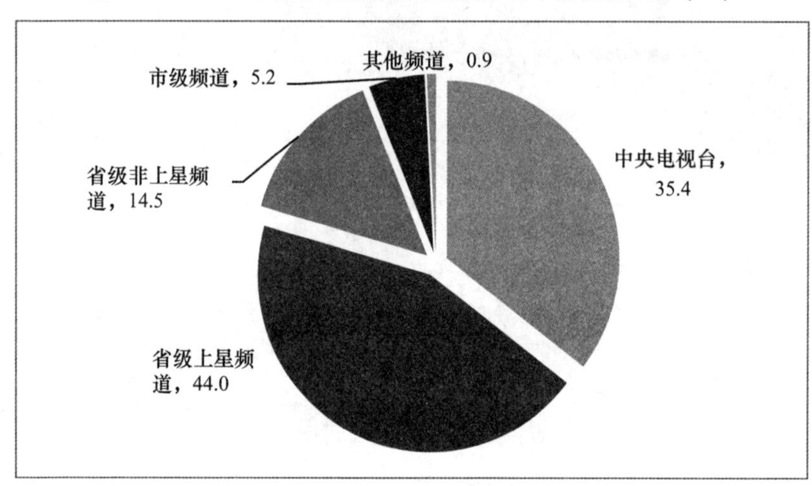

数据来源：CSM 媒介研究（全天，71 城市组）

从近两年综艺类节目市场的竞争格局对比上看，除中央台市场份额有所上升以外，其他频道组的收视都有所下滑。由于综艺类节目总收视量的增长，虽然地面频道及省级卫视的观众收视量比上年并没有减少，省级卫视的收视时长甚至还有些微提升，但是由于 2013 年中央台的人均观众收视量增幅达 20% 左右，才导致如是结果。

2013 年度综艺类节目市场份额排名前五的频道为中央台三套、湖南卫视、江苏卫视、浙江卫视和中央台综合频道。其中中央台三套占据 23.3% 的份额，相比 2012 年有较大幅度增长。湖南卫视以 8.6% 的份额排名第二，同比也有较大增长。浙江卫视和中央台综合频道的份额也出现不同程度提高。随着优势资源的集中，TOP5 频道所占的份额从 2012 年度的 47.8% 增长到 2013 年度的 52.7%，市场集中度进一步提升。中央台综合频道和三套在开门办节目的思路下，近两年不断地推陈出新，综艺节目形式更喜闻乐见，自然也受到观众更多的关注，市场份额也就出现较大提升。

图 2－23　2012—2013 年度各频道组在综艺类节目中的收视份额对比（%）

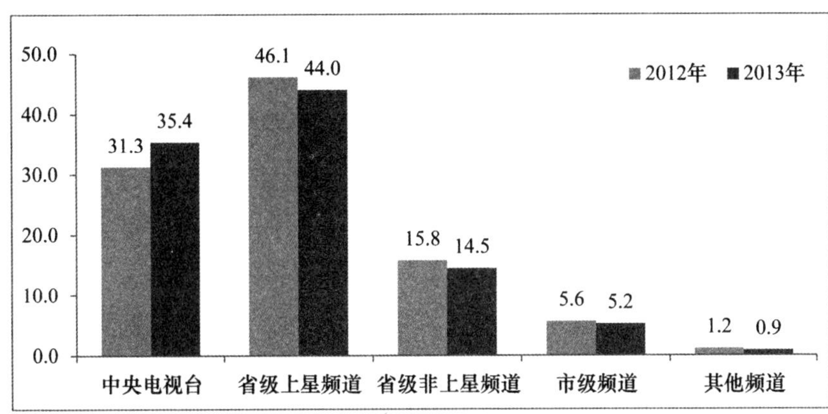

数据来源：CSM 媒介研究（全天，71 城市组）

表 2－8　2013 年度综艺类节目市场份额（%）排名 TOP5 的频道

频道	2013 年度	2012 年度
中央台三套	23.3	20.7
湖南卫视	8.6	7.6
江苏卫视	7.8	8.6
浙江卫视	7.6	6.7
中央台综合频道	5.4	4.2

数据来源：CSM 媒介研究

3. 广告收入

从 2013 年中央电视台和湖南卫视、浙江卫视等几家省级卫视公布的广告招商结果来看，收视率表现较高、传播效果较好的热门综艺节目都获得了赞助商的认可，冠名价格也一再标出“天价”，多个综艺节目的冠名价已经迈入了 2 亿元门槛。比如 2013 年中央台《星光大道》的节目冠名被某果汁企业以3.4亿元的价格获得；湖南卫视2013年四季度热播的《爸爸去哪儿》在第二季的冠名招商时，某乳品企业也以3.12亿元的冠名价格刷新了省卫视栏目冠名权的新纪录，另外三家企业标下的合作伙伴费用累计也达到1.71亿元，如果加上硬广告、网络播映权等其他收入，《爸爸去哪儿》的总收入能轻松突破15亿元。目前，围绕单一综艺节目所创造的总收入突破10亿元规模的节目已经出现多个，包括《中国好声音》《我是歌手》《非诚勿扰》等，吸金能力已经超过了许多地面频道甚至是部分排名稍靠后的上星频道全年的广告收入额。当一部两小时的电影《泰囧》票房能够突破10亿元时，这些热门综艺节目收入破10亿元也就似乎应在合理范围内，甚至让人感觉应该还有成长的空间。

相对于这些热门综艺节目的多渠道收入来源，更多综艺节目主体仍依赖于硬广告收入。根据各频道的广告刊例价和央视市场研究（CTR）的监测数据，2013年，化妆品/浴室用品、饮料和食品这三大块仍是在综艺节目上广告投入最多的三大品类，但总投放额没有增长，甚至略有下滑。在投放额增长方面，酒精类饮品和交通（汽车）是增长较大的品类。

在硬广告价格方面，热门综艺节目单条15秒广告的价格能超过100万元，比如《中国好声音》第二季"巅峰之夜"一条15秒的广告最高卖到了380万元，广告主的热捧也说明这个价格对于这些轰动性的节目带来的传播效果而言还是物超所值。当美国橄榄球超级碗总决赛单条30秒广告的平均价格达到380万美元时，目前中国热门综艺节目的广告似乎从单价和千人成本上都还不算贵。在热门综艺节目的冠名及相关广告争抢中，本土的快消品牌表现活跃，拿下绝大多数的节目冠名，而国际快消品牌则更多的出现在硬广告、软植入等方面。

表2-9　2013年综艺类节目广告投放额排名前10品类（刊例价，人民币：亿元）

品类	2013年	2012年	投放额变化	增长率（%）
化妆品/浴室用品	151.2	165.4	-14.2	-8.6
饮料	116.2	116.4	-0.1	-0.1
食品	109	101.6	7.5	7.3
商业及服务性行业	73.1	93.9	-20.8	-22.1

（续表）

品类	2013年	2012年	投放额变化	增长率（%）
药品	72.8	88.5	-15.7	-17.7
酒精类饮品	39.7	32	7.7	23.9
娱乐及休闲	34.5	39.4	-4.9	-12.4
邮电通讯	31.1	44.2	-13	-29.5
交通	26.1	22.8	3.2	14.2
个人用品	23.3	23.9	-0.5	2.3

数据来源：央视市场研究（CTR）

（二）代表性节目

1.《爸爸去哪儿》

《爸爸去哪儿》海报

基本情况

播出频道：湖南卫视

首播日期：2013年10月11日至12月27日，每周五晚间22:00—24:00时段（12期），每期时长约120分钟。

亲子互动真人秀节目《爸爸去哪儿》的原版模式为韩国MBC电视台的《爸爸！我们去哪儿?》，节目挑选了五位不同类型的明星爸爸与他们的子女一起到乡村体验72小时的生活，通过爸爸与孩子在相对陌生环境下共同生活、参加任务的全景记录，展现他们之间如何交流与互动的状态，让观众感受其中所传递出的充满温暖亲情的正能量。第一季节目挑选了北京、宁夏、云南、山东、湖南和黑龙江的6个不同类型村庄进行了12期节目录制。

收视表现

《爸爸去哪儿》接档在《快乐男声》之后播出，首期收视率只有1.2%，但收视成长性很好，经过6期节目的观众积累后，收视率基本就稳定在5.0%左右。该收视率水平能进入2013年全年综艺节目收视排名前十位，与《中国好声音》水平接近。对于一档安排在22点之后的非黄金时段播出的综艺节目而言，该收视率水平在近几年并不多见。

图2-24　2013年10月—2013年12月《爸爸去哪儿》首播收视走势

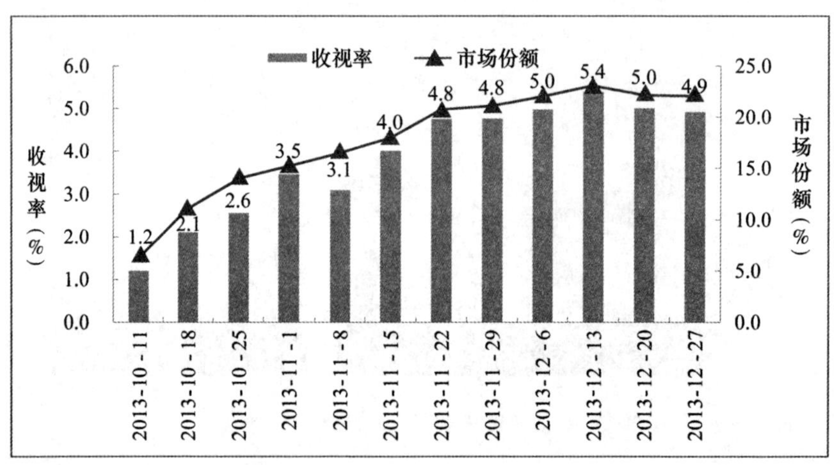

数据来源：CSM媒介研究（48测量仪城市）

节目特色

版权模式本土化

与音乐选秀等节目版权更多的来自欧美国家不同，亲子类节目《爸爸去哪儿》的版权从文化背景与中国较为接近的韩国引进。相比于原版的节目，湖南卫视在节目的趣味性、精致度、节奏感和关注点等方面都进行了本土化的升级改造，节目最终质量上远超原版，也体现出国内电视制作的创新能力。

突出亲子、旅行主题

亲子教育问题一直受到城市父母的关注，特别是都市的快节奏生活减少了父母和孩子间的交流互动，节目通过不同家庭的亲子互动方式让电视观众感受到不同家庭的“生活教育”方式。在节目的观众中，祖孙三代共同收视的特征较为明显，特别是在“80后”的年轻父母家庭中收视表现较好。因此，能够吸引一家老小合家收视的节目最终实现5.0%的收视率水平也就不足为奇了。

另外，根据国际规律，当人均GDP达到3000—5000美元时，就将进入休闲消费、旅游消费的爆发性增长期。该节目紧扣时代脉搏，让综艺节目走出演播室来到户外，让观众坐在家里也能感受旅行的愉快氛围。该节目播出后，许多地方政府都希望节目组能到当地旅游景点进行录制也说明旅游市场之广阔空间。

明星家庭吸引关注

节目中的五位明星爸爸来自于影视、歌唱、体育等不同领域，都是知名度较高的明星。他们的孩子性格迥异，且都在4—6岁具有童真的年龄，三男两女的搭配也让节目更加出彩。相比于之前许多亲子节目的不温不火，明星家庭的出场让节目具有更高的关注度。此外，对于冠名企业而言，明星效应对于产品宣传也是大有好处。

海量素材出精品

真人秀节目需要节目的真实性和故事性，为了更好地记录现场所有的细节，每个家庭都有多名摄像全程跟拍，大量的现场记录给后期剪辑提供了丰富的素材。当观众对节目精致度的观赏需求已经被大量引进模式节目提升后，只有那些故事真实生动、节奏紧凑、制作精细的节目才有可能成为人们关注的焦点。

强化与新媒体互动

该节目的核心受众群也是新媒体的活跃用户，节目在微博、微信上的宣传与话题互动增强了受众的黏性。互动中既有趣味性强的话题，也有相对专业的育儿方法方面的讨论，观众可以在不同的兴趣话题中自由参与互动并形成二次传播。

2. 《中国好声音》第二季

播出频道：浙江卫视。

首播日期：2013 年 7 月 12 日至 9 月 27 日，每周五晚间以及 9 月 30 日、10 月 1 日晚间 21:15—23:00 时段，10 月 7 日晚间 20:20—22:40 时段。

《中国好声音》海报

基本情况

《中国好声音》是由浙江卫视联合星空传媒旗下灿星制作强力打造的大型励志专业音乐选秀节目，该节目模式源于荷兰节目《The Voice of Holland》，于 2012 年 7 月播出第一季获得高收视与好评后，2013 年 7 月第二季节目再度重磅登场。节目整体模式与第一季接近，四位导师与他们的“转椅”以及实力选手的好声音仍是观众关注的焦点。

节目收视

节目第一季的热播积累了大量的人气，第二季首期收视率就有 3.5%，多期节目的收视率达到 5.0% 左右，平均收视率在 2013 年非晚会类综艺节目中排名首位。相比于 2012 年的第一季节目，平均收视率水平有所提升。

图 2－25　2013 年《中国好声音》首播收视走势

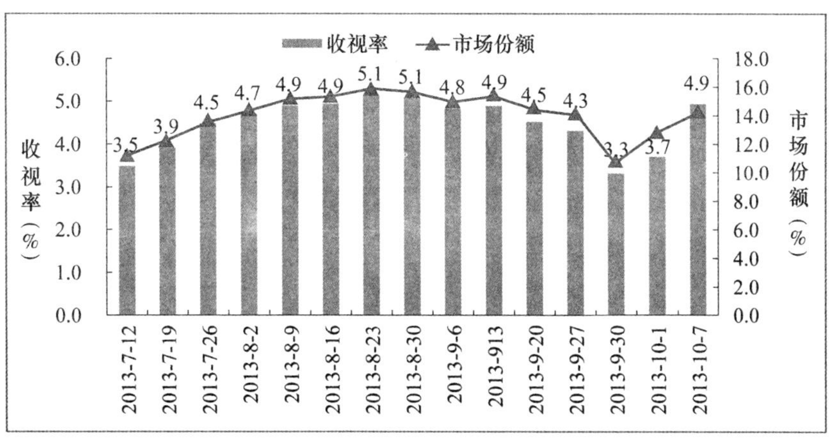

数据来源：CSM 媒介研究（71 城市）

节目特色

制播分离

《中国好声音》实现了真正意义的制播分离。该节目由灿星制作购买《The Voice of Holland》的版权，投资制作完成之后与浙江卫视达成播出协议，当节目收视率达到一定标准后，制作单位能够参与广告分成。在高回报的激励下，灿星制作不仅投入重金打造出优质的节目，并且与浙江卫视共同宣传，将节目的影响力在短时间内迅速扩大。

回归音乐

在部分歌唱类节目越来越看重选手除了音乐之外的商业价值时，《中国好声音》将关注点重新拉回到音乐本身，导演组从全国各地挑选出的选手个性鲜明，曲风各异，都具有令人难忘的好声音，“转椅”的导师盲选方式更是让观众把焦点都集中到好声音这个点上。节目观众群的年龄段从年轻观众扩展到中年观众上，摆脱了许多歌唱类节目相对小众定位的特点，广谱的观众特征也保证了节目达到收视率 5% 左右的水平。

制作精良

节目在制作上保持了第一季的水准，画面优美、节奏紧凑、视角丰富，让观众真正能够获得音乐享受。《中国好声音》的制作水平也为我国综艺节目树立了新的质量标杆。

3. 《我是歌手》

《我是歌手》海报

基本情况

播出频道：湖南卫视。

首播日期：2013 年 1 月 18 日至 4 月 12 日，每周五晚间 22：00—24：00时段（最后一场歌王之战 19：35—23：35）。

《我是歌手》引进于韩国电视节目《我是歌手》，是中国首档歌手音乐对决电视节目。节目邀请多位乐坛资深唱将进行音乐 PK，最终选出冠军歌手，为观众呈现精彩的音乐盛宴。

节目收视

《我是歌手》节目开播三期后收视率基本稳定在 2.0%—2.5% 的区间，最后一场歌王之战调整到黄金时段播出，收视率达到 4.2%。平均收视率水平在年度歌唱类节目中位居前列。

图 2－26 2013 年《我是歌手》首播收视走势

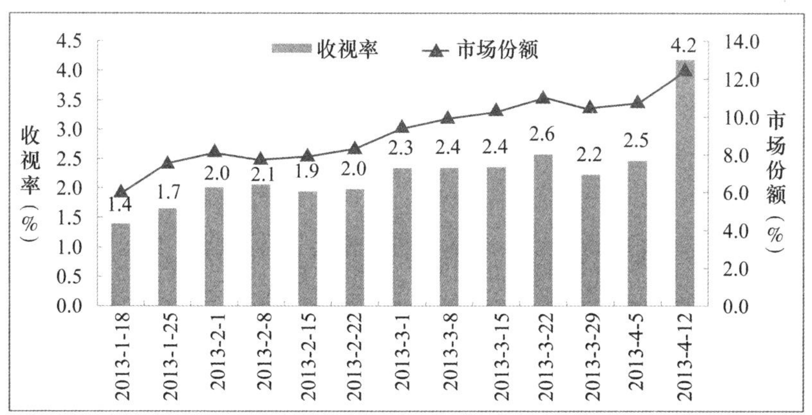

数据来源：CSM 媒介研究（71 城市）

节目特色

角色转换调潜能

《我是歌手》邀请了不同年龄段的成名歌手参加 PK 赛，为了激发歌手的潜能，让观众感受到与以往不同的歌手形象，在首场比赛开始前，七位歌手甚至都不知道和自己同场 PK 的对手是谁，歌手们为了保住自己的荣誉并冲击歌王，都必须竭尽全力发挥和表现，观众们也能从最终的演唱效果中获得耳目一新的愉悦音乐享受。

听觉效果似现场

《我是歌手》非常注重节目的音效，将听觉效果发挥到了极致。现场顶级的音效加上歌手用心的演唱让观众感觉是买票欣赏了一场优质演唱会，得到了高品质的享受。

覆盖广泛观众群

《我是歌手》节目中参赛的歌手类型不同，年龄各异，曲风也有一定差异，让不同年龄观众都能找到自己喜欢的歌手，有效地扩大了观众规模，从而获得较好的收视表现。

（三）年度综述

1. 年度亮点

2013 年，电视综艺类节目市场真正进入到模式时代，引进海外版权模式越来越受到关注与认可。在电视剧的竞争已经白热化之后，经历过市场考验的海外成功节目模式成为上星频道吸引观众抢占市场的利器。《中国好声音》等一批模式综艺节目的年度爆发让更多电视台坚定了信心。

当《中国好声音》创造的总收入能够突破 10 亿元时，一批顶级真人秀节目的“马太效应”将日益显现，越来越多的资金将流向这些高品质节目及其播出平台，从而刺激制作方加大投入争夺更多的市场。此外，后续竞争者的准入门槛将越来越高，一些电视台即使有心，在资源上也将无力参与竞争。中国电视综艺节目市场将进入少数几家强势电视台相对垄断的阶段。

此外，对于成功的模式引进节目而言，收获的不仅是资金上的回报，还包括整体制作实力的提升。海外版权模式节目的标准操作流程及管理方法促使灯光、音响、舞美、拍摄、后期等电视制作各个环节都努力提升，使电视制作水平向更加专业化发展。

2. 与视频新媒体联动情况

视频内容在不同终端间跨屏传播将成为未来的发展方向。

对于网络新媒体的受众而言，除了关注影视剧之外，综艺类节目也是他们重点关注的节目类型，因此热门综艺节目对于视频网站等新媒体也具有极强的吸引力。2013 年搜狐视频斥资 1 亿元购买了《中国好声音》第二季的网络独播权，开视频网站独播综艺节目之先河。该项合作也为搜狐视频带来了良好的回报，《中国好声音》总播放量超过 20 亿，实现营收 2 亿元。其他几家大型视频网站也争相将优质综艺节目资源揽入怀中，爱奇艺不仅拿下《爸爸去哪儿》第二季网络版权，更是斥资2亿元将湖南卫视的《快乐大本营》《天天向上》《百变大咖秀》《我们约会吧》等一批王牌综艺节目2014年的版权收入囊中；腾讯则强势购入《中国好声音》第三季的独家版权；PPTV则宣布将在2014—2015年独家播出江苏卫视旗下的所有综艺节目。

对于传统电视媒体而言，与新媒体合作的感觉是即怕又爱。一方面担心视频网站等竞争性新媒体对年轻受众的分流，另一方面又需要利用新媒体参与性和互动性的优势，对节目形成热议话题。电视媒体已充分认识到，没有话题就没有二次传播，也就难以持续引人关注，形成节目长久的影响力。因此，热门综艺节目总是在微博、微信、视频网站上持续不断地制造被人们分享的话题，充分利用新媒体资源与新技术手段对节目进行宣传推广，以增加其受众关注度。

对于多数电视台目前现状而言，在制播分离还不完全的情况下，需要同时扮演内容制作与传播渠道两个角色。对于内容制作方而言，视频网站和电视频道都是传播的一个通路，只要能够合理地将传播价值变现，传播渠道的增加并不是坏事；从电视频道的角度而言，竞争性传播渠道的增加必然对原有渠道产生冲击。传统电视媒体如何把握好自身角色并与新媒体共舞需要更多的智慧，在实践中，许多综艺节目在制作时已经开始施行在多渠道传播下进行内容生产的统筹考虑了。

3. 年度小结

“限娱令”之后，以真人秀节目类型为代表的综艺类节目市场不仅没有走下坡路，反而在电视市场中受到越来越多的关注。2013年度综艺类节目虽然在播出总量上没有明显增长，但日均观众规模没有出现下滑，且人均日收视量则是增长了5.2%，资源使用效率也进一步提升。2013年，综艺类节目在我国观众总收视时间中所占的份额达到11.9%，为近五年的最高点。

当然我们也必须注意到，综艺节目收视增量更多的来自于上星频道。2013年度，中央台和省级上星频道占据近80%的份额，其中收视量排名前五的中央台三套、湖南卫视、江苏卫视、浙江卫视和中央台综合频道就占据了超过50%的份额，该数值同比上年出现了较大增长。显而易见，节目形态的不断创新才是这些频道综艺节目收视增长的“发动机”。

图2－27　2009—2013年综艺节目所占市场份额

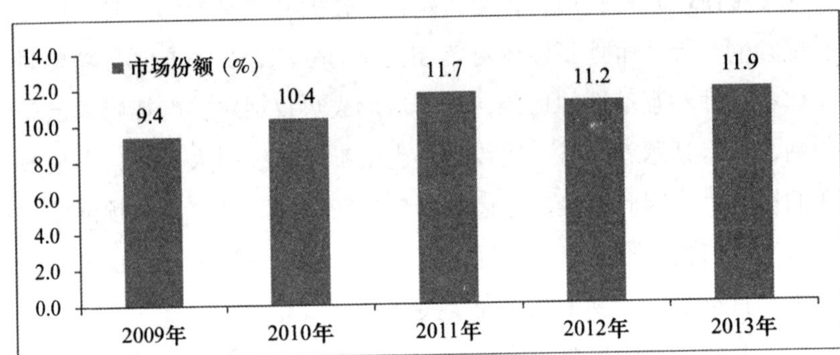

数据来源：CSM媒介研究（全天，71城市）

4. 趋势与展望

中国电视综艺类节目在接下来的发展中，晚会类和真人秀类仍将是主要节目形态。有深厚观众基础和悠久历史的综艺晚会节目面临着与时俱进、推陈出新，最大限度吸引年轻观众的挑战。而我国的真人秀类娱乐节目在经历了购买模式阶段以后，将会迎来购买引进和与国外模式公司合作开发模式的阶段，创作出拥有自主版权、效益丰厚的原创节目模式。综艺类真人秀节目“请进来”与“走出去”所要经历的发展轨迹和中国经济发展的各个阶段应该是如出一辙的。

四、体育类节目

从大势来看，中央台凭借其明显的资源优势一直主导着我国体育节目市场，其领先优势在短时间内不会改变；走下神坛，全民参与的“草根”体育节目受到观众喜爱；新媒体的迅猛发展让人们又多了一种获取体育信息的渠道，同时也对传统电视媒体的霸主地位产生冲击。本部分将详细分析我国体育节目市场现状以及未来发展趋势。

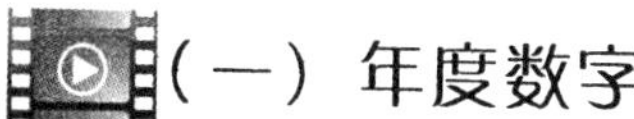

（一）年度数字

1. 全国收视 TOP10

● 前9名均为中国运动员参加的赛事

在2013年的中国体育电视市场中，中央电视台体育频道继续保持当之无愧的霸主地位。全国体育节目收视排名前10位的节目全部由中央电视台体育频道播出。作为唯一覆盖全国的体育专业频道，CCTV-5拥有众多国际顶级赛事独家转播权，建立了以奥运会、世界杯、亚运会以及意甲、德甲、NBA、F1、WTA、ATP等为代表的顶级联赛品牌圈，并且拥有《体育新闻》《体育世界》《天下足球》《足球之夜》等为代表的优质品牌栏目。中央电视台体育频道一直以权威、专业而又不失激情活力的媒体形象，傲视群雄的赛事资源和稳定鲜明的节目品质成为中国观众收看体育节目的第一选择。

在全国收视排名前10的节目中，除了第10名的NBA总决赛以外，其余9个高收视节目全部是由中国运动员参加的赛事，可见观众对本国运动员参加的比赛关注度最高。此外，虽然多年来中国足球饱受病垢，比赛成绩也不尽如人意，但在2013年的体育节目收视TOP10中，足球赛事仍然占据了4席，反映出热爱足球的观众数量依旧庞大。

表2－10　2013年度全国体育类节目收视率排名前10位

排名	名称	类别	播出频道	收视率（%）
1	直播周末：2013年澳大利亚网球公开赛女单决赛	网球	中央台五套	2.98
2	黄金赛场：2015年亚洲杯预选赛C组/中国VS伊拉克	足球	中央台五套	2.63
3	2013年世界羽毛球锦标赛男单决赛	羽毛球	中央台五套	2.47

（续表）

排名	名称	类别	播出频道	收视率（%）
4	黄金赛场：2013 年世乒赛男单决赛	乒乓球	中央台五套	2.2
5	现场直播：2013 年东亚杯足球赛/韩国队 VS 中国队	足球	中央台五套	2.09
6	现场直播：2013 年亚冠联赛 1/4 决赛第一回合/广州恒大 VS 莱赫维亚	足球	中央台五套	1.92
7	直播周末：2013 年世界女排大奖赛总决赛/日本队 VS 中国队	排球	中央台五套	1.81
8	直播周末：第 15 届世界游泳锦标赛跳水男子十米台决赛	游泳	中央台五套	1.47
9	黄金赛场：2013 年中国之队国际友谊赛/中国队 VS 荷兰队	足球	中央台五套	1.46
10	现场直播：2012/2013 赛季 NBA 总决赛第三场/热火 VS 马刺	篮球	中央台五套	1.32

数据来源：CSM 媒介研究（2012 年 10 月 1 日—2013 年 9 月 30 日，71 城市）

2. 播出与收视

● 播出量：播出量与收视比重均不及上年

2012 年度被中国体育人称为“大年”，奥运会点燃了更多国人对体育的激情，观众们无论是对体育赛事还是对体育新闻的关注都达到一个高点。相比之下，2013 年则是体育“小年”，体育类节目播出总时长为 91 545 小时，比 2012 年减少了 5 252 小时；体育类节目占所有节目播出总量的比重由 2012 年度的 2.30% 下降到 2013 年度的 2.20%，虽然在节目播出比重上变化不大，但收视比重却从 2012 年度的 3.6% 降到 2.5%；两年收视比重的明显“跳水”显示了体育节目市场的“大小年”的鲜明特色。

根据收视比重和播出比重计算出的节目资源利用率指标也显示，2012 年中国体育节目资源利用率为 56.52%，而 2013 年度仅为 13.64%。

图 2－28　2012—2013 年度体育类节目播出时长及收视、播出比重

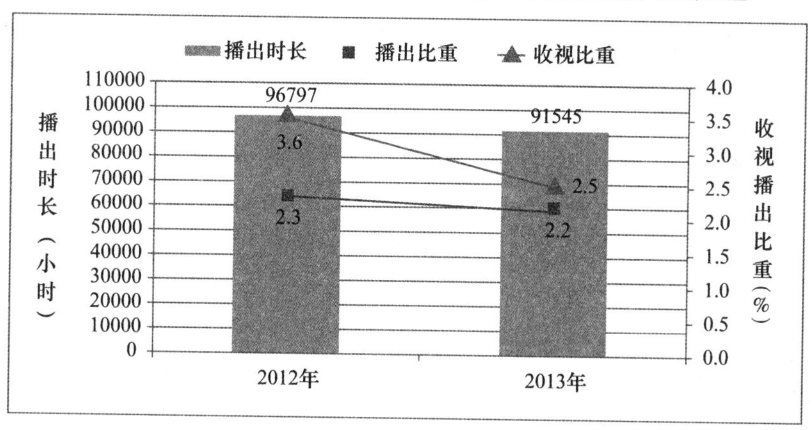

数据来源：CSM 媒介研究（71 城市）

●观众规模及人均收视时长：低于上年

在电视行业，平均到达率这个指标反映的是一个节目传播的广泛程度，数值越大说明该节目观众占所有电视观众的比例越高，也就是说节目的传播范围越广；而人均收视分钟数表明了观众对该节目的收视时长。2012 年度中国体育节目的平均到达率为 16.14%，而 2013 年度受节目播出量减少及播出赛事影响力相对较小等因素的影响，体育节目的平均到达率降到 13.74%，比上年减少了 2.4 个百分点；人均日收视分

图 2－29　2012—2013 年度体育类节目人均收视分钟数与平均到达率（%）

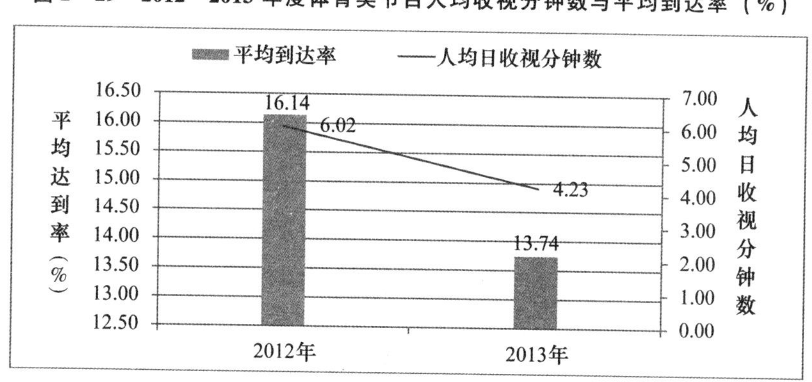

数据来源：CSM 媒介研究（71 城市）

钟数也由2012年度的6.02分钟降到2013年度的4.23分钟。总体来看，2013年度体育类节目收视表现较为“冷清”，观众规模及人均收视时长均不及2012的奥运年。

● 观众特征：男性是收视中坚

体育节目一直备受男性观众所追捧，特别是与三大球（篮球、足球和排球）有关的赛事，这一特点就更加明显。但是在年龄、受教育程度、职业、收入等方面体育节目的观众还是具有一定的差异性。纵观2013年度中国电视体育节目观众构成，男性观众当之无愧成为最重要的群体，其比例较2012年呈上升趋势；25—34岁的中青年观众比例也在增加，55岁及以上观众比例较为稳定；高中及以上学历的观众比例较2012年度也明显增加；从职业上看，初级公务员/雇员占比最高，也有一定幅度的提升；从收入水平来看，与上年相比，体育节目观众收入在2001元以上的比例有所提升。所有的统计数据都显示：体育节目的受众群体在不断扩大，作为社会中间力量的中青年、高知和高收入的男性观众已成为中国体育节目最重要的收视群体。

图2-30　2012—2013年度体育类节目观众构成与集中度

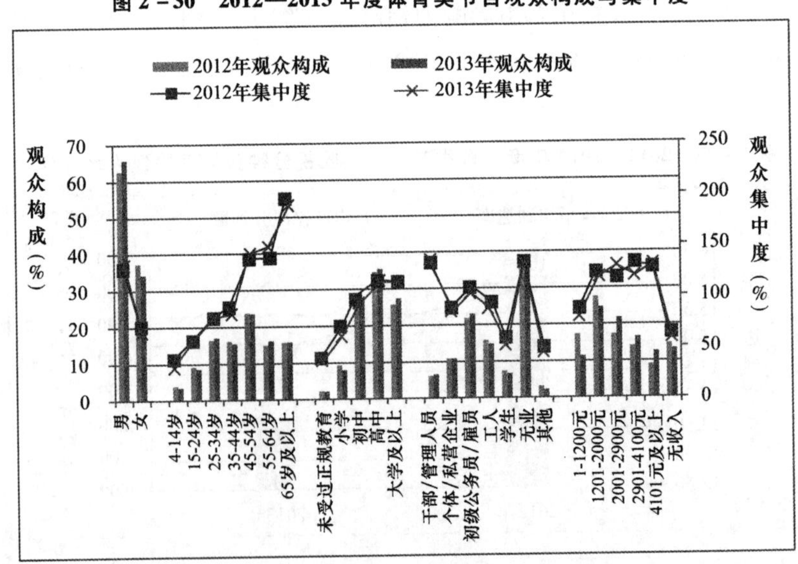

数据来源：CSM媒介研究（71城市）

• 竞争格局：央视优势明显，地方实力不足

中央台频道凭借其明显的资源优势毋庸置疑地主导着中国体育节目市场，其他省市级频道的市场竞争力不足以与中央台抗衡。对比2012年度与2013年度中国体育节目市场，中央台频道的市场份额由上年的71.89%降到66.41%；省级非上星频道由上年的22.57%上升至2013年度的28.09%；而体育节目2013年在市级频道的收视份额则有小幅度的下降。

图2－31　2012—2013年度各级频道组在体育类节目中的收视份额

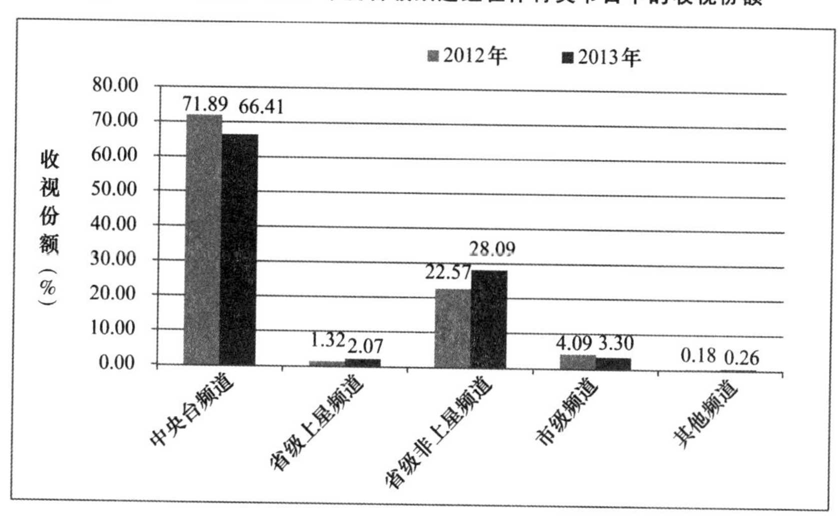

数据来源：CSM媒介研究（71城市）

3. 广告收入

体育节目广告投放额受播出赛事的影响较大，体育“大小年”因素的影响明显。按刊例价计算，2013年度电视体育节目广告投放总额达370.71亿元，比2012年度减少了8.89亿元。2013年度，交通、酒精类饮品、娱乐及休闲是体育节目中除杂类外广告投放额最高的三个行业。在电视体育节目广告投放额排名前十的行业中，除交通、酒精类饮品、化妆品/浴室用品以及活动类行业出现正增长外，其他行业都有所下降。

其中电脑及办公自动化产品降幅明显，较2012年下降了37.54%。

表2-11　2012—2013年度体育类节目广告投放额排名前10位的品类及变化

（人民币：亿元）

品类	2013年	2012年	投放额变化	增长率（%）
杂类	107.868	109.579	-1.71	-1.56
交通	50.086	48.366	1.721	3.56
酒精类饮品	46.181	29.892	16.289	54.49
娱乐及休闲	37.67	45.782	-8.112	-17.72
饮料	24.468	27.599	-3.132	-11.35
化妆品/浴室用品	15.756	15.734	0.022	0.14
食品	15.735	16.167	-0.431	-2.67
邮电通讯	12.016	13.336	-1.32	-9.89
活动类	11.262	8.381	2.882	34.38
电脑及办公自动化产品	8.219	13.159	-4.939	-37.54
衣着	7.27	8.538	-1.268	-14.85

数据来源：CSM媒介研究（全天，71城市）

（二）代表性节目

1.《谁是球王》

乒乓球作为中国的“国球”，光荣与梦想传承了几代人难以割舍的情结，并且深深地凝聚了亿万中国人的集体记忆。几十年来，从容国团、庄则栋，到张继科、马龙、张怡宁，中国乒乓健儿驰骋乒坛，雄霸天下，真可谓新人辈出，人才济济。但是俗话说得好，“一花独放不是春，万紫千红春满园”，民间乒乓球运动的蓬勃发展才

《谁是球王》海报

是中国乒乓球领跑世界的真正动力和幕后强力推手。

收视表现

中央电视台体育频道推出的《谁是球王——中国民间乒乓球争霸赛》从收视表现上来看，5 月 26 日六大分赛区第一场——华东赛区直播就迎来了收视的开门红，如图 2－32 所示，基于 71 城市收视数据在晚间黄金时段 19:30—22:35 播出的《谁是球王》就斩获了 0.40% 的收视率；在 7 月 12 日赛事进入“六进四”决赛后，直至 14 日北京总决赛，收视率呈明显上升趋势，特别是 7 月 14 日在中央台五套 20:00—23:50直播的北京总决赛获得 0.36% 的收视率已非常理想。

图 2－32　2013 年《谁是球王》节目收视率及市场份额走势

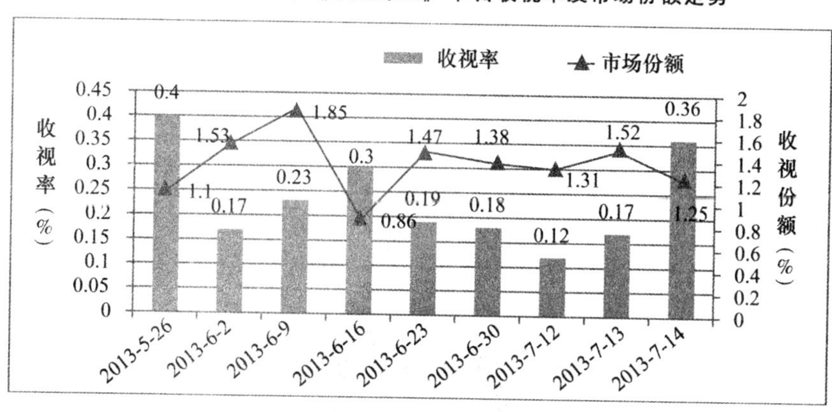

数据来源：CSM 媒介研究（71 城市）

节目特色

选拔机制创新

2013 年中国民间乒乓球争霸赛《谁是球王》做“老百姓自己的比赛”——不分年龄、不分打法、不分职业，只要是乒乓球爱好者均可报名参赛。根据地域分成六个赛区，刘国梁、孔令辉、王涛、施之皓、郭跃华、许绍发六大教头亲临训练地指导训练，经过海选赛、大区赛和北京总决赛三个阶段，最终将决出“终极球王”。尤其是首个阶段的海选比赛是以各省、自治区、直辖市的行业体协为单位进行推荐或选拔，海选的广泛性、选手类型的多样性在中国体育节目历史上从未有过。

全民参与，“草根为王”

颇受关注的《谁是球王》总决赛在 CCTV-5 与 CCTV-1 并机直播，从中央电视台的角度来看，这个节目是全民健身理念的最好载体，也是践行群众路线的好方式。

《谁是球王》乒乓球民间争霸赛已完美收官，这项“草根”赛事为乒乓球运动的发展和普及打开了一个新的窗口，也成为中国体育电视市场促进全民体育运动发展的楷模。它有娱乐但不庸俗，有名将但不喧宾夺主，让体育爱好者真正成为赛场主角，让职业选手为“草根”做配角，其突破创新之举，给整个体坛带来更多的是触动和改变。

2. 《弈棋耍大牌》

《弈棋耍大牌》海报

基本情况

《弈棋耍大牌》是上海五星体育频道 2011 年在黄金时段推出的一档融体育、娱乐为一体的全新电视互动类竞技节目，主打象棋、军棋和斗地主等有广泛群众基础的传统棋牌娱乐项目，融合网络与电视特点进行互动直播。《弈棋耍大牌》每周一到周五傍晚 18:00—18:55 播出，充分利用“线上”和“线下”联动效应，在短短两年内吸引了全国各地棋牌爱好者在“线上”以技艺会友，博弈争锋，在“线下”互通有无、共同提高，已发展成为具有良好群众基础和鲜明特色的体育栏目。

收视表现

2012 年 10 月—2013 年 9 月，《弈棋耍大牌》节目在上海地区首播周收视走势呈现出并不是十分稳定的态势。主要原因是节目在不同时期的主题并不相同，受众聚集自然也就有所差异，各类棋牌项目的爱好者数量的多少直接影响着节目的收视，所以收视不稳定也在情理之中。

图 2－33　2013 年度《弈棋耍大牌》节目收视率及市场份额走势

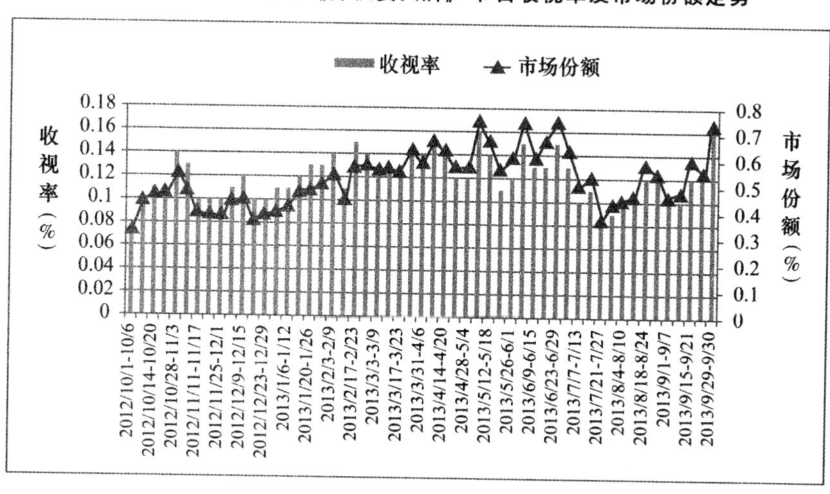

数据来源：CSM 媒介研究（上海，首播）

节目特色

电视与网络成功合作

2013 年，《弈棋耍大牌》节目官方网站 http://www.17dp.com/正式上线。作为《弈棋耍大牌》电视海选和用户参与平台，棋牌爱好者可以通过下载游戏大厅参与线上游戏，用户在成功注册后最先可获得 10 万“金豆”作为开始游戏的资本，当金豆用完后就可以通过网站提供的多种充值渠道进行账户充值，10 元就可获取 10 万金豆，10 万金豆等于 100

“星币”，而星币是一种游戏内兑换虚拟物品的道具，可以用来兑换金币、会员身份等其他虚拟道具，但星币不能在游戏过程中直接使用、出售、兑换实物及在现实中进行交易。用户参加游戏并且完成后就可获得“赛币”，排名靠前的用户就有机会参加《弈棋耍大牌》的电视赛场。

《弈棋耍大牌》充分利用网络进行推广，不仅在上海地区甚至在全国各地的棋牌爱好者群体中都有一定知名度。网络资源所提供的大平台使得一方面电视节目的知名度得到提高，群众的积极参与性提升了收视表现；另一方面，通过网络营销也获得了不可小觑的商业利益。

推出万人棋牌大赛

《弈棋耍大牌》作为棋牌类直播竞技节目，先后推出了象棋、军棋以及欢乐三打一等群众喜闻乐见的棋牌比赛，1300 多位“草根”选手有机会登上了荧屏，为民间棋牌高手提供了展示自己的舞台，已成为上海百姓耳熟能详的节目之一。在这深厚的群众基础上，《弈棋耍大牌》推出线下大型万人棋牌大赛，可通过线上和线下两种渠道进行报名，线上优胜者以及线下报名者可进行同场竞技，最终获胜者不仅有上电视的机会，而且还有实物大奖。“英雄”不问出处，不论年龄、性别、职业，只要有勇气就可参加万人棋牌大赛，这种电视节目与真实比赛的有机融合必将会引领我国全民体育竞技的新潮流。

3. 《体育新闻》

《体育新闻》海报

基本情况

随着公众对体育运动热情的激增，在任何一家新闻媒体中，体育新闻都作为重要的新闻品种置于重要版面和时段。中央电视台体育频道的《体育新闻》以其权威、专业而又不失激情、活力的媒体形象，凭借着傲视群雄的赛事资源和稳定鲜明的节目品质，成为中国观众收看体育新闻节目的第一选择。栏目自开播以来，极大满足了体育迷在第一时间了解各大赛事比赛进程的愿望。

收视表现

《体育新闻》栏目播出时间为每日 18:00—18:30。作为中央电视台体育频道五档新闻节目的领头羊，2013 年度栏目全年收视走势表现整体较为稳定、部分时期呈明显升幅。如图 2－34 所示，1 月中下旬，正逢李娜征战澳网，体育新闻收视明显高于前期，而在 2013 年下半年，众多重要赛事开战，特别是 2013 年巴塞罗那世界游泳锦标赛以及东亚杯都备受瞩目，提升了收视。

图 2－34　2013 年度《体育新闻》节目收视率及市场份额走势

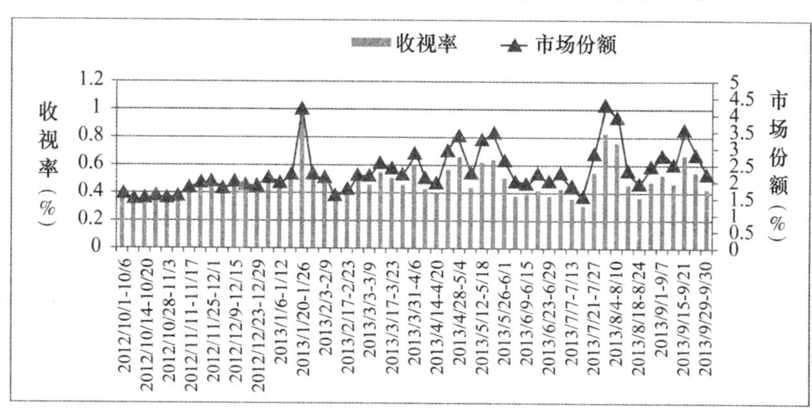

数据来源：CSM 媒介研究（71 城市）

栏目特色

资源优势得天独厚，品牌影响广泛深远

《体育新闻》是中央电视台体育频道（CCTV-5）收视最高的王牌栏目，观众年龄构成广泛，具有较高的忠诚度和美誉度。其内容包括国内外重大赛事资讯、体育热点问题追踪报道、体育知识普及教育等。凭借中央电视台体育频道所拥有的大量体育资源，例如观众熟知的世界杯、欧洲杯、欧冠、西甲、德甲、意甲比赛以及国内众多大型赛事，《体育新闻》成为观众收看体育资讯的首选渠道。理想的播出时间也使得《体育新闻》较其他四档新闻栏目更受到上班族的喜爱。历经十余年的发展，依托频道整体影响力，《体育新闻》已经成为国内电视体育新闻领域首屈一指的强档品牌。

（三）年度综述

1. 年度亮点

- **恒大破魔咒，足球热又起**

2013 年，中国足球似乎给人们带来了前所未有的激情和希望。

2013 年，有 440 多万球迷走进中超现场，中超上座率成为亚洲第一。

2013 年的广州恒大堪称中国职业足球最成功的典范，刚刚进入中超三年的恒大实现联赛三连冠，同时刷新了积分、胜场、进球数等中超纪录，并成为中国足球职业化二十年以来首支夺取亚洲联赛冠军的中国球队，还首次登上了（2013 年）国际足联世界俱乐部杯（世俱杯）的舞台。广州恒大队赢得亚洲冠军当晚，有 1 亿 2 千万观众守候在电视机前观看。

中国职业足球的一系列良好表现，自然给中国电视体育的相关转播和报道带来了理想的收视成绩。体育传播中的“赛事为主”理论在此又一次得到印证。

● 李娜完美表现，观众热情回报

2013李娜仍是中国职业体育最闪亮的那颗星，年初的澳网女单决赛两度受伤，却绝不退场；八月打进美网四强，创造中国选手美网参赛史最佳战绩；年终总决赛尽管没能登顶，仍以世界第三锁定2013赛季，这是李娜个人排名的新高，历史上未有亚洲球员企及。李娜在2013年除法网之外的三项大满贯之中，都追平或超越了自己的最佳战绩，全年十五项比赛，十二项打入八强，并且以年终总决赛亚军的成绩实现了排名的跨越。

在2013年上半年发布的第二十次“中国体育及体育赞助研究”（2013春季）中，有关“最喜爱的体育明星”一题的相关调查数据表明李娜“网坛一姐”的影响力不仅使越来越多的中国人关注网球运动，她的精彩表现以及出色的成绩也让网球赛事的收视率节节攀升。

● 郎平重掌帅印，拉动排球收视

2013年4月25日，郎平竞聘成为中国女排新任主帅，时隔14年之后再次执掌国家队。虽然“铁榔头”带领的队伍在亚洲锦标赛上仅位列第四，创下参加亚锦赛38年来的最差战绩，但在随后的世界女排大奖赛总决赛中获得亚军，并在世界锦标赛亚洲区资格赛上以全胜战绩晋级2014年世锦赛。

2013年8月28日—9月1日世界女排大奖赛总决赛期间，在CCTV-5的直播赛事整体收视率表现理想，特别是8月31日中国队与日本队的比赛更是收视表现十分突出。郎平不仅深深影响着老一代的中国排球迷，同时又吸引着新一代的中国人来关注排球运动。

● CCTV-5+推出，市场又添猛虎

2013年推出的中央电视台体育赛事频道CCTV-5+是我国第二个以全高清格式播出的体育频道。经过近19年的发展，CCTV-5的体育节目资源日益丰富，但随着社会的快速发展，面对越来越强烈的分众收视需求，单一的综合体育频道已经难以满足体育电视市场的多样化需求。

CCTV-5 + 的开播进一步扩大了 CCTV 体育传播的内容和范围，为广大观众提供了更多的收视选择。

CCTV-5 + 以完整赛事直播、录播以及集锦为基本节目形态，突出中国特色运动的传播，例如围棋赛、象棋赛、龙舟赛等等，在强化中超联赛、中国男子篮球职业联赛等国内自主赛事传播的基础上，引入一些尚未在 CCTV-5 播出过的国际顶级体育赛事。遇重大赛事，在与 CCTV-5 形成辅助性频道功能的同时，体育赛事频道还将推出特色化的节目形态，与 CCTV-5 形成一个有机整体。

体育赛事频道的开播将促进 CCTV 体育传播集群的形成，是中央电视台在竞争环境下，整合优质资源，保持优势地位的新的重要布局。

2. 与视频新媒体联动概况

● 网络直播动了电视奶酪

网络媒体积极进军视频直播领域，这是对电视台长久以来优势垄断资源的直接挑战。特别是体育赛事直播更是电视市场这块大奶酪中最为独立且重要的一部分，如果网络视频想分得一杯羹，必将引发传统电视和网络新媒体之间的大战。当然，这也会成为促进电视台改革的一个动力。

新浪不久前在上海与 NBA 签署了协议，成为 NBA 中国的互联网合作伙伴。在未来的两个赛季，新浪将通过 PC、手机、社交网络平台向球迷提供 NBA 所有 30 支球队的比赛直播内容，还开通了基于新浪微博的 NBA 中国官方社区，以及 24 小时不间断播放的新浪体育台。

“今后看 NBA 比赛上新浪” 会成为受众的一种新选择。新浪的这次签约不仅表现出网络媒体希望获取体育直播资源的强烈冲动，同时也是新媒体向具有垄断资源的电视台发出的挑战。

从技术上讲新浪推出的是基于网络视频的 24 小时体育台，从播出模式上较传统电视有很多优势。除了资源丰富之外，用户还可以随意切换比赛场次，在相同时段内观看不同的比赛，其横跨 PC 和移动端的播放平台，也有助于吸引更多用户。未来将会有越来越多的网络媒体涉足体育赛事直播，开发出丰富的延伸商业模式，这是可以预见的前景。①

● 网络转播与自制同步发展

自2013年年初以来，乐视网就加大了对体育赛事版权的投入，以赛事实况为核心内容，配备高质量的专业团队对赛事进行全面的报道。目前乐视网拥有的版权赛事已囊括大众体育（欧洲足球五大联赛、中超、亚冠、CBA、欧冠篮球等），高端体育（网球包括中网、上海大师赛、WTA及ATP巡回赛等；高尔夫涵盖英国公开赛、美巡、欧巡、亚巡等），精英体育（MLB美国职业棒球大联盟、美式橄榄球联盟NFL超级碗等）三个层次的诸多顶级赛事。

除此之外，乐视网充分利用其拥有的赛事资源，对周边资源也进行了有效的整合和利用。例如在转播赛事的同时还进行了赛事相关资讯报道、评论员解说、赛事发展趋势分析等多方面的赛事深层次挖掘。目前，乐视网也已具备对赛事进行采访报道及高清直播的能力，是唯一一家可提供“全网高清体育赛事多屏同步直播”的网络平台。例如在亚冠决赛当日，该网就派出报道团在第一线获取大量独家信息，并以自制节目《亚冠英雄》的形式进行了长达7个小时的直播，获得了视频点击量的不断提升。

“平台+内容+终端+应用”这一垂直产业链整合的乐视体育传播生态越来越多地受到了行业关注和资本市场认可，也正在被更多的后来者所模仿。②

● 移动新媒体之“人在现场”

随着智能手机越来越被广泛地应用，用手机随时随地观看比赛已成为一种新的收视选择。

网络用户在视频网站上收看体育赛事现场直播在前几年还是一种新

---

① 《体育直播，又一块电视奶酪面临沦陷》，http://media.iresearch.cn/portal/20131022/216313.shtml

② 《乐视网发力体育与自制 总播放量再创历史新高》，http://video.iresearch.cn/sharing/20131114/219097.shtml

鲜事，但是一种新的手机收看模式已经出现。以百视通为例，百视通已经成为很多人观看顶级体育赛事的手机新媒体“首选”平台，其已拥有英超、NBA、中超、CBA 等众多大型赛事资源的使用权，受到了大量用户的追捧和喜爱。

3. 年度小结

中央电视台凭借其拥有雄厚的体育资源主导着我国体育电视市场，霸主地位坚挺，其他级别频道所占市场份额较少，竞争力相对较弱。虽然 2013 年是中国体育市场的“小年”，节目播出总量和收视不及 2012 奥运年，但是 2013 年可圈可点的体育亮点还是不少。亚冠联赛上中国球队首次问鼎冠军，世俱杯上首次有中国球队的身影；高清频道的推出让观众收看体验更加满足；全民体育节目让“草根”成为主角，让普通人登上体育大舞台；新媒体的发力使传统电视媒体面临冲击与挑战。

图 2－35　2009—2013 年中国体育类节目收视总分钟数及收视比重

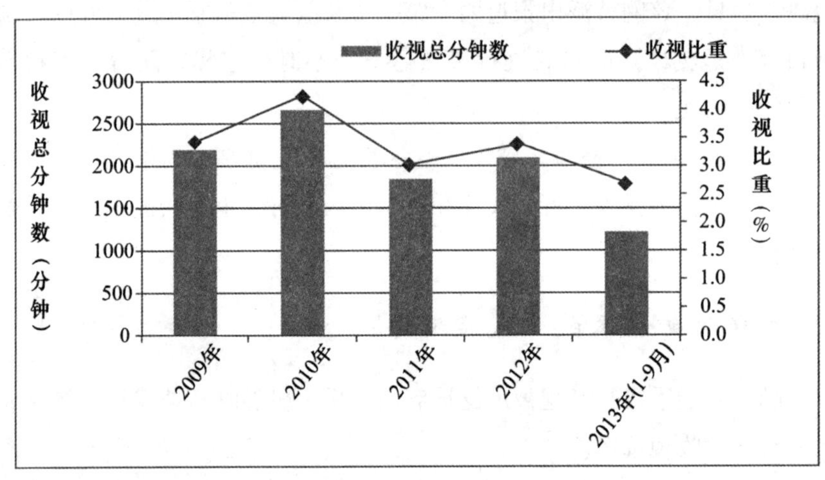

数据来源：CSM 媒介研究（71 城市）

4. 趋势与展望

纵观2009年至2013年的中国体育节目市场，大小年的特点不言而喻。2010年世界杯和2012年的奥运会都有力地支撑着该年体育节目的整体播出量及收视量的大幅提升，收视总时长以及收视比重较其他三年均呈现较高水平。我国体育电视市场整体表现为一强多弱，这种现象短时间内暂时还不会改变。但是在今后的发展中，新媒体必将使一直以来以传统电视为主的中国体育节目市场的竞争格局产生巨大变革，而这种变革带来的是促使中国体育节目市场不断发展的动力，也为我国体育观众提供了更多收看体育赛事、获取体育讯息的丰富渠道。未来的中国体育节目市场具体如何发展，我们还需拭目以待。

五、教育类节目

教育类节目从节目内容和表现形式上看主要包括纪录片、儿童节目、法制节目、对象性节目、教育脱口秀、真人秀节目等。2013年度教育类节目收视表现不容乐观[①]，但该类节目在本年度进行了一系列积极探索，呈现出节目内容日益丰富、节目表现形式创新和节目形态多元化发展等特点。

（一）年度数字

1. 全国收视TOP10

- **《酷我真声音》拔得头筹**

根据CSM媒介研究在全国71城市中的收视调查数据，2013年度，

① 本文中2013年度为2012年10月1日至2013年9月30日，2012年度为2011年10月1日至2012年9月30日。

在常态教育类节目（栏目）收视TOP10排名中，浙江卫视名牌栏目《中国好声音》的衍生节目《酷我真声音》拔得头筹，平均收视率达2.60%；中央电视台新季播节目《中国汉字听写大会》和青少年真人秀节目《加油少年派》收视效果也较好；深圳卫视《解密》栏目竞争力也较强，排行第5位。中央台频道在教育类节目收视排行中占比很高，在前十名的排行中占了8席，这与央视强大的频道优势、影响力以及节目自身的品质是分不开的（表2－12）。

表2－12　2013年度常态教育类节目收视率排名前10位

排名	名称	频道	收视率（%）
1	酷我真声音	浙江卫视	2.6
2	中国汉字听写大会2013复赛第四场	中央电视台综合频道	1.87
3	今日说法	中央电视台综合频道	1.75
4	身边的感动	中央电视台综合频道	1.5
5	解密	深圳卫视（新闻综合频道）	1.18
6	寻宝	中央电视台综合频道	1.04
7	艺术人生	中央台三套	0.91
8	科学发展铸造辉煌	中央电视台综合频道	0.91
9	加油少年派	中央电视台综合频道	0.76
10	旗鼓相当	中央电视台综合频道	0.73

数据来源：CSM媒介研究

如果说，我们把主要以固定栏目形态播出的教育节目称为常态教育类节目的话，那么一年一次或偶尔为之的大型教育类节目则在此就被称为非常态教育类节目。由于题材的特殊性及节目播出平台的权威性，非常态教育类节目排名前十位的节目均为中央电视台所占有（表2－13）。

表2－13　2013年度非常态教育类节目收视率排名前10位

排名	名称	频道	收视率（%）
1	感动中国2012年度人物颁奖典礼	中央电视台综合频道	2.3
2	一年又一年2013	中央电视台综合频道	2.13
3	快乐的节日2013年六一晚会	中央电视台综合频道	2.05
4	中央电视台特别节目梦想从历史深处走来	中央电视台综合频道	1.61

（续表）

排名	名称	频道	收视率（%）
5	阿坝藏区系列自焚事件真相调查	中央台四套	1.52
6	温暖 2012	中央台三套	1.43
7	法治的力量 2012 年度法治人物颁奖盛典	中央电视台综合频道	1.31
8	中华之光传播中华文化年度人物评选	中央电视台综合频道	1.2
9	2013 大型公益活动颁奖典礼寻找最美乡村教师	中央电视台综合频道	1.12
10	2012 中国经济年度人物颁奖盛典	中央电视台综合频道	1.12

数据来源：CSM 媒介研究

2. 播出与收视

● 节目播出：播出量略有缩减

2013 年度教育类节目播出总量为 449.62 千小时，相比 2012 年度减少了 19.17 千小时；该类节目的播出比重也从 2012 年度的 11.21% 下降到 2013 年度的 10.67%。2013 年度教育类节目在市场竞争中处于弱势，受其他类型节目挤压比较严重，整体处于“疲软”的状态（图 2－36）。

图 2－36　2012—2013 年度教育类节目播出时长与播出比重

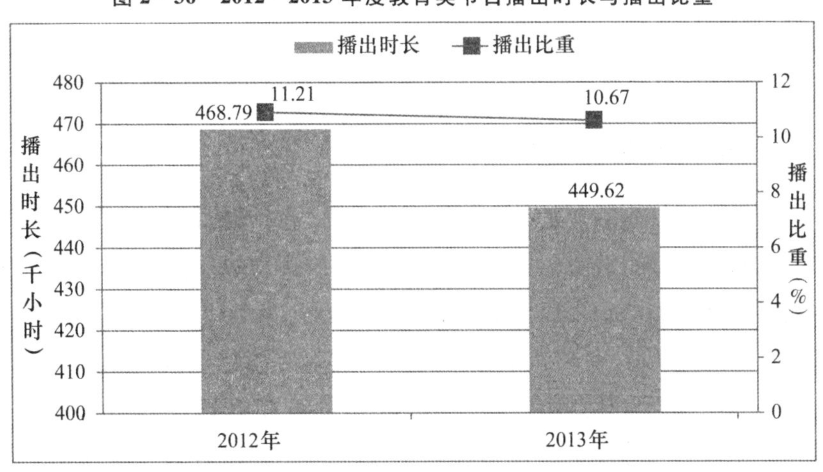

数据来源：CSM 媒介研究（全天、71 城市）

● 节目收视：观众规模与人均收视均有下降

对于电视节目而言，观众规模是节目竞争力强弱的一个指标，可通过到达率指标来体现；观众收视时长是反映节目竞争力的另一个重要指标。与教育类节目播出总量的趋势一样，2013 年度教育类节目的观众平均到达率为43.46%，较 2012 年度缩减了 2.57 个百分点；观众收看该类节目的人均时长也从 2012 年度每日每人收看 15.95 分钟下降到 2013 年度平均每人每日收看 14.17 分钟（图 2－37）。

图 2－37　2012—2013 年度教育类节目观众规模与人均收视时长

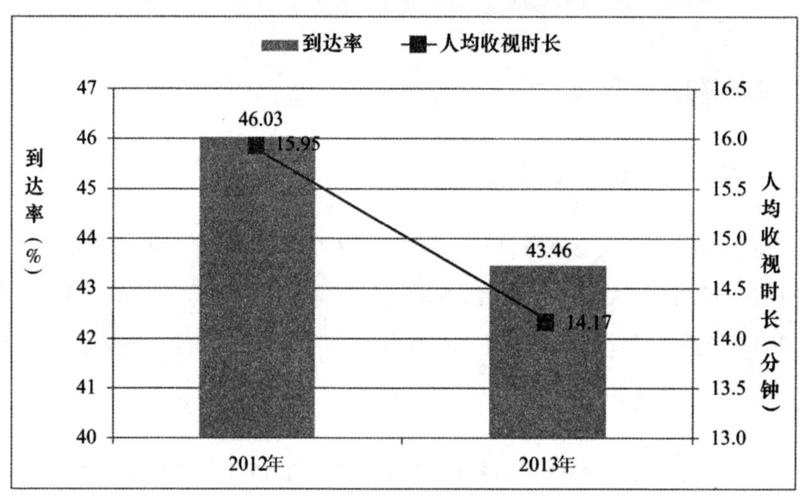

数据来源：CSM 媒介研究（全天、71 城市）

● 观众特征：高学历、高端人群比例增长

对于不同性别、年龄、学历、职业、收入的观众而言，对象性特征鲜明的教育类节目会受到哪些观众忠实的追随呢？通过观众构成和集中度这两个指标，我们可以了解到，在收看教育类节目的观众中，男性，45—54 岁年龄段，初、高中学历，中低收入所占比例较高，因此，教育类节目的观众总体是中低端人群。2012 年度和 2013 年度收看教育类节目的观众结构并没有特别明显的差异，但在 2013 年度，高学历、高收入人群收看教育类节目的比例有增长态势（图 2－38）。

图 2-38　2012—2013 年度教育类节目的观众构成和集中度

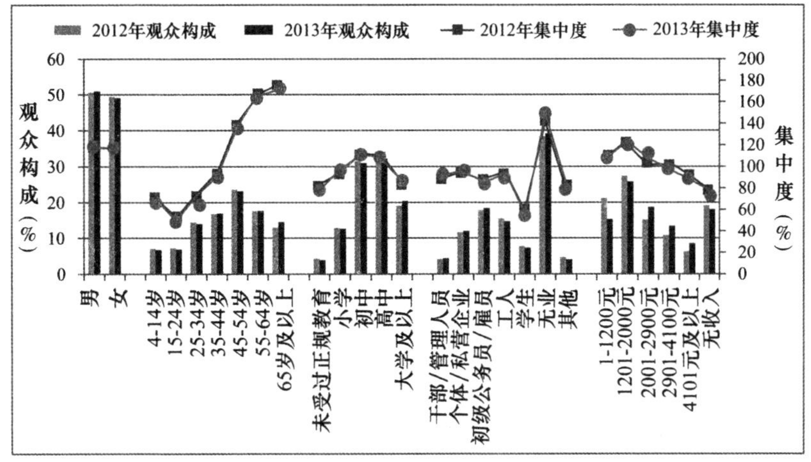

数据来源：CSM 媒介研究（全天、71 城市）

- **竞争格局：央视占据近半江山**

从教育类节目中不同频道组的收视竞争格局来看，2013 年度中央电视台频道组无疑是教育类节目的最大赢家，获得整体市场 46.92% 的份额，较 2012 年度增长了 6.63 个百分点；其次是省级非上星频道组和省级上星频道组，分别占有整体市场 20.79% 和 18.67% 的市场份额，但份额相比 2012 年度均有一定下降；市级频道的市场份额在 2013 年度略有提升，达到 10.93%（图 2-39）。

3. 广告收入

2013 年度教育类节目广告总投放额达 136.56 亿元，与 2012 年度基本持平。2013 年度除了杂类外，化妆品/浴室用品、食品、饮料广告是教育类节目广告投放额排名前三的品类。与 2012 年度相比，2013 年度工业用品、清洁用品和活动类行业广告增幅显著，分别为 32.27%、26.15%、23.44%；电脑及办公自动化产品、衣着和邮电通讯类行业广告投放额则有一定幅度下降（表 2-14）。

图 2-39　2012—2013 年度各级频道组在教育类节目中的市场份额

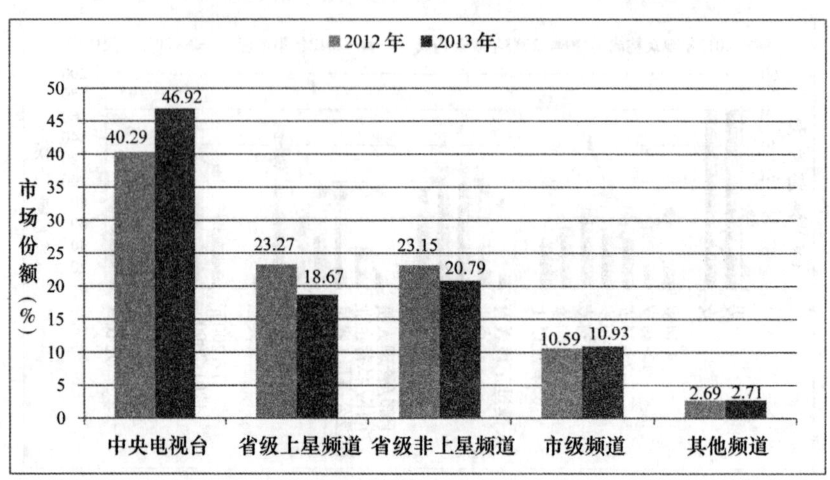

数据来源：CSM 媒介研究（全天、71 城市）

表 2-14　2012—2013 年度教育类节目分类广告投放额比较（人民币：亿元）

品类	2012 年广告投放额	2013 年广告投放额
杂类	51.46	49.5
化妆品/浴室用品	15.13	15.43
食品	8.76	10.02
饮料	9.12	10
商业及服务性行业	10.06	9.41
药品	9.09	7.63
酒精类饮品	6.81	7.52
娱乐及休闲	6.02	6.2
邮电通讯	4.38	2.88
交通	2.87	2.87
清洁用品	1.88	2.37
活动类	1.55	1.91
金融业	2.12	1.66
家居用品	1.72	1.57
个人用品	1.75	1.54
家用电器	1.64	1.43

（续表）

品类	2012 年广告投放额	2013 年广告投放额
电脑及办公自动化产品	1.79	1.13
房地产/建筑工程行业	0.88	0.96
衣着	1.42	0.92
工业用品	0.6	0.8
农业	0.5	0.55
烟草类	0.37	0.26

数据来源：CSM 媒介研究（全天、71 城市）

（二）代表性节目

1.《中国新声代》

《中国新声代》海报

基本情况

播出频道：湖南金鹰卡通卫视

开播日期：2013 年 5 月 11 日

播出时间：每周六日 19:00，6 月 23 日起每周日晚 19:00

栏目介绍：少年儿童节目，季播形式，主要面向 14 岁以下少年儿童，以合唱、轮唱、竞唱等多元化呈现方式，寻找最具时代感的好童声。

收视表现

《中国新声代》节目自播出以来收视持续走高，7月7日播出的“班级荣誉战”第三周比赛以0.53%的收视率和1.65%的市场份额登上了该节目收视的最高峰，较节目开播第一期0.26%的收视率提升了近一倍，市场份额也有近两倍增长（图2－40）。

图2－40 2013年湖南金鹰卡通频道《中国新声代》收视表现

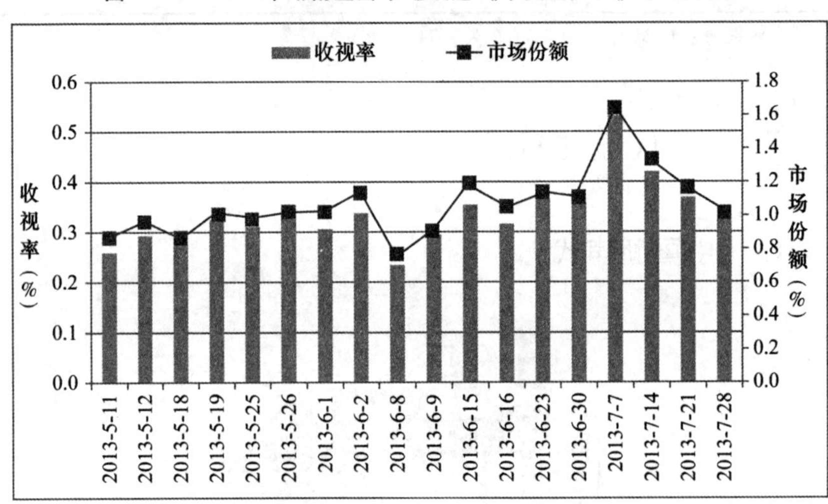

数据来源：CSM媒介研究（71城市）

栏目特色

虚拟主持，实时互动

儿童音乐节目《中国新声代》将金鹰卡通频道虚拟动漫形象“麦咭”赋予生命，在节目中与导师和孩子们进行实时互动。随着节目收视的不断增温，作为最大亮点的虚拟主持人麦咭也一直是观众心中的谜。在节目收官之际，麦咭的幕后表演者现身——有着25年主持经验的台湾综艺大家卜学亮在节目中不仅仅是为麦咭配音，还承担了所有动作和表演，如此大演员甘愿隐姓埋名做幕后工作，令观众备受感动。此外，该节目的场内场外、线上线下的观众互动也做得有声有色。

明星导师，夺人眼球

“明星化”模式是当今各类节目竞争高收视的“不二法宝”，《中国新声代》同样沿用了此模式。节目中所聘请的四位明星导师：羽泉（陈羽凡、胡海泉）、杨宗纬和陈明均是湖南卫视火爆节目《我是歌手》的主角，明星的加盟为该节目带来了良好的收视表现。

2.《中国汉字听写大会》

《中国汉字听写大会》海报

基本情况

播出频道：中央台十套、中央台综合频道。

开播日期：中央台十套 2013 年 8 月 2 日，中央电视台综合频道 2013 年 8 月 13 日。

播出时间：中央台十套每周五 20:30，8 月 16 日起每周五 20:00，中央电视台综合频道每周二 20:00。

节目介绍：针对键盘敲击慢慢取代了握笔书写，汉字的认识水准逐步退化的汉字手写危机现状，中央台十套在 2013 年重磅推出了酝酿多年的文字拼写节目《中国汉字听写大会》。节目通过激烈但不乏有趣的汉字听写竞赛，吸引观众在电视机前同步参与，让国人在轻松愉快的过程中学习文字知识，领略汉字之美。

收视表现

《中国汉字听写大会》节目单期时长100分钟，在中央台十套播出时的平均收视率为0.55%，市场份额为1.46%。与2012年同时期同时段相比，收视水平和市场份额均有明显提升，涨幅均超过一倍（图2-41）。节目从第三期开始，播出时间提前半小时，调至晚间黄金时段八点整播出，该期节目创单期收视最高，收视率达到0.67%。

图2-41　2013年中央台十套《中国汉字听写大会》收视表现

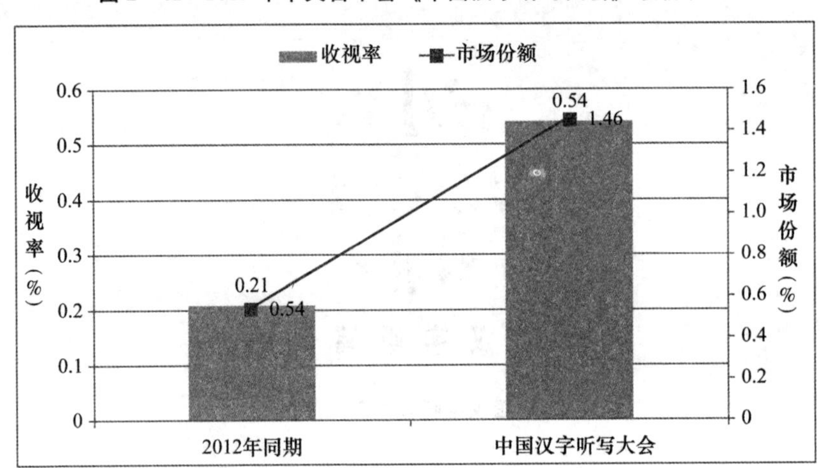

数据来源：CSM媒介研究（71城市）

栏目特色

独辟蹊径，引发热潮

2013年，在竞争白热化的歌唱选秀节目之外，文字拼写节目《中国汉字听写大会》突围而出，为火热的银屏带来一股清新的文化气息，在契合了观众娱乐需求的同时，也满足了观众的学习需求，迅速掀起了全面关注汉字书写的热潮。

多频播放，交叉覆盖

《中国汉字听写大会》在中央台十套播出两期后各界好评如潮，中央电视台综合频道也顺势而动，于2013年8月13日晚间播出了《中国汉字听写大会》复赛第一场，此后每周二晚跟进播出。依托两个中央级频道的传播合力，节目收视效果及传播广度达到前所未有高度。

3.《开讲啦》

《开讲啦》海报

基本情况

播出频道：中央电视台综合频道。

开播日期：2012年8月27日。

播出时间：每周六23:47。

节目介绍：中国首档青年电视公开课。节目重点邀请企业界和演艺、文化界精英作为演讲嘉宾，分享他们对于事业和生命的理解及感悟。现场大学生向演讲嘉宾提问互动，共同探讨当今青年人最关心、最困惑的话题。

收视表现

自2012年8月27日开播以来，《开讲啦》收视一路稳步上扬，从一周收视率对比可见，节目在每周六的平均收视率较其他周天同时段均有明显提升（图2-42）。在2013年1月1日播出的节目，成龙作为嘉宾进行主题为《没人能替你奋斗》的演讲，更是拿下单期最高0.72%的收视率，创中央电视台综合频道深夜跨零点时段收视奇迹。节目不单吸引了正处于“迷茫期”的青年人的广泛关注，就连曾经年轻过的家长们也成为节目收视的主体观众。

图 2－42　2013 年中央电视台综合频道《开讲啦》播出时段不同周天收视率对比

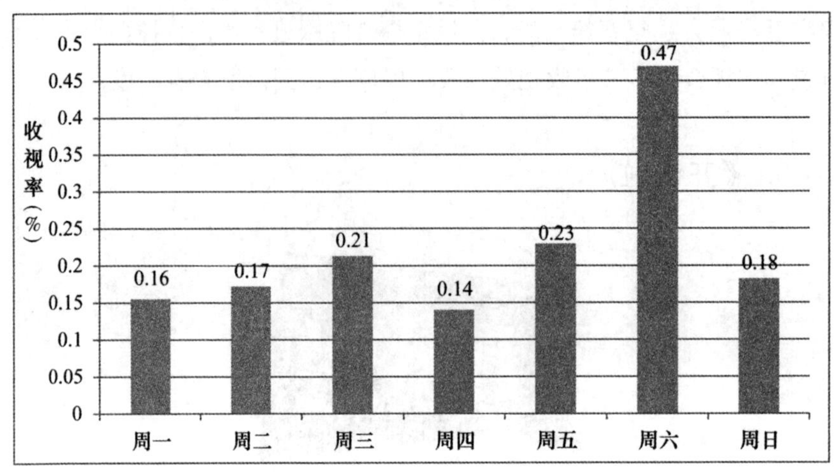

数据来源：CSM 媒介研究（71 城市）

栏目特色

播出时段差异

《开讲啦》依托中央电视台综合频道这一极佳的播出平台，在 2012 年播出伊始便获得了观众的广泛关注。节目的播出时间虽然被安排在午夜，但却很好地弥补了夜晚该时段优秀节目匮乏的弊端，让那些以活跃人群居多的尚未入眠的观众在深夜时分静下心来倾听别人的故事，思考自己的人生。

创新运营促发展

《开讲啦》被称为是基于电视平台的全媒体产品。除了“青年代表校园行”的线下活动，很多嘉宾人选、讨论话题都是从网友中征集而来。《开讲啦》还同步在 CNTV（中国网络电视台）播出，在各大视频网站也有节目推介，在移动互联网终端和微博上都能看到，体现了 TV2.0 时代的运作理念。而多形式、多渠道的复合传播，又进一步促进了该节目良好的收视。

4.《人生第一次》

基本情况

《人生第一次》海报

播出频道：浙江卫视

开播日期：2013 年 7 月 17 日

播出时间：第一季，每周三晚 22:00

节目介绍：《人生第一次》是浙江卫视原创的一档亲子成长教育类季播节目。节目以真实记录 3—6 岁孩子第一次独立完成任务全过程的真人秀外拍为主体，贯穿明星父母、现场互动等综艺元素。

收视表现

《人生第一次》播出第一季的收视率与市场份额均呈现波动中上升的态势（图 2－43），平均收视率达到 0.58%，市场份额为 2.46%，有效推动了浙江卫视周三晚间收视的飙升，多期节目收视挤进同时段卫视排名三甲，9 月 4 日播出的节目独占该时段卫视收视榜首。

图 2－43　2013 年浙江卫视《人生第一次》收视表现

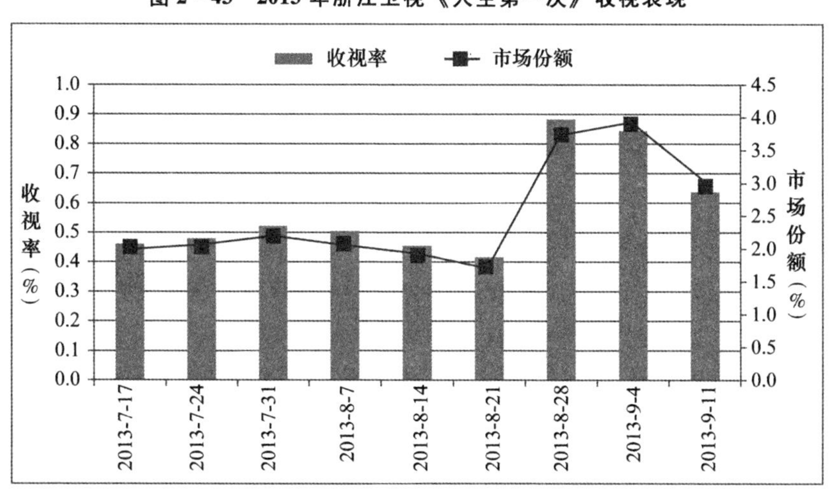

数据来源：CSM 媒介研究（71 城市）

栏目特色

儿童真人秀彰显特色

真人秀节目以其竞争的激烈与结果的未知性成为近几年国内电视节目追捧的形式。《人生第一次》将“真人秀”模式运用到3—6岁宝贝们身上，规避了“纯属虚构，人工斧凿”的节目模式，使观众回归真实生活，还原生活本真，拉近了与观众间的距离。

明星效应与天真童趣激情碰撞

电视真人秀类节目的参与主体不外乎明星和平民主体。《人生第一次》以充满童真的宝宝出任务、明星坐镇演播室点评的形式推出。明星嘉宾对宝宝“人生第一次”的表现进行现场点评，与家长共同探讨育儿经验。明星的号召力与宝宝天真童趣间的“激情碰撞”为节目擦出多重的收视看点。

5.《撒贝宁时间》

《撒贝宁时间》海报

基本情况

播出频道：中央电视台综合频道。

开播日期：2013年3月29日。

播出时间：每周五晚23:36。

节目介绍：《撒贝宁时间》是央视名牌栏目《今日说法》的特别节目，以法制节目第一品牌主持人撒贝宁的名字命名，并由其独立主持。

节目以法律事件调查与主持人演播室夹叙夹议串联为基础形态，以其独特的视角和创新的表现手段解读经典案件，同时注重法理阐释，在周五夜间为喜爱法制探案的观众带来一场推理盛宴。

收视表现

《撒贝宁时间》自2013年3月29日播出以来，节目收视率与市场份额均呈现波动态势（图2－44），但总体表现抢眼。平均收视率在0.2%以上，4月5日当期甚至超过了0.5%。该节目的市场份额也平均在2.5%左右。

图2－44　2013年中央电视台综合频道《撒贝宁时间》收视表现

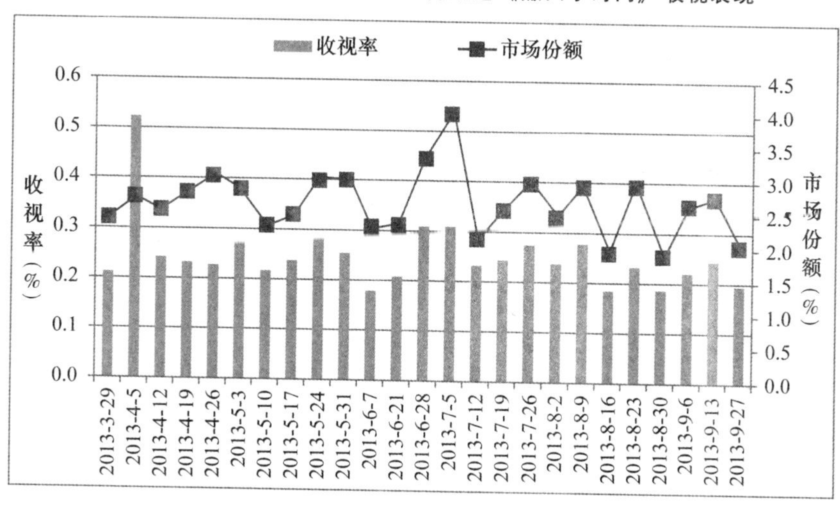

数据来源：CSM媒介研究（71城市）

栏目特色

时空穿越，虚实结合

《撒贝宁时间》的演播室并非传统演播室单一的实景设计，而是在演播室的一侧安排部分实景，作为侦探工作室；另一侧则通过电脑技术，虚拟出一个案发现场。观众可以从现实穿越时空进入现场破案，也可以跟随主持人回到现实中继续进行案件的推理侦破，达到耳目一新的视觉与互动效果。

主持人角色化，节目情景化

传统的法制类节目，主持人都是在讲述法制故事或起到探讨法理的作用。而《撒贝宁时间》则将主持人化身成为“福尔摩斯”，融入实际案情中侦破案件，用现场证据和缜密的逻辑分析引导观众一步步接近真相。这种新奇的真实法律事件，主持人角色化的生动表述，令节目成为一出既真实又好看的悬疑大剧。

（三）年度综述

1. 年度亮点

● 文化回归，“汉字”热播

随着网络的发展和数码科技的日益更新，越来越多的人使用键盘书写或者语音输入的方法拼写汉字，用惯电子设备的国人手写汉字的能力在逐渐下降。在2013年暑期档，一笔一画拼写汉字的节目——《中国汉字听写大会》《汉字英雄》等连连热播，前所未有地触动了中国人保卫汉字的“神经”，成为年度收视黑马。无论生活如何变化，技术如何发展，文化传承永远是民族的延绵之根，永远是媒介的生存之本。

● 纪录片聚人气，出国门

近几年来，中国电视纪录片市场一路高歌猛进。在国家政策的扶植与央视纪录频道的带领下，中国纪录片的产业要素逐渐凸显，商业模式逐渐形成，从小众产品成为大众内容，从国内走向国际。仅在2012年纪录片产量就达3000小时，首播量约为10000小时，均是2010年的3倍多。在国际市场，纪录片已成为中国电视出口最多，覆盖范围最广的节目类型。

2. 与视频新媒体联动概况

在手机终端发展日趋成熟的大背景下，出现了很多以电视台为主要播出平台，手机 APP、微博、微信作为互动载体的教育类节目。利用手机终端强大的实效性、互动性、传播性，引起手机用户对节目的关注，带动电视台节目收视。比如河南卫视汉字拼写节目《汉字英雄》就是整合了电视和网络资源，不但获得电视观众的收看，同时还吸引了更多网友的关注，同名 APP 随节目一同推出，让观众在观看节目的同时和选手一起答题，创造了电视节目互动的新模式。

此外，搜狐、CNTV、爱奇艺、土豆网都相继开办了纪实频道，成为众多高端用户观看纪录片的重要途径。

2013 年 1 月 22 日，中国首个国家级纪录片新媒体综合性产业运营平台“中国纪录片网”正式开播上线。平台汇集网络电视、手机电视、IP 电视、互联网电视、移动传媒等多终端平台，覆盖北美、欧洲、东南亚、中东、非洲的 200 多个国家及地区的互联网用户，全力盘活中国纪录片产业资源，促进纪录片产业专业化、规模化、国际化发展。

3. 年度小结

● 强势平台汇聚精品

纵观 2013 年电视节目市场不难发现，播出平台的变化是教育类节目发展的新助力。在 2013 年收视较高的创新教育节目中，制播分离的方式开始受到播出机构的高度关注，而优质的节目资源也日趋汇聚于强势省级卫视和中央级平台。

● 编播方式大胆创新

季播节目近两年在我国正在迅猛发展，成为时下节目制作、编排和销售的重要格式。季播编排可以使频道灵活顺应电视市场的收视规律，拉动电视台在特定时期的收视水平。与综艺类节目等成熟的季播编排方式相比，教育类节目的“季播时代”尚处于起步阶段，但从近两年的收视效果来看，尝试“季播”编排的教育类节目均获得了不错的收视回报。

● **娱乐元素大量融入**

近几年，我国教育类节目在坚持教育特色的前提下，尽力同时满足受众的“教育”与“娱乐”两方面需求，节目表现方式有了很大提高。借鉴各类优秀电视节目的经验，大胆创新，将娱乐的方式和教育的内容完美结合，将相对枯燥的知识转变为一种轻松愉悦的方式去传播，这已是当下全球教育类电视节目的发展趋势。

● **题材拓宽品质升级**

2013 年，中国教育类节目加速了升级换代的步伐。其表现领域日益扩大，如文化类的《汉字听写大会》、生活题材《超级减肥王》、高品质纪录片《大黄山》、儿童类《中国新声代》、谈话类《开讲啦》等；在表现形式和制作手段的升级也非常抢眼，真人秀、脱口秀、剧化纪录片 、表演秀，世界电视节目形态中的十八般武艺都在教育类节目中纷纷亮相。教育类节目在制作品质上的升级换代已成为趋势。

4. 趋势与展望

一个不可回避的事实是，从 2009 年至 2013 年间，教育类节目在各类节目中的收视份额呈现逐年下降的态势（图 2 - 45）。2009 年收视份额远高于其后四年，为 10.04%；2011 年市场份额虽有小幅回升，但而后又继续下滑；到 2013 年，市场份额仅为 8.48%。虽然近年来我国的教育类节目的内容日益丰富多彩，表现形态也是花样翻新，但在激烈的媒体竞争中，教育类节目既没有新闻节目快速传递资讯的优势，也不如娱乐节目可以“花样百出”，无所禁忌的充分表现，为了生存与发展，中国教育类电视节目的制作者们需要更加努力探索适合自身节目特点的表现形式，不断挖掘教育类节目内在价值，最大限度地实现寓教于乐的完美呈现。

图 2－45 2009—2013 年教育类节目在所有类别节目中的市场份额对比

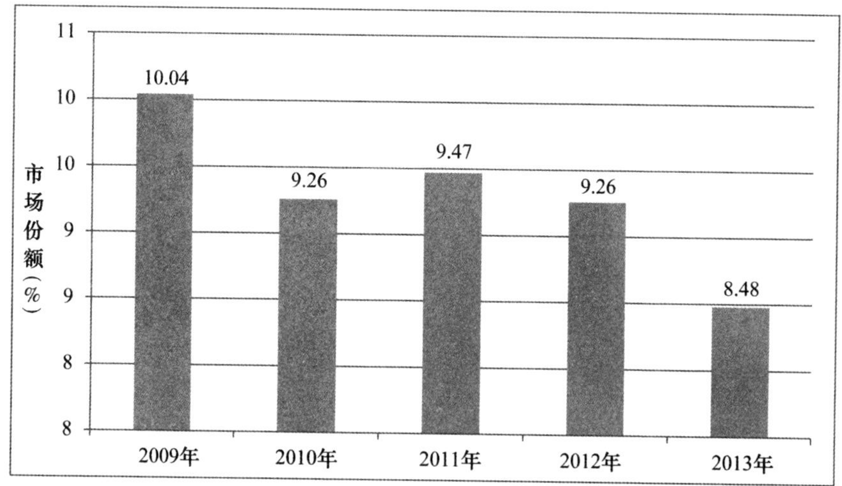

数据来源：CSM 媒介研究（71 城市）

按照国家新闻出版广电总局的新规定，2014 年全国上星综合频道将加大专题片、纪录片、动画片和新闻、文化、科技、道德等节目的播出力度。在政策的有力引导下，教育类节目将迎来更好的发展时机。

总之，教育类节目是电视市场中不可或缺的重要节目类型，市场空间广阔。

六、服务类节目

当今的电视市场，电视剧、新闻和综艺节目仍是拉动收视率的“三驾马车”，也是各电视台重点打造的节目类型。相比之下，无论是从节目前期制作投入还是节目播出后收视回报来看，服务类节目一直处于相对“弱势”的地位。但随着社会经济的高速发展，人们生活水平的普遍提升，老百姓对于高品质生活的需求越来越多，这些都为服务类节目提供了创新需求和发展空间。

（一）年度数字

1. 全国收视 TOP10

●《天气预报》最受关注

从 CSM 媒介研究全国 71 城市服务类节目收视率排名中不难发现，中央电视台综合频道《天气预报》仍是老百姓获取天气资讯的第一选择，收视率高居服务类节目排行榜榜首；中央电视台综合频道以挖掘民间厨艺高手的真人秀节目《中国味道》排名第二；北京卫视大型养生日播节目《养生堂》列位第三。从再往下排名靠前的节目来看，与观众日常生活密切相关的节目类型更受青睐。如湖北卫视为观众提供日常持家之道的《金装生活帮》，CCTV-2 为观众提供真相求证的服务节目《是真的吗》，江苏卫视提供法律援助的《甲方乙方》和中央台四套《中华医药》；而随着 2013 年全国多个城市长时间被雾霾笼罩，空气质量播报节目也颇受观众欢迎；应对近些年的旅行热，深圳卫视推出的新节目《大旅行家》也获得较好收视效果，挤进排行榜前十（表 2－15）。

表 2－15　2013 年度服务类节目收视率排名前 10 位

排名	名称	频道	收视率（%）
1	天气预报	中央电视台综合频道	4.28
2	中国味道	中央电视台综合频道	0.74
3	养生堂	北京卫视	0.63
4	北京空气质量播报	北京卫视	0.62
5	金装生活帮	湖北卫视	0.57
6	中华医药	中央台四套	0.51
7	甲方乙方	江苏卫视	0.5
8	是真的吗	中央台二套	0.49
9	上海市空气质量日报	上海电视台新闻综合频道	0.46
9	大旅行家	深圳卫视（新闻综合频道）	0.46

数据来源：CSM 媒介研究

2. 播出与收视

● 节目播出：播出量增幅明显

2013 年度服务类节目播出总量为 527.54 千小时，较 2012 年度同期增长了 22.16 千小时，涨幅为 4.38%。节目播出比重也由 2012 年度的 12.09% 增长至 2013 年度的 12.52%（图 2－46）。可见服务类节目以其独有的实用性、亲和性、专业性和权威性等特点，越来越受到电视节目制作者的重视，在激烈的电视市场竞争中影响力与日俱增。

图 2－46　2012—2013 年度服务类节目播出时长与播出比重

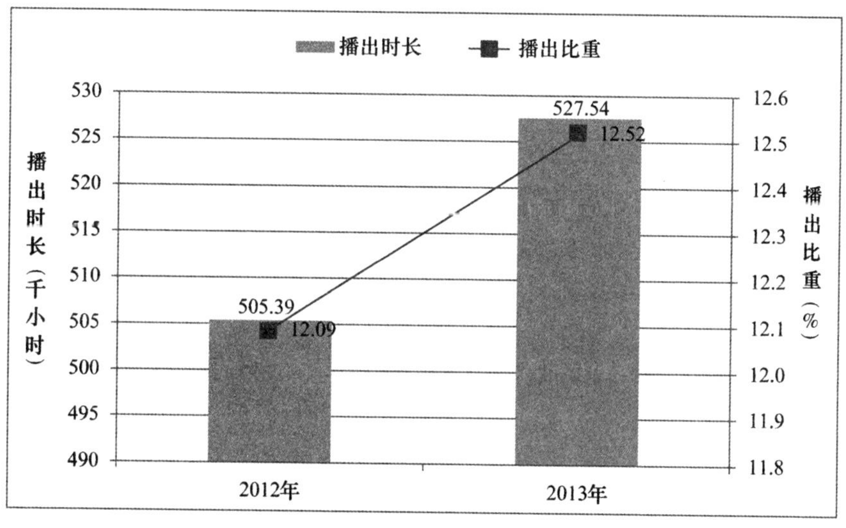

数据来源：CSM 媒介研究（全天，71 城市）

● 节目收视：观众规模缩小，人均收视增长

2013 年度服务类节目观众平均到达率为 39.87%，相比 2012 年度同期观众规模有一定缩减；但从观众收视量上来看，2013 年度人均每日收看服务类节目的时间同比增长 2.02%，达到 8.56 分钟（图 2－47）。

图 2-47　2012—2013 年度服务类节目观众规模和人均收视时长

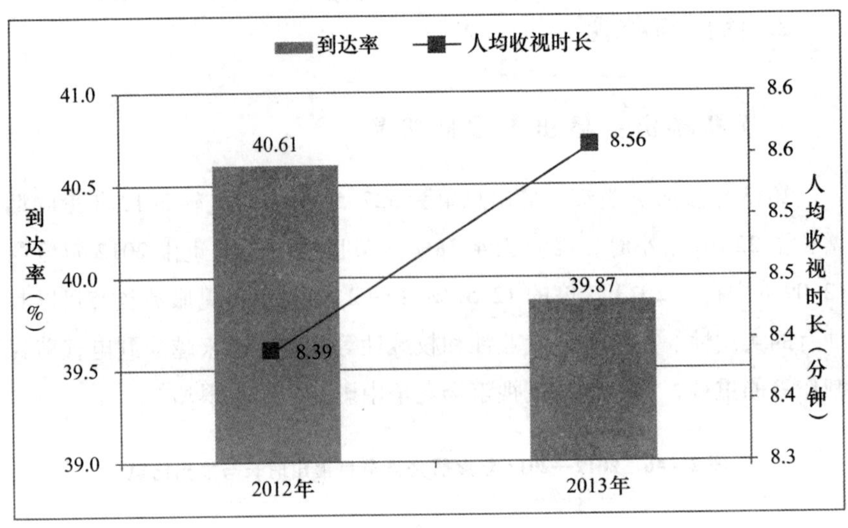

数据来源：CSM 媒介研究（全天，71 城市）

● 观众特征：女性、中老年更偏爱

从观众集中度上来看，2012 年度偏爱收看服务类节目的观众群体为女性，年龄在 45 岁及以上，为初、高中学历；除无业人员以外，干部/管理人员及初级公务员/雇员相对更偏爱收看服务类节目。2013 年度偏爱收看服务类节目的观众群体特征与 2012 年度并无明显差异，但女性、55 岁及以上年龄层、初级公务员/雇员和 1201—2900 元收入人群的比例较 2012 年同期有明显增长（图 2-48）。

● 竞争格局：地面频道竞争力显著

从不同频道组在服务类节目市场上的占有率可以发现，省级非上星频道是服务类节目生产与播出的主要舞台，2013 年度占整体市场 40.04% 的份额，较 2012 年同期增长 2.66 个百分点。中央台频道和省级上星频道 2013 年度市场份额同比也有微弱增长，市级频道份额有一定程度下降（图 2-49）。

图 2－48　2012—2013 年度服务类节目观众构成和集中度

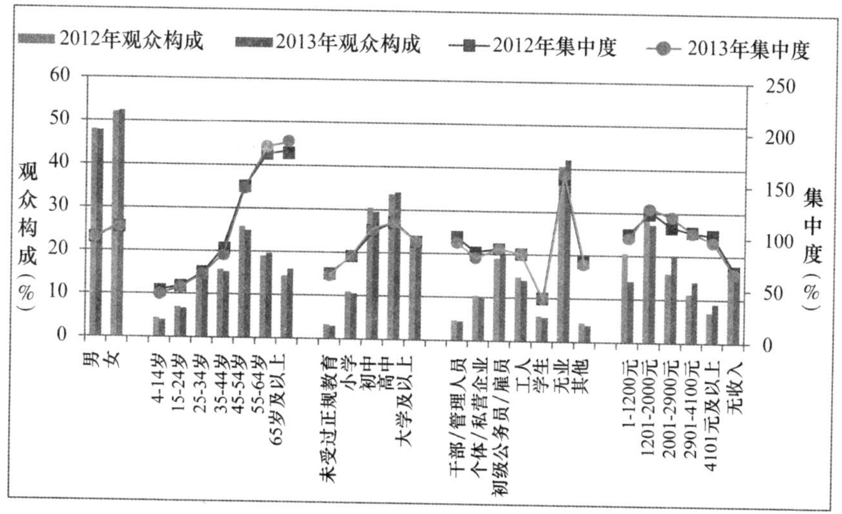

数据来源：CSM 媒介研究（全天，71 城市）

图 2－49　2012—2013 年度各频道组在服务类节目的市场份额

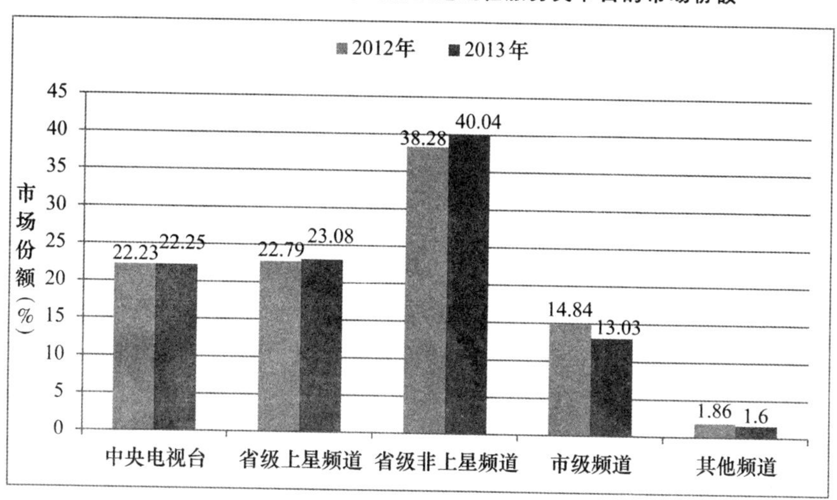

数据来源：CSM 媒介研究（全天，71 城市）

3. 广告收入

- **投放总额增幅明显，投放行业变化较大**

2013 年度服务类节目广告总投放额为 138.23 亿元，较 2012 年同期增长了近 11 亿元，增长幅度达到 8.62%。2013 年度，农业、烟草类、活动类及工业产品广告投放力度增大，增长率均超过了 30%；邮电通讯、金融业、家用电器和电脑及办公自动化行业投放额则较 2012 年度有一定下降（表 2－16）。除了杂类外，2013 年度广告投放额最多的三个品类仍然是化妆品/浴室用品、商业及服务性行业、食品。

表 2－16　2012—2013 年度服务类节目中各品类广告投放额（人民币：亿元）

品类	2012 年广告投放额	2013 年广告投放额
杂类	43.39	49.02
化妆品/浴室用品	12.07	13.85
商业及服务性行业	11.74	11.57
食品	7.97	10
饮料	7.75	9.51
药品	7.65	7.67
酒精类饮品	5.06	5.82
娱乐及休闲	4.29	4.53
交通	3.28	3.34
金融业	3.85	3.31
房地产/建筑工程行业	2.39	2.83
邮电通讯	4.46	2.55
活动类	1.71	2.29
家居用品	2.09	2.06
家用电器	2.31	2
个人用品	1.95	1.83
清洁用品	1.39	1.8

（续表）

品类	2012 年广告投放额	2013 年广告投放额
电脑及办公自动化产品	1.51	1.32
农业	0.73	1.02
衣着	0.93	0.95
工业用品	0.53	0.71
烟草类	0.18	0.25

数据来源：CSM 媒介研究（全天、71 城市）

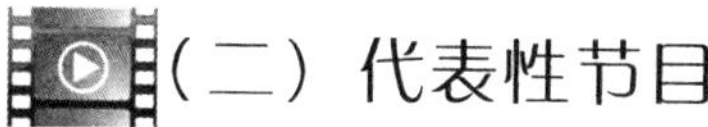

（二）代表性节目

1.《中国味道》

《中国味道》海报

基本情况

播出频道：中央电视台综合频道。

开播日期：2012 年 9 月 21 日。

播出时间：第一季 2012 年每周五 17:50。

第二季 2013 年春节期间 18:00。

节目介绍：大型厨艺真人秀节目。第一季将目光聚集于身边的“草根”厨艺高手，旨在通过一道道家常美味的比拼，传承中华美食文化精髓，展现和谐、温情、励志的美食人生。第二季在 2013 年春节期间推出“大师出手年夜饭”特别节目——中国八大顶级名厨为观众带来一场前所未有的饕餮盛宴。

收视表现

《中国味道》第一季随着厨艺比拼如火如荼地进行，节目收视率及市场份额总体呈上扬趋势，在总决赛当天，获得单期收视率0.91%、市场份额3.57%的高收视回报。第二季播出时正值春节假期，收视不敌第一季（图2－50）。

图2－50　中央电视台综合频道《中国味道》第一季和第二季收视表现

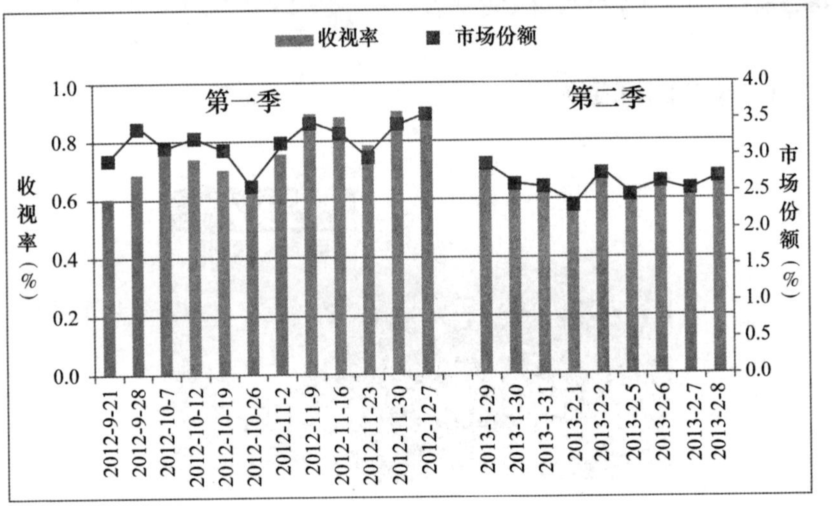

数据来源：CSM媒介研究（71城市）

栏目特色

草根间PK，真人秀互动

在综艺类节目大打“真人秀”牌的中国电视市场，服务类节目在保留传统的同时，也积极尝试新的节目表现手法。《中国味道》在节目形态上大量吸纳真人秀节目表现元素，将镜头聚焦普通百姓，采用“草根”选手PK的方式，使平民百姓摇身变成为节目的主角。每位参赛选手都是热爱美食的普通老百姓，他们与美食之间都有着令人感动的故事，并将自己对生活的理解巧妙地融入到美食制作中，令观众拍案叫绝。

“盲评盲选”，公正客观

与其他电视比赛节目不同，《中国味道》采用“盲评”模式，即评委和选手完全隔离，只通过对菜肴的投票决定选手去留。节目始终将选手的厨艺放在第一位，评委在品菜点评中，犀利专业，让观众既感到公正客观，又领略到中华美食的博大精深。

2. 《金装生活帮》

《金装生活帮》海报

基本情况

播出频道：湖北卫视。

开播日期：2012 年 10 月 3 日。

播出时间：每周三 22:00。

节目介绍：《金装生活帮》是湖北卫视大型综合服务类节目《生活帮》精装版，集生活资讯、生活调查、生活实验、智慧妙招、情感帮扶于一身，通过体验调查和各种科学实验，揭示生活中的种种误区，引导观众科学健康生活。

收视表现

《金装生活帮》自播出以来，平均收视率始终稳定保持在 0.40% 以上，在同类型节目中收视稳居第一（图 2 – 51）。

图 2 – 51　2013 年湖北卫视《金装生活帮》收视表现

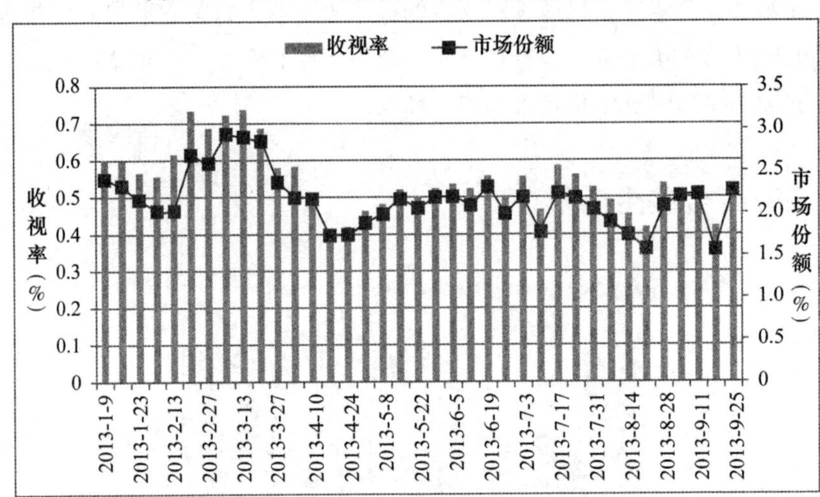

数据来源：CSM 媒介研究（71 城市）

栏目特色

关注民生问题，紧扣社会热点

《金装生活帮》每期选题都紧扣时下社会热点，例如，困扰百姓的食品安全问题、日益凸显的环境污染问题，抑或当红影视作品中的热门话题等，这些都是观众最感兴趣、最急于了解的事情。栏目通过科学手段，揭示真相，还事情本源，提醒观众规避生活中不健康的生活方式，避免陷入生活误区，倡导科学、健康的生活理念。

潜心服务受众，增强互动效果

随着互联网发展及手机拥有量的激增，《金装生活帮》以时下最流行的微博、贴吧等平台与观众进行交流互动，获取反馈意见。栏目记者经常在街上随机采访路人对于栏目相关话题的看法，主持人定期走进社区与百姓互动，这些手段都有效地扩大了节目在观众群中的影响力。

3.《我是大医生》

《我是大医生》海报

基本情况

播出频道：北京卫视。

开播日期：2013 年 10 月 10 日。

播出时间：每周四 22∶15。

节目介绍：《我是大医生》是北京卫视重磅打造的王牌栏目《养生堂》的升级版，是一档以权威医生主持团队为核心的大型医疗服务节目。在节目中，医生主持团队通过有趣的互动、权威的讲解、直观的实证，传播健康医学知识。

收视表现

健康类节目是近年来颇受欢迎的节目类型，但该类节目多采用专家对话的形式，观众易产生审美疲劳，节目形式亟待创新。《我是大医生》采用生动有趣的表现形式，有效地吸引了观众群的眼球，收视率一路走高（图 2－52），开播两个月后，即接近传统王牌节目的收视水平。

图 2－52　2013 年北京卫视《我是大医生》收视表现

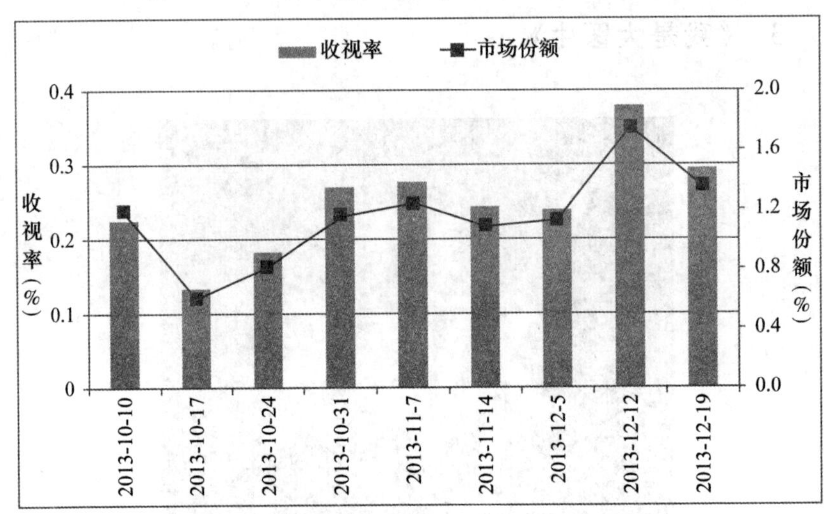

数据来源：CSM 媒介研究（71 城市）

栏目特色

强化高科技元素

《我是大医生》使用高科技的呈现方式，将虚拟和现实相结合，大量运用的 3D 技术改善了节目的视觉效果，提升了观众的收看兴趣，给传统的专家讲授的枯燥方式注入了新鲜活泼的元素，有效地实现了寓教于乐的转换。

重视场内外互动

《我是大医生》重视与观众的互动效应，通过栏目官方微博、微信、邮件、QQ 等方式，汇集观众在各渠道各平台上提出的健康问题，由“大医生们”在节目现场实时应答，增强了与场外观众的互动效果，较好地激发了受众的参与热情。

4.《是真的吗》

基本情况

播出频道：中央台二套

开播日期：2013 年 4 月 28 日

播出时间：每周六 19:30

《是真的吗》海报

节目介绍：《是真的吗》是一档大型互动调查求证节目。节目主要元素一是现场真假对照实验，一分钟还原事实真相；二是脱口秀明星用轻松、幽默的方式对时下热议的不实网络流言进行点评。

收视表现

《是真的吗》自 2013 年 4 月 28 日播出以来，除个别期节目受播出日期影响收视较弱以外，其余期节目均保持了较高水平的稳定收视表现（图 2－53）。

图 2－53　2013 年中央台二套《是真的吗》收视表现

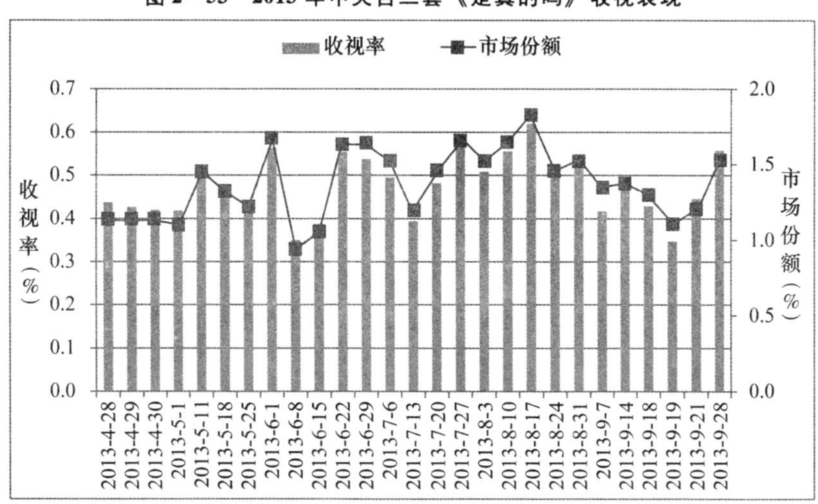

数据来源：CSM 媒介研究（71 城市）

栏目特色

节目元素跨界混搭

《是真的吗》由脱口秀、真相视频调查、现场真假实验及嘉宾猜真假游戏等环节构成，将新闻调查与综艺娱乐、脱口秀元素相结合，用幽默的语言讲述严肃的事件，使观众在轻松的环境中了解事情真相，达到解疑释惑的效果。

网台联动判别真伪

随着渠道增加，信息传播加速，各种难辨真伪的资讯和传闻层出不穷。为了使受众更好、更快地了解事情真相，《是真的吗》携手电视观众与广大网友，通过各类新媒体共同互动求真，对网络不实传闻进行专业验证与权威解答。

5. 《大旅行家》

基本情况

播出频道：深圳卫视新闻综合频道。

开播日期：2013 年 3 月 2 日。

播出时间：每周日 21:20。

节目介绍：《大旅行家》是一档以旅行为主题的互动访谈节目，主要以真人秀、旅游探险及旅行家引导为结构元素，通过旅行家带来的精彩故事与视频，与观众分享旅行达人畅游世界各地的难忘故事，探讨旅行对于生活的意义，对人生的启迪。

《大旅行家》海报

收视表现

自播出以来，《大旅行家》收视率及市场份额呈现波动上升态势，在71城市的平均收视率在大多数播出日中稳定在0.40%以上（图2-54）。从观众结构来看，主体观众呈现年轻化的特征，女性略高于男性；从观众集中度来看，女性，25—34岁的青年观众和45—64岁的中老年观众，受教育程度高的人群及初级公务员/雇员和工人观众群是该节目的重度观众。

图2-54　2013年深圳卫视《大旅行家》收视表现

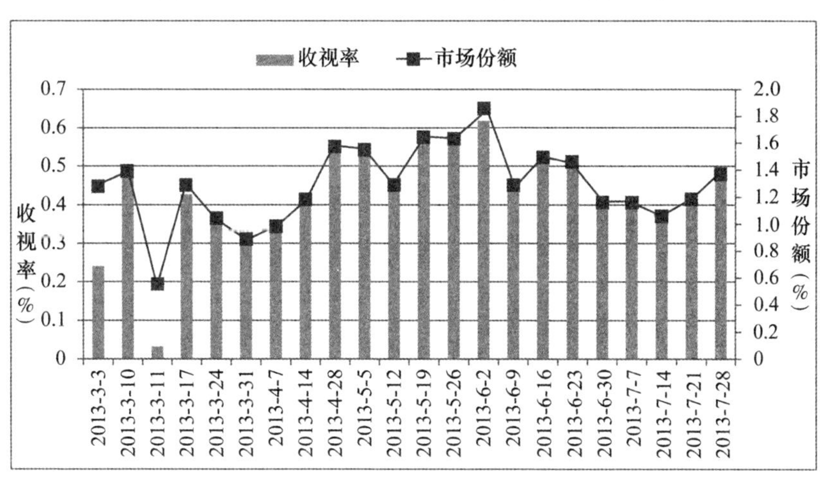

数据来源：CSM媒介研究（71城市）

栏目特色

锁定80后受众

《大旅行家》核心观众群年轻化，最有消费能力，最活跃的旅行人群80后是其重点锁定的目标。精准的观众定位与适配的内容，使栏目获得了收视与经营的双丰收。

强化探幽与分享

《大旅行家》在内容表现上的最大特点就是新奇与分享，以年轻人的感受与视野与观众分享旅行达人们“在路上”的奇闻趣事，使观众足不出户便可领略到世界各地的奇异风光和独到体验。

（三）年度综述

1. 年度亮点

- **节目形态混搭成气候**

为扩大传播效果，各种节目形态的跨界混搭已然成为全球节目形态发展的一种趋势。中国的服务类节目近年的发展也不例外。如北京卫视2013年10月推出的健康脱口秀《我是大医生》。节目从北京全市三甲医院海选出三位权威、帅气又亲切的男医生，外加一个主持过上千期养生节目的女主持人，用生动的脱口秀形式向观众讲述健康生活的医学知识。又如2013年12月深圳卫视推出的潮流生活科技秀节目——《一键启动》。该节目以生活科技为主打内容，在节目形态上大量融入真人秀表现元素，将科技产品与人们的日常生活进行出乎意料的融合，为观众带来一个既挑战极限又贴近生活、既还原真实又不乏趣味的生活科技秀节目。

2. 与视频新媒体联动概况

与其他节目类型相同，服务类节目也日益呈现出了多媒体互动的特点。如对于微博、微信、QQ等实时通讯工具的使用，有效地扩展了收视人群和收视时段。由于新媒体的介入，观众从收看对象变为节目的参与者，将自身的体验与其他观众分享，增强了观众的互动效果与实时参与性。

3. 年度小结

● 市场占有稳步提升

从2009年到2013年服务类在节目市场中的份额来看，整体呈现稳中有升的趋势。2009年服务类节目市场份额为4.76%，随着受众对生活相关信息需求的增大，2013年市场份额达到5.13%（图2－55）。

图2－55　2009—2013年服务类节目在所有类别节目中的市场份额

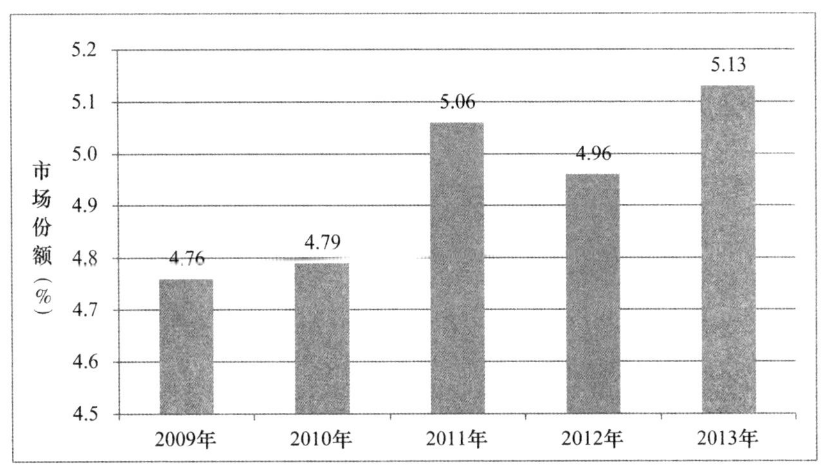

数据来源：CSM媒介研究（71城市）

● 节目形态推陈出新

服务类节目在保留其节目实用性、贴近性的基础上，将情景剧式、脱口秀、真人秀等元素融入其中，已成服务类节目的发展趋势。以观众为主体，以体验为中心，在情景中展开服务，通过娱乐性、戏剧性的表现方式吸引观众的关注，不仅要给予观众生活上有用的指导和帮助，也能充分满足受众的视觉和感官需求，从而激发他们收看的欲望，以此带动收视率增长的理念已成为近年来电视服务节目制作者们的自觉行动。

- **网台联动影响倍增**

与其他节目类型相同，服务类节目也呈现了多媒体互动的特点。对于微博、微信、QQ 等实时通讯工具的使用，有效扩展了收视人群和收视时段。由于新媒体的介入，观众从收看对象变为节目的参与者，将自身的体验与其他观众分享，增强了节目的传播力和参与性。比如北京卫视《我是大医生》，就将场外观众的健康问题带入节目，由专家进行现场解答，良好地完成了节目的互动。

近年来，我国服务类节目的内容创意、表现形式、文化品位等都有所提升，备受专业人士及观众的青睐。服务类节目本身的特点决定了它并非是一个大众化节目，既不像新闻类节目可以吸引大多数年龄层次的受众，也不像娱乐节目可以满足受众对娱乐消遣的旺盛需求，但电视服务节目在电视市场中的不可替代性也是不可或缺的。只要能更好地把握核心观众群的喜好和收视需求，努力调整节目选题内容和表现形式，就能收到较好的收视回报。近年来服务类节目的良好发展趋势充分证明了观众对于此类节目的需求也在不断增长，因此可以相信服务类节目的未来拥有充分的发展空间。

七、本章总结

本章从年度统计数字、代表性节目、年度综述三个方面对 2013 年度我国电视市场中的六大类节目（新闻类节目、影视剧、综艺类节目、体育类节目、教育类节目和服务类节目）进行了深入分析，可以看出各类型节目在市场中呈现出如下明显的特征：

2013 年度中国新闻节目的播出量增幅明显。老牌新闻栏目收视活力依旧，重大时事新闻仍是引发收视高潮的爆点；电视新闻的内容和议题呈现出由“扁平”向“纵深”的拓展态势；平民化、口语化的报道语态渐成电视新闻的主流，淳朴真实的百姓语态得到回归。随着新技术的蓬勃发展，电视新闻与新媒体的融合不断深入，借力新媒体已成为电视新闻发展和创新中最为重要的一环。

2013 年度电视剧从数量到质量都是公认的“小年”，生产的部数和集数均较上年有明显萎缩；在质量上好剧匮乏，全年除了《咱们结婚吧》竟再无一部平均收视率超过 3% 的作品。尽管如此，影视剧依旧担当着电视节目市场上的主力，对于广告的吸附力依旧强悍。影视剧市场收视份额的蛋糕分配出现两极分化的趋势，省级卫视和中央台份额持续增长，而地面频道份额下跌，弱势地位更加显著。另外，本年度可圈可点之事还包括：政府设立原创剧本奖鼓励内容创新，省级卫视频道开始把目光投向电影，地面台也成立“制播联盟”参与抢剧，电视剧资金充沛吸引电影演员和港台演员，制片方在题材上关注少儿也聚焦老人，“大数据”开拓了创作新思路。

2013 年度中国电视综艺节目的收视量增幅明显，在观众收视总时长中所占比重达到近 5 年的最高值。综艺节目类型不断丰富，歌唱类、亲子类、演讲类、传统文化类等不同主题、类型的节目令观众耳目一新。以湖南卫视为代表的省级卫视积极引进国外优质节目模式，部分综艺节目创下近年来少见的高收视。热门综艺类节目不仅是观众的“吸睛干”，也是广告的“吸金工”，节日冠名费用一路水涨船高。热门综艺节目不仅在电视屏幕火热，在网络视频等新媒体上也受到热捧。综合而言，随着更多优质模式类节目的引进以及我们自主研发的创新综艺节目的出现，综艺节目进入了大片时代，精良的节目制作水准给观众带来更多的视觉盛宴。

2013 年度是中国体育节目市场的“小年”，节目播出总量和收视不及 2012 奥运年。中央电视台凭借拥有的雄厚体育资源主导着我国体育节目市场，霸主地位坚挺，其他级别频道市场竞争力相对较弱。2013 年的中国体育节目市场亮点不少：亚冠联赛上中国球队首次问鼎冠军，世俱杯上首次有中国球队的身影；赛事高清频道的推广让观众收看体验更加提升，全民健身体育节目的出现让“草根”成为主角，让普通人登上大舞台，新媒体的发展让电视体育面临着巨大的冲击和挑战。

2013 年度教育类节目收视表现不容乐观，但在节目市场竞争中，该类节目也进行了一系列积极探索，呈现出强势平台汇聚优质节目、编播方式创新、融入娱乐元素、节目模式升级换代和节目形态多元化发展等特点。

2013 年度服务类节目同往年一样，无论是从节目制作投入还是节目收视回报来看，仍处于相对“弱势”地位。但该类节目也进行了一系列积极探索：在保留其节目实用性、贴近性的基础上，将情景剧式、脱口秀、真人秀等元素溶入其中，使节目更具有可看性；服务类节目也呈现了多媒体互动的特点，微博、微信、QQ 等实时通讯工具的使用，有效地扩展了收视人群和收视时段。

第三章　网络视频市场年度观察

本章概要

- 2013 年是网络视频快速发展的一年，网络视频受众规模稳定增长，网站视频已经成为视频市场的重要组成部分。多屏收视已成为受众收视的基本特征，多屏之间、网络视频之间的竞争加剧。
- 网络视频包括互联网和移动互联网两个部分，本章研究的网络视频是指通过台式机和笔记本电脑收看的视频。通过手机和平板电脑收看的移动视频将在下一章研究。
- 本章对网络视频市场的发展规模、受众特征及收视偏好和收视行为进行全面的分析。重点针对网络视频市场的五大类节目，即新闻类节目、电视剧节目、电影节目、综艺娱乐类节目和体育类节目展开分析。
- 首先，从节目的用户规模、用户特征、收视偏好等方面给出每一类节目的市场数字特征；其次，选取代表性节目，对热播节目的内容制作和播出特点以及推广方式进行分析；最后，对各类型节目的年度发展特征进行归纳分析，对未来趋势做出展望。

一、网络视频市场概览

（一）用户规模

1. 网络视频用户

- **约 4.3 亿**

CNNIC（中国互联网统计中心）在 2012 年针对中国网民网络视频调查发现，网络视频用户呈现持续稳定的增长态势，2012 年底用户规模是 3.72 亿，较 2011 年底增长了 14.3%，净增长 4652 万人。而根据最新的 CNNIC 网络报告，2013 年底，全体网民中对网络视频的使用率达到69.3%，总规模突破4亿，达到4.28亿人。

图3-1 2007—2013年中国网络视频用户规模和使用率（%）

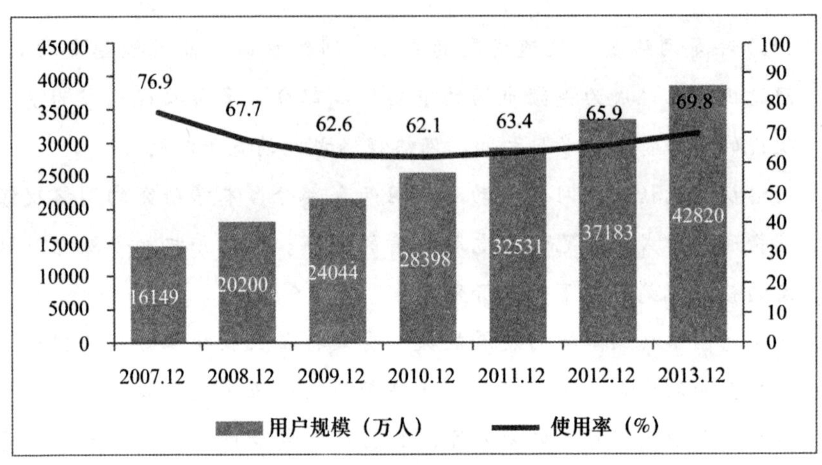

数据来源：CNNIC 2012年中国网民网络视频应用研究报告；
CNNIC 第33次中国互联网络发展状况统计报告

（二）用户特征

在多屏环境下，视频内容不仅在一种视频终端播出，内容在多屏的流动已成为常态，用户可以通过一种或多种视频终端来观看视频。为了比较电视视频、网络视频、移动视频用户的差异，下面我们专门将三类视频的用户放在一起进行比较。

以下所使用央视市场研究的CNRS36城市调查数据，数据显示了城市居民中电视视频、网络视频和移动视频用户的基本特征和差异。

1. 性别特征

- **不同性别在视频类型选择上几无差异**

通过对三大类视频用户的性别特征分析发现，其性别分布趋同。男女两性占比基本均等，也就是说不同性别在视频类型的选择上无明显差异。

网络视频用户中男性占比 51.8%，女性占比 48.2%，两性占比基本相同。

图 3-2　三大类视频用户性别特征比较（%）

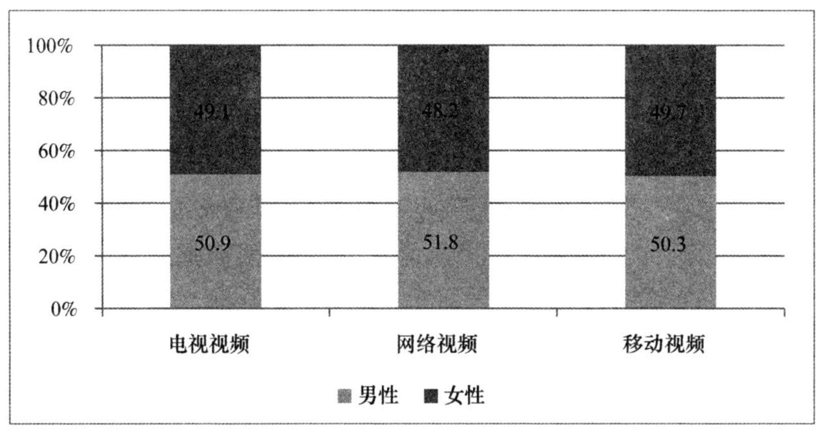

数据来源：CNRS 2013 年 1 月—2013 年 6 月（36 城市）

2. 年龄特征

● 平均年龄 31 岁

CNRS（中国城市居民调查）36 城市 2013 年调查数据显示：

网络视频用户主要是在 15—34 岁之间，平均年龄为 31 岁，45 岁以上的用户仅占 10% 左右，15—24 岁占了 34.7%。相比之下，电视观众则年龄略大，平均年龄达 39 岁，且在年龄分布上较为平均，各年龄层均有两成左右用户。

移动视频用户的平均年龄仅 29 岁，是这三个用户群中最年轻的。

综上，传统电视视频仍然占据主流市场，用户群覆盖较广且分布均衡。网络视频由于近年来的繁荣发展，其在中高年龄层也积累了一部分用户。而移动视频随着近几年智能手机和平板电脑在年轻群体中的普及，其主要用户群年龄较低。

图 3－3　三大类视频用户年龄特征比较（%）

	电视视频	网络视频	移动视频
15—24岁	19.6	34.7	39.7
25—34岁	22.0	33.9	37.1
35—44岁	22.4	20.7	17.3
45—55岁	18.8	8.3	5.1
55岁及以上	17.1	2.5	0.9

数据来源：CNRS 2013 年 1 月—2013 年 6 月（36 城市）

3. 学历特征

● 移动用户学历最高，网络次之，电视最低

三类视频用户的学历差异较为明显：网络视频用户中，64.0% 拥有高等学历（大学专科及以上学历），其中 33.9% 是本科及以上学历。但移动视频用户的学历水平更高，70.3% 都接受过高等教育。相对而言，电视用户的学历水平较低，他们中仅有 40.5% 是高等学历毕业。

图 3－4　三大类视频用户学历特征比较（%）

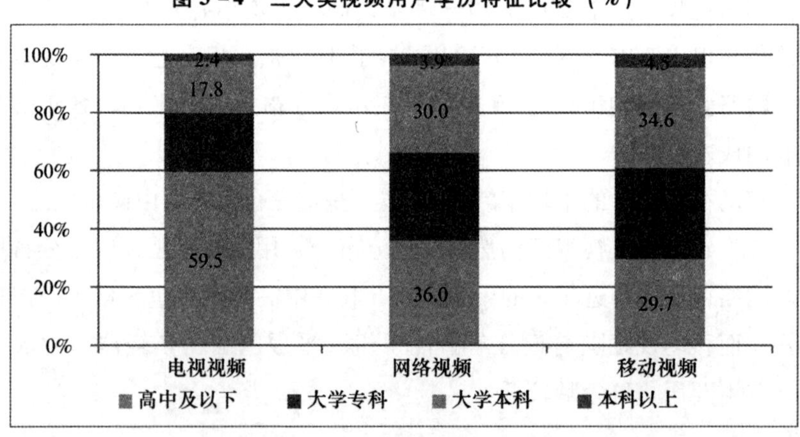

数据来源：CNRS 2013 年 1 月—2013 年 6 月（36 城市）

4. 收入特征

● 移动、网络用户与电视用户收入差距明显

个人月收入

在 CNRS 调查的 36 城市中，三类视频用户的个人月收入也有一定程度差异。2013 年网络视频用户的平均个人月收入是 4013 元，移动视频用户个人月收入略高，为 4079 元。而电视这个传统媒体的用户收入最低，仅为 3798 元。

图 3－5　三大类视频用户个人月收入特征比较（元）

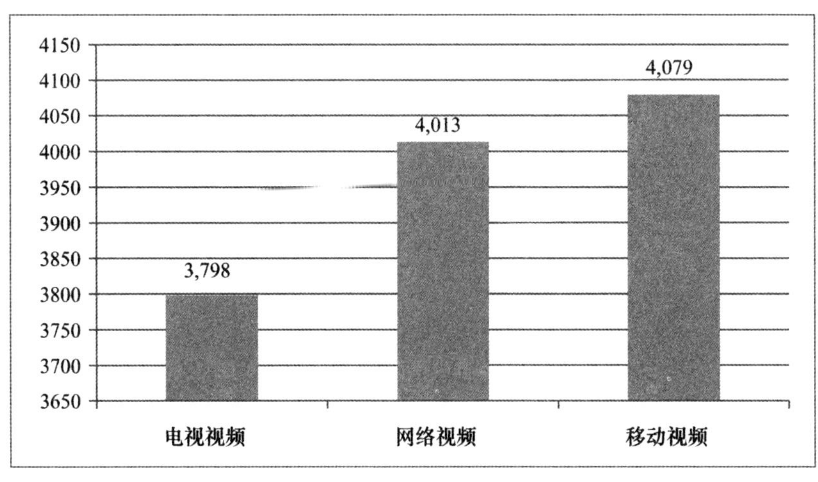

数据来源：CNRS 2013 年 1 月—2013 年 6 月（36 城市）

家庭月收入

三类视频用户的家庭月收入差异更加明显。网络视频用户的平均家庭月收入是 9394 元，移动视频用户家庭月收入略高，达到 9733 元，同样是电视视频用户家庭月收入最低，仅为 8589 元。

图 3－6　三大类视频用户家庭月收入特征比较（元）

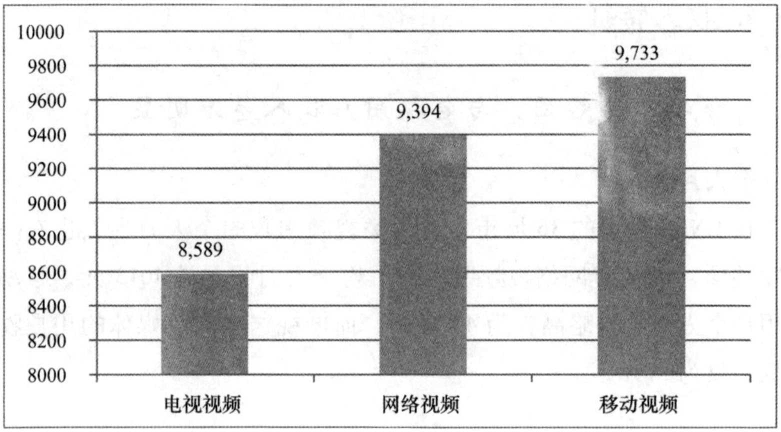

	电视视频	网络视频	移动视频
家庭月收入（元）	8,589	9,394	9,733

数据来源：CNRS 2013 年 1 月—2013 年 6 月（36 城市）

5. 不同级别城市用户特征

● 性别占比差异不大，一线城市用户更年轻，学历更高

各级别城市网络视频用户性别

不同城市级别中网络视频用户的性别占比无显著差异，男女两性用户构成大体相同，其中男性比例都略高。相对而言，三线城市男性比例略高于一、二线城市。

图 3－7　不同城市级别网络视频用户性别特征比较（%）

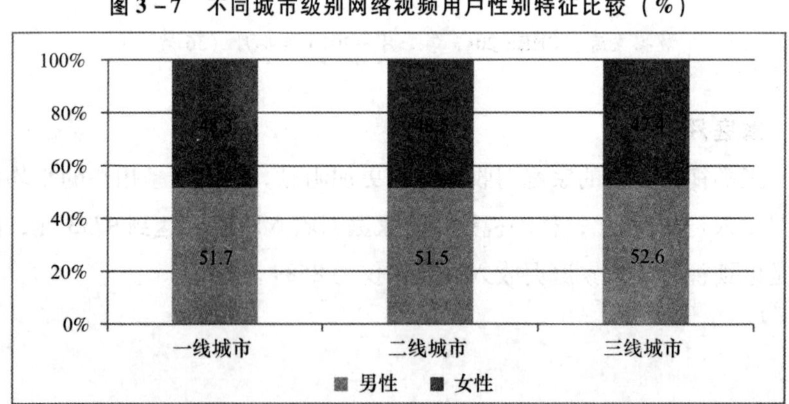

数据来源：CNRS 2013 年 1 月—2013 年 6 月（36 城市）

各级别城市网络视频用户年龄

在不同城市的网络视频用户中，15—34 岁的年轻人都是主体。其差异主要体现在一线城市网络视频用户更加年轻，15—34 岁用户占了73%，二线城市占了 67.7%，三线城市为 64.4%。

图 3－8　不同城市级别网络视频用户年龄特征比较（%）

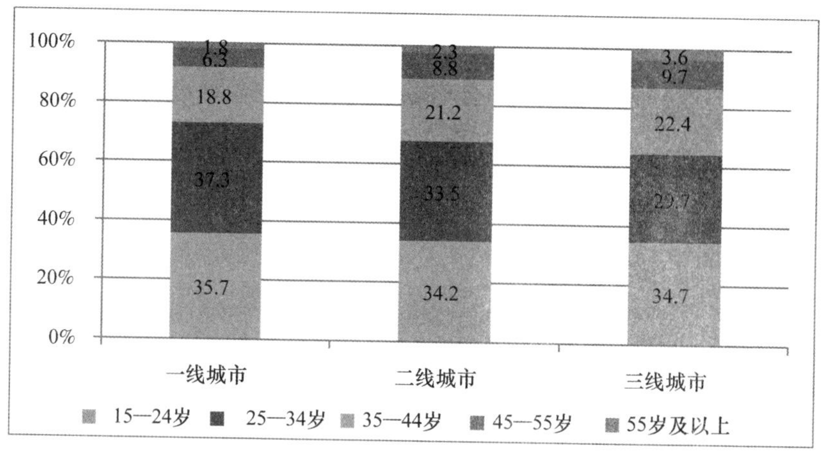

数据来源：CNRS 2013 年 1 月—2013 年 6 月（36 城市）

不同城市网络视频用户特征的差别，一方面反映了城市人口结构的差异，另一方面也反映了网络视频从中心城市向下线城市梯度发展的特点。

各级别城市网络视频用户学历

不同级别城市网络视频用户的学历差别非常显著。一线城市网络视频用户中有七成拥有高等学历，二线城市也有 65.8%，而三线城市中仅为 51.5%。

不同级别城市网络视频用户学历结构的差别，清晰地反映了高学历人才向高级别城市集中的人口移动趋势。

图 3－9 不同城市级别网络视频用户学历特征比较（%）

	一线城市	二线城市	三线城市
高中及以下	30.5	34.2	48.5
大学专科	26.2	34.5	24.9
大学本科	38.2	27.9	23.3
本科以上	5.1	3.4	3.3

数据来源：CNRS 2013 年 1 月—2013 年 6 月（36 城市）

（三）用户收看内容差异

1. 节目类型

● 电影占比 76%、电视剧 73%、综艺 59%

央视市场研究 iCTR 四视同堂（四视指：电视视频、PC 视频、手机视频、平板电脑视频）网络调研数据显示，网络用户通过 PC 屏幕，即网络视频收看的节目与电视观众收看的节目类型非常接近。电影、电视剧、综艺及新闻等电视屏幕上的主流内容也是网络视频收看的主要内容。

其中，电影是 PC 屏幕上的第一需求，占比达到 76%；其次是电视剧，占比为 73%；再次是综艺节目和新闻，占比分别为 59% 和 42%；而互联网上的其他长尾节目类型，如动漫、搞笑、音乐、微电影等也获得网民关注，30% 以上的网民会经常观看这些类型的节目；视频网站自制内容以及网友制作上传的内容（以下简称 UGC）也颇受欢迎，分别有 14% 和 17% 的网民会在 PC 屏上经常观看这些内容。

图 3-10　网络视频节目类型（%）

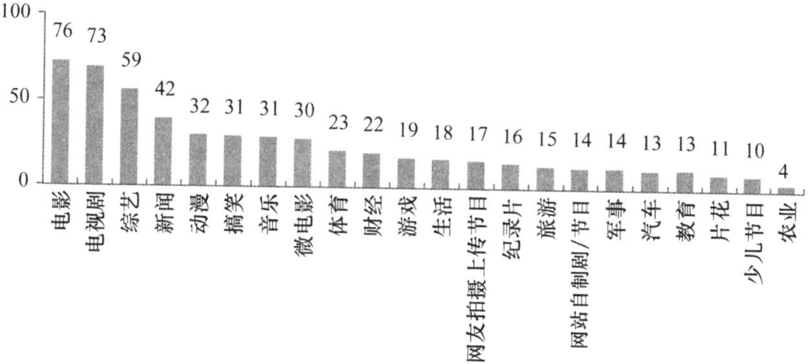

数据来源：iCTR 四视同堂，2014 年 1 月（N=4038）

2. 内容偏好

- **男性偏爱电影、新闻、体育；女性偏好电视剧、综艺**
- **青年喜欢电影、音乐；新闻、生活服务节目更吸引中年**

用户性别

不同性别的视频网民喜好的节目类型差异明显。虽然均是最爱看电影、电视剧和综艺，但相对而言，男性用户偏好电影更多些，女性偏好电视剧和综艺节目更明显；此外，男性对新闻、体育和财经类节目的偏好也明显高于女性，特别是体育和财经类节目，差异均在 10 个百分点以上，甚至达到 20 个百分点。

图 3-11　收看各类网络视频的用户性别差异（%）

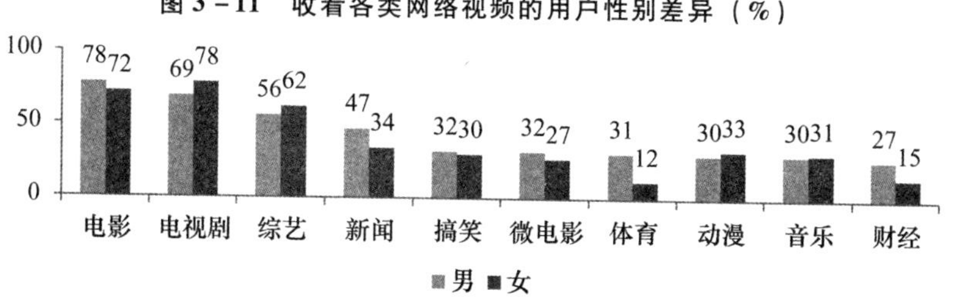

数据来源：iCTR 四视同堂，2014 年 1 月（N=4038）

用户年龄

视频节目类型繁多，根据节目特征，我们将主流视频网站上近 30 个节目类型分成了 5 大类，具体的分类见表 3－1。从表中数据可见，不同分类的节目对不同年龄段，尤其是构成代际差异的群体，吸引力差异也十分明显。电影和音乐等娱乐休闲类节目更受 20—34 岁网民喜欢，其目标群体指数显著高于其他年龄段；新闻资讯和生活服务类视频对特定人群也具有强吸引力，该类节目更吸引 40—59 岁用户，其目标群体指数大部分都在 130 以上，最高可达 210；而对于微电影等自制视频，20—39 岁用户对其关注热情较高，目标群体指数大部分也达 110。

表 3－1　收看各类网络视频的用户年龄差异

分类	节目类型	合计（%）	目标群体指数								
			15—19 岁	20—24 岁	25—29 岁	30—34 岁	35—39 岁	40—44 岁	45—49 岁	50—59 岁	60 岁及以上
大众类	综艺	59	63	114	120	104	97	100	96	81	76
	电视剧	73	70	112	114	102	98	98	93	101	110
	电影	76	67	111	112	109	108	99	88	76	88
娱乐休闲类	动漫	32	115	156	124	94	74	52	39	33	29
	少儿节目	10	57	64	114	169	104	91	67	42	48
	搞笑	31	63	125	121	108	84	90	97	78	81
	片花	11	50	111	106	115	108	119	101	82	67
	音乐	31	45	110	112	106	107	128	106	92	65
	游戏	19	59	106	117	108	98	94	128	94	83
新闻资讯类	新闻	42	29	89	101	103	119	145	160	155	73
	体育	23	45	86	108	117	96	132	175	98	90
	财经	22	22	50	88	116	118	166	208	195	143
生活服务类	旅游	15	35	82	113	112	103	126	151	129	142
	汽车	13	18	69	110	133	124	134	154	102	53
	生活	18	31	86	93	117	90	152	177	170	92
	教育	13	37	78	106	123	102	138	116	143	106
	纪录片	16	18	84	94	126	113	147	166	149	67
	军事	14	18	86	84	110	116	176	210	154	58
	农业	4	19	94	81	181	67	164	111	81	114

（续表）

分类	节目类型	合计（%）	目标群体指数								
			15—19岁	20—24岁	25—29岁	30—34岁	35—39岁	40—44岁	45—49岁	50—59岁	60岁及以上
网站PGC&UGC内容	微电影	30	39	126	131	113	87	105	76	66	52
	网站自制剧	14	38	126	108	114	115	103	68	117	84
	网友拍摄上传节目	17	39	109	111	118	115	104	96	102	135

数据来源：iCTR四视同堂，2014年1月（N=4038）

个人月收入

iCTR跨屏研究产品“四视同堂”数据显示，电影、综艺等大众类节目较受一线城市中、高收入和二线城市的中、高收入网民喜欢①，其目标群体指数显著高于其他线城市受众；像动漫、音乐等娱乐休闲类节目更吸引二线城市的中、高收入人群；而新闻资讯、生活服务以及网站PGC&UGC内容，一、二线城市的高收入网民关注热情较高，其目标群体指数大部分均超120。

表3-2　收看各类网络视频的用户个人月收入差异

分类	节目类型	合计（%）	目标群体指数					
			一级城市低收入	一级城市中收入	一级城市高收入	二级城市低收入	二级城市中收入	二级城市高收入
大众类	综艺	59	91	105	89	97	111	109
	电视剧	73	96	109	99	103	107	101
	电影	76	90	109	104	98	107	104

① 一级城市低收入指在一级城市个人月收入在4000元以下；一级城市中收入指在一级城市个人月收入在4001—8000元间；一级城市高收入指一级城市个人月收入在8000元以上；二级城市低收入指在二级城市个人月收入在2000元以下；二级城市中收入指在二级城市个人月收入为4001—6000元；二级城市高收入指在二级城市个人月收入在6000元以上。

（续表）

分类	节目类型	合计（%）	目标群体指数					
			一级城市低收入	一级城市中收入	一级城市高收入	二级城市低收入	二级城市中收入	二级城市高收入
娱乐休闲类	动漫	32	123	91	83	143	101	89
	少儿节目	10	80	95	112	49	94	120
	音乐	31	92	101	80	93	111	106
	搞笑	31	94	94	98	108	104	111
	片花	11	87	88	98	65	115	109
	游戏	19	117	107	90	79	104	109
新闻资讯类	新闻	42	74	116	112	68	112	109
	体育	23	85	96	132	53	97	141
	财经	22	42	107	136	32	105	131
生活服务类	旅游	15	78	151	137	49	102	147
	汽车	13	53	108	173	23	95	162
	生活	18	75	127	135	53	99	121
	教育	13	95	99	127	47	89	140
	纪录片	16	65	127	125	70	104	141
	军事	14	64	67	101	28	116	107
	农业	4	75	53	56	67	114	81
网站PGC&UGC内容	微电影	30	90	102	112	75	109	122
	网站自制剧	14	89	117	133	83	103	129
	网友拍摄上传节目	17	79	94	138	55	108	130

数据来源：iCTR 四视同堂，2014 年 1 月（N = 4038）

二、新闻类节目

（一）年度数字

1. 用户规模

● 42% 网民经常观看

视频新闻是视频网民最常看的节目类型之一，PC 网民中 42% 会经常观看视频新闻，属于常看内容的第二阵营。

图 3－12　网络视频节目类型（%）

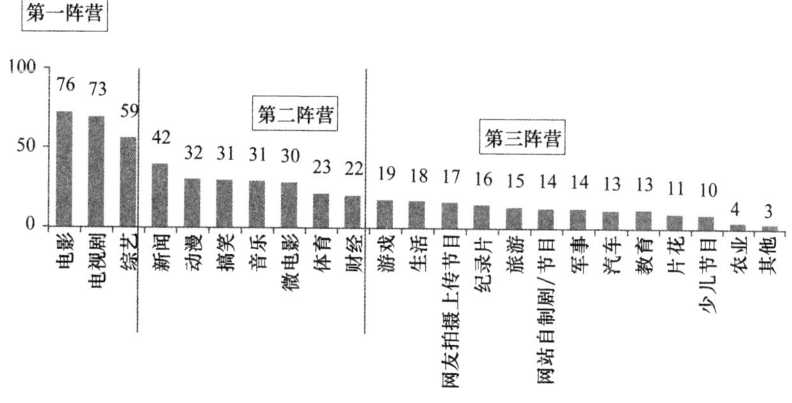

数据来源：iCTR 四视同堂，2014 年 1 月（N＝4038）

2. 用户特征

● 男性多于女性，25—44 岁人群是主力，收入水平高于总体

用户性别

iCTR“四视同堂”网民调查显示，网络视频用户中，男性比例明显高于女性，男性比例达 58%。而对于新闻类视频节目，男性更加偏爱，高达 65% 的男性近 6 个月会经常观看新闻，而女性仅为 35%。

图 3-13 网络视频新闻节目的用户性别构成（%）

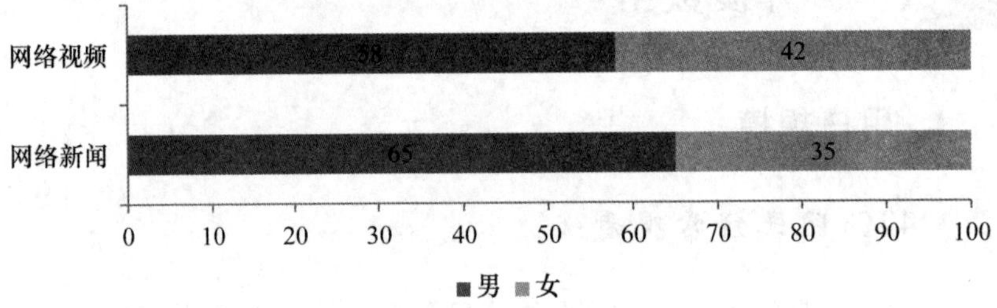

网络视频 58 42
网络新闻 65 35
0 10 20 30 40 50 60 70 80 90 100
■男 ■女

数据来源：iCTR 四视同堂，2014 年 1 月（N=1676）

用户年龄

偏好新闻类节目的网民相对全体网络视频用户，年龄偏大，平均年龄达到 34 岁（网络视频用户平均年龄为 31 岁）。新闻视频受众以作为社会中坚力量的中青年群体为主，71% 集中在 25—44 岁。

图 3-14 网络视频新闻节目用户年龄构成（%）

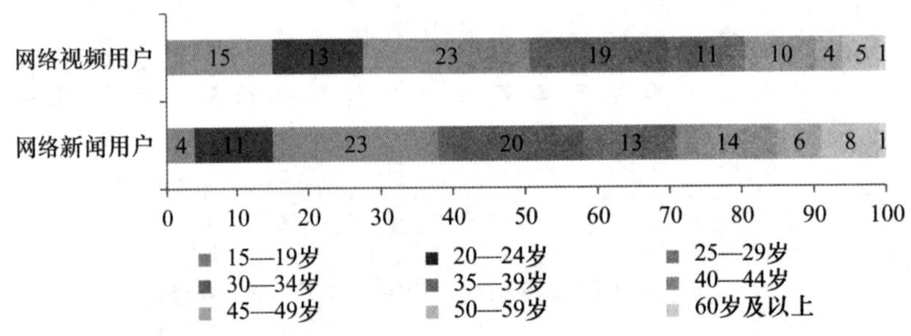

数据来源：iCTR 四视同堂，2014 年 1 月（N=1676）

个人月收入

看新闻的网络视频用户个人月收入相对全体也较高，平均达到 5553 元，而网络视频用户平均月收入为 5106 元。网络新闻的主体人群集中在 2000—8000 元的中等收入人群中，而且随着收入水平提高，关注视频新闻的倾向也在提高。

图 3－15　网络视频新闻节目用户个人月收入构成（%）

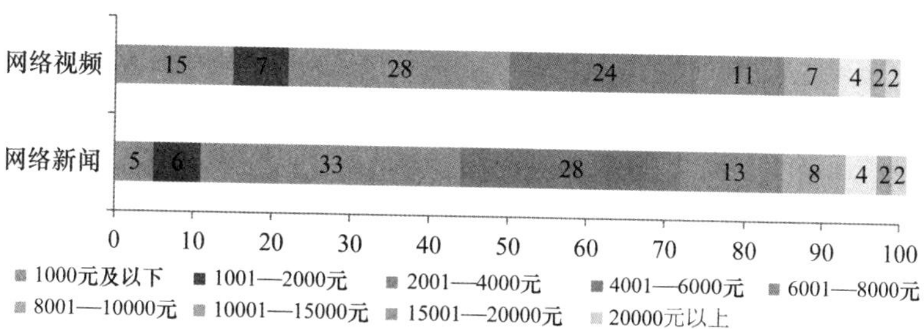

数据来源：iCTR 四视同堂，2014 年 1 月（N＝1676）

3. 内容偏好

● 时政与社会新闻最受关注

iCTR 跨屏研究“四视同堂”数据显示，网民对各类新闻均较有兴趣，各类新闻题材的受众占比均较高。其中，时政和社会作为新闻节目的主打类型，分别有 75% 和 74% 的网民在 PC 端经常观看；民生、财经和娱乐题材也广受青睐，占比均在 60% 以上；甚至排名最低的评论类新闻，用户占比也达 44%。

图 3－16　网络视频新闻节目用户偏好（%）

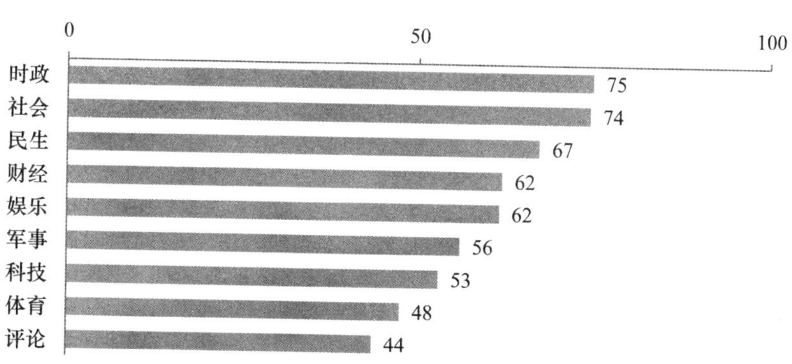

数据来源：iCTR 四视同堂，2014 年 1 月（N＝1676）

（二）代表性节目

1.《新闻晚 8 点》

《新闻晚 8 点》图片

基本情况

《新闻晚 8 点》是腾讯视频自制的新闻播报节目。以当天出现的社会、民生、娱乐等各种热点话题为内容，将新闻片段、自制图片、照片等素材用简单方式剪辑，配以轻松搞笑的调侃式旁白而成，一般时长 5 分钟，每天一期。该节目利用腾讯强大的渠道资源向用户进行推荐，其推荐渠道包括腾讯 QQ 新闻弹窗、腾讯视频及腾讯新闻，每期均能获得 10 万级别以上的点击量。

节目特点

《新闻晚 8 点》为非严肃类新闻，无新闻主播，用调侃式的旁白方式讲述新闻，自由诙谐，使用大量网络语言，贴近网民语境，如“亲”“思密达”等。

创作方式自由。其内容可以是转载电视严肃新闻的片段、可以是自制搞笑图片、也可以是网友上传视频，将各种素材自由拼接在一起，配上神字幕和搞笑旁白，让受众在轻松娱乐氛围中了解当天新闻热点。

篇幅短小精炼。5分钟一期，快速了解当天热点，符合现代人片段化、快餐式资讯需求，也非常符合移动视频时代手机观影需求。

（三）年度综述

1. 发展特征

● 新闻来源丰富

视频网站上的新闻节目按来源可分为：电视新闻、用户拍摄上传新闻（UGC新闻）以及其他专业机构制作的新闻（PGC）。其中电视新闻观看方式又包括直播和点播两种，目前除直播大户央视网外，视频网站中搜狐视频、乐视、腾讯视频等都已经设置有直播频道，用户可通过视频网站直接收看其制作加工的新闻或其他电视台播出的新闻节目；而点播观看新闻内容则更为丰富，除了各大电视台热点新闻的片段剪辑外，用户在实际生活中对突发事件、奇异事件、娱乐搞笑事件拍摄上传的内容，以及专业拍客围绕一些社会民生热点拍摄上传的新闻也成为用户关注点击的热点；此外，视频网站更能通过大数据挖掘，了解热点内容背后的规律性，从而有针对性地重点自制该类新闻节目，以吸引更多受众关注和停留。

● 体裁自由、篇幅短小

不同于电视台动辄半个小时版块的新闻，网络新闻多集中在几分钟内。通过网站编辑基于数据或者经验的判断，选择当天热点新闻的片段上传至网站；大型网站都有UGC平台，有为用户提供快速上传的通道，用户用手机拍摄的具有新闻价值的突发事件可以在第一时间上传至网络平台供网友点击观看，而上传的用户也能获得相应的奖励。这种众包式新闻素材采集方式，使人人都是新闻记者，为视频网站创造了海量的新闻内容。如“习大大现身南锣鼓巷”“花季少女CBD跳楼”等热点突发事件，各大视频网站上几乎都有现场网民用手机拍摄的实时视频片段。这些片段虽然画面不够清晰、镜头摇晃得甚至看不清拍摄内容，但正是这种不完美融合了当事人激动、惊恐、惊喜、哀伤、愤怒等各种情绪的真实感，让网民“纷至沓来”。

● 自制新闻获关注

传统门户网站搜狐、腾讯本身新闻资讯资源丰富，结合各自的视频频道，均推出了自制新闻节目。如上文中提到的腾讯视频的《新闻晚8点》，此外搜狐视频也有类似的新闻自制节目——《策划长镜头》。目前，视频网站的新闻自制节目都以非严肃类新闻为主，以轻松调侃方式来吸引受众。

2. 趋势与展望

● 新闻视频化趋势明显，UGC视频广泛使用

真实、客观、及时是民众对新闻的最基本要求，而具有声音、图像与说明的视频类新闻无疑是最能真实清晰还原新闻场景的表现方式。随着移动网络的快速建设和完善、智能手机的普及，突发新闻越来越多的新闻素材是来源于现场用户用手机拍摄的非专业视频，这些视频虽然图像质量不高，但正因为其一快遮百丑、第一时间、第一现场的价值，目前，各大视频网站的新闻或资讯频道在大量使用这类UGC新闻，而且其数量会越来越多，再往下发展甚至会出现用户UGC视频直播。

● 以做深、加厚、独到和海量内容取胜

根据iCTR“四视同堂”数据，大量观众喜欢使用电视看新闻的众多原因中，固定时间形成观看习惯是最主要的一个。除了受众的观看习惯，新闻是各大电视台最核心的自制内容，多年来也形成了新闻源和新闻生产的竞争壁垒，视频网站难以在短时间内在自制新闻上形成大的突破。

但与电视新闻的线性播出不同，网络视频媒体的平台化模式，可以包容海量新闻内容，并以各种形式呈现和推荐给受众。围绕当前的一个

热点话题，如“习大大南锣鼓巷之行”，视频网站可以组织起由卫视台播放的新闻片段、谈话评论类节目片段、用户手机拍摄上传视频、以及视频网站自制新闻节目等各种素材，构成一个热点播报内容包，让受众可以非常方便快捷地获取各种新闻内容，更深层次地满足他们对该新闻的了解。

在独到新闻很难获取的当下，围绕新闻热点做深、加厚、海量、独到观点是网络新闻日益凸显的竞争特色。

三、电视剧类节目

（一）年度数字

1. 用户规模

• 73% 的网民经常观看

在各类视频节目中，电视剧几乎与电影并驾齐驱，是用户广为关注的节目类型，73% 的视频网民会经常观看，处于视频网民观看节目类型的第一阵营。

图 3－17　网络视频节目类型（%）

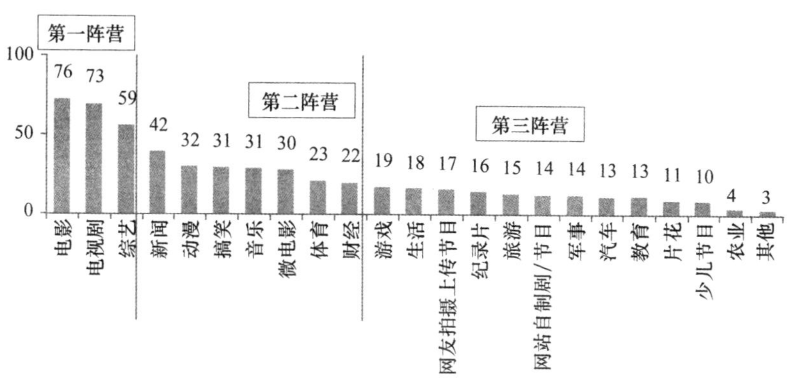

数据来源：iCTR 四视同堂，2014 年 1 月（N＝4038）

2. 用户特征

● 男性高于女性，青年群体是主力

用户性别

由于网络视频用户中男性多于女性，网络电视剧的受众也以男性为主，占比达到55%。女性比例虽少于男性，但相对于其他节目类型来说，女性对电视剧的偏爱非常突出，其比例要明显高于女性所有节目类型的平均数3个百分点，达到45%。

图 3-18　网络视频电视剧节目用户性别构成（%）

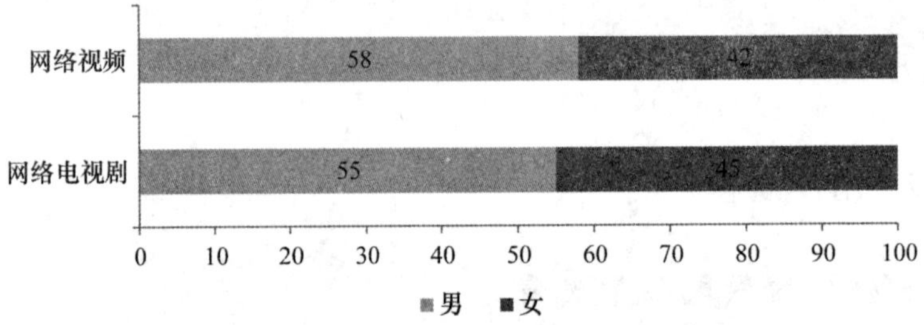

网络视频 58 42
网络电视剧 55 45
0 10 20 30 40 50 60 70 80 90 100
■男 ■女

数据来源：iCTR 四视同堂，2014 年 1 月（N=2943）

用户年龄

就平均年龄而言，电视剧的视频受众平均年龄为31岁，与全体视频网民相当。相对而言，20—34岁用户更喜欢看电视剧，占比达59%，其中，尤以20—29岁的年轻网民更加偏好电视剧，占比达到40%。

图 3-19　网络视频电视剧节目用户年龄构成（%）

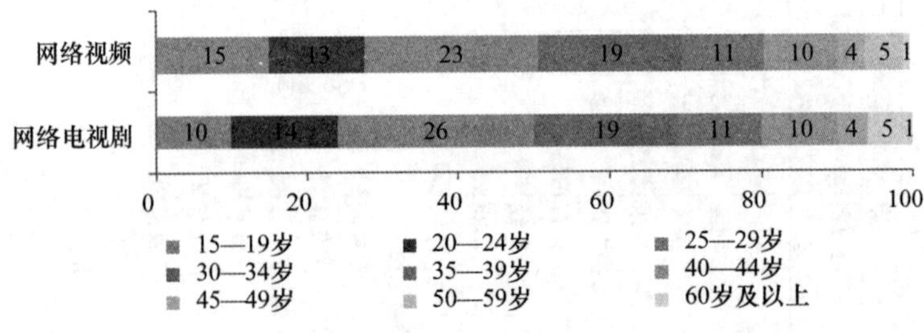

数据来源：iCTR 四视同堂，2014 年 1 月（N=2943）

个人月收入

电视剧节目的视频受众平均月收入为5272元，低于新闻节目视频

受众。其中，近七成用户月收入水平在 2001—8000 元间，而在 2000—6000 元的用户集中度更高，达到 55%。

图 3-20　网络视频电视剧节目用户个人月收入构成（%）

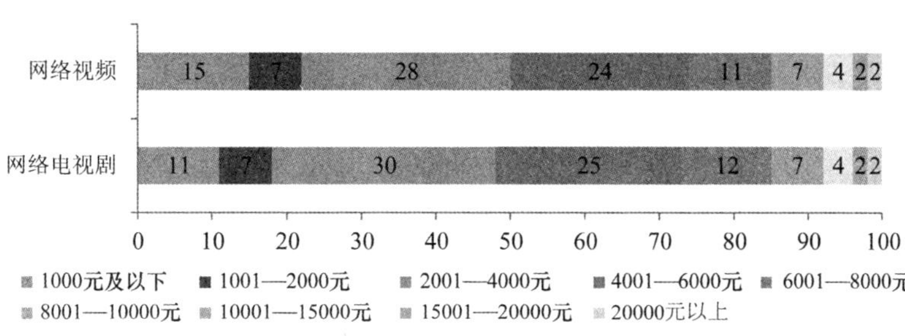

数据来源：iCTR 四视同堂，2014 年 1 月（N=2943）

3. 题材偏好

● 都市、偶像、古装居前三

视频网站上有海量的电视剧内容，各类题材包罗万象。根据 iCTR 跨屏研究产品“四视同堂”数据，各类题材均有相当比例的受众喜爱。但总体来说，都市、偶像和古装题材居前三。都市题材受到近六成网民的欢迎；其次是偶像剧，50% 的网民关注；还有四成以上青睐古装剧和家庭剧。

图 3-21　用户对网络视频电视剧的题材偏好（%）

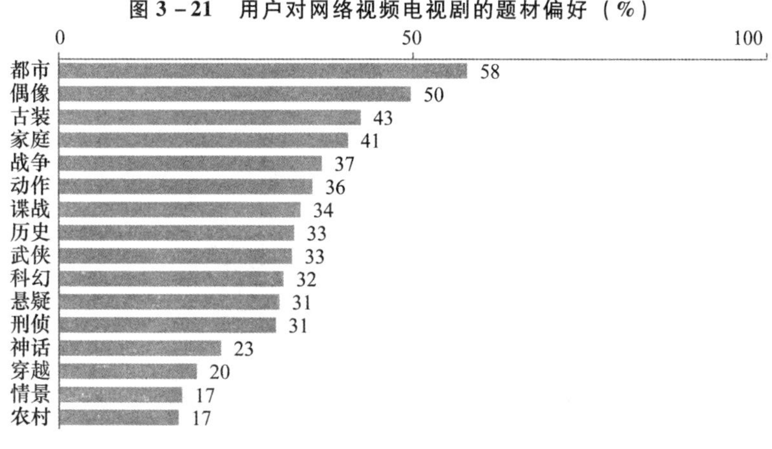

数据来源：iCTR 四视同堂，2014 年 1 月（N=2943）

4. 产地偏好

• 大陆、香港居前列；美剧、韩剧受欢迎

从电视剧的产地来看，大陆剧稳居霸主地位，海外剧竞争激烈。在中国内地市场，本土产出的电视剧依然是视频网民最喜欢观看的类型，大陆和香港分别占83%和58%；美剧、韩剧等国外电视剧也越来越受到网民们的欢迎，二者的比重分别达49%和42%。而英剧、日剧、泰剧等虽然受众量偏小，但也有部分忠诚粉丝。

图3－22　用户对网络电视剧的产地偏好（%）

产地	%
大陆	83
香港	58
美国	49
韩国	42
台湾	31
英国	15
日本	15
泰国	8
法国	4
印度	4

数据来源：iCTR四视同堂，2014年1月（N＝2943）

（二）代表性节目

1.《来自星星的你》

《来自星星的你》海报

基本情况

《来自星星的你》是韩国 SBS 电视台 2013 年 12 月末播出的水木剧[①]，由张太侑导演，朴智恩编剧，金秀贤、全智贤主演。是一部讲述从外星来到朝鲜古代的神秘男人都敏俊一直生活至 400 年后的现代，在和身为国民顶级女演员的千颂伊陷入爱情的过程中，不同星球的两人消除彼此之间的误解，克服危险追寻真爱的浪漫爱情喜剧。

节目收视

据公开数据，该剧在韩国收视水平一般，从开播时的 20% 左右到 28.1% 的收视率收官，始终都没有超过 30%。《我的名字叫金三顺》《面包王金卓求》等都曾在韩国创下 50% 以上的最高收视率；《灿烂的遗产》《玫瑰人生》《王氏家族》等多部韩剧收视率都曾超过 40%[②]。而在中国，《来自星星的你》却成为话题级的“神剧”，爱奇艺率先获得独家版权后，乐视网也获得版权跟进，截止 2014 年 3 月 17 日，据 CTR 统计，两个网站该剧正剧的总点击量达到 15 亿次[③]（正剧仅指电视剧本身，不包含花絮及精彩剪辑等其他衍生品）。

节目特征

作为 2014 年开年“神剧”，《来自星星的你》不仅掀起全民观影、讨论热潮，还直接使得近年被美剧“压制”的韩剧热潮再现，带动国内韩剧版权购买潮。该剧在仅通过视频网站面向受众首播，电视台未参

---

① 韩国电视剧的剧种之一。在韩国和日本，星期几是承袭了古代中国的叫法，从周日开始分别用日、月、火、水、木、金、土来表示。所以，水木剧就是在星期三、星期四播出的电视剧。(周一、周二播出的剧叫月火剧；周六、周日是土日剧，在韩国叫周末剧；周五两集连播叫金曜剧；周一到周五每天都有，每集 30 分钟的叫日日剧)。水木剧主打偶像时装剧，以年轻受众为主体。

② 《“星星的你”走红中国　背后推手有哪些》，http://biz.jrj.com.cn/2014/03/18092616883846.shtml

③ 数据来源：CTR 根据爱奇艺与乐视网标注点击次数相加而得，其中爱奇艺是 8.9 亿次，乐视是 6.9 亿次，统计时间为 2014 年 3 月 17 日。

与的情况下，获得如此高的关注度和收看点击率，说明视频媒体的影响力正在快速提升。我们认为，该剧获得成功的因素可归结为如下几点：

唯美爱情，制作精良

《来自星星的你》由韩国 SBS 电视台出品，是在国内 80、90 后心中拥有“女神”地位的韩国女星全智贤阔别电视屏幕 14 年后首次回归。演员细腻的表演、紧凑复杂的剧情、一集平均 250 万制作经费的高投入，打造出这部集偶像、爱情、时尚、凶杀、玄幻为一体的穿越偶像剧。制作精良，内容经得起市场考验，是该剧真正流行的基础。

社交媒体，推波助澜

社交媒体日益成为热剧推手。微博、微信朋友圈热议的电视剧话题，特别是意见领袖的关注和引领，对形成舆论场，形成观剧潮影响甚大。《来自星星的你》吸引了如白百合、李小璐、Angelababy、杨幂、赵薇、高圆圆等拥有上千万粉丝的大 V 发帖讨论和宣传，各自快速创造了上万的转发，很快吸引了大量女性关注。而后网上对该剧的各种热门话题层出不穷，如“啤酒与炸鸡”“Q 萌表情”等，将该剧成功打造成“潮流剧”，似乎谁要开口不谈“星星”就显得与时尚潮流绝缘，成功裹挟越来越多的网民加入追星大军。

网站高效营销，粉丝经济发酵

作为《来自星星的你》最主要的播放平台，爱奇艺在北京市重要商业地段投放数十块以“都教授”金秀贤为主角的巨幅广告，吸引路人拍照分享，创造“星星”话题。此外，爱奇艺还通过自身网站不遗余力的宣传，通过微博、微信话题炒作、网站优质入口拉动、搜索引擎关键词购买、线下广告投放等等手段，造势和扩大该剧影响。

此外，2014 年情人节，《来自星星的你》男主角“都教授”的女粉丝们筹资 30 多万为他在《新京报》投放广告，表达自己对“男神”的爱意和祝福；淘宝店等多个购物网站打出“星星同款”产品卖断货等粉丝经济营销宣传，无疑也是该剧扩大影响力的重要因素之一。

2.《屌丝男士》

《屌丝男士》剧照

基本情况

《屌丝男士》是搜狐视频自制剧代表之一，为周播短剧形式，每集时长在十几分钟左右，每季有6—8集。该剧从2012年10月开始推出第一季，受到网民热捧，在2013年和2014年相继推出第二、三季。根据搜狐视频公开数据，每季的播放量均超过4亿，其中第三季的点播量截止2014年4月22日达到6.28亿。

节目特征

《屌丝男士》的兴起顺应了国内“屌丝现象”的出现潮流。“屌丝”是兴起于网络的流行词，关于“屌丝”的定义和范围也曾是近年来网络热议话题之一。搜狐视频团队抓住网民关注的热点话题，创作出吸引眼球的作品《屌丝男士》系列，我们认为，该剧获得成功的因素可归结为如下几点：

主题鲜明，形式新颖

《屌丝男士》第一季推出时，正是网络流行词“屌丝”最火热的时期，网民对于“屌丝”有较高的关注度，该剧以“屌丝男”为名，容易吸引网民眼球，获得高关注度。此外，搞笑短剧类形式也非常贴合网民的快餐娱乐文化，每集十几分钟的篇幅，以2—3个小故事组成，笑点密集，让网民在轻松娱乐氛围中完成整集收看，体验非常好。

节目内容，贴近生活

节目内容贴近“草根”民众生活也是该剧成功吸引眼球的因素之一。节目中的段子，如早高峰挤公交碰撞矛盾、公交车上情侣亲热现象、朋友请客却不掏钱、路边摊算命大师等，基本上都是日常生活中的片段，经过艺术加工后以夸张的表演重现，使得网民在开心看剧的同时，能获得会心一笑的熟悉感和认同感。

明星客串，吸引眼球

《屌丝男士》是搜狐重点自制剧，搜狐旗下拥有众多的宣传资源，因此其巨大的号召力使该剧比较容易邀请到明星客串，而明星的宣传效应也帮助该剧吸引更多用户，如下表所示：

表3－3　《屌丝男士》各季参演明星

节目	参演明星
《屌丝男士》第一季	孙俪、吴奇隆、何云伟、李菁、吴孟达等
《屌丝男士》第二季	林志玲、吴秀波、汤唯、邓超、王学兵等
《屌丝男士》第三季	文章、黄海波、白百何、腾格尔等

数据来源：根据网络公开资讯整理

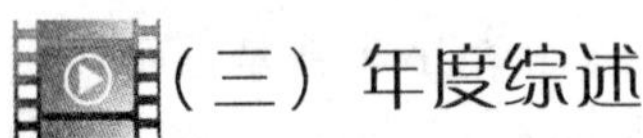（三）年度综述

1. 发展特征

- **优质剧目拼独播**

据CNNIC2013年底发布的最新网络统计报告，网络视频用户规模

已达 4.28 亿，视频在网民中的使用率达到 69.3%。在经历了无序混乱的市场发展早期之后，当下视频网站需要利用内容差异来建立品牌区隔，真正让用户形成品牌黏性，故此，对于优质版权内容的“独播”年已正式开启。

根据 iCTR“四视同堂”调研数据，电视剧类别中大陆剧、美剧、韩剧分列视频网民常看剧类的前三。对这三类吸引眼球的利器，各视频网站铆足劲购买优质内容的独播权，从下图可见，2014 年各大主流视频网站均已经囤积了一批好剧的独播权。

表 3-4　2014 年部分知名独播剧说明

剧类	剧集名称	独播（首轮独播）网站
大陆剧	爱情公寓 4	爱奇艺
	离婚律师	腾讯
英美剧	纸牌屋 2	搜狐
	唐顿庄园 4	优酷
	妙女神探 4	乐视
韩剧	来自星星的你	爱奇艺
	危情三日	优酷

数据来源：根据网络公开资讯整理

• 重金投入自制剧

电视剧是网络视频节目内容中最受欢迎的类型之一。视频网站的主要商业模式仍是依靠广告，电视剧集数多，时间长，一部热剧能带来海量受众长达数十个小时的观影时长，这其中的广告效益不言而喻。

在接下来的发展中，视频网站除了继续采购全球优质版权内容以外，投入重金拍摄自制剧也成为各大主流视频网站 2014 年的发展重点。据公开数据，爱奇艺、优酷、乐视、搜狐等媒体 2014 年投入自制内容制作的费用都将是上亿级别。据艺恩咨询预测，2014 年我国网络自制剧制作集数将达到 1700 集左右；2015 年，这一数字预计可达 3000 集。

表 3-5　2014 年视频网站自制网剧举例

视频网站	代表自制网剧	播放量
优酷	万万没想到	3462 万
乐视	唐朝好男人	28031 万
爱奇艺	非常宅	1255 万
搜狐视频	屌丝男士 1	12092 万
腾讯视频	美人季	3212 万

说明：数据由 iCTR 根据各网站公开数据统计而得，统计时间截止 2014 年 3 月 21 日

2. 趋势与展望

● 开放性刺激海量创新内容生产

网络视频媒体通过采购优质版权、提供播放平台、提供利益分享等多种方式鼓励用户 UGC、专业机构 PGC 生产适销电视剧等内容推动了国内网络视频内容制作的快速发展。首先，由于现阶段国家对视频网站自制的节目监管尚没有电视台严格，使得网络平台可以有更多的自由发展空间，鼓励个人及小团体专业机构大量创新；再次，网络平台不存在电视台的线性播放时间限制，可以为海量内容提供空间，让不同喜好的受众在平台上获得各种个性化内容；第三，网络视频媒体更创新灵活的商业模式，也能带给内容生产者提供更多的获益方式，如植入广告的收益分成、受众点击获得的收益分成、受众付费分成等多种方式，从而刺激内容提供方生产更多优质内容。

● 自制剧将成为投入重点

视频网站对自制网剧的探索始于 2010 年，期间陆续有较大影响力的作品问世，如《钱多多嫁人记》《泡芙小姐》《屌丝男士》等，但基本上都以搞笑短剧为主，演职员阵容与专业的电视剧制作仍有较大差距。但 2014 年，各主流视频网站均公开表示要加大自制剧投入，2014 年可称为是“自制剧元年”，体现在以下三点：

战略高度重视

优酷、搜狐、爱奇艺等主流视频网站的高层人士在各种公开场合纷纷高调宣称将有“亿”级别的资金投入自制剧，意在不仅仅是吸引业内专业的导演、演员参与其中，也希望通过各种宣传方式吸引受众对网络自制剧的关注和讨论。

提升专业水准

视频网站近年来一系列试验自制剧的成功，为下一步的发展奠定了良好基础，且随着视频媒体影响力和话语权的提升，一线演员和导演对视频媒体的支持力度将持续升温。如搜狐视频的《屌丝男士》就陆续吸引到吴秀波、汤唯、文章、林志玲等知名演员加盟捧场，而搜狐视频也将首度打造电视标准的网络长剧。

受众市场渐成熟

经过前几年自制网剧的培育，受众开始知道并且关注视频媒体的自制剧。各大视频网站的代表性自制网剧点播量均过亿就很好地说明了此点。随着视频媒体聚集质量的不断提高，加强对自制剧的宣传力度，并配以好的入口资源的倾斜，如网站首页广告宣传、开通自制剧频道等，将吸引更多受众点击观看自制剧。

四、电影类节目

（一）年度数字

1. 用户规模

- **最受欢迎视频内容，76%受众喜欢**

在各类视频节目中，电影是最受观众欢迎的网络视频类型，这是网络视频与电视节目最明显的差异之一。调查显示，76%的视频受众在近6个月经常观看了电影节目。

图 3－23　网络视频节目类型（%）

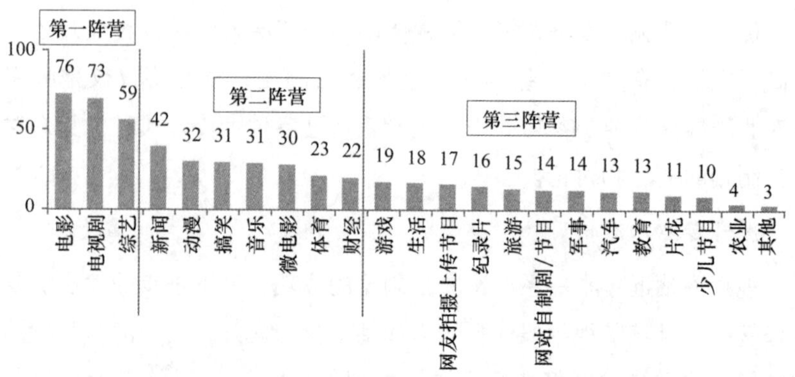

数据来源：iCTR 四视同堂，2014 年 1 月（N＝4038）

2. 用户特征

● 男性多于女性，青年群体是主力

iCTR 跨屏研究“四视同堂”数据显示，电影作为收看群体最多的网络视频类型，其观众的特征分布与全体 PC 用户基本一致，这也显示了电影在网络视频节目中的重要性。

用户性别

相对来说，男性视频网民比女性更爱看电影。男性占比为 60%，超总体男性网民比重 2 个百分点。

图 3－24　看电影的网络视频用户性别特征（%）

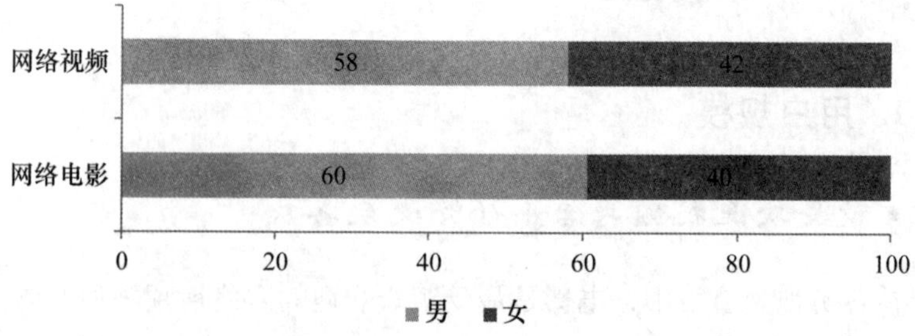

数据来源：iCTR 四视同堂，2014 年 1 月（N＝3061）

用户年龄

电影的视频受众平均年龄为 31 岁，与电视剧受众一致。其中，25—34 岁的网民明显偏爱电影，占比达到 61%。

图 3-25　看电影的网络视频用户年龄特征（%）

	15—19岁	20—24岁	25—29岁	30—34岁	35—39岁	40—44岁	45—49岁	50—59岁	60岁及以上
网络视频	15	13	23	19	11	10	4	5	1
网络电影	10	14	26	21	12	10	3	4	1

数据来源：iCTR 四视同堂，2014 年 1 月（N = 3061）

个人月收入

电影节目受众的平均月收入为 5350 元，高于电视剧受众。其中，近七成用户的月收入处于 2001—8000 元间。

图 3-26　看电影的网络视频用户个人月收入特征（%）

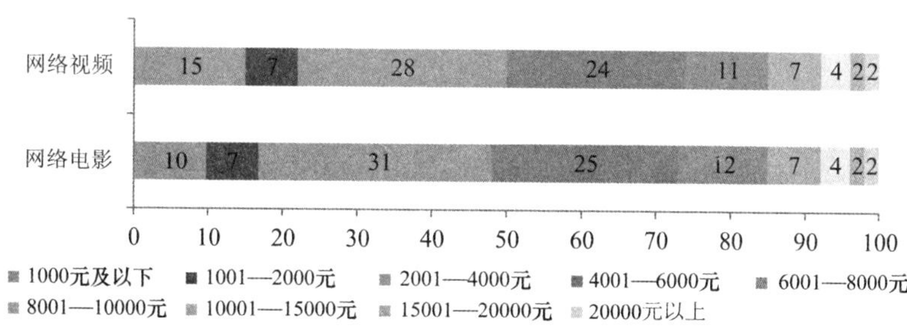

数据来源：iCTR 四视同堂，2014 年 1 月（N = 3061）

3. 类型偏好

● 动作、喜剧、科幻题材竞争力强

与电视剧一样，视频网站上的电影类型也同样丰富多彩，不同题材电影的受欢迎程度差异较大。动作、喜剧和科幻类影片竞争力最强，分

别有 70%、64% 和 51% 的网民喜欢观看，此比重高出其他类型影片 10 个百分点以上；爱情和战争军事题材也较受欢迎，有近四成用户观看。与其他终端情况类似，看戏曲电影的用户相对较少，仅占 3%。各大视频网站在电影题材选择上都有所侧重，凸显特色，进行差异化竞争。

图 3－27　看电影的网络视频用户偏好（%）

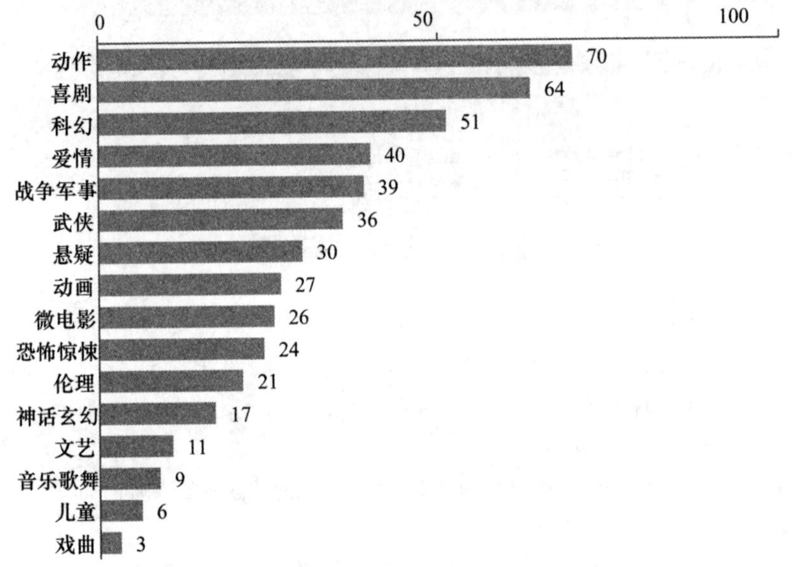

数据来源：iCTR 四视同堂，2014 年 1 月（N＝3061）

4. 产地偏好

• 大陆、美国、香港电影最受关注

iCTR 数据显示，观看大陆、美国和香港影片的网民最多，占比分别为 76%、74% 和 68%，远远高出其他地区影片。其次，韩国、中国台湾和日本等亚洲地区电影也较受欢迎；英国、法国、泰国、印度电影相对小众。

图 3－28　网络电影产地用户偏好（%）

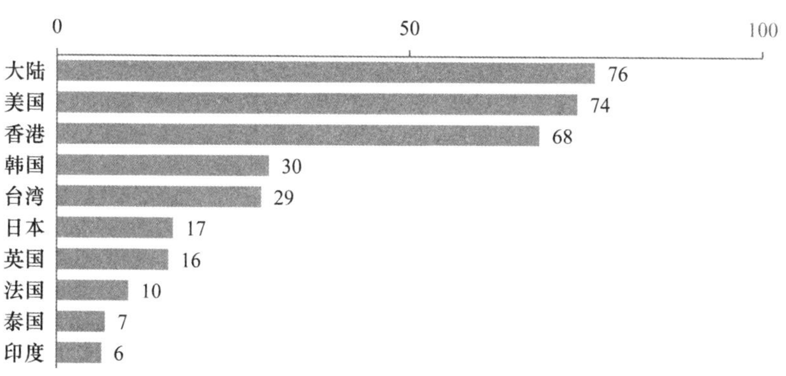

数据来源：iCTR 四视同堂，2014 年 1 月（N＝3061）

（二）代表性节目

1.《酸甜苦辣》

微电影概况

《酸甜苦辣》剧照

微电影，顾名思义，是指微型电影，它是在电影和电视剧艺术的基础上衍生出来的小型影片，具有完整的故事情节和可观赏性。2011 年由青年导演杨志平率先提出“微影”概念，被称为“微电影之父”。随后，微电影的知名度一路蹿升，吸引多位知名导演和演员加入。

观察视频网站对微电影的分类，按题材可分为：伦理、爱情、惊悚、喜剧、动作、悬疑、文艺、励志、恶搞等数十种；按片种可分为：剧情片、动画片、纪录片、音乐片等；微电影长度不一致，有5分钟以内的超短片、有十几分钟的、也有半小时左右的，少数也会超过半小时，但一般都短于一个小时。点击量也参差不齐，多的如《老男孩》系列，可接近上亿次点击，少的仅几十次、百次。微电影方兴未艾，其制作水准、题材关注度、宣传力度等各方面的差异都会对点击率造成较大影响。

作为一种创新的艺术形式，微电影以其短小自由的特点符合网络时代碎片化文化需求，深受年轻网民受众喜爱。根据iCTR“四视同堂”数据，26%的网民都曾经看过微电影，其中25—35岁，一、二线城市的较高收入群体尤其关注，说明微电影较受到精英群体的喜爱。目前，主流的视频网站都对专业机构和个人开放，有专门的“微电影”频道或者“原创”频道为其宣传。微电影类型丰富、题材多样，对拍摄器材要求不高，进入门槛低，吸引了众多年轻创作人才和年轻演员的加入，他们的大胆创意则进一步推动了微电影的发展。

▶ 基本情况

《酸甜苦辣》系列微电影从2011年开始已经推出了两部，现还在继续制作。前两部由人气演员桂纶镁和彭于晏主演，第三部由白百合与郭晓冬主演。该剧每部分为酸甜苦辣四个小故事，每个小故事为一个独立的单元，时长为1—3分钟。

《酸甜苦辣》不仅获得了受众的口碑和关注，也成为营销领域的典型案例，树立了商业微电影新的标杆：该剧帮助赞助商益达产品迅速提升了品牌知名度和市场占有率，并获得亚洲实效营销金奖、艾菲实效营销金奖以及微电影金瞳奖等诸多奖项。

▶ 节目特点

《酸甜苦辣》首先推出的是一个广告短片，在电视、地铁、公交及户外屏幕上投放后，其未完故事吸引了网民纷纷到视频网站上搜索完整版故事观看，为影片点击及益达品牌的宣传起到了良好的推动效果。广告主一直希望向消费者传达出“吃完喝完嚼益达”的概念，在《酸甜苦辣》系列广告推出后的8个月内，调查显示，消费者对这一诉求的认知增长了40—50个百分点[①]。我们认为，该片获得成功的原因可归纳为如下几点：

故事情节设置合理，贴近生活打动人心

《酸甜苦辣》系列取材自爱情的四个味道，跟随桂纶镁和彭于晏浪漫爱情的进展，结合四个不同场景将爱情四味很好地融入其中，引起各个年龄段受众的同感，特别是受到80、90后人群的关注和讨论，形成了线上与线下广泛的口碑传播。

专业制作水准，人气偶像引关注

《酸甜苦辣》从创意、拍摄到后期制作均是专业的团队投入巨大的精力精心制作：创意出自BBDO环球网络公司，是世界范围内以广告创意闻名的顶尖广告公司之一。据网络公开资讯，该创意的诞生历时两个多月；摄制组辗转北上广多地，拍摄时间长达8、9个月，且在拍摄过程中创意人员、广告主与导演等还进行多番讨论修改，保障片子的质量与意境的表达；而桂纶镁、彭于晏、连凯等专业演员的加入，其精湛的演技则根本地保障了故事情节能更好地表达，同时他们作为青春偶像演员的高人气也能更大程度地促进影片的传播度。

线上线下多渠道推广

《酸甜苦辣》最初的“沙漠相遇”版本作为电视TVC广告投放后，取得了像电影一样的传播效果，反响热烈，主创与广告人员马上跟进，在沿用该创意继续拍摄其他系列的同时，将广告片通过各种线上线下渠道进行全方位投放，让未完的故事悬疑掀起社交网站和视频网站上搜索和讨论的热潮，受众在所有的视频网站上几乎都能搜索到该系列的完整故事版本，社交网站上也形成了大量话题讨论和视频链接传播。线上线下全媒体的多渠道传播推广最终成就了《酸甜苦辣》微电影系列。

---

① 数据来源：《酸甜苦辣三年始末》，http://www.adquan.com/article1.php? id = 15017&cid = 8

（三）年度综述

1. 发展特征

● **微电影是视频网站重要发展战略**

微电影因低成本、低门槛并且易于植入广告等特性，近年来伴随着新媒体技术的发展迅速兴起。

视频网站热衷于支持微电影发展，首先是因为微电影符合其发展战略：微电影类型丰富、叙事简单、制作周期短、成本低的特点使其迅速成为视频网站重要独特内容；其次，微电影是企业品牌宣传的良好载体，是网络重要的品牌植入营销阵地，商业价值很高。以微电为载体，企业广告通过视频网站和社交媒体进行传播，能达到让用户主动关注并帮助传播的效果，较之被动式硬性广告，微电影的植入广告方式受到广告主追捧。

● **拭目以待网络大电影**

网络大电影是在微电影发展基础上的延伸。网络大电影其时长在60分钟及以上，具备完整的电影结构，一般由专业机构制作，质量精良。相比院线电影，网络大电影的门槛和成本都较低，而且周期短、上线快，题材和尺度相对更宽松，可以更快地反映社会热点。2014年初，由爱奇艺率先启动“网络大电影”项目，搭建起网络播放平台、投融资平台、青年导演成长平台三大支持系统。

作为介于电影和微电影之间的一种节目形态，“网络大电影”与西方国家盛行的“电视电影”很相似，其在网络上的发展前景，业内外还将拭目以待。

● **在线电影付费市场将快速发展**

现阶段中国电影产业90%以上的收入都来自票房，而在美国票房收入只占电影产业的四分之一，另外75%全都来自其他的销售。根据国家新闻出版广播电影电视总局电影局授权新浪网发布的电影市场数据，2013年中国电影票房达到218亿元。如参照西方电影市场收入比例估算，我国其他电影发行渠道市场空间可达700—800亿元，而其中视频网站付费电影市场就存有百亿的巨大空间。通过引入院线热播电影、经典电影等优质内容服务方式，随着网络支付、尤其是移动支付的快速发展，随着打击盗版力度的加强，用户付费观看电影的流程也会便捷许多，在线电影付费市场前景广阔。

2. 趋势与展望

- **网络电影发行正日益成为电影票房重要补充**

伴随着网络平台的崛起，网络院线在电影发行中的作用日益明显。院线热播电影，视频网站是重要宣传渠道，各种电影片花和宣传片，以及片中人物访谈类节目，均成为电影迷了解院线热播电影的重要渠道；此外，电影从院线下线后，视频网站可再掀起一轮宣传攻势，借着院线的热度，吸引受众以相对院线仅1/5或更低的价格点击付费观看。该领域是一块巨大的市场蛋糕。

- **互联网电视大屏将助推网络电影发展**

2013年被称为是“互联网电视”元年，乐视、爱奇艺、百度、小米等众多互联网公司纷纷联合传统电视机生产商推出各种硬件设备，目的只有一个，让网络与电视大屏联网。

电影与大屏天生就是好搭档。随着智能家居生活概念的流行，未来的电视都将有智能操作系统，可以轻松实现上网。而电视屏幕技术的发展也日新月异，目前60英寸以上的电视大屏价位已经低到6000元左右，各种高清、3D技术使家庭影院的概念再度流行。物质生活富裕后，精神生活的追求将是国人下一个追求热点，院线票房每年的高速增长便说明此点。而院线的数量毕竟有限，观看电影的价格成本和时间成本也阻碍了一些观众的消费，而在电影下线后，以更低的价格通过网络观看，将是一个极有潜力的市场。市场人士预言，2017 年左右网络付费电影市场将形成。

五、综艺娱乐类节目

（一）年度数字

1. 用户规模

• 近六成网民喜欢

综艺节目也是网民最喜爱的节目之一，与电影、电视剧同处于网民观看视频节目类型的第一阵营，有近六成的网民经常观看。

图 3－29 网络视频节目类型（%）

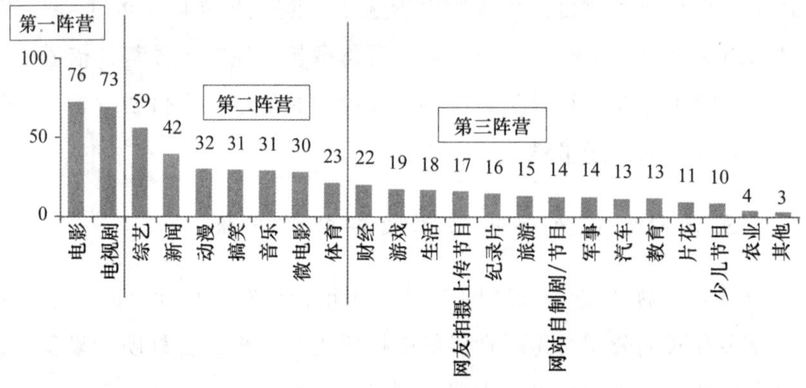

数据来源：iCTR 四视同堂，2014 年 1 月（N＝4038）

2. 用户特征

• 女性最多，青年是收视主力

用户性别

虽然网络综艺节目男性受众比例明显高于女性，但相比网络视频用户总体，女性网民更喜欢收看综艺节目，比重为45%，超出总体3个百分点。

图3－30　综艺节目网络视频用户性别构成（%）

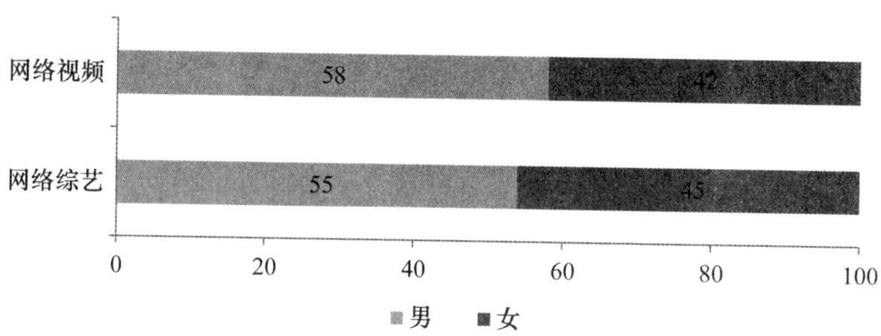

数据来源：iCTR四视同堂，2014年1月（N＝2367）

用户年龄

与电影受众一样，综艺节目受众的平均年龄也为31岁。其中，20—34岁人群最多，占到62%。

图3－31　综艺节目网络视频用户年龄构成（%）

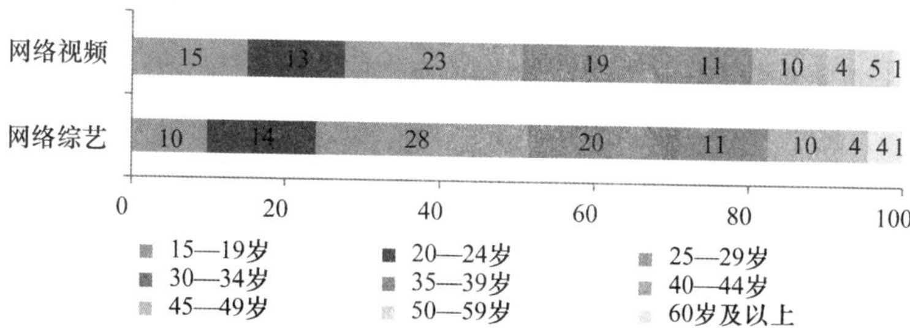

数据来源：iCTR四视同堂，2014年1月（N＝2367）

个人月收入

网络综艺节目的受众平均月收入为5316元，其中，月收入在2001—4000元的网民最多，占31%，而4001—6000元的受众也占25%。

图 3-32　综艺节目网络视频用户个人月收入构成（%）

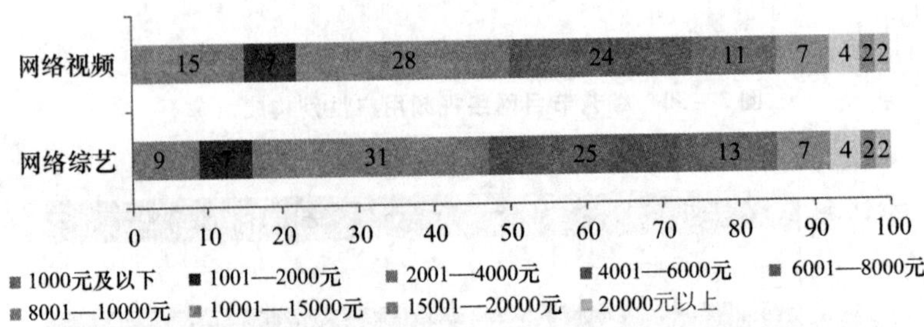

数据来源：iCTR 四视同堂，2014 年 1 月（N = 2367）

3. 类型偏好

• 真人秀、游戏、脱口秀最受欢迎

iCTR 跨屏研究“四视同堂”数据显示，不同类型综艺节目的受众规模差距较大。其中，真人秀是最受欢迎的综艺题材，有 70% 用户观看；其次是游戏搞笑和脱口秀节目，分别有 58% 和 57% 受众收看；晚会和访谈节目关注度也较高，也有近 40% 网民收看；但曲艺杂谈类综艺节目的关注度却相对较低，仅有 13% 网民收看。

图 3-33　综艺节目网络视频用户偏好（%）

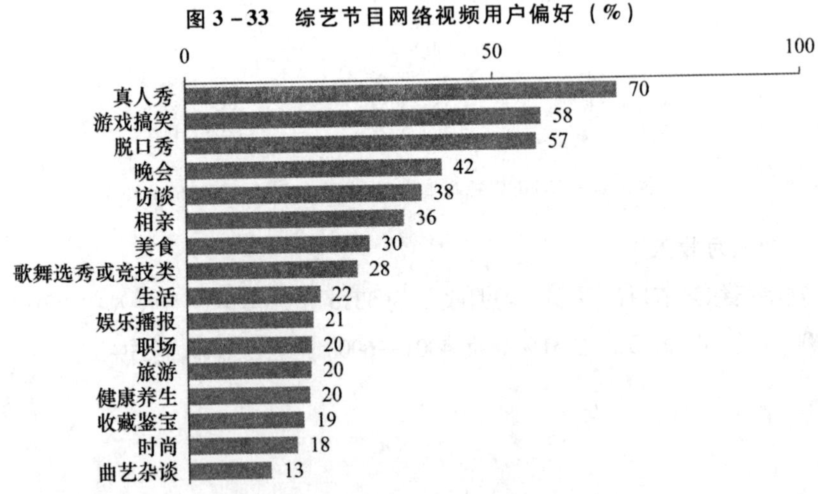

数据来源：iCTR 四视同堂，2014 年 1 月（N = 2367）

4. 产地偏好

• **本土节目占 90%**

来自本土的综艺节目最受欢迎，占有压倒性优势。看网络综艺节目的受众中，90% 喜欢大陆的综艺节目。此外，有 43% 的受众偏爱台湾综艺节目，34% 对香港综艺节目感兴趣，25% 关注韩国综艺节目。

图 3－34 综艺节目产地用户偏好（%）

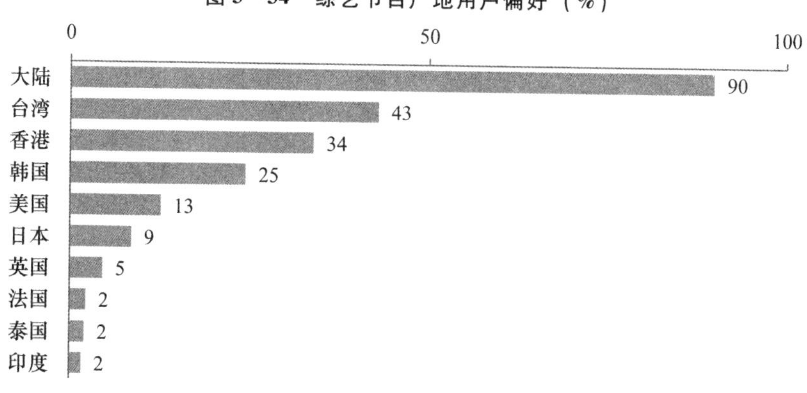

数据来源：iCTR 四视同堂，2014 年 1 月（N＝2367）

（二）代表性节目

1. 《我是歌手》

《我是歌手》海报

基本情况

《我是歌手》是湖南卫视根据韩国MBC电视台节目模式，重金打造的国内首档歌手音乐对决节目，在第一季获得巨大成功后，第二季网络播出版权独家授权给乐视网。

根据乐视公开数据，截至第六期播放完毕（2014年2月7日），乐视网独家播放的《我是歌手》第二季获得了破5亿全屏播放量（全屏指：乐视超级电视、在线视频、移动端播放），其中仅移动端就贡献了超过50%的流量，乐视APP下载量也几乎是《我是歌手》上线之前的两倍。赛程过半，《我是歌手》就为乐视网带来了近2亿的收入：除了网络首席赞助商唯品会之外，雅诗兰黛、娇韵诗、微软、佳洁士、通用、福特等国际一线品牌均出现在客户名单中。

节目特征

《我是歌手》是典型的大型电视选秀节目的代表，制作精良、场面宏大、顶级明星加盟、一线卫视主导，所有这些都是海量点击的重要保障。

《我是歌手》每期有7位职业歌手同台现场对决，由500位现场的群众和数位专家评审共同投票决定名次，采取末位淘汰制，淘汰一位后会再引入一位新的歌手继续比赛。在激烈的生存赛制下，专业歌手无不使出浑身解数，选择最好的歌曲、最好的乐队，精心为观众准备一场音乐盛宴，但结果却往往出人意料，每期的排名与淘汰也成为节目最大的看点之一。正是音乐本身的魅力、悬念迭出的“剧情”、专业歌手的吸引力共同支撑起各个平台上的高收视率。

特别值得一提的是，2014年网络综艺独播年正式开始，乐视网快速反应拿下《我是歌手2》网络独播权。相比较非独播，除了正片内容，播出网站只是做少量的拍摄花絮或者精彩片段剪辑等宣传，但独播则不然，各家网站均使出浑身解数，开发各种衍生品来消费受众正片之后的余热。独播战略的开启，除了有利于视频网站优质内容资源独占以外，还利于进行内容的深度挖掘，达到传播效果最大化。粗略统计，乐视网为《我是歌手2》开发的各种节目超过10档。

表 3－6　2014 年乐视网《我是歌手》衍生节目表

节目名称	说明	备注
我是歌手	专设频道	在首页专门设有《我是歌手》频道，并高亮提醒，用户无需费力寻找，一键进入
节目进程	节目时间进度展示产品	按照每期时间轴动态展示每期歌手、排名及演唱歌曲，将主要内容清晰展示给用户，用户非常清晰方便就能回顾每期精彩看点
Star	访谈节目	《Star》是互联网唯一高清直播明星访谈节目，通过网友在线提问及现场参与，与到访明星实时互动。《Star》为“我是歌手”打造 20 期特别节目，解密参赛歌手心路
我是歌迷	互动节目	特邀嘉宾与歌迷在演播室看《我是歌手》直播，现场解读和评论比赛进程，并就歌手引发的实时热点以及网友产生的衍生话题，同步展开讨论。每周五晚上 19：30 分直播
我爱看歌手	资讯节目	《我爱看歌手》是乐视网为《我是歌手》第二季打造的全新日播资讯节目，报道歌手动态新闻，曝光节目花絮，专访参赛歌手，追踪热点话题，全方位展现歌手的台前幕后真实状态
追踪报道	娱乐八卦	追踪歌手八卦，将歌手台前表现精彩的镜头剪辑，配合旁白，将更多歌手的信息告知受众
独家策划	精彩剪辑	设定一个主题，将各期节目中与主题相关内容剪辑成一个 10 分钟左右的节目，如罗绮“6 首歌唱尽前半生”，将罗绮人生经历故事与歌融为一体，让受众更深刻理解歌手选歌及歌声中表达的情感
原唱 PK	投票节目	将歌手每期唱的歌配以原唱进行对比，让受众投票更喜欢谁
本季歌手	投票节目	投票类节目，观众需要登录后投票给自己喜欢的歌手，比赛结束后，投票最多的前三名观众和获得票数最多的前三名歌手都将获得乐视电视
每周聚焦	精彩剪辑	将每周的创新点和亮点剪辑给观众

（续表）

节目名称	说明	备注
纪录片	幕后花絮剪辑	歌手真实生活的记录，如歌手成长故事、练习记录、亲情故事等，将歌手真实的一面记录并展示给观众
第一季回顾	往期回顾	第一季精彩回顾

数据来源：根据网络公开资讯整理

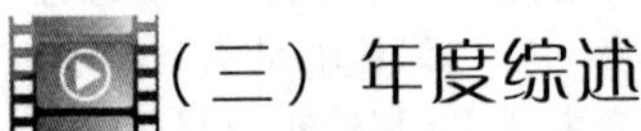

（三）年度综述

1. 发展特征

● **综艺独播元年开启**

2014 年初，在各大视频网站的营销推介会上，独播绝对是高频词。如表 3 – 7 所示，2014 年的热播综艺节目基本已经被各家视频网站瓜分，其中爱奇艺无疑是综艺最大的赢家，其获得的节目既有长盛不衰的王牌综艺节目《快乐大本营》《天天向上》等，也有季播热点《爸爸去哪儿 2》。

根据 iCTR 跨屏研究产品“四视同堂”数据，综艺节目是视频网民最爱看的视频节目内容之一，且以 25—44 岁的中青年社会消费主力人群为主，受众规模大、营销价值高，是视频网站纷纷巨资购进热门综艺节目的主要原因。根据市场公开数据，2013 年夏季的《中国好声音 2》，搜狐视频虽然花费了近亿元购买版权，但各种网络冠名费、贴片广告等收入使得该节目实现了盈利；而爱奇艺购买的湖南卫视《爸爸去哪儿》第二季，则获得了银鹭集团 6600 万的网络独家冠名权收入，创下中国季播节目网络独家冠名费新纪录。

网络独播使得视频网站能更深入地对接版权方，能更充分地挖掘节目资源，如表 3 – 6 中以乐视的《我是歌手》为例——视频网站将最宝贵的入口资源给到独播节目，自制一系列栏目，并由市场团队精心打造营销方案，力求将独播节目的网络影响力放到最大。综艺独播节目已成为视频网站品牌竞争的重要手段。

表 3－7　2014 年视频网站代表独播综艺节目

视频网站	代表独播节目	涉及卫视	涉及版权价格
爱奇艺	《快乐大本营》《天天向上》《百变大咖秀》《爸爸去哪儿 2》《康熙来了》	湖南卫视 台湾东森电视台	2 亿元左右
乐视	《我是歌手 2》	湖南卫视	5000 万元左右
PPTV	《非诚勿扰》《最强大脑》《一站到底》《芝麻开门》《非常了得》	江苏卫视	2 亿元左右
腾讯视频	《中国好歌曲》《中国好声音 3》	央视 浙江卫视	《中国好声音 3》达 2.5 亿元

数据来源：根据网络公开资讯整理

表中版权价格均引用自网络数据，仅供参考

2. 趋势与展望

● 电视与网络综艺博弈加剧，网络自制综艺潮将到来

目前，一线卫视至少有一个热门综艺节目，综艺节目的吸金能力和品牌提升力对电视媒体而言其重要性不言而喻。大型综艺节目对制作能力要求非常高，目前，视频网站虽然在发力自制节目，但大型综艺节目还尚未触及，综艺仍然是电视媒体最核心的竞争力之一。根据 iCTR 跨屏研究产品“四视同堂”数据，受众会优先选择电视看综艺节目，一是因为综艺是非常适合“合家欢”观看的节目类型，“可以和家人一起看”这一理由超过其他任何选项，选择率达到 75%；其次是电视屏幕大、清晰度高，观赏舒适度高，因此，通过电视观看综艺节目仍是观众首选。

而对于视频网站而言，在自己制作能力还达不到的情况下，只能通过高价购买版权来维持流量。由于大型综艺节目热度的增加，版权购买费用也一路飙升，极大增加了视频网站的成本压力。但由于视频网站极强的运营能力和广告主对优秀综艺内容的认可，视频网站还是能够实现盈利，且有利于增强受众对视频网站的品牌辨识力，因此，短期内视频

网站还会继续加大对优质综艺节目的投入。

一直以来，电视业对网络渠道处于“放养”状态，虽然各台早就建立了网络电视台，但运营投入不足，在流量与影响力上，与视频网站差异巨大。随着网络视频受众规模和停留时间的持续增长，视频的广告价值也逐渐得到电视台的重视。特别是在面对优质综艺节目在卖出“天价”版权后，视频网站仍能盈利的情况，使得一些电视台开始思考，是否可以将版权销售思路转换为自营，将网络广告的溢价权也掌握在自己的手中，同时也避免将竞争对手培养壮大。

与此同时，视频网站也开始试水综艺节目的制作，爱奇艺与河南卫视共同合作的《汉字英雄》便是成功案例之一。优酷的多个自制综艺节目，如《晓说》《老友记》《侣行》《优酷全娱乐》等也获得了较好的关注度。此外，还有腾讯视频、搜狐视频、乐视等，均有各自的代表性自制综艺节目。

视频网站仍将持续获得资本的青睐，其发展速度和相对自由的表现空间，吸引了大量优秀的电视人进入，其综艺节目制作水平将得到快速提升。且随着视频媒体实力的快速提升，未来在与电视台竞争内容制作公司的优秀综艺节目首播权时，也将有更多的话语权。

因此，在综艺节目的竞合关系上，电视媒体与视频媒体的博弈将加剧，电视媒体将开始重视网络渠道的建设，尝试自己进行网络渠道发行而不是出售网络版权；而视频媒体也将加速自制能力的提升，以便减少对电视媒体在内容上的依赖。

六、体育类节目

（一）年度数字

1. 用户规模

• 23%网民经常观看

体育节目处于视频网站收看类型的第二阵营，居第九位，23%的视频网民会经常观看。

图 3-35　网络视频节目类型（%）

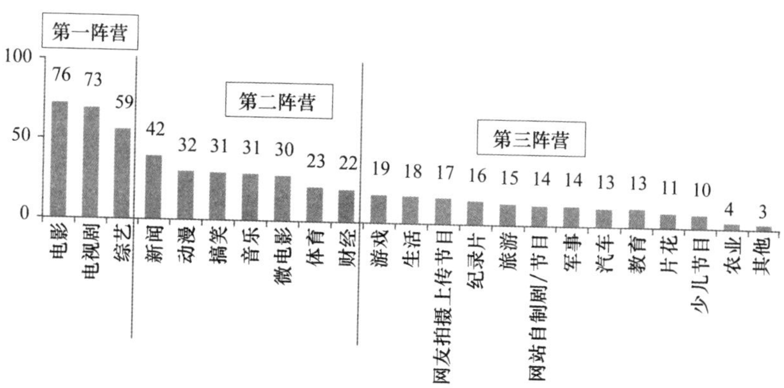

数据来源：iCTR 四视同堂，2014 年 1 月（N = 4038）

2. 用户特征

● 男性远多于女性，平均年龄略大，个人收入较高

用户性别

与其他类型的节目不同，体育类视频的男性受众远远多于女性。调研数据显示，男性用户占比达 78%，高出女性 56 个百分点。

图 3-36　网络视频体育节目用户性别构成（%）

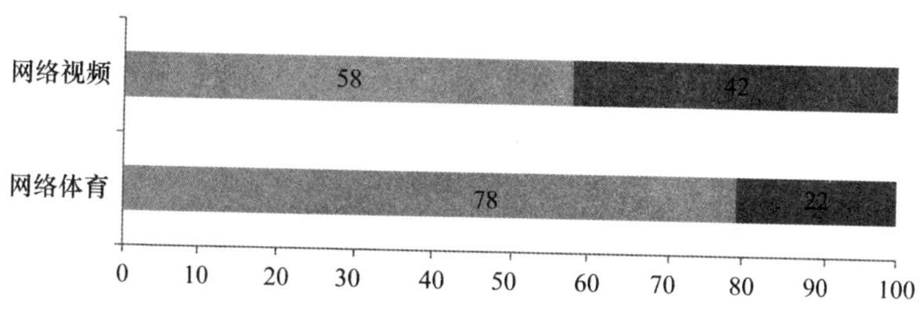

数据来源：iCTR 四视同堂，2014 年 1 月（N = 926）

用户年龄

与整体水平相比，体育节目的受众平均年龄略大，为 33 岁。其中，

25—44岁的网民最多，占71%。

图3-37 网络视频体育节目用户年龄构成（%）

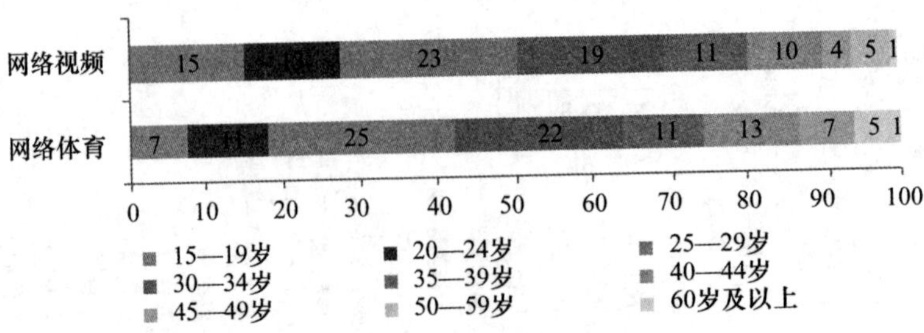

数据来源：iCTR四视同堂，2014年1月（N=926）

个人月收入

相比其他视频节目类型，体育节目的受众个人月收入最高，平均达6488元。其中，28%网民月收入在4001—6000元水平，6000元以上受众合计占比也高达37%。

图3-38 网络视频体育节目用户个人月收入（%）

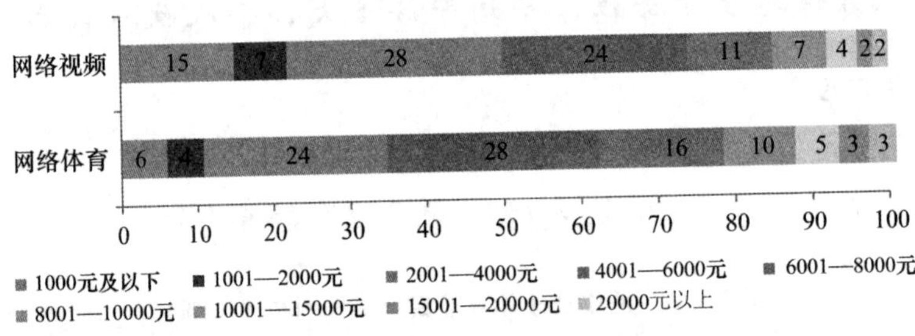

数据来源：iCTR四视同堂，2014年1月（N=926）

3. 节目偏好

● 篮球、足球最受欢迎

各类体育节目用户偏好差异悬殊，职业化竞技体育项目在中国受到广泛关注。76%的视频用户表示喜欢观看美国NBA和中国CBA的转播。其次是足球类节目，高水平的欧洲五大联赛激发着中国球迷的热情，虽然中国足球表现不尽如人意，但仍然关注者众，大约有70%网民会经常关注足球。李娜的成功使网球类节目也大受欢迎，也有过半数网民观看。体育新闻、羽毛球等项目，也受到大批受众青睐；观看教学类体育节目的用户相对较少，仅占9%。

图3-39　网络视频体育节目用户偏好（%）

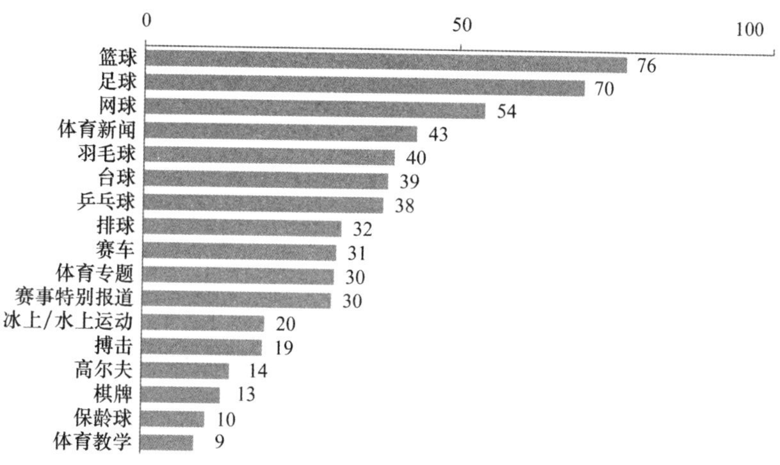

数据来源：iCTR四视同堂，2014年1月（N=926）

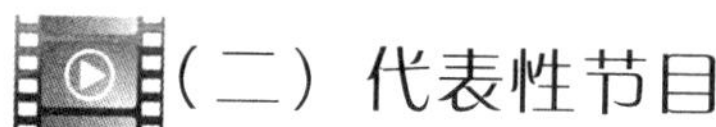

（二）代表性节目

1.《荷体育》

《荷体育》海报

基本情况

《荷体育》是乐视体育频道的自制访谈类节目，由《南都周刊》主笔、编委易小荷主持，采访各界名人，讲述他们和体育相关的故事：如潘石屹和他的体育长跑故事；栾树，曾经的摇滚明星，如今的马术冠军的故事；北京篮球英雄马布里的故事等。《荷体育》于2013年10月10日开播，播出时间为每周四上午十点在乐视体育在线首播，晚七点半再由乐视超级电视体育频道播出。

截止2014年3月25日，《荷体育》总共推出了24期，根据乐视公开数据，网站总播放量超过2600万，单期平均播放量过百万。在接受采访的名单中，有马国立、陈一冰、李承鹏、马布里等体育界名人，有潘石屹、陈坤、孔二狗等其他各个行业的知名人士，也有“草根”人群如钢管舞女孩等，体现了互联网自制节目的创新和包容性。

节目特征

目前，视频网站的体育自制节目以精彩剪辑类、脱口秀和访谈类为主，《荷体育》是访谈类的代表之一，其特点有如下两个方面：

题材广泛，包容性强

与黄健翔的《黄·段子》聚焦在足球上不同，《荷体育》更多关注体育背后的故事，体育人的职业生涯及人生故事，非体育人的体育情节等，受众面相对更广，这与目前视频网站发展体育频道力求内容全面，包罗万象的思路是一致的。

制作精良

首先体现在主持人的水准上。《荷体育》的主持人易小荷是资深体育评论人、《南都周刊》主笔，有犀利的文风和敏锐的洞察力，其著作《NBA七宗罪》更因为“揭黑”而风靡一时，在体育界享有一定知名度和影响力；其次在节目文案、嘉宾选择、剪辑制作方面均力求做到“电视标准”，是网络自制节目中在题材、内容和内涵上均较符合大众审美标准的一档节目。

（三）年度综述

1. 发展特征

● 受众稳定，营销价值高

体育类节目虽然整体受众规模相对较小，但以高收入的中青年群体为主的受众特征使体育节目极具营销价值。体育是种爱好，喜欢的人会比较忠诚地长期喜欢，按网络业的行话就是体育节目观众的“黏性”较大，且相应的赛事受众呈相对稳定的群落聚集，运营风险相对较小。随着国人生活水平的提升，关注体育内容的人群不断增加，目前，各大主流视频网站均设置有体育频道，其中以 PPTV、乐视网、新浪视频为典型代表。除了常规的篮球、足球、网球、羽毛球等运动外，台球、棋牌、高尔夫、冰球、棒球、马术等相对小众的赛事也开始出现在各大视频网站，并获得了一批受众青睐。

表 3-8　重点发展体育的视频网站对比

网站	代表体育种类	优　势
新浪视频	NBA、英超、欧冠	老牌体育知名门户，国内最早引入 NBA、英超的视频网站
PPTV	CBA、中超、英超、世界杯、亚冠、超级足球、拳击、斯诺克、灌篮、鲁能、足总杯	体育赛事种类多； 国内较早发展体育频道的视频网站，在体育迷中知名度较高
乐视	NBA、CBA、中超、世界杯、英超、西甲、网球、高尔夫、体彩	受大屏战略影响，投入巨资发展体育频道吸引多位体育名嘴开辟自制节目，如黄健翔、董路等

数据来源：根据网络公开资讯整理

2. 趋势与展望

●大屏提升观看享受，赛事版权购买与节目自制将迎来高峰

根据 iCTR 跨屏研究产品“四视同堂”数据，受众在收看体育节目时，较为倾向选择电视观看，原因在于电视屏幕大、清晰度高、播放流畅等用户体验较好。因此，体育内容与大屏是互为依托的有机组合。2013 年开始，各大视频网站均开始发展各自的电视大屏战略，布局客厅娱乐中心大屏市场，爱奇艺、乐视、搜狐视频、迅雷看看均发布了各自的电视硬件产品。互联网公司“硬件 + 服务”的商业模式，在硬件销售基础上，就需要有足够吸引力的内容才能得以实现，而体育节目正是构成强吸引力的重要优质内容。

2014 年是“体育大年”，四年一次的“世界杯”吸引的不仅仅是球迷，更是一场全社会的娱乐盛宴。根据公开报道，乐视已经获得世界杯 64 场比赛的转播权，而提前布局签约的足球评论名嘴，如黄健翔、董路等更为其围绕比赛制作衍生节目奠定了良好基础。

随着视频网站大屏战略的发展深入，体育赛事的版权购买将逐渐大赛化和多元化；同时网络平台的开放性和个性化特征，更能满足各类体育迷的需求。精彩赛事内容、自由收看体验及清晰流畅的大屏组合，将是视频网站吸引优质、稳定体育受众的利器。

七、网络视频用户收视行为概览

（一）用户对视频服务商的品牌认知和使用

1. 品牌认知：优酷、爱奇艺、搜狐、腾讯位居前列

随着网络视频的迅速崛起，节目类型越来越多样化，而视频服务商

的竞争也日趋激烈。经过多年的市场培育，众多视频网站均在用户心中取得了不低的品牌认知度。其中优酷网最高，93%的视频受众表示知道该品牌；其次是爱奇艺，知晓的用户占83%；搜狐视频、腾讯视频和土豆网的知名度也较高，分别占81%、81%和80%。

图3-40　网络视频用户对视频服务商的认知（%）

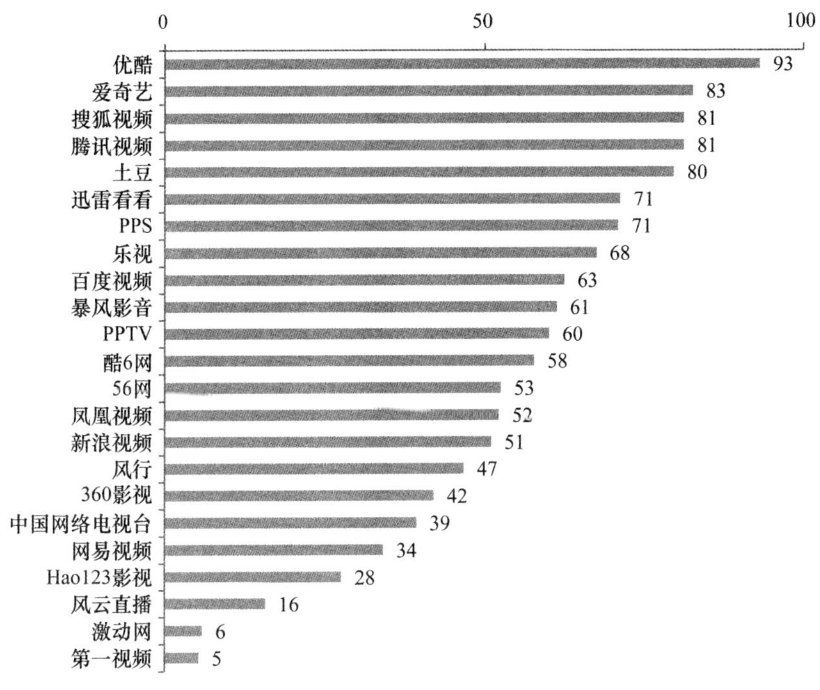

数据来源：iCTR四视同堂，2014年1月（N=4038）

2. 对服务商的使用：优酷、爱奇艺、搜狐、腾讯分居前四

近两年来，网络视频行业从“群雄逐鹿”走向“合纵连横”，视频服务商间的竞争越来越激烈。iCTR数据显示，近6个月内，使用优酷网的受众占80%；而爱奇艺居第二，有56%的受众使用过；搜狐视频和腾讯视频的使用人数分别占47%和43%，位居第三、第四位。

图 3－41 网络视频用户对视频服务商的使用（%）

视频服务商	%
优酷	80
爱奇艺	56
搜狐视频	47
腾讯视频	43
土豆	41
PPS	34
迅雷看看	34
乐视	31
百度视频	29
暴风影音	25
PPTV	24
酷6网	20
56网	18
中国网络电视台	16
凤凰视频	16
新浪视频	14
360影视	14
风行	13
网易视频	8
Hao123影视	6
风云直播	4
其他	2
激动网	1
第一视频	1

数据来源：iCTR 四视同堂，2014 年 1 月（N＝4038）

（二）收看频率及时长

1. 收看频率：过半网民日均观看多次

网络视频已高度普及，收看网络视频成为人们的日常收视习惯，大部分网民每天都会观看网络视频。iCTR 跨屏研究“四视同堂”数据显示，75% 的网民每天至少看 1 次视频，有过半人群每天甚至会看多次。

图 3－42 收看网络视频的频率（%）

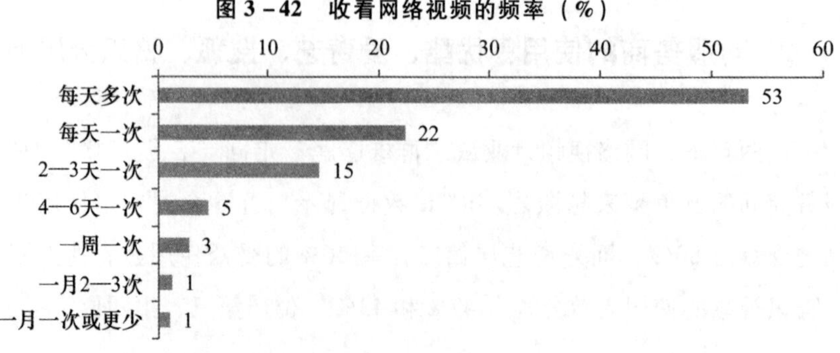

数据来源：iCTR 四视同堂，2014 年 1 月（N＝4038）

CNRS36 城市调查数据发现，三线城市的网络视频用户每天收看网络视频的时间更长一些，平均每天收看 78 分钟。而在一线城市中，这一数据为 61 分钟。三线城市收视时间更长反映了该区域用户对网络视频的依赖性更强。

图 3－43 不同城市级别网络视频用户每天收看网络视频的时长（分钟）

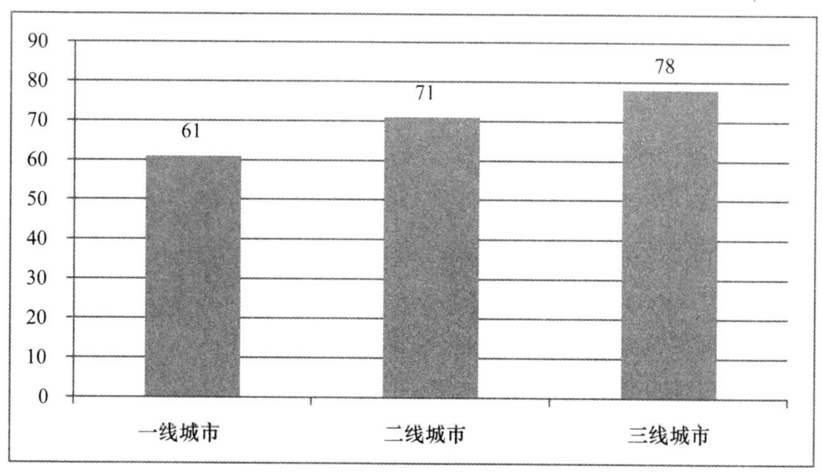

数据来源：CNRS 2013 年 1 月—2013 年 6 月（搭车项目数据）

2. 收看时长：周末、节假日明显高于平日

从视频用户的收看时长来看，由于假日有更宽松的时间支配，网民周末及节假日看视频的时长明显多于工作日。数据显示，在工作日网民平均花费 1.8 小时看视频，仅有 33% 用户花费 2 小时以上的时间看视频；而在周末及节假日，网民平均收看时长达 2.6 小时，超出工作日 0.8 小时。其中花 2 小时以上的用户占 49%，比工作日高 16 个百分点，甚至有 30% 的网民收看时长超过 4 个小时。

图 3-44　网络视频收视时长（%）

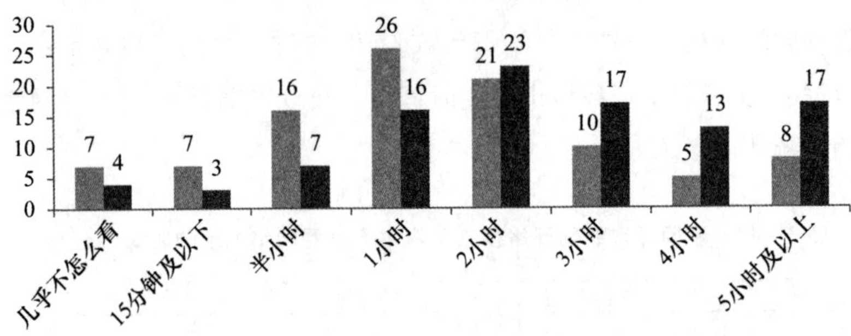

数据来源：iCTR 四视同堂，2014 年 1 月（N=4038）

3. 收视时间：电视黄金时间也是网民观看高峰

一般说来，晚间 20:00—20:59 是电视的黄金时段，但这也是网民观看视频节目的最高峰时段。在工作日，网民收视时段出现两个高峰，一是 12:00—12:59 的小高峰，23%的用户会利用午休时间段来进行短暂的娱乐消费；二是 20:00—20:59 的大高峰，36%的网民会集中在这段时间看视频；在周末及节假日，自由时间充裕，PC 用户通常会在各个时间段观看视频节目，因此会出现多次小高峰，其中 20:00—20:59 是最高峰，38%的用户会在这个时间段看视频。

图 3-45　网络视频收视时间分布（%）

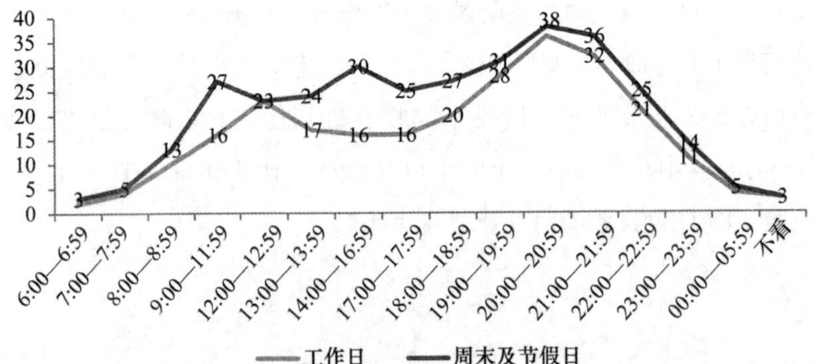

数据来源：iCTR 四视同堂，2014 年 1 月（N=4038）

（三）观看形式与搜寻节目路径

1. 观看形式：八成以上网民点播观看

网络视频的随时性，方便人们通过点播的方式观看，采用此方式的网民占 83%。在用点播方式看视频的受众中，69% 是为了追剧，而不容忽视的是，80% 的视频受众会通过在线视频观看电视直播节目——在线视频运营商利用网络渠道的包容性，正在快速抢夺传统电视的受众时间。

图 3－46　网络视频的观看形式（%）

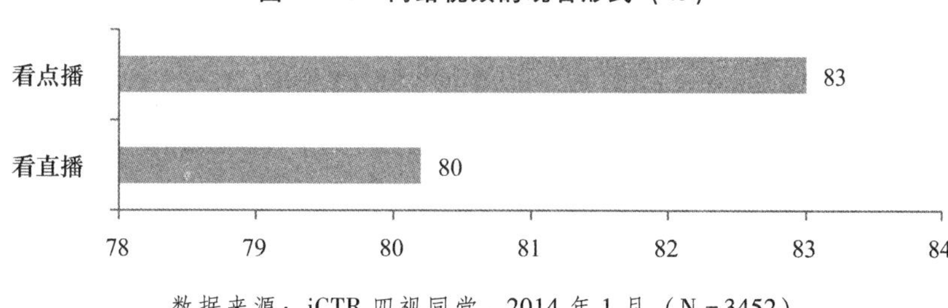

数据来源：iCTR 四视同堂，2014 年 1 月（N＝3452）

图 3－47　用户点播网络视频节目的方式（%）

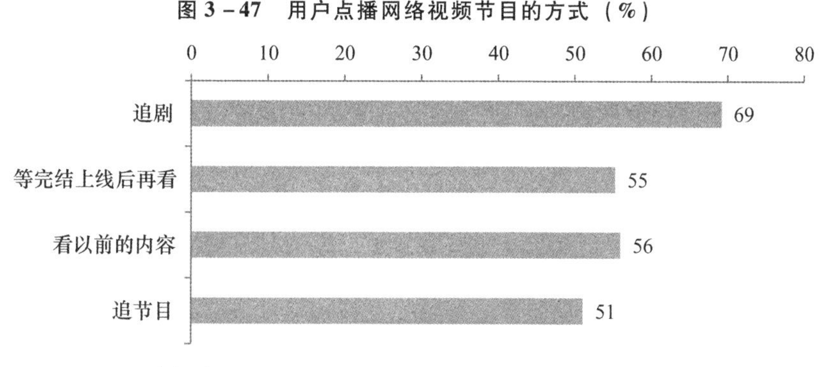

数据来源：iCTR 四视同堂，2014 年 1 月（N＝2865）

2. 搜寻路径：以搜索引擎为主

用户的视频进入方式不一，以使用搜索引擎为主。在 PC 用户中，

67% 通过搜索引擎来寻找想要观看的节目；其次是视频聚合网站，有 54% 的网民采用该方法，如站内搜索、站内榜单列表等；新闻网站也是主要的搜寻手段，有 20% 以上的受众采用；另外，微博和社交媒体作为另一大进入渠道，也有 17% 的网民使用。

图 3－48　用户看网络视频的搜寻路径（%）

搜寻路径	%
搜索引擎	67
视频聚合网站/客户端	54
站内搜索	37
站内榜单列表	25
新闻网站/客户端	20
微博	17
社交媒体	17
社区论坛	14
微信	12
其他	6

数据来源：iCTR 四视同堂，2014 年 1 月（N＝4038）

（四）用户对付费视频的态度及使用

目前，免费收看视频节目依然是主流，但有 45% 的被访网民表示在近 6 个月内曾付费观看过视频节目。全体 PC 端用户看视频平均月花费为 13 元，55% 网民坚持看视频要免费，支出在 50 元以上的网民仅占 10%。而在付费网民中，四成以上用户是购买流量包或者是会员包月套餐。

图 3－49　看网络视频的花费（%）

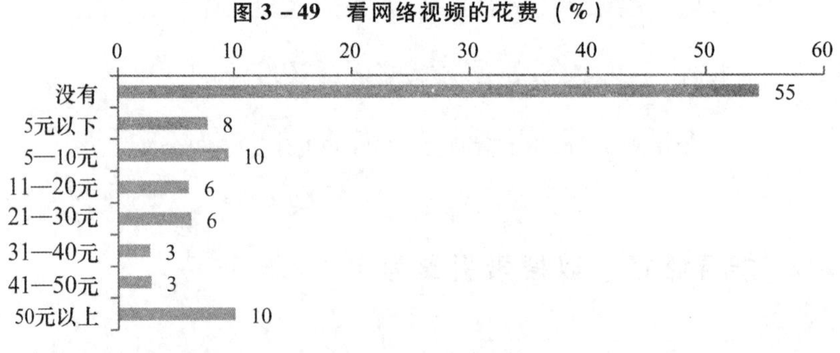

数据来源：iCTR 四视同堂，2014 年 1 月（N＝4038）

图 3－50　用户看网络视频的花费类型（%）

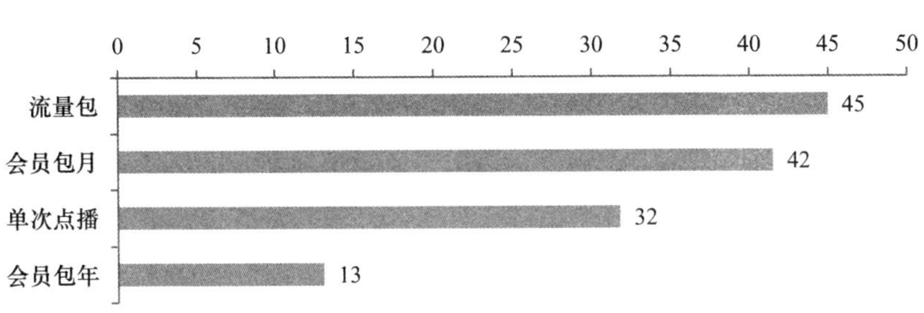

数据来源：iCTR 四视同堂，2014 年 1 月（N＝1837）

（五）用户对视频广告的态度

半数受众会观看网络视频的广告。iCTR 跨屏研究“四视同堂”数据显示，55%的 PC 用户会或多或少地去观看视频广告，17%的网民对感兴趣的广告还会点击。

图 3－51　用户对网络视频广告的态度（%）

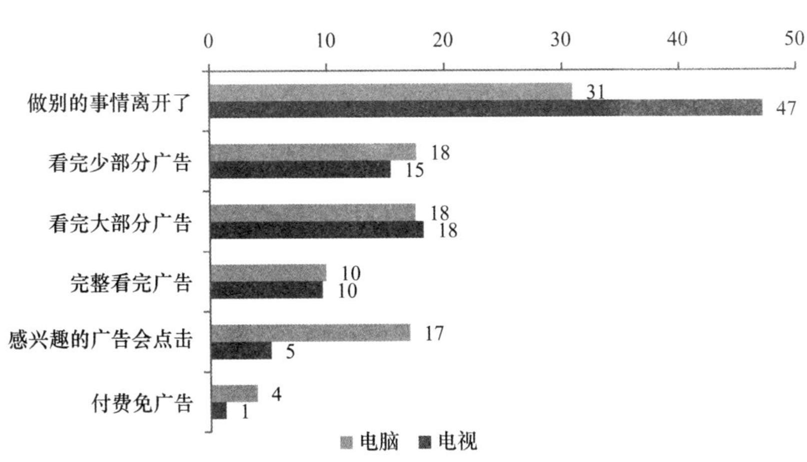

数据来源：iCTR 四视同堂，2014 年 1 月（N＝4038）

八、本章总结

本章从年度数字、代表性节目、年度综述三个方面对2013年度我国网络视频市场中的五大类节目（新闻类节目、电视剧、电影、综艺类节目、体育类节目）进行了深入分析，可以看出各类型节目在市场中呈现出如下明显的特征：

网络视频新闻节目来源丰富，既有电视新闻，也有用户拍摄上传新闻（UGC新闻）和专业机构制作的新闻（PGC）。不同于电视台动辄半个小时的新闻，网络新闻多集中在几分钟内。通过网站编辑基于数据或者经验的判断，选择当天热点新闻中片段上传至网站；大型网站都有UGC平台，有为用户提供快速上传的通道，用户用手机拍摄的具有新闻价值的突发事件可以在第一时间上传至网络平台供网友点击观看。随着移动网络的快速建设和完善、智能手机的普及，突发新闻越来越多的新闻素材是来源于在现场用户手机拍摄的非专业视频，这些视频虽然图像质量不高，但正因为其一快遮百丑、第一时间、第一现场的价值，目前，各大视频网站的新闻或资讯频道在大量使用这类UGC新闻，而且数量会越来越多，甚至会出现用户UGC视频直播。

电视剧是网络视频受众最关注的内容之一。网络视频电视剧的来源主要集中在电视台播出的、视频网站购买版权的和网络自制剧。在经历了无序混乱的市场发展早期之后，当下视频网站需要通过内容差异来建立品牌区隔，真正让用户形成品牌黏性，因此，对于优质版权内容的“独播”已成为视频电视剧发展的显著特征。投入重金拍摄自制剧也成为各大主流视频网站2014年的发展重点。2014年我国网络自制剧制作集数将可能达到1700集左右；2015年这一数字预计可达3000集。

电影是网络视频受众最关注的内容。伴随着网络平台的崛起，网络院线在电影发行中的作用日益明显。院线热播电影，视频网站是重要宣传渠道，各种电影片花和宣传片，以及片中人物访谈类节目，均成为电影迷了解院线热播电影的重要渠道。微电影因低成本、低门槛并且易于植入广告等特性，近年来伴随着移动新媒体技术的发展迅速兴起。微电影还是企业品牌宣传的良好载体，是重要的品牌植入营销阵地，商业价值很高，受到广告主追捧。网络大电影是在微电影发展基础上的延伸，其时长在60分钟及以上，具备完整的电影结构，一般由专业机构制作，质量精良。相比院线电影，网络大电影的门槛和成本都较低，而且周期短、上线快，题材和尺度相对更宽松，可以更快地反映社会热点。

综艺节目也是视频网民最爱看的节目内容之一。目前网络视频综艺节目主要来自电视台的热播节目，体现了电视与网络视频的竞合关系。大型综艺节目对制作能力要求非常高，目前，仍然是电视最核心的竞争力之一。而视频网站由于自己制作能力的欠缺，只能通过高价购买版权来形成品牌竞争的重要手段。综艺节目网络独播使得视频网站能更深入地对接版权方，更充分地挖掘资源，通过将最宝贵的入口资源给到独播节目，自制一系列栏目，精心打造营销方案，将独播节目的网络影响力放到最大。

体育类节目虽然整体受众规模相对较小，但以高收入的中青年群体为主的受众特征使其极具营销价值。体育是一种爱好，喜欢的人会比较忠诚地长期喜欢，具有很大的节目“黏性”，网络视频体育类节目的来源主要是电视。体育内容与大屏是互为依托的有机组合。2013年开始，各大视频网站都开始发展电视大屏战略，均发布了各自的电视硬件产品，布局客厅娱乐中心大屏市场。随着视频网站大屏战略的发展深入，体育赛事的版权购买将逐渐大赛化和多元化，精彩赛事内容、自由收看体验及清晰流畅的大屏组合，将是视频网站吸引优质、稳定体育受众的利器。

未来，电视媒体与网络视频媒体的博弈将加剧，电视媒体将开始重视网络渠道的建设，尝试自己进行网络渠道发行而不是出售网络版权；而视频媒体也将加速自制能力的提升，以便减少对电视媒体在内容上的依赖。

第四章　移动视频市场年度观察

本章概要

- 2012 年随着移动网络的发展和智能手机的普及，移动视频呈现出快速增长的趋势。根据中国互联网络信息中心（CNNIC）发布的《中国互联网络发展状况统计报告》，截止 2013 年 12 月，中国手机端在线收看或下载视频的用户数与上年相比猛增了 1.12 亿人，达到 2.47 亿人，增长率高达 83.8%。对移动视频市场的观察和研究已经成为中国视频市场研究中不可缺少的重要组成部分。
- 手机和平板电脑虽然是不同的视频终端，但它们的移动特性是相同的，本章研究的移动视频包括手机视频和平板电脑视频①。
- 首先，对移动视频市场的规模、到达率、用户特征和收视偏好进行分析；其次，分手机和平板电脑对移动视频市场的五大类节目，即新闻类节目、电视剧节目、电影节目、综艺娱乐类节目和体育类节目的年度数字、用户特征和收视偏好展开分析；最后，对移动视频用户的收视行为进行全方位分析，包括用户对移动视频服务商的品牌认知、使用，收看的时长、时间，上网方式和场所，搜寻节目的路径，对付费收看和广告的态度等。

一、移动视频市场概览

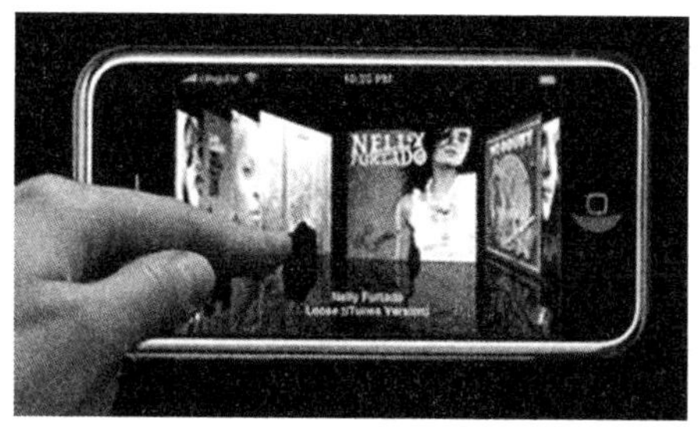

移动视频海报

① 本章所使用数据主要来自央视市场研究的全国城市居民调查（简称 CNRS）36 城市数据和 iCTR“四视同堂”网络调查数据。CNRS 采用入户抽样调查，调查对象为城市居民；“四视同堂”采用网络调查，调查对象为网民。由于调查方法和范围不同，两组数据略有差异。

（一）用户规模

1. 用户规模发展态势

● **年增长率达 83.8%**

近几年来，随着移动网络的快速发展和智能手机、平板电脑等各种智能终端的普及，在线视频用户不再只是于电视和电脑之间徘徊，终端接触迅速扩展到了手机和平板电脑，移动用户数量进入快速增长期。

CNNIC 数据显示，截止 2013 年 12 月，中国手机网民数量超过 5 亿人，占网民的比例高达 81%。手机网民数量的激增成为移动视频迅速发展的基础。

图 4－1　2007—2013 年手机视频的用户规模和使用率

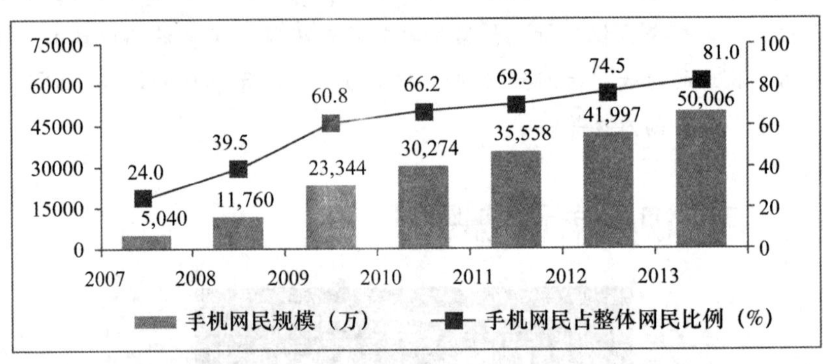

数据来源：中国互联网络信息中心（CNNIC）

智能终端的普及和网民上网习惯的改变，也变革了用户看视频的方式。CNNIC 数据显示，截止 2013 年 12 月，中国手机端在线收看或下载视频的用户数与上年相比猛增 1.12 亿人，达到 2.47 亿人，增长率高达 83.8%。无论是增加人数还是增长率都远远高于 2012 年，可以说，2013 年是移动视频爆发式增长的一年。

图 4－2　2012—2013 年手机网络视频用户数及使用率

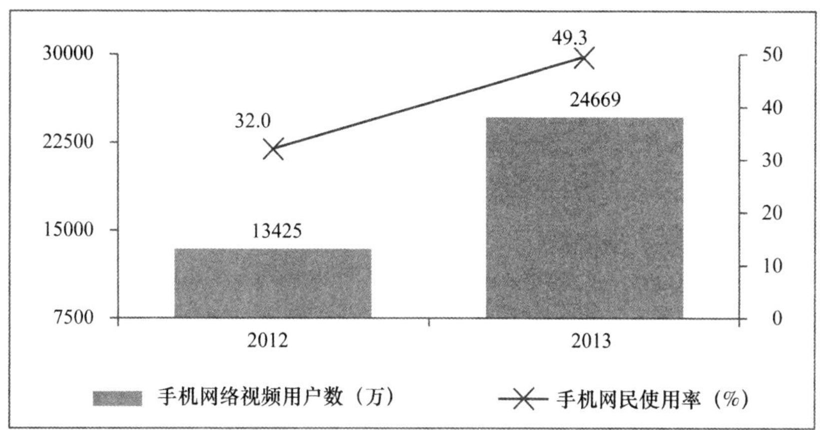

数据来源：中国互联网络信息中心（CNNIC）

2. 用户规模/到达率

• 手机用户日到达率 24%，平板电脑用户 9%

通过央视市场研究股份有限公司（CTR）的中国城市居民调查（CNRS）2013 年 7—12 月 36 城市数据发现，移动视频用户总规模达到 4912 万人，其中，只使用手机视频或只使用平板电脑视频的用户规模为 3685 万人，日到达率 24.8%，同时使用手机视频和平板电脑视频的用户规模为 1227 万人，日到达率 8.2%。

在 4912 万人的总规模中，手机视频用户为 3574 万人，日到达率 24.0%，平板电脑用户为 1337 万人，日到达率 9.0%。可以看到，移动视频用户现阶段以手机视频用户为主。

图 4 – 3　移动视频用户规模/到达率对比

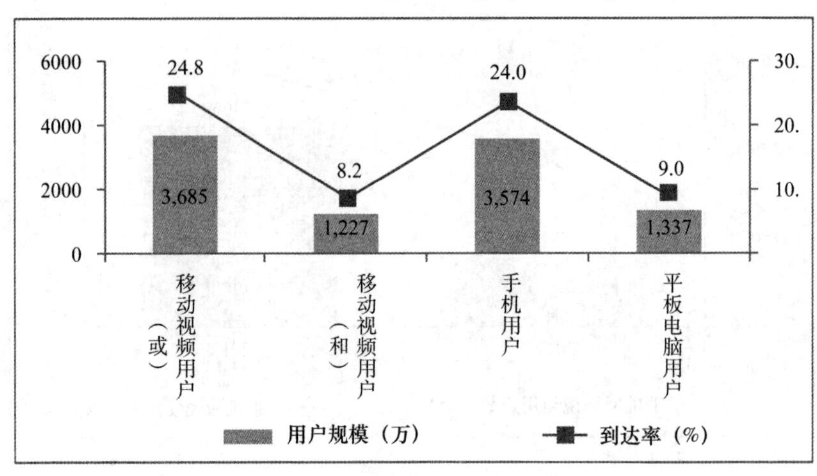

数据来源：CNRS 2013 年 7 月—12 月（36 城市）

注：移动视频用户（或）指只使用手机视频或只使用平板电脑视频单一终端的用户

移动视频用户（和）同时使用手机视频和平板电脑视频两种终端的用户（下同）

（二）用户特征

1. 性别特征

● 手机男性略多，平板女性稍高

通过 CNRS36 城市数据发现，移动视频用户（手机视频或平板电脑视频任一种）中，男女两性占比接近，男性略高，占 51.5%。

对比手机和平板电脑视频用户可以发现微弱的差别还是存在的，手机视频用户中男性比例略高，占 51.8%。而平板电脑视频用户女性比例略高，为 50.2%。

图 4-4　移动视频用户性别构成（%）

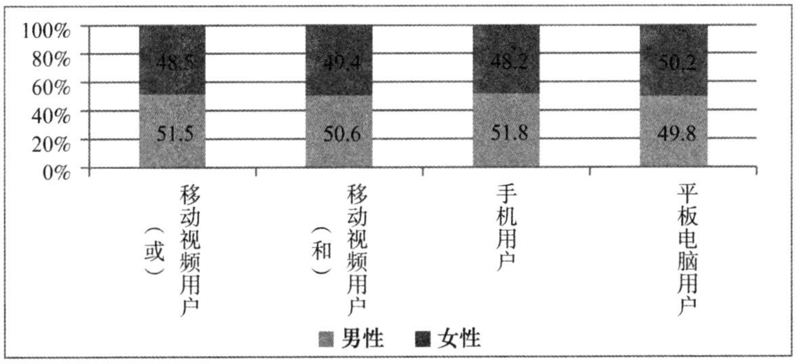

数据来源：CNRS 2013 年 7 月—12 月（36 城市）

2. 年龄特征

● 平均 29 岁

CNRS36 城市数据显示，移动视频用户（手机视频或平板电脑视频任一种）的平均年龄是 29 岁，主要集中在 15—34 岁，其中，15—24 岁占了 36.6%；25—34 岁占 35.9%；合计占比达 72.5%；而 45 岁以上的用户仅占 5.5%。

图 4-5　移动视频用户年龄构成（%）

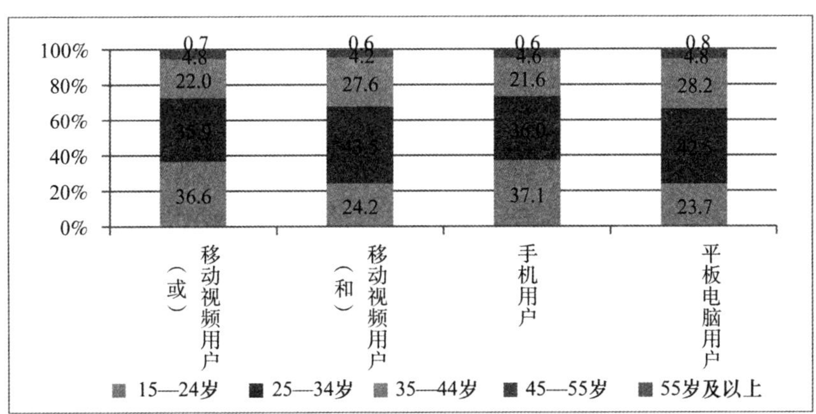

数据来源：CNRS 2013 年 7 月—12 月（36 城市）

对比平板电脑用户，手机视频用户则年龄更小，平均年龄仅28岁。

数据表明，相比电视视频和网络视频用户，移动视频目前主要是青年人的偏爱。这不仅是年轻人生活中的移动性更强，也是由于年轻群体更容易接受新科技和新鲜事物。

3. 学历特征

• 76.2%拥有高等学历

高学历是移动视频用户的基本特征。在移动视频用户中，76.2%拥有高等学历（大学专科及以上学历），其中46.4%是本科及以上学历。在两类移动视频用户中，平板电脑视频用户规模虽远不及手机视频用户多，但其中拥有高等学历者为87.8%，明显高于手机用户的76.3%。而同时使用手机和平板两种终端的用户学历水平更高，本科以上学历者占到63.3%。

图4－6　移动视频用户学历构成（%）

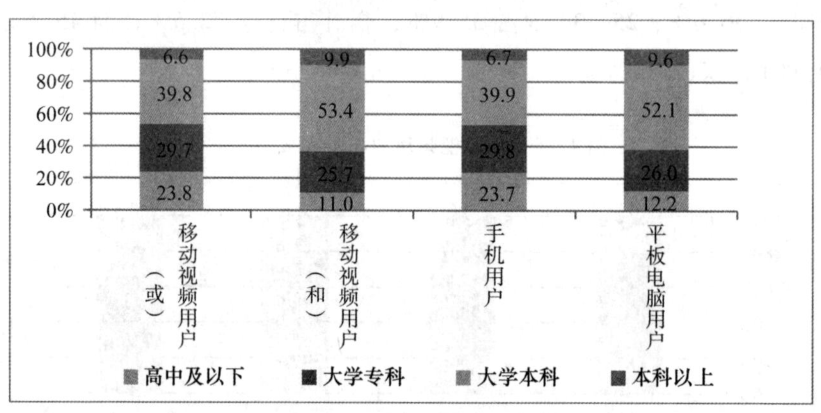

数据来源：CNRS 2013年7月—12月（36城市）

4. 收入特征

同时使用手机和平板的用户收入最高

个人月收入

在 CNRS 调查的 36 城市中，移动视频用户的平均个人月收入是 4899 元。其中，手机视频用户平均月收入为 4877 元；平板电脑视频用户平均个人月收入达到 6023 元，高出手机用户 1146 元；而同时使用手机和平板的视频用户收入水平更高些。

图 4－7　移动视频用户个人月收入比较（元）

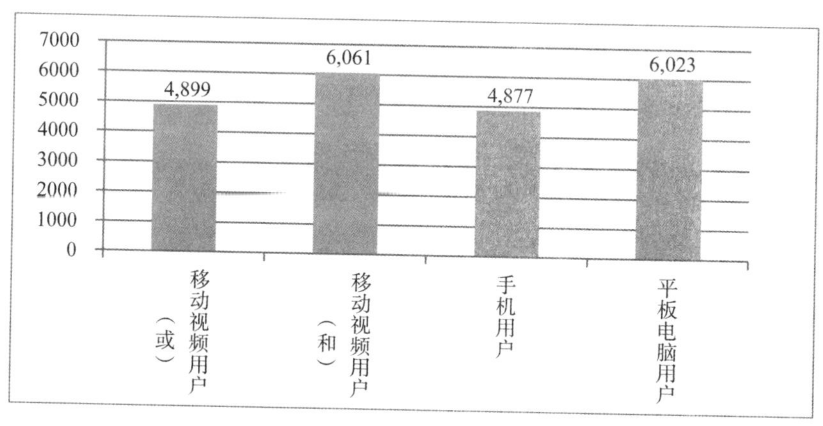

数据来源：CNRS2013 年 7 月—12 月（36 城市）

家庭月收入

移动视频用户的家庭月收入突破万元，达到 10912 元。其中平板电脑视频用户家庭月收入更高为 12537 元；而同时使用两种移动视频终端的用户家庭月收入最高，达到 12594 元。

从移动视频用户的学历、个人收入和家庭收入特征来看，移动视频用户主体基本上是接近或达到中产阶层的群体，是社会的主流人群。

图 4－8　移动视频用户家庭月收入比较（元）

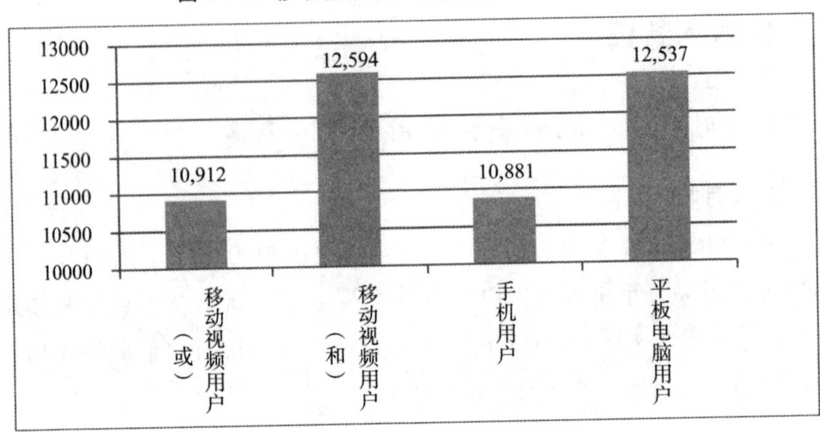

数据来源：CNRS2013 年 7 月—12 月（36 城市）

5. 不同城市用户特征

● 性别无明显差异，一线城市学历更高，三线城市年龄更小

各级别城市用户性别占比

对比 CNRS 调查的 36 个城市，不同城市级别中移动视频用户的性别占比无显著差异，男性占比均略高于女性，其中一线和三线城市男性比例略高于二线城市。

图 4－9　不同城市移动视频用户性别构成比较（%）

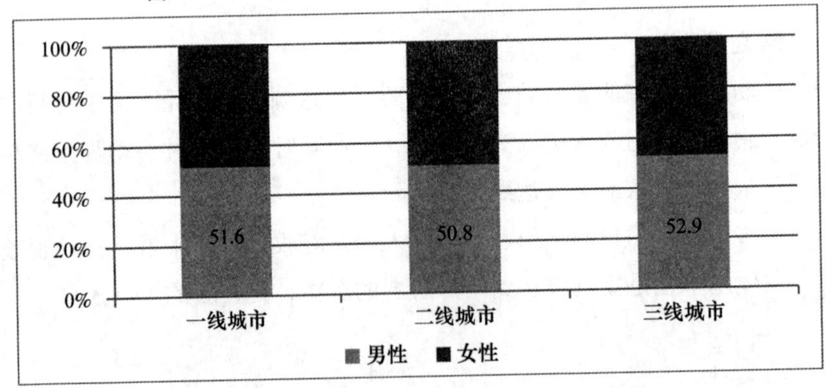

数据来源：CNRS2013 年 7 月—12 月（36 城市）

各级别城市用户年龄

如前所述，年轻是移动视频用户的基本特征。在移动视频用户总体中，15—34 岁人群占比达到 72.5%，但在不同级别城市中则存在一定程度的差异。三线城市移动视频用户年纪更轻些，15—34 岁用户达到 74.1%，高于三线城市的 73.3% 和二线城市的 71.3%；进一步观察可知，这种差别主要体现在三线城市 15—24 岁用户比例更高，达到 40.9%。由此可见，移动视频用户年龄有从上线城市到下线城市递减的特征。

图 4-10 不同城市移动视频用户年龄构成比较（%）

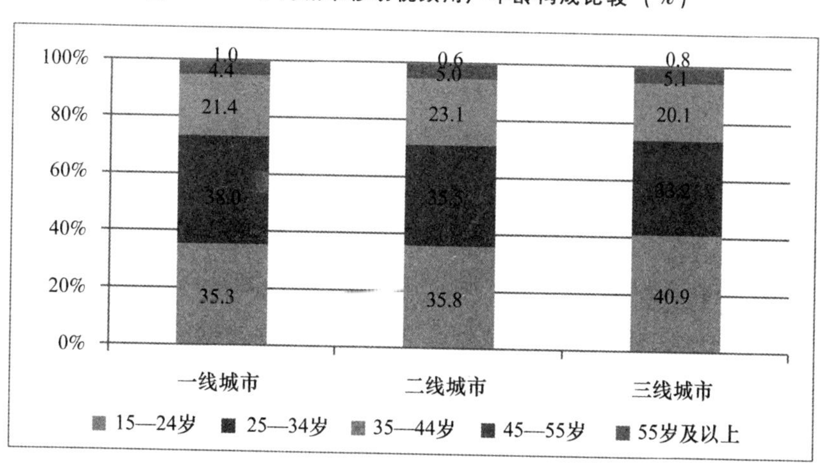

数据来源：CNRS 2013 年 7 月—12 月（36 城市）

各级别城市用户学历

各线城市移动视频用户的学历水平表现出从上到下递减的特征。一线城市有近 8 成的用户拥有高等学历，其中近 5 成拥有本科以上学历；二线城市略低，也有 77.3% 的用户拥有高等学历；三线城市有近六成以上拥有高学历。

通过对比可知，在不同级别城市，高学历都是移动视频用户的特征，只是一、二线城市移动视频用户学历更高。

图 4－11 不同城市级别移动视频用户学历构成比较（%）

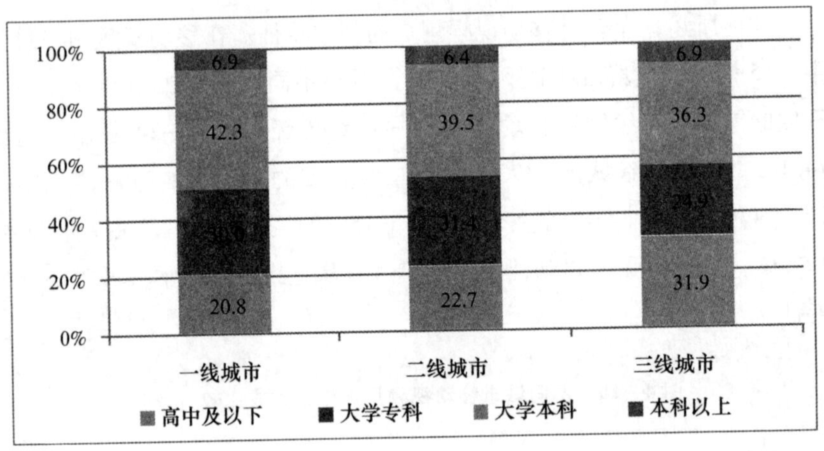

数据来源：CNRS 2013 年 7 月—12 月（36 城市）

（三）用户收看内容差异

1. 类型偏好

● 电影列榜首，电视剧、综艺、新闻居其后

研究数据显示，在移动端以及 PC 端网民收看的节目类型中，前四位排名一致。电影位居榜首，65% 的移动用户经常观看；电视剧和综艺类节目分列二、三位，分别有 63% 和 48% 的移动网民关注；新闻节目也依然备受追捧，42% 的移动观众喜欢收看。从不同终端来看，移动端网民更喜欢微电影，PC 端观众对动漫、搞笑和音乐更感兴趣。

图 4－12 移动视频用户收看的节目类型（%）

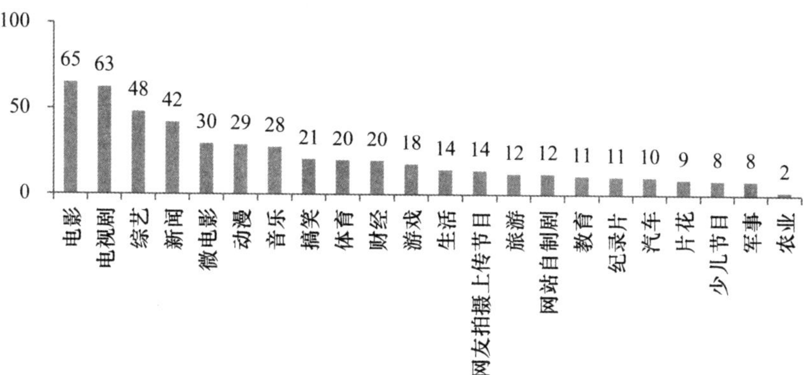

数据来源：iCTR 四视同堂，2014 年 1 月（N＝3345）

2. 手机/平板用户收看差异

● 平板收看率更高，题材范围更广

移动视频用户在手机和平板电脑上收看的节目中，电影、电视剧和综艺节目均是最受青睐的类型，但平板用户的收看率普遍高于手机用户。此外，搞笑节目也受到视频用户的偏爱，无论是收看率还是目标群体指数（目标群体倾向性指数）都相当高。

而对于旅游、纪录片、教育、少儿、汽车等相对窄众的节目，以及网站自制剧、网友拍摄上传节目中，平板用户与手机用户的差异非常明显，不仅收看率高于手机用户，其目标群体指数更是大大高出。

结合前述手机用户与平板用户特征的差异，可以看出观看体验更好的平板用户对视频的关注面更加广泛，他们不仅关注大众类节目，也关注窄众的高端节目。

表 4-1　移动视频用户收看节目类型比较

节目类型	手机（%）	目标群体指数	节目类型	平板（%）	目标群体指数
电影	56	86	电影	68	105
电视剧	53	85	电视剧	66	105
综艺	42	87	综艺	49	102
新闻	41	96	新闻	33	78
搞笑	27	132	动漫	28	97
微电影	27	91	微电影	28	93
音乐	26	92	搞笑	25	122
动漫	25	86	音乐	25	90
体育	16	82	体育	22	109
财经	16	83	财经	20	104
游戏	15	82	游戏	18	101
生活	11	78	生活	15	105
网友拍摄上传节目	11	78	旅游	15	123
网站自制剧	9	75	网友拍摄上传节目	15	106
旅游	8	69	网站自制剧	15	121
教育	8	76	纪录片	13	121
片花	8	86	教育	13	115
汽车	8	74	汽车	12	119
纪录片	7	65	少儿节目	10	123
军事	6	77	军事	9	110
少儿节目	6	69	片花	9	97
农业	2	90	农业	3	130

数据来源：iCTR 四视同堂，2014 年 1 月（手机 =2922，平板 =1863）

注：目标群体指数（Target Group Index）= 目标群体中具有某一特征的群体所占比例/总体中具有相同特征的群体所占比例 * 100

3. 各级别城市收看类型差异

● 电影、电视剧排名前二，小众节目更受一线城市用户青睐

网络通天下，移动网络和智能终端的快速发展为不同地域的用户提供了大体相同的收视环境。但中国地域广阔，不同地域的经济、文化、习俗差异明显，这也决定了不同城市网民对视频节目的喜好存在显著差异。

● 手机用户

在各线城市手机用户收看的节目中，电影和电视剧均排名前二位。而在相对窄众的节目类型上，各线城市的差异比较明显。旅游、汽车、教育等生活服务类和网站自制剧、体育节目在一线城市手机网民中受到欢迎，目标群体指数（目标群体倾向性指数）大部分都在120以上；综艺节目在二线城市手机用户中得到了较高的关注度，在其他级别城市则表现不明显；新闻、搞笑和动漫节目更吸引三线及以下城市手机网民。

表4－2　各线城市手机视频用户收看节目类型比较

节目类型	一线城市（%）	目标群体指数	节目类型	二线城市（%）	目标群体指数	节目类型	三线及以下城市（%）	目标群体指数
电影	59	106	电影	54	97	电影	57	102
电视剧	56	105	电视剧	54	102	电视剧	51	96
综艺	41	98	综艺	46	109	新闻	43	106
新闻	39	95	新闻	39	97	综艺	37	88
微电影	27	100	微电影	28	104	搞笑	29	106
动漫	26	106	搞笑	27	99	动漫	27	108
音乐	25	98	音乐	26	104	微电影	25	94
搞笑	25	91	动漫	23	93	音乐	24	95
体育	19	117	体育	16	98	财经	17	104

（续表）

节目类型	一线城市（%）	目标群体指数	节目类型	二线城市（%）	目标群体指数	节目类型	三线及以下城市（%）	目标群体指数
财经	16	101	财经	16	96	体育	16	98
游戏	16	112	游戏	14	93	游戏	15	105
生活	15	129	网友拍摄上传节目	11	102	生活	11	100
网友拍摄上传节目	12	110	生活	11	93	网友拍摄上传节目	10	94
旅游	12	142	网站自制剧	10	104	片花	8	105
网站自制剧	11	120	旅游	9	111	网站自制剧	8	88
汽车	10	134	教育	8	100	教育	7	89
教育	10	124	汽车	8	105	汽车	6	83
片花	8	97	片花	8	97	纪录片	6	90
少儿节目	7	128	纪录片	7	107	军事	6	92
纪录片	7	103	军事	7	108	少儿节目	6	102
军事	6	98	少儿节目	5	91	旅游	6	70
农业	2	122	农业	2	100	农业	2	83

数据来源：iCTR 四视同堂，2014 年 1 月（手机 =2922）

● 平板电脑用户

有意思的是，在各线城市中平板用户收看的视频节目类型的差异要小于手机用户，收看节目前四位排名一致，分别为电影、电视剧、综艺和新闻。各线城市收看节目的差异也主要体现在窄众节目上。动漫、财经、旅游和片花在一线城市平板用户中受到了较高的关注，其目标群体指数（目标群体倾向性指数）超过 110；微电影等网站 PGC&UGC 内容与汽车、军事节目在二线城市平板用户中倾向性最为明显；而三线及以下城市平板用户对游戏节目较为喜欢。

表 4-3　各线城市平板用户收看节目类型比较

节目类型	一线城市（%）	目标群体指数	节目类型	二线城市（%）	目标群体指数	节目类型	三线及以下城市（%）	目标群体指数
电影	66	97	电影	71	103	电影	65	96
电视剧	62	94	电视剧	70	106	电视剧	62	93
综艺	46	93	综艺	53	107	综艺	45	92
新闻	33	101	新闻	33	100	新闻	33	100
动漫	32	113	微电影	31	112	动漫	27	96
微电影	25	90	动漫	28	99	音乐	24	98
搞笑	24	97	搞笑	26	103	搞笑	24	95
音乐	24	94	音乐	26	103	微电影	24	85
体育	23	107	体育	23	104	财经	22	106
财经	23	111	财经	19	94	体育	20	90
游戏	19	104	游戏	17	96	游戏	19	105
旅游	17	113	网友拍摄上传节目	16	108	生活	16	103
网友拍摄上传节目	15	101	网站自制剧	16	110	旅游	13	88
生活	15	98	旅游	15	103	网友拍摄上传节目	13	87
网站自制剧	15	99	生活	15	100	教育	13	101
教育	14	109	汽车	13	108	纪录片	13	98
纪录片	13	102	纪录片	13	100	网站自制剧	12	83
汽车	12	101	教育	12	97	汽车	11	86
少儿节目	11	102	少儿节目	11	104	少儿节目	10	93
片花	10	116	军事	10	108	军事	8	91
军事	8	92	片花	9	107	片花	7	79
农业	2	65	农业	3	112	农业	3	104

数据来源：iCTR 四视同堂，2014 年 1 月（平板 =1863）

二、新闻类节目

《新闻联播》海报

《央视新闻》海报

年度数字

1. 用户规模

- 占手机/平板用户的41%和33%

随着网络与电视合作的加强，移动视频新闻节目越来越成为用户主要关注的内容。在全体移动视频用户中，有42%的用户经常收看新闻节目。手机和平板用户中，分别有41%和33%的用户经常收看新闻节目。

图4－13　移动视频用户新闻类节目收看率（%）

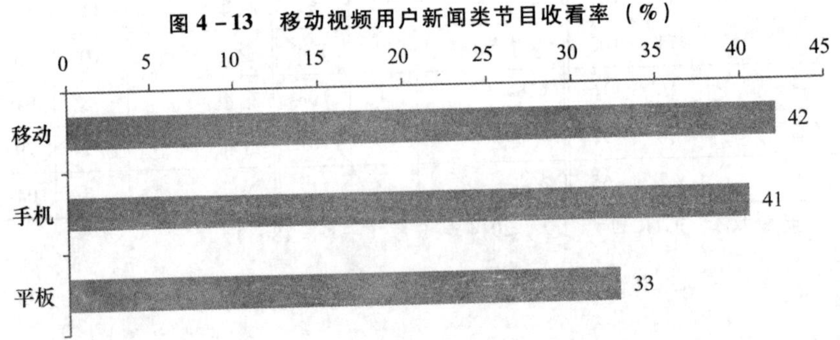

数据来源：iCTR四视同堂，2014年1月（移动＝3345，手机＝2922，平板＝1863）

2. 用户特征

男性超过女性 1 倍，平均年龄略大

用户性别

无论是电视、PC 还是移动屏，男性都比女性更加关注新闻是基本规律。iCTR 跨屏研究“四视同堂”数据同样验证了这一规律：在移动视频用户中，男性比女性更爱看新闻。近 6 个月内，有 66% 的男性用户经常收看新闻节目，而女性用户中仅有 34%，二者之间竟然是2∶1的比例。

图 4－14　新闻类节目用户性别构成（%）

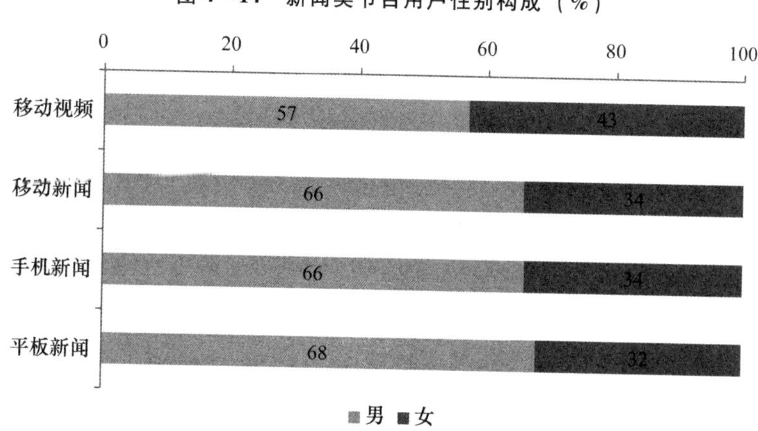

数据来源：iCTR 四视同堂，2014 年 1 月

（新闻—移动 =1407，新闻—手机 =1183，新闻—平板 =611）

用户年龄

偏好新闻类节目的移动网民相对全体移动视频用户，年龄略大，平均年龄达到 33 岁，而移动视频用户平均年龄 31 岁①。72% 的新闻视频用户集中在 25—44 岁之间，与 PC 端新闻视频受众的年龄分布一致。

从不同终端来看，平板端的新闻观众比手机端新闻观众年龄更偏大些，平均年龄达到 34 岁。

---

① 前述 CNRS36 城市调查，移动视频用户平均年龄为 29 岁。两组数据的差别主要是由调查方法的差别造成。所反映的基本趋势是一致的。

图 4－15　新闻类节目用户年龄构成（%）

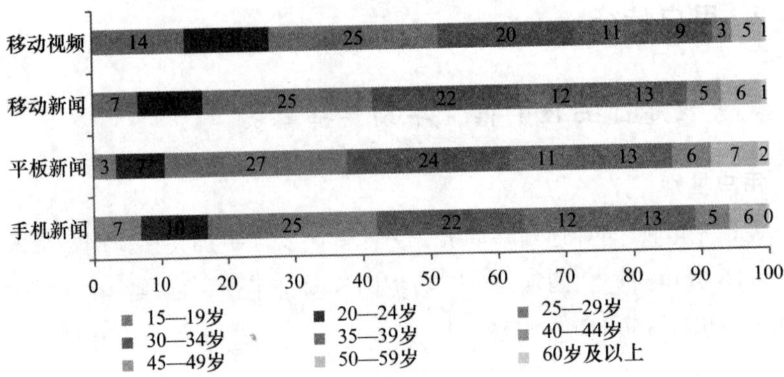

数据来源：iCTR 四视同堂，2014 年 1 月

（新闻—移动＝1407，新闻—手机＝1183，新闻—平板＝611）

个人月收入

收看视频新闻的移动用户平均月收入为 5987 元，比全体移动视频用户的平均月收入高 611 元。其中，71% 的用户月收入集中在 2001—8000 元。

从不同终端来看，手机端收看新闻视频的用户平均月收入为 5838 元，其中，72% 的用户月收入在 2001—8000 元之间；平板端收看新闻节目的用户平均月收入为 6961 元，显著高于手机端新闻用户，其中有 31% 的人群月收入集中在 4001—6000 元间，占比重最大。

图 4－16　新闻类节目用户个人月收入构成（%）

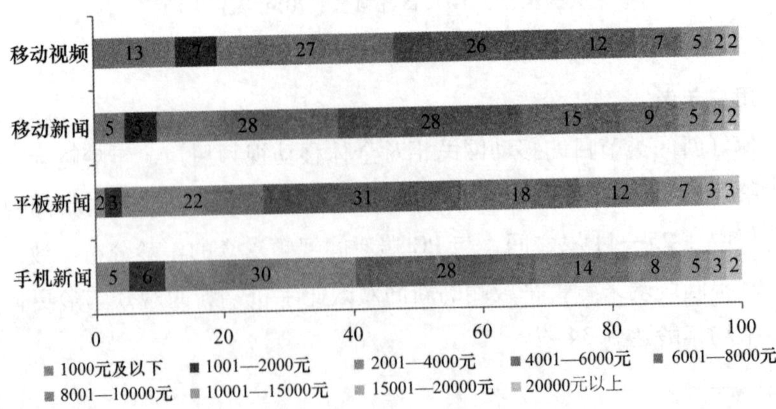

数据来源：iCTR 四视同堂，2014 年 1 月

（新闻—移动＝1407，新闻—手机＝1183，新闻—平板＝611）

3. 内容偏好

• 社会、时政、民生新闻居前三

与 PC 端用户收看新闻情况类似，移动视频用户对各类题材的新闻也表现出了较高的关注度。在移动端网民收看的各类新闻节目中，社会新闻排名居首，75%的移动用户喜欢收看；时政和民生新闻分列二、三位，分别有 74%和 66%的移动用户较为关注；娱乐、财经新闻也较受欢迎，吸引了 60%以上的移动视频用户收看。

在手机端和平板端用户收看的各类新闻视频中，前三位排名一致。军事和评论类新闻在平板用户中受到欢迎，其目标群体指数分别为 111 和 117，在手机用户中倾向性则不明显。

图 4－17 新闻类节目用户偏好

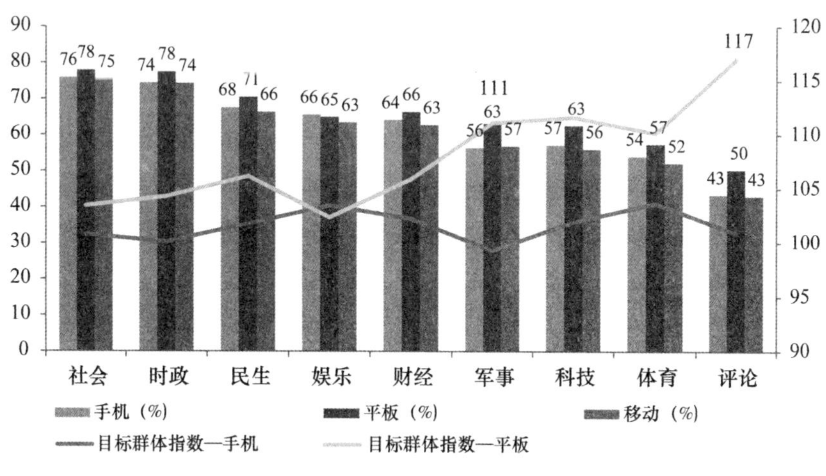

数据来源：iCTR 四视同堂，2014 年 1 月

（新闻—移动＝1407，新闻—手机＝1183，新闻—平板＝611）

三、电视剧类节目

《陆贞传奇》海报

《悬崖》海报

年度数字

1. 用户规模

● 63% 用户喜欢，平板用户明显高于手机

移动网民中，63% 的用户喜欢收看电视剧节目。近年来，大屏智能手机的流行推动了手机视频的发展，但在收看时间较长的连续性电视剧时，用户还是在意屏幕大小差别带来的观赏舒适度差异。数据显示，66% 的平板用户偏好电视剧节目，比手机用户高出 13 个百分点，这表明相对于手机这种小屏幕设备，移动视频用户更喜欢使用较大屏幕的平板终端来收看电视剧。

图 4－18　电视剧节目用户收看率（%）

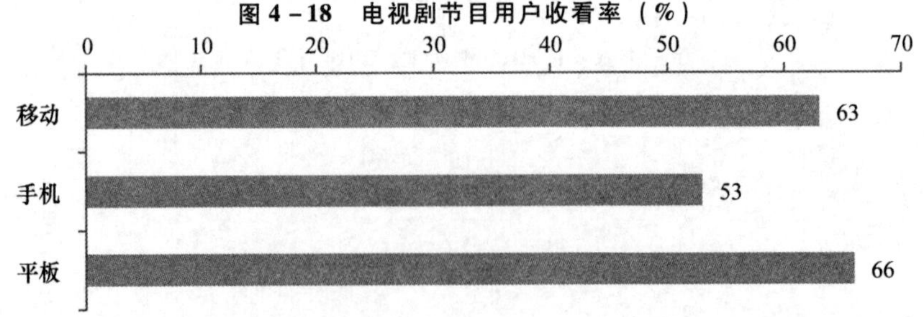

数据来源：iCTR 四视同堂，2014 年 1 月（移动 =3345，手机 =2922，平板 =1863）

2. 用户特征

● 女性更偏爱，平均年龄 31 岁

用户性别

与 PC 端电视剧收看情况类似，移动端电视剧的观众依然也以男性为主，占比达到 54%。但相对众多节目类型来说，女性更喜欢收看电视剧，其比例要明显高于所有节目类型的平均数 3 个百分点，达到 46%。这一特点在平板端电视剧观众性别分布上体现得较为明显，其女性电视剧观众高出所有节目类型平均数 6 个百分点。

图 4-19　电视剧节目用户性别构成（%）

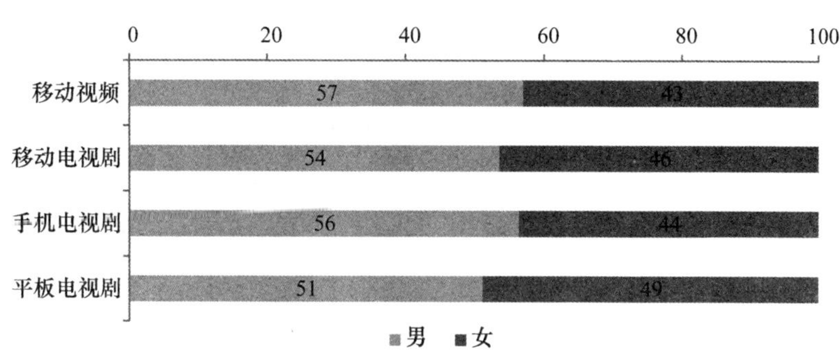

数据来源：iCTR 四视同堂，2014 年 1 月

（电视剧—移动 =2092，电视剧—手机 =1558，电视剧—平板 =1228）

用户年龄

移动端电视剧节目观众的平均年龄为 31 岁，与移动视频网民的年龄相当，其中 63% 的受众年龄分布在 20—34 岁。

手机端电视剧节目受众的平均年龄为 30 岁，其中 68% 的人群年龄分布在 20—34 岁间；平板端电视剧节目受众的平均年龄为 32 岁，明显高于手机端，其中 63% 的观众年龄在 25—39 岁之间。

图 4－20　电视剧节目用户年龄构成（%）

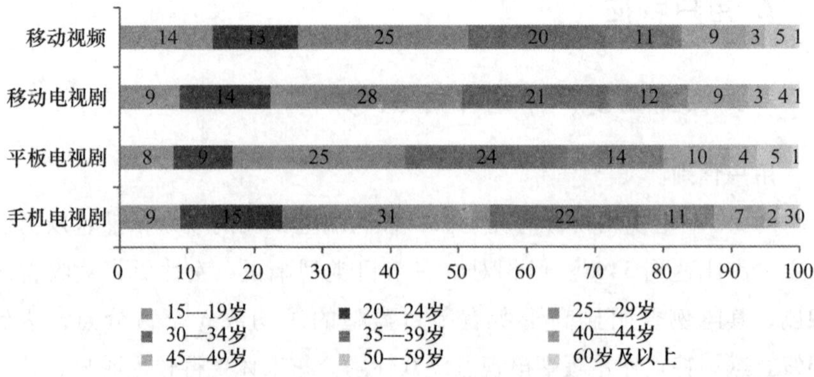

数据来源：iCTR 四视同堂，2014 年 1 月

（电视剧—移动 =2092，电视剧—手机 =1558，电视剧—平板 =1228）

个人月收入

移动端电视剧节目受众的平均月收入为 5675 元，低于新闻视频受众，其中近七成用户的月收入在 2001—8000 元间。

手机端电视剧节目用户的平均月收入为 5492 元，70% 的用户月收入在 2001—8000 元间。平板端电视剧节目用户的平均月收入最高达 6631 元，超出手机端收看电视剧节目用户 1139 元。

图 4－21　电视剧节目用户个人月收入构成（%）

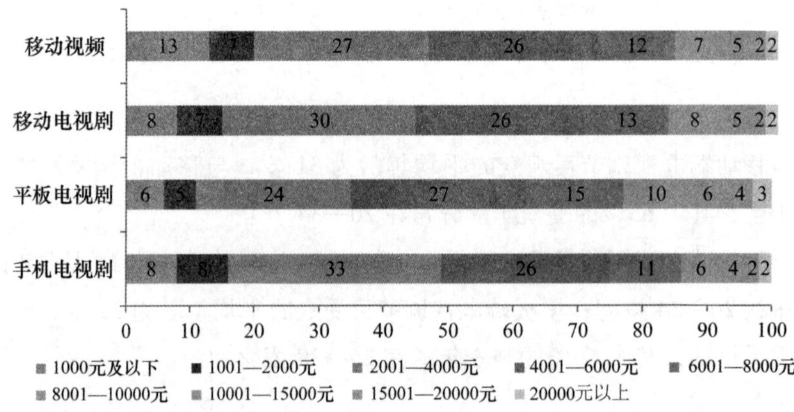

数据来源：iCTR 四视同堂，2014 年 1 月

（电视剧—移动 =2092，电视剧—手机 =1558，电视剧—平板 =1228）

3. 类型偏好

● 都市、偶像剧最受欢迎

各类题材电视剧均有相当比例的受众爱看。iCTR 跨屏研究“四视同堂”数据显示，2013 年下半年移动网民收看的各类电视剧节目中，都市剧摘得桂冠，有 60% 的移动用户喜欢观看。偶像剧和古装剧近些年也一再掀起热潮，分获二、三的排名，分别有 54% 和 46% 的观众较为关注。而农村题材和情景剧作为长尾类型，也吸引了近 20% 的移动网民收看。

在手机端和平板端网民收看的各类题材电视剧中，前两名排行一致；古装类电视剧在手机用户中更受欢迎，其目标群体指数达 109；历史、悬疑和情景类电视剧在平板用户中受到青睐。

图 4－22　电视剧类型用户偏好

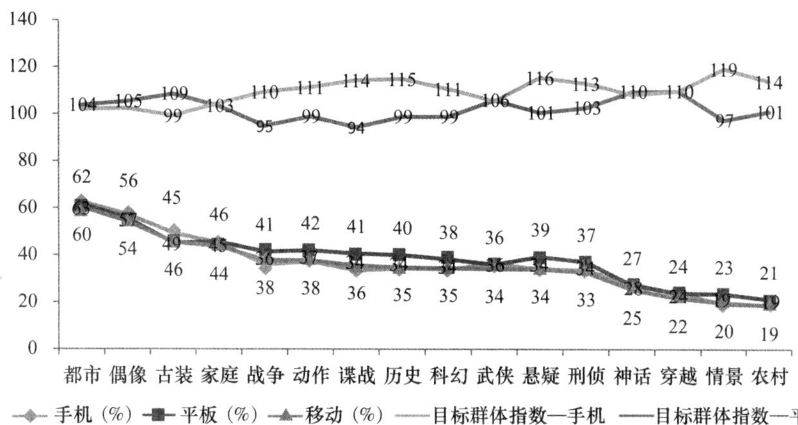

数据来源：iCTR 四视同堂，2014 年 1 月

（电视剧—移动 = 2092，电视剧—手机 = 1558，电视剧—平板 = 1228）

4. 产地偏好

● 大陆剧最吸眼球，港剧、美剧次之

2013 年下半年移动视频用户收看的电视剧节目中，大陆剧以绝对优势拔得头筹，有 83% 的用户喜欢观看。港剧和美剧也较受欢迎，分别有 62% 和 54% 的用户关注。移动网民对韩剧也保持了较高的偏好度，有 47% 的用户喜爱观看。

在手机用户和平板用户收看的电视剧节目中，不同产地电视剧排名一致。平板用户对各产地电视剧的兴趣较为分散，对泰剧和法剧比手机用户热衷，其目标群体指数均超过 110。手机用户对印度电视剧显示了一定的倾向性。

图 4－23　电视剧产地用户偏好

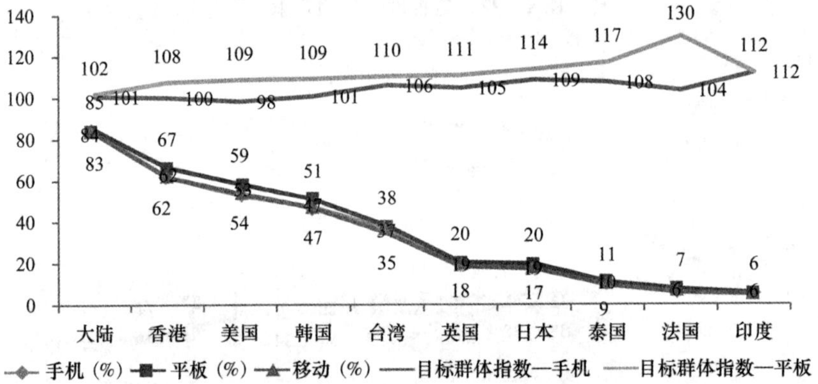

140
120
100
80
60
40
20
0

102 108 109 109 110 111 114 117 130 112
85 101 100 98 101 106 105 109 108 104 112
84 83 67 62 62 59 55 54 51 47 47 38 37 35 20 19 18 20 19 17 11 10 9 7 6 6 6

大陆 香港 美国 韩国 台湾 英国 日本 泰国 法国 印度

手机（%） 平板（%） 移动（%） 目标群体指数—手机 目标群体指数—平板

数据来源：iCTR 四视同堂，2014 年 1 月

（电视剧—移动 =2092，电视剧—手机 =1558，电视剧—平板 =1228）

四、电影类节目

《情人》海报

《英雄》剧照

年度数字

1. 用户规模

• 65% 用户首选，平板用户明显高于手机

数据显示，无论是 PC 终端还是移动终端，电影都是用户的首选节目。65% 的移动用户喜欢观看电影。与电视剧收看相同，屏幕较大的平板电脑提供更好的观赏舒适度也导致使用平板终端观看电影的用户比例更高，比手机用户高出 12 个百分点。

图 4－24　电影节目用户收看率（%）

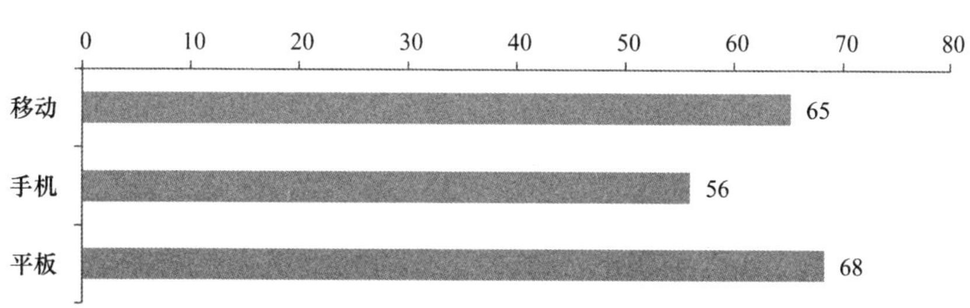

数据来源：iCTR 四视同堂，2014 年 1 月（N＝3345，手机＝2922，平板＝1863）

2. 用户特征

• 男性多于女性，80 后占比 50%

用户性别

移动视频用户与 PC 端电影节目用户的性别分布类似。相对来说，移动端男性观众比女性更爱看电影。特别是在平板用户中，有 61% 的男性用户经常观看电影节目，超过全体男性移动视频用户 4 个百分点。

图 4－25　电影节目用户性别构成（%）

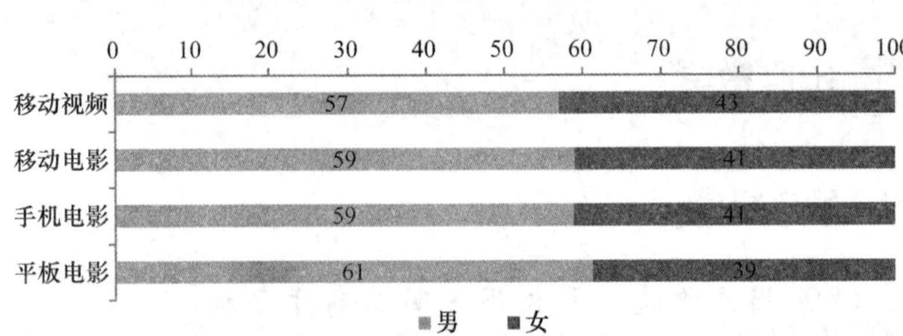

数据来源：iCTR 四视同堂，2014 年 1 月

（电影—移动＝2181，电影—手机＝1636，电影—平板＝1272）

用户年龄

移动终端电影节目用户的平均年龄为 31 岁，与移动终端电视剧用户持平。其中，八成以上是 70、80 和 90 后用户，其中 80 后占比最高，为 50%。

手机终端电影节目用户的平均年龄为 30 岁。其中有 67% 的用户年龄在 20—34 岁之间；平板端电影节目用户的平均年龄为 32 岁，略高于手机端电影观众。

图 4-26　电影节目用户年龄构成（%）

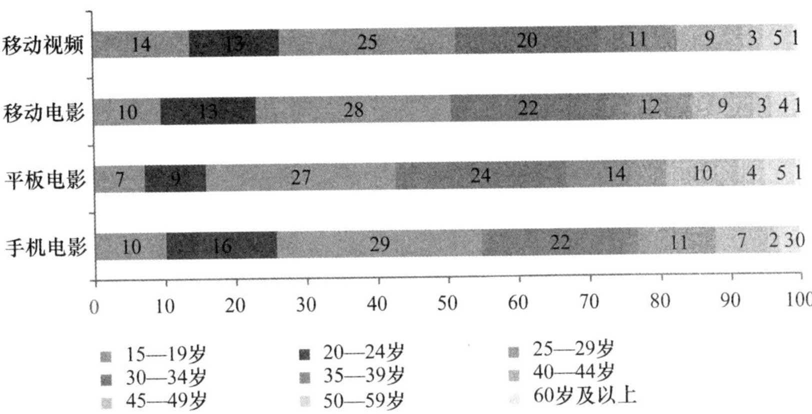

数据来源：iCTR 四视同堂，2014 年 1 月

（电影—移动 =2181，电影—手机 =1636，电影—平板 =1272）

个人月收入

移动终端电影节目用户的平均月收入为 5677 元，高于全体移动视频用户的平均月收入（5376 元），与电视剧用户平均月收入基本持平。

手机终端电影节目用户的平均月收入为 5410 元，70% 的用户月收入在 2001—8000 元间。平板终端电影节目用户的平均月收入为 6671 元，明显高于手机端。

图 4-27　电影节目用户个人月收入构成（%）

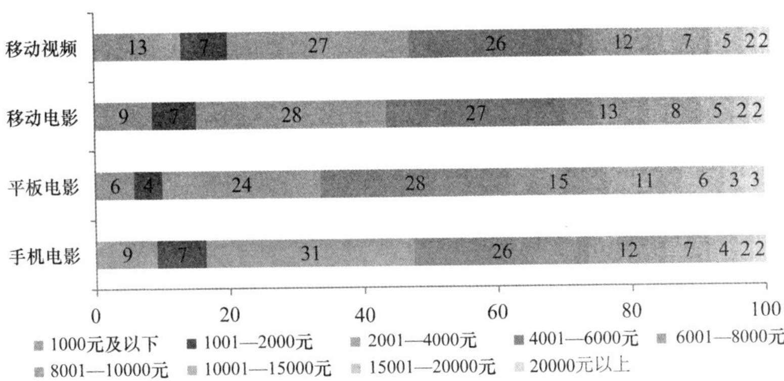

数据来源：iCTR 四视同堂，2014 年 1 月

（电影—移动 =2181，电影—手机 =1636，电影—平板 =1272）

3. 类型偏好

• 动作片最受欢迎，喜剧、科幻分列二、三名

电影类型种类繁多，各类题材受关注程度不一。在移动用户收看的各类电影中，动作类影片最受欢迎，有71%的用户喜欢观看；喜剧类和科幻类影片分列二、三位，分别有66%和53%的移动用户关注；爱情类和战争军事类电影也较受青睐，均有40%以上的移动用户收看。

在手机端和平板端用户中，不同类型影片前三位排名一致。微电影在手机用户中更受欢迎，其目标群体指数为109；音乐歌舞类和戏曲题材等在平板用户中的倾向性最为明显，其目标群体指数均超120。

图4－28　电影类型用户偏好

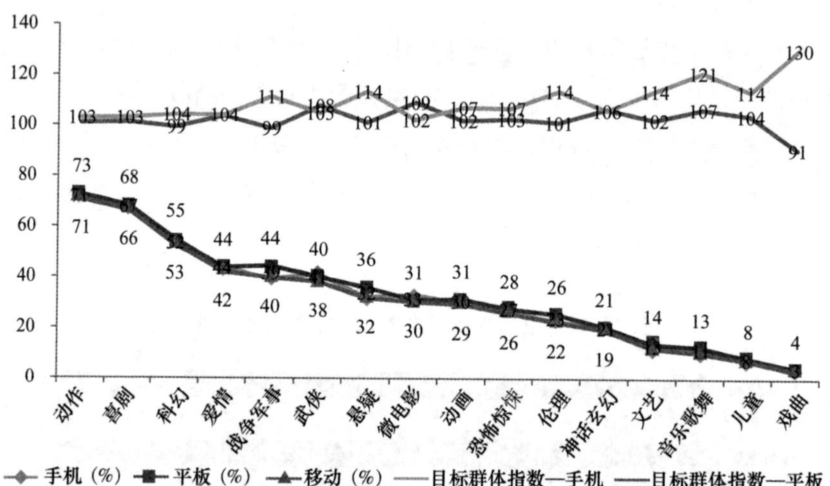

数据来源：iCTR四视同堂，2014年1月

（电影—移动＝2181，电影—手机＝1636，电影—平板＝1272）

4. 产地偏好

● 大陆、美国、香港电影位列三甲

iCTR 跨屏研究“四视同堂”数据显示，移动视频用户收看的电影中，大陆、美国和香港三地影片位列前三甲，均有七成以上观众喜欢观看；相比之下，韩国电影也有 34% 的移动用户关注；而东南亚国家（如泰国、印度）的影片对移动用户的吸引力较弱，仅有不到 10% 的观众收看。

手机用户更喜欢大陆影片，平板用户更喜欢美国影片。从设备终端来看，大陆电影在手机用户中最受欢迎，77% 的受众经常观看；美产影片在平板网民中最受关注，八成平板网民喜欢观看；此外，平板端受众对法国影片也显示了较高的关注度，其目标群体指数达 130。

图 4－29　电影产地用户偏好

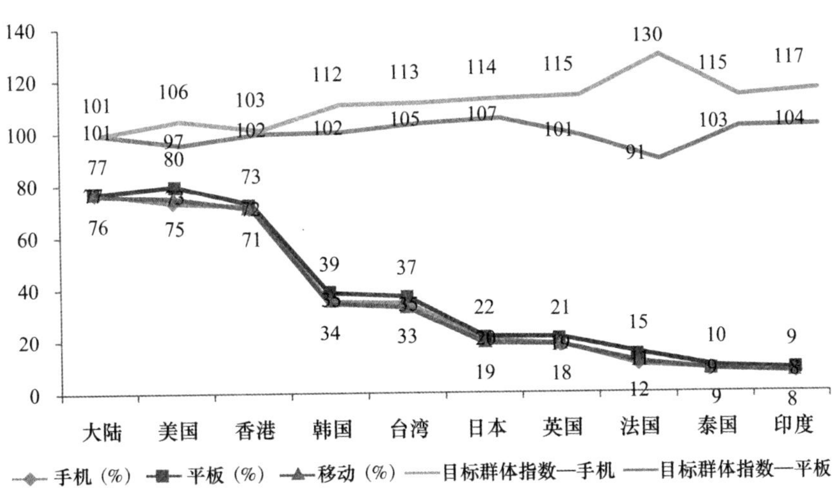

数据来源：iCTR 四视同堂，2014 年 1 月

（电影—移动＝2181，电影—手机＝1636，电影—平板＝1272）

五、综艺类节目

《星光大道》海报

《综艺大满贯》海报

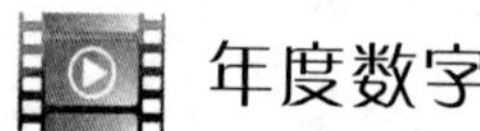

年度数字

1. 用户规模

• 48% 用户经常观看

网络综艺节目大多来自与电视的合作，是移动视频用户最常看的视频节目类型之一。数据显示，48%人群会通过移动端经常观看。在手机和平板两种终端中，用户更偏好使用平板收看。

图 4－30　综艺节目用户收看率（%）

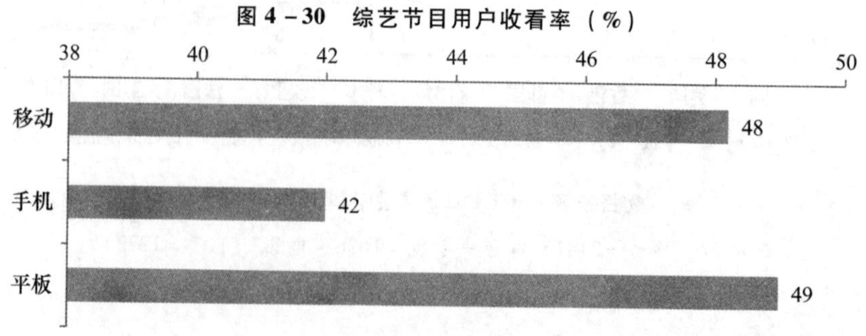

数据来源：iCTR 四视同堂，2014 年 1 月（N＝33，手机＝2922，平板＝1863）

2. 用户特征

● 女性更偏爱，平均年龄 31 岁

用户性别

与 PC 端综艺节目受众的性别分布类似，相对来说，移动端女性观众更爱看综艺，特别是在手机用户中，有 47% 的女性用户经常观看综艺节目，超全体女性移动视频用户 4 个百分点。

图 4－31　综艺节目用户性别构成（%）

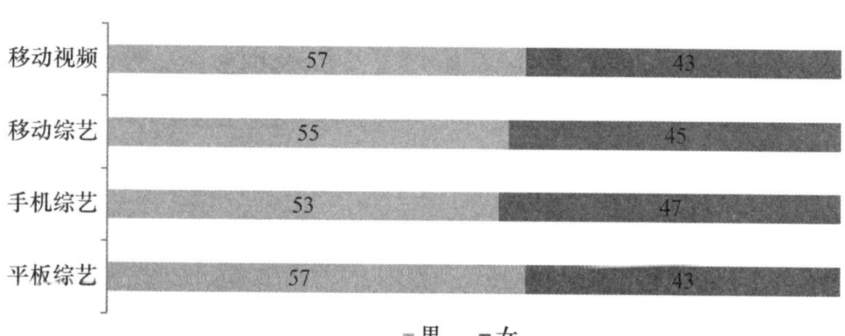

数据来源：iCTR 四视同堂，2014 年 1 月

（综艺—移动 =1612，综艺—手机 =1223，综艺—平板 =916）

用户年龄

移动端综艺节目观众的平均年龄为 31 岁，与移动端电视剧和电影节目用户平均年龄持平。其中半数用户为 80 后。

手机端综艺节目用户的平均年龄为 30 岁，平板端综艺节目用户的平均年龄为 32 岁，与收看电影节目的用户年龄情况相同。

个人月收入

移动端综艺节目用户的平均月收入为 5839 元，高于全体移动视频用户的平均月收入（5376 元）。其中，月收入 2001—4000 元、4001—6000 元的用户最为集中，分别达到 30% 和 26%。

手机端综艺节目用户的平均月收入为 5588 元，主要集中在 2001—4000 元和 4001—6000 元，分别占 32% 和 26%。而平板端综艺节目用户

的平均月收入为 6738 元，其中 6001 元以上用户占了 39%，明显高于 PC 端和手机端综艺节目用户的收入水平。

图 4-32　综艺节目用户年龄构成（%）

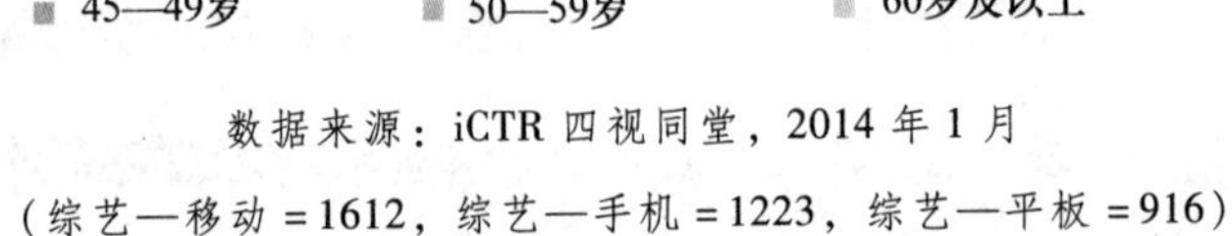

数据来源：iCTR 四视同堂，2014 年 1 月

（综艺—移动 =1612，综艺—手机 =1223，综艺—平板 =916）

图 4-33　综艺节目用户个人月收入构成（%）

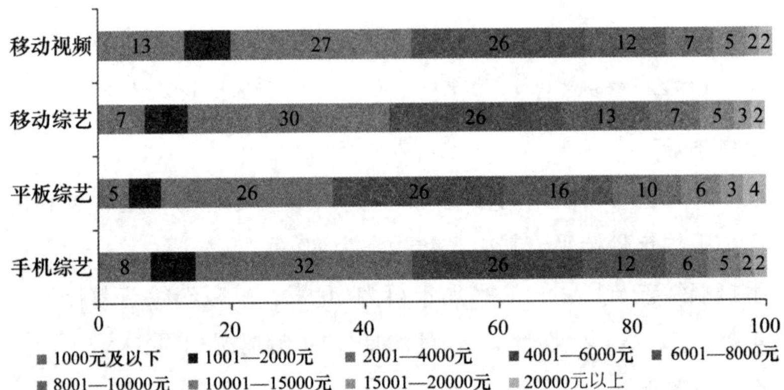

数据来源：iCTR 四视同堂，2014 年 1 月

（综艺—移动 =1612，综艺—手机 =1223，综艺—平板 =916）

3. 类型偏好

● 真人秀、游戏、脱口秀最受欢迎

以《爸爸去哪儿》为代表的真人秀是最受欢迎的综艺节目类型，有75%的移动用户经常收看。其次是游戏搞笑和脱口秀类综艺视频，分别有62%和61%的用户喜欢，代表案例有《快乐大本营》《天天向上》等。

在手机和平板用户中，真人秀、游戏搞笑和脱口秀类综艺节目均位列前三甲。时尚题材的综艺节目在手机用户中较受欢迎，其目标群体指数为107。旅游和曲艺杂谈在平板用户中的倾向性最明显，其目标群体指数均超120。

图4－34　综艺类节目用户偏好（%）

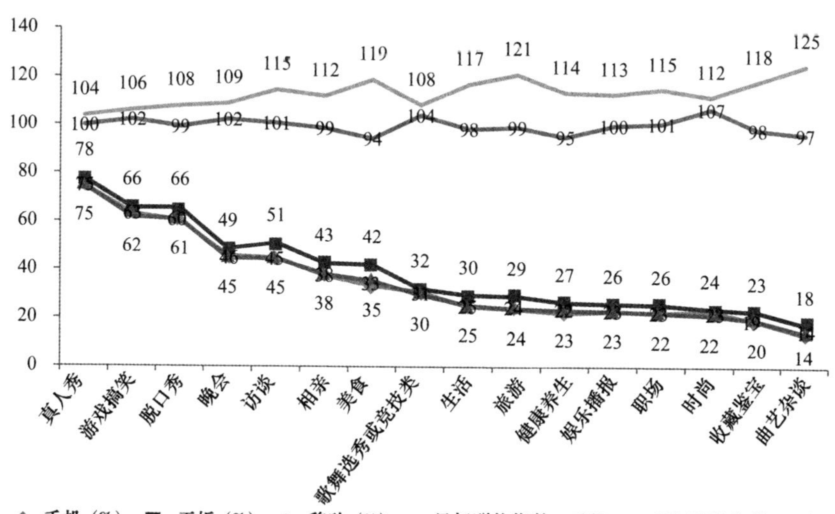

数据来源：iCTR四视同堂，2014年1月

（综艺—移动＝1612，综艺—手机＝1223，综艺—平板＝916）

4. 产地偏好

• 大陆节目占九成，台湾、香港节目列其后

iCTR 跨屏研究“四视同堂”数据显示，不同区域的综艺节目中，大陆综艺节目以绝对优势位居榜首，有 89% 的移动视频用户喜欢观看。台湾和香港综艺分列二、三名，有 48% 和 40% 的移动视频用户关注。

图 4－35　综艺节目产地用户偏好

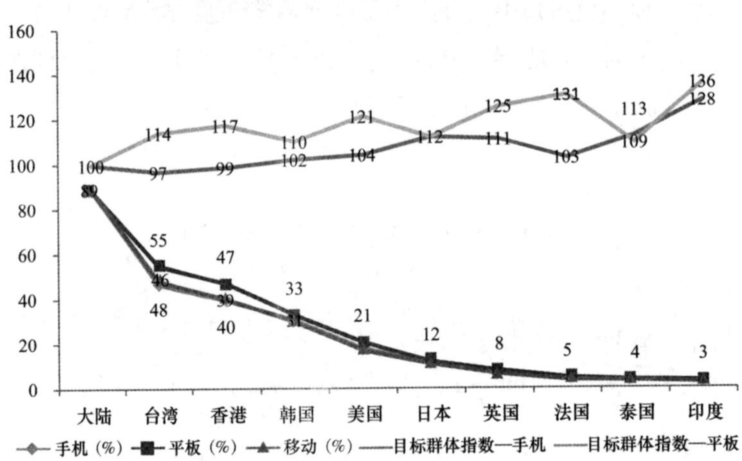

数据来源：iCTR 四视同堂，2014 年 1 月

（综艺—移动＝1612，综艺—手机＝1223，综艺—平板＝916）

六、体育类节目

年度数字

1. 用户规模

• 20% 用户经常收看

近年来，随着中国职业体育的不断升温，以及对海外体育赛事转播

《体育在线》海报

的扩大，网络体育视频与电视的合作不断深入，用户对网络体育视频与移动体育视频的关注都在不断提高。数据表明，20%的移动用户在近6个月内经常收看体育节目。其中，平板终端用户的收看率达到22%。

图4－36　体育节目用户规模（%）

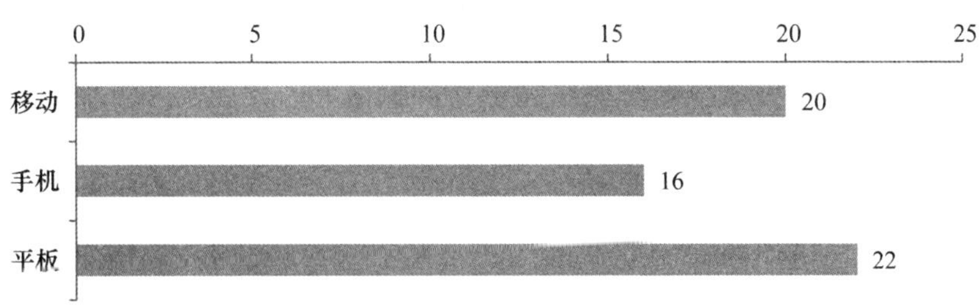

数据来源：iCTR四视同堂，2014年1月（N＝3345，手机＝2922，平板＝1863）

2. 用户特征

• 男性占比76%，半数为80后

用户性别

相比其他视频类型，移动端收看体育节目的男性用户远远多于女性。数据显示，在体育节目的移动用户中，男性占76%，比总体水平高19个百分点，而女性仅占24%。这一特性在手机端体现得尤为明显，男女用户性别比重相差60个百分点。

图 4-37　体育节目用户性别构成（%）

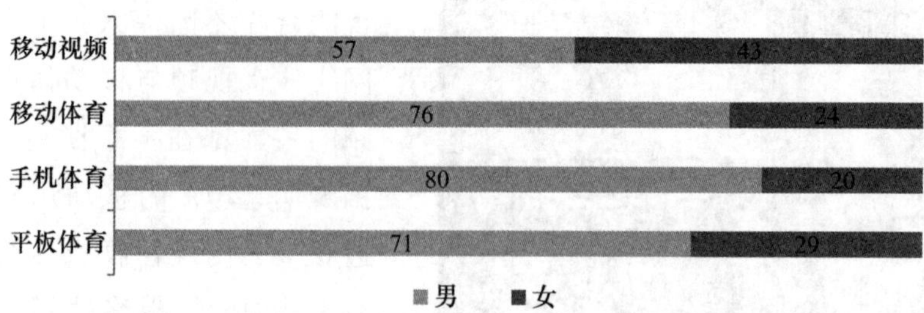

数据来源：iCTR 四视同堂，2014 年 1 月

（体育—移动 =668，体育—手机 =477，体育—平板 =405）

用户年龄

移动端收看体育节目的用户平均年龄为 33 岁，与 PC 端收看体育节目用户相同，高于移动视频用户总体。其中，半数观众为已步入职场的 80 后。

图 4-38　体育节目用户年龄构成（%）

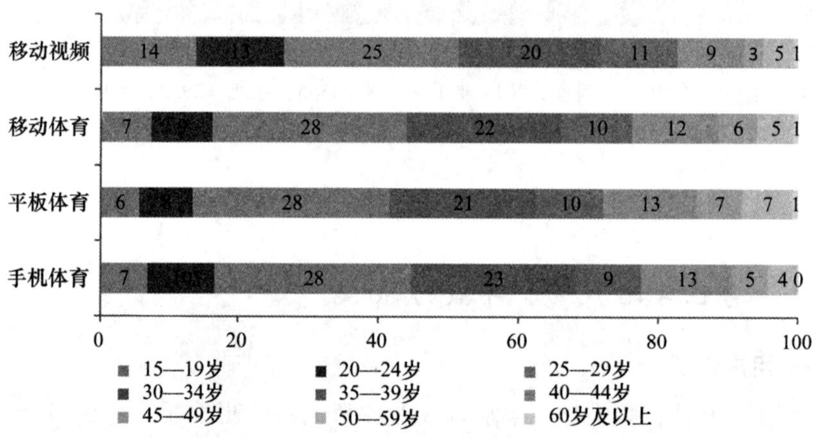

数据来源：iCTR 四视同堂，2014 年 1 月

（体育—移动 =668，体育—手机 =477，体育—平板 =405）

个人月收入

相比其他视频类型，看体育节目的用户个人月收入较高，平均达 6818 元，这一水平也同样高于 PC 端体育节目用户的平均月收入。手机

端收看体育节目用户的平均月收入为 6723 元，其中平均月收入 2001—4000 元占了 22%，4001—6000 元占 29%，6001 元以上占 40%。而平板端用户平均月收入更高，达到 7260 元，其中月收入 6001 元以上占了 48%。

图 4－39　体育节目用户个人月收入构成（%）

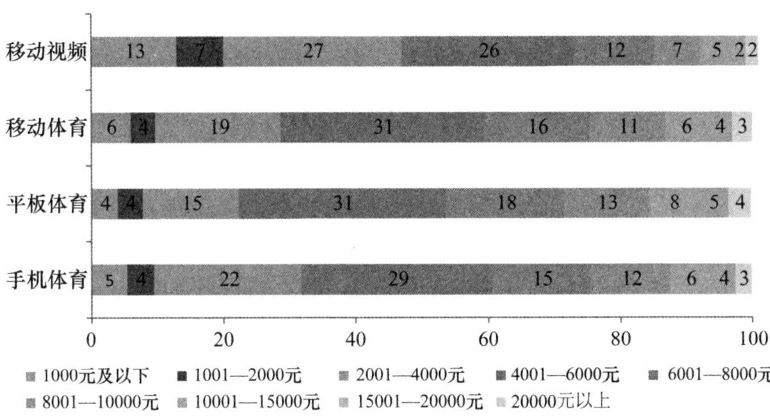

数据来源：iCTR 四视同堂，2014 年 1 月

（体育—移动 =668，体育—手机 =477，体育—平板 =405）

3. 类型偏好

● 篮球、足球、网球最受关注

体育视频类型丰富多样，移动视频用户各取所好。在移动视频用户收看的体育节目中，赛事直播最多的篮球和足球依然是最受欢迎的两类节目，分别有 77% 和 71% 的用户热衷于观看；网球也较为热门，有过半数网民关注。

在手机和平板用户中，体育节目前三排名一致。体育新闻在手机用户中显示了较高的关注度，冰上运动、水上运动、高尔夫以及体育教学类节目在平板用户中倾向性最为明显，其目标群体指数均过 120。

图 4-40 体育节目类型用户偏好

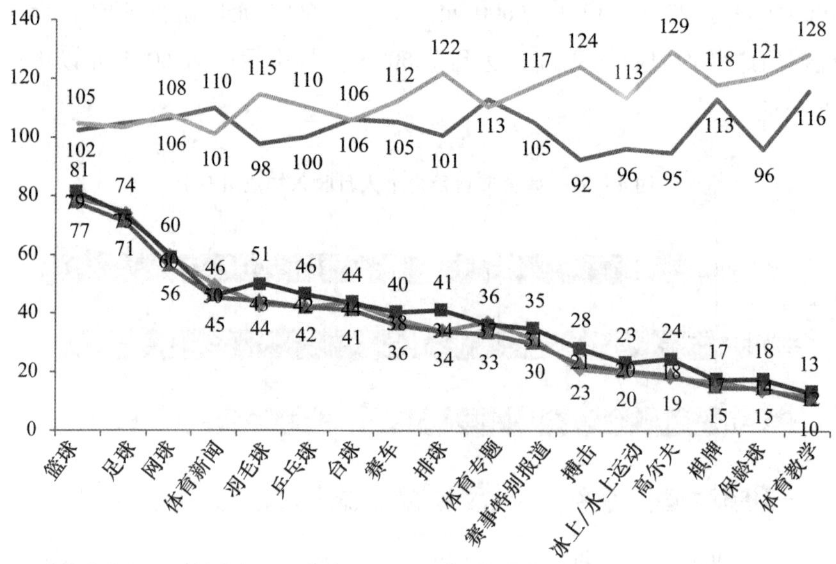

数据来源：iCTR 四视同堂，2014 年 1 月

（体育—移动 =668，体育—手机 =477，体育—平板 =405）

七、移动视频用户收视行为概览

（一）用户对视频服务商品牌的认知和使用

1. 用户对视频服务商品牌认知

- **优酷居榜首，爱奇艺、腾讯分获二、三名**

iCTR 跨屏研究“四视同堂”数据显示，2013 年下半年移动视频服务商中，优酷网以 94% 的知晓率①位居榜首，成为移动视频用户中知名度最高的视频网站。爱奇艺和腾讯视频分获二、三的排名，分别有

① 知晓率 = 调查人群中知道的人/总人数 * 100。

84%和82%的移动视频用户知道。搜狐视频和土豆网的知名度也较高，知晓率高于80%。

图 4-41　移动用户知道的视频网站或客户端品牌（%）

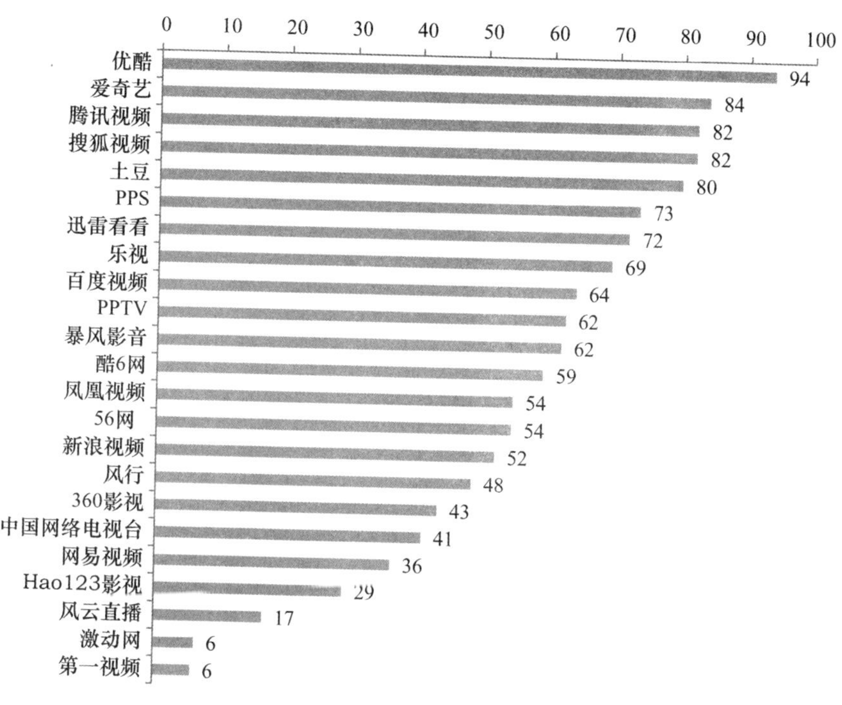

数据来源：iCTR 四视同堂，2014 年 1 月（N = 3345）

2. 手机用户对视频服务商的使用

• 优酷、爱奇艺、搜狐、腾讯位居前四位

虽然手机用户对大部分视频服务商品牌的知晓率都比较高，但在使用中仅集中于少数服务商，服务商之间的差距非常显著。手机视频用户使用过的视频网站或客户端品牌中，优酷优势非常明显，使用率达59%，其次是爱奇艺，达到35%。搜狐视频和腾讯视频的使用率也较高，分别为26%和25%，位居第三、四位。而其他服务商的使用率都在20%以下。

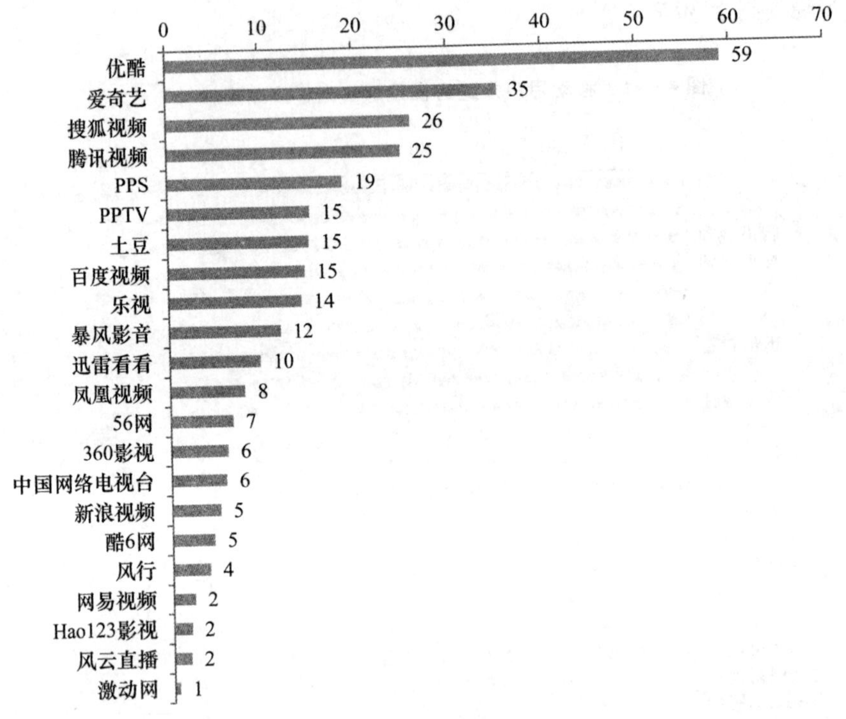

图4－42 手机用户使用过的视频网站或客户端品牌（%）

数据来源：iCTR 四视同堂，2014 年 1 月（手机 =2922）

3. 平板用户对视频服务商的使用

● 优酷、爱奇艺、搜狐、腾讯位居前四位

与手机端用户使用情况类似，在平板网民使用过的视频网站或客户端品牌中，优酷网依然占据榜首，使用率达 64%；爱奇艺、搜狐视频以及腾讯视频分获第二、第三、第四的排名，使用率分别为 43%、32%和 26%。

图 4－43　平板用户使用过的视频网站或客户端品牌（%）

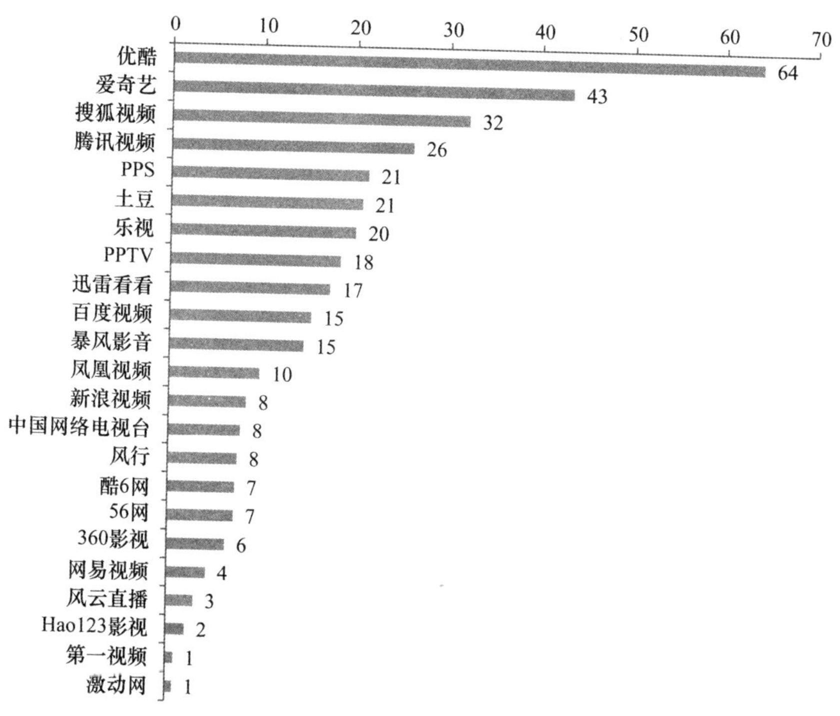

数据来源：iCTR 四视同堂，2014 年 1 月（平板＝1863）

（二）收看频率及时长

1. 收看频率

●5 成以上用户每天至少收看一次，手机用户每天多次收看比例高

通过移动终端收看视频已经成为许多用户的生活方式，有过半数移动视频用户每天至少看一次视频。

手机用户中，有 38% 的用户平均每天会多次收看视频节目，也有 18% 的用户每天收看一次视频节目，20% 的用户平均 2—3 天会看一次视频。

平板用户中，27%的人群每天会多次收看视频节目，26%的观众每天看一次视频节目，还有23%的用户平均2—3天才会看一次视频。

比较手机与平板用户收看视频的频率，可以发现，手机用户每天多次收看的比率要高出许多，而平板用户每天收看一次的比率则高出很多。

图4－44 移动用户收看视频的频率（%）

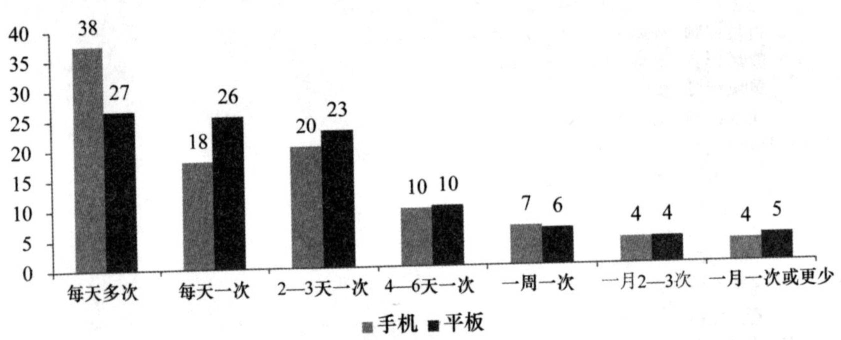

数据来源：iCTR四视同堂，2014年1月（手机＝2922，平板＝1863）

2. 收看时长

● 工作日1小时，周末及节假日2小时

工作日

工作日时，手机和平板用户平均每天的收看时长均为1小时。

手机用户中，28%的人平均每天仅收看不到15分钟的视频节目，24%的用户会观看半小时，26%的人群平均每天会观看2小时以上的视频节目。

平板用户中，过半数网民平均每天的收看时长在0.5—1小时，24%的用户平均每天会收看2小时以上的视频节目。

图 4－45　移动用户工作日收看视频的时长（%）

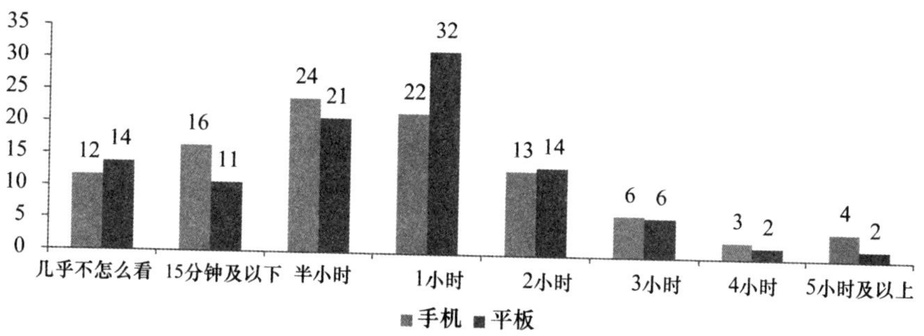

数据来源：iCTR 四视同堂，2014 年 1 月（手机＝2922，平板＝1863）

周末及节假日

周末及节假日时，手机和平板用户平均每天的收看时长均为 2 小时。

手机用户中，23% 的人群平均每天会收看 1 小时的视频节目。36% 的网民会收看 2 小时以上的视频节目，高于工作日 10 个百分点。

平板用户中，有 25% 的网民平均每天会收看 1 小时的视频。有 45% 的观众平均每天会收看 2 小时以上的视频节目。

图 4－46　移动用户周末及节假日收看视频的时长（%）

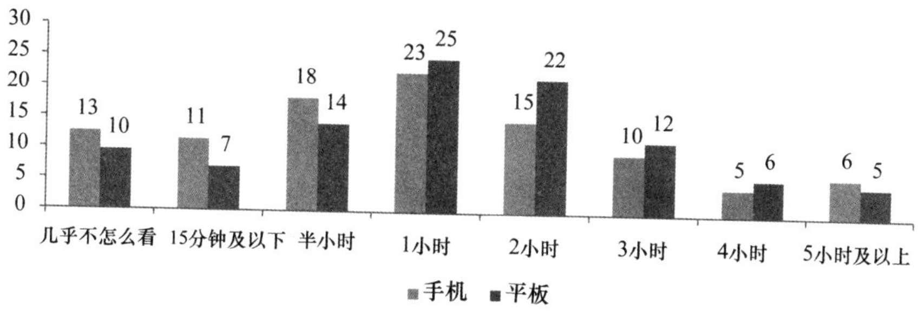

数据来源：iCTR 四视同堂，2014 年 1 月（手机＝2922，平板＝1863）

3. 收视时间

• 高峰在午间和晚间 9－10 点

工作日

工作日时，手机用户观看视频时间分布在午休和睡前，平板用户的收视时间在晚饭后。

手机用户中，21%的观众会在 12:00—12:59 之间收看视频节目，20%的人群会在 21:00—21:59 这一黄金时间段看视频，这两段时间是手机网民收视的两个小高峰。

平板用户中，五成观众会在晚饭后，20:00—21:59 这一时间段来观看视频节目，显然，它是用户收视的大高峰。

图 4－47　移动用户工作日收看视频的时间（%）

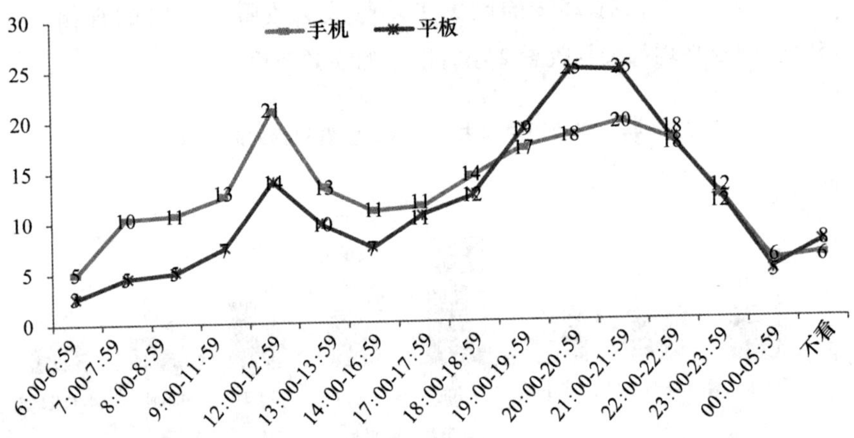

数据来源：iCTR 四视同堂，2014 年 1 月（手机＝2922，平板＝1863）

周末及节假日

周末及节假日时，手机和平板用户收看视频的时间趋于一致。七成以上的移动视频用户会在 20:00—22:59 间收看视频节目，21:00—21:59间是收视的最高峰，分别有 23%的手机用户和 26%的平板用户会看视频。

图 4-48　移动用户周末及节假日收看视频的时间（%）

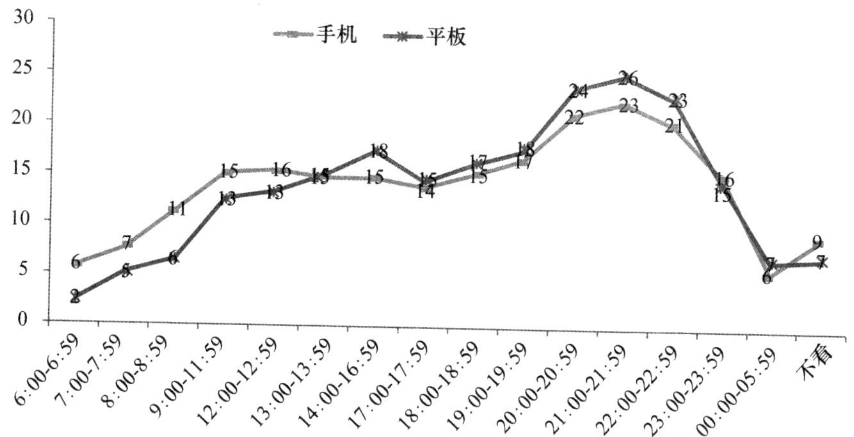

数据来源：iCTR 四视同堂，2014 年 1 月（手机 =2922，平板 =1863）

（三）上网方式和场所

1. 上网方式

● Wi-Fi 为主

随着 Wi-Fi 的覆盖范围在国内越来越广泛，家庭、宾馆、飞机场以及咖啡厅之类的区域都有了无线保真接口。无论人们是在家里还是去旅游、办公时，都可以在这些场所使用移动设备尽情网上冲浪。而且，在有 Wi-Fi 无线信号的时候就可以不通过移动运营商的网络上网，省掉了流量费。

Wi-Fi 的应用和普及极大地推动了移动视频的发展。iCTR 跨屏研究“四视同堂”数据显示，通过 Wi-Fi 上网在线收看是移动视频网民观看节目的主要方式，3G 网络在线观看和离线下载分别是手机和平板端网民看视频的次要选择方式。2014 年是 4G 元年，随着 4G 应用的普及，可以预计它将进一步推进移动视频的发展。

手机端用户中，有 87% 使用 Wi-Fi 在线收看视频节目，34% 使用 3G 网络在线看视频，还有 32% 通过电脑下载转存到手机的方式收看视频节目；平板端用户中，有86%通过Wi-Fi在线收看视频节目，34%通过离线下载的方式收看视频节目。

图4-49　移动视频用户收看视频的上网方式（%）

	手机	平板
2G网络(GPRS)在线观看	9	5
3G网络在线观看	34	23
4G网络在线观看	3	5
Wi-Fi在线观看	87	86
离线下载(缓存)	30	34
电脑下载，存到设备上	32	24

数据来源：iCTR四视同堂，2014年1月（手机=2922，平板=1863）

2. 使用手机观看视频的场所

● 家庭、交通工具上为主

iCTR跨屏研究“四视同堂”数据显示，移动网民中，63%的人群喜欢宅在家中收看视频节目；47%的观众会利用乘坐地铁/公交/班车的时间收看视频节目；41%的用户会在公司/单位里看视频；甚至有相当比重的网民选择在公园等户外场所看视频。

图 4－50 手机用户收看视频的场所（%）

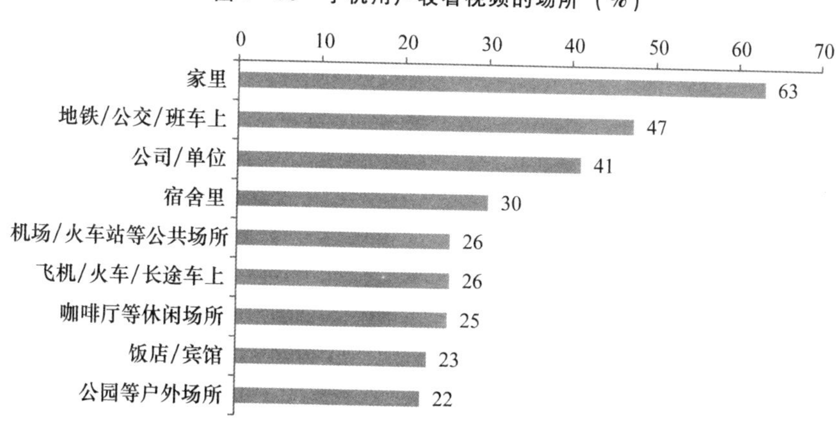

数据来源：iCTR 四视同堂，2014 年 1 月（手机＝2922）

3. 使用平板观看视频的场所

● 家庭、宿舍为主

在平板用户看视频的场所中，家依然是首选。76% 的网民喜欢在家里收看影视节目；宿舍，作为另一种居住场所，是学生等网民群体观看视频的一大选择；公司/单位是第三个可选场所，24% 的受众会在其中观看影视节目。

图 4－51 平板用户收看视频的场所（%）

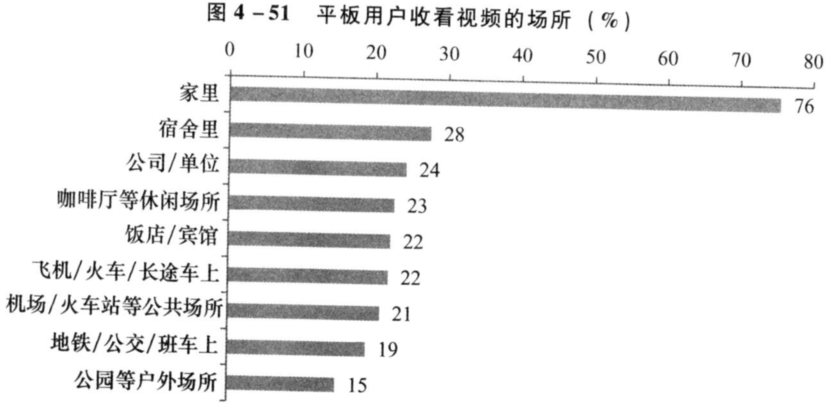

数据来源：iCTR 四视同堂，2014 年 1 月（平板＝1863）

在各种场所都可以收看是移动视频的优势所在，但是调查数据显示，移动视频用户收看视频的第一场所并不是移动场所，而是在家里。即使是小屏幕的手机，也有63%的用户在家里收看，而屏幕较大的平板则有76%的用户在家里收看。这一方面得益于Wi-Fi在家庭的普及，另一方面也表明移动终端已成为人们生活的组成部分，在家里通过移动终端收看视频节目已成为习惯。

当然，移动终端比电视、PC的应用场所更加广泛，用户几乎在所有移动的场所都能收看，这充分体现了移动时代的特征。

（四）搜寻节目的路径

1. 手机用户搜寻路径

- **视频聚合网站/客户端、微信、搜索引擎为主**

在手机用户搜寻节目的路径中，视频聚合网站/客户端是最常用的方式，44%的人群通过此路径搜索节目。微信和微博分别以30%和27%分列第二位和第四位引人注目。搜索引擎也是较为网民熟知的方法，有28%的用户使用。

图4－52　手机用户搜寻视频的路径（%）

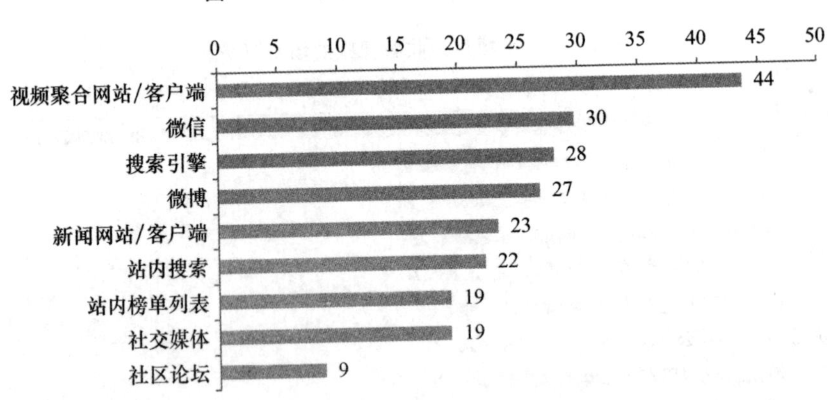

数据来源：iCTR四视同堂，2014年1月（手机＝2922）

2. 平板用户搜寻路径

- **视频聚合网站/客户端、搜索引擎、站内搜索为主**

平板用户搜寻节目方法与手机用户略有差异。在平板端网民搜寻节目的方法中，视频聚合网站/客户端依然最受欢迎，44%的人群使用；搜索引擎位列第二，31%的网民使用此方式寻找节目；站内搜索居第三位，有24%的用户使用；而通过微博和微信搜寻节目的比例要远远低于手机用户。

图4－53　平板用户搜寻视频的路径（%）

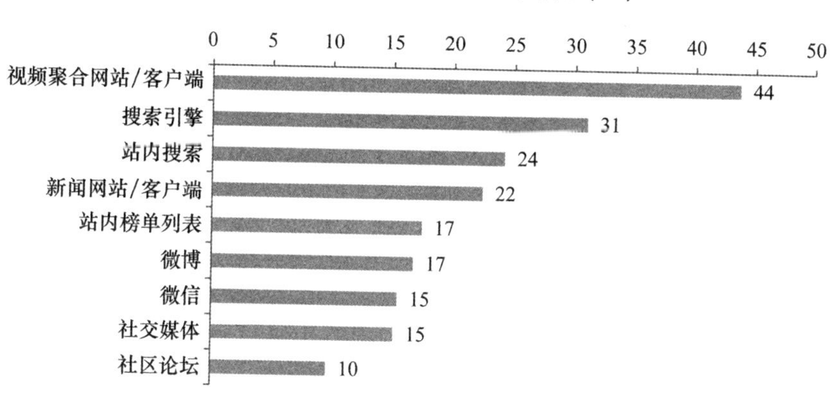

数据来源：iCTR四视同堂，2014年1月（平板＝1863）

（五）对付费移动视频的态度及使用

免费已经成为多年以来形成的网络使用习惯，在网络视频和移动视频的收视中，这一习惯虽有所改变，但免费收视的惯性依然顽强存在。调查显示，有半数的手机用户在免费收看，43%的平板用户也在免费收看。即使是付费收看的用户，也期望付出尽可能少的费用来观看更多的节目，半年的平均费用仅为十几元。而付费收看也主要是通过流量包和会员包月的方式。

1. 手机用户对付费视频的态度及使用

● 习惯于免费，约一半用户少量付费

免费收看视频依然是用户的主流态度。手机用户主要是通过流量包来付费看视频。

手机用户中，50%的人群近六个月内是免费收看视频节目的，还有50%的观众或多或少地进行了付费视频的观看。平均来说，手机用户近六个月内看视频的月费用仅为15元。其中，51%的用户是购买流量包，40%的用户是开通会员包月。

图4-54　手机用户收看视频的花费（%）

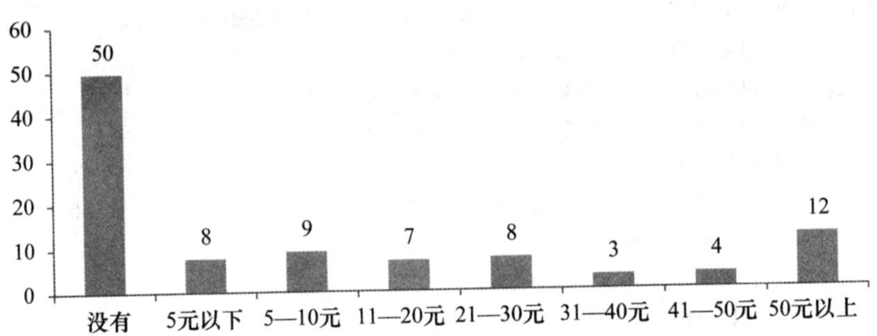

数据来源：iCTR 四视同堂，2014年1月（手机=2922）

图4-55　手机用户收看视频花费的类型（%）

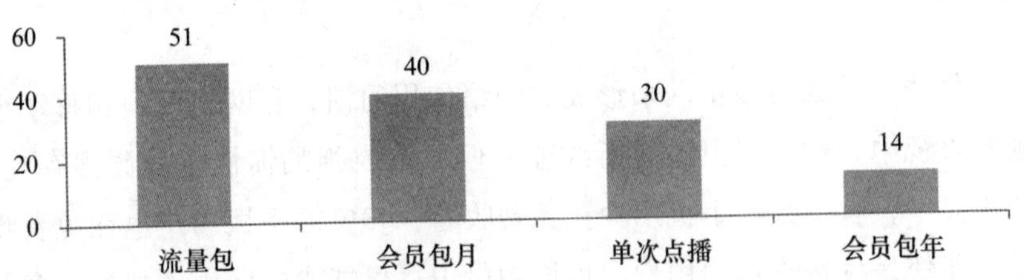

数据来源：iCTR 四视同堂，2014年1月（手机=1471）

2. 平板用户对付费视频的态度及使用

● 付费人群较手机和台式电脑多，以包月为主

在平板用户中，43%的人群近六个月内免费观看的视频节目，付费人群比重较手机和电脑高。平板用户对付费收看的接受程度高于手机用户，与平板用户的层次及收入水平高于手机用户有关。

有15%的平板用户为观看视频支付了50元以上的费用。平均来说，平板用户近六个月内看视频的月平均花销为18元，略高于手机端。其中，46%的用户是为了开通会员包月套餐，44%的用户是为了购买流量包。

图4－56　平板用户收看视频的花费（%）

没有	5元以下	5—10元	11—20元	21—30元	31—40元	41—50元	50元以上
43	7	10	7	9	4	5	15

数据来源：iCTR四视同堂，2014年1月（平板＝1863）

图4－57　平板用户收看视频花费的类型（%）

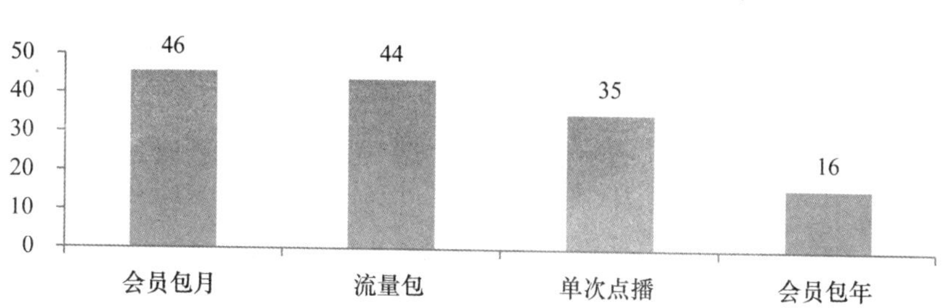

数据来源：iCTR四视同堂，2014年1月（平板＝1054）

（六）对移动视频广告的态度

1. 手机用户对广告的态度

• 64%的用户观看，深度接触用户占3成

在手机用户中，有23%的用户在广告时离开；有5%的用户通过付费不看广告；但64%的用户会或多或少地去观看视频广告；较深度接触广告的用户有3成；而视频广告的互动性也使13%的用户产生兴趣，他们会对感兴趣的广告进行点击。

图4－58　手机视频用户看到广告的行为（%）

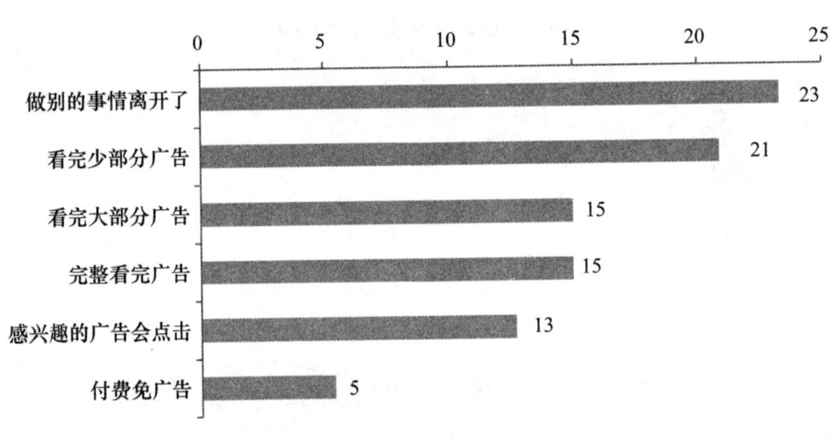

数据来源：iCTR四视同堂，2014年1月（手机＝2922）

2. 平板用户对广告的态度

• 63%用户观看，深度接触用户约27%

平板用户中，有26%的用户在广告时离开；有6%的用户通过付费不看广告；但有63%的人群会或多或少地去观看视频广告；较深度接触广告的用户只有27%，低于手机用户；对感兴趣的广告进行点击的用户有15%，高于手机用户。

图4-59　平板视频用户看到广告的行为（%）

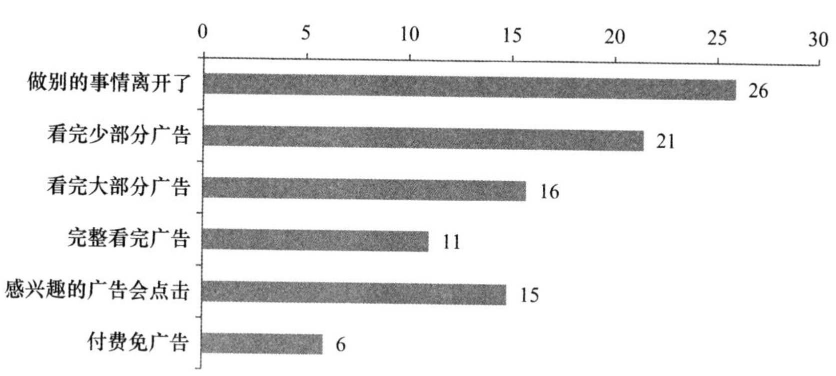

数据来源：iCTR四视同堂，2014年1月（平板=1863）

八、本章总结

本章的研究表明，2013年是中国移动视频市场快速发展的一年，移动视频的快速增长主要由三方面原因促成：

首先，整体网民互联网使用行为正在向移动端转换，庞大的移动网民规模为移动视频的使用奠定了用户基础；其次，移动视频的使用环境逐步完善，具体包括智能手机的发展、Wi-Fi使用率的提升以及未来4G网络的落地，都成为移动视频增长的促进因素；最后，视频厂商在客户端的大力推广，提升了网民对于移动视频的认知，进而吸引更多网民使用移动视频。

本章分别从手机和平板电脑用户的年度数字、用户特征、收视偏好三个方面对2013年度我国移动视频市场中的五大类节目（新闻类节目、电视剧、电影、综艺类节目、体育类节目）进行了深入分析，可以看出各类型节目在市场中呈现出如下明显的特征：

随着网络与电视合作的加强，移动视频新闻节目越来越成为用户主要关注的内容。在全体移动视频用户中，有42%的用户经常收看新闻节目。手机和平板用户中，分别有41%和33%的用户经常收看新闻节目。与PC端用户收看新闻情况类似，移动视频用户对各类题材的新闻也表现出了较高的关注度。社会新闻排名居首，75%的移动用户喜欢收看；时政和民生新闻分列二、三位，分别有74%和66%的用户较为关注。娱乐、财经新闻也较受欢迎，吸引了60%以上的移动视频用户收看。

电视剧节目有63%的移动视频用户喜欢收看。近年来，大屏智能手机的流行推动了手机视频的发展，但在收看时间较长的连续性电视剧时，用户还是在意屏幕大小差别带来的观赏舒适度差异。数据显示，66%的平板用户偏好电视剧节目，比手机用户高出13个百分点，这表明相对于手机这种小屏幕设备，移动视频用户更喜欢使用较大屏幕的平板终端来收看电视剧。各类题材电视剧均有相当比例的受众爱看。2013年下半年移动网民收看的各类电视剧节目中，都市剧摘得桂冠，有60%的移动用户喜欢观看。偶像剧和古装剧也一再掀起热潮，分别有54%和46%的观众较为关注。而农村题材和情景剧作为长尾类型，也吸引了近20%的移动网民收看。

无论是PC终端还是移动终端，电影都是用户的首选节目。65%的移动用户喜欢观看电影。与电视剧收看相同，屏幕较大的平板电脑提供更好的观赏舒适度也导致使用平板终端观看电影的用户比例更高，比手机用户高出12个百分点。电影类型种类繁多，各类题材受关注程度不一。动作类影片最受欢迎，有71%的移动用户喜欢观看。喜剧类和科幻类影片分别有66%和53%的移动用户关注。爱情和战争军事类电影也较受青睐，均有40%以上的移动用户收看。在手机端和平板端用户中，不同类型影片前三位排名一致。而微电影在手机用户中更受欢迎，音乐歌舞类和戏曲题材等在平板用户中的倾向性最为明显。

网络综艺节目大多来自与电视的合作，是移动视频用户最常看的视频节目类型之一。数据显示，48%的人群会通过移动端经常观看；在手机和平板两种终端中，用户更偏好使用平板收看。在手机和平板用户中，真人秀、游戏搞笑和脱口秀类综艺节目位列前三甲。时尚题材的综艺节目在手机用户中较受欢迎。旅游和曲艺杂谈节目在平板用户中的倾向性最明显。

近年来，随着中国职业体育的不断升温，以及对海外体育赛事转播的扩大，网络体育视频与电视的合作不断深入，用户对网络体育视频与移动体育视频的关注都在不断提高。数据表明，20%的移动用户在近六个月内经常收看体育节目。其中，平板终端用户的收看率达到22%。体育视频类型丰富多样，移动用户各取所好。赛事直播最多的篮球和足球依然是最受欢迎的两类节目，分别有77%和71%的用户热衷于观看；网球也较为热门，有过半数网民关注。

本章对移动视频用户的收视行为研究表明，用户对移动视频服务商的认知普遍比较高，但在使用中仅集中于少数服务商，用户选择服务商的偏好非常显著。在工作日，用户的平均收视时长为一个小时，而在节假日为两个小时。在各种场所都可以收看是移动视频的优势所在，但是调查数据显示，移动视频用户收看视频的第一场所并不是移动场所，而是在家里。通过 Wi-Fi 上网在线收看是移动视频网民看节目的主要方式，3G 网络在线观看和离线下载分别是手机和平板端网民看视频的次要选择方式。2014 年是 4G 元年，随着 4G 应用的普及，可以预计它将进一步推进移动视频应用的发展。

第五章　户外视频市场年度观察

本章概要

- 在视频市场上，户外视频媒体以其较强的适应性、良好的观感体验、分众精准传播的特性迅速成长壮大。户外视频媒体终端已经遍及城市，成为大众信息获取的重要渠道。户外视频媒体因其资源各异、位置不同可划分为多个类型，如公交媒体、地铁媒体、航空媒体、户外LED、楼宇媒体、医院媒体、商超媒体、校园媒体、车站媒体等。
- 本章从媒体传播的内容视角，将户外视频媒体划分为两类：内容型户外视频媒体和广告型户外视频媒体。传统电视以“内容为王”为基础，更多依赖内容的影响力来凝聚受众；而对户外视频媒体而言，媒体的内容呈现受到了渠道特性的极大制约——只有少数户外媒体具有内容传播权限，不同类型户外媒体必须根据自身媒体特性定制内容以适应特定渠道传播的需要。目前具有内容传播权限的媒体包括：公交移动电视、地铁移动电视、机载电视以及少数户外LED，我们在本研究中称之为内容型户外视频媒体；另一类相对应的是广告型户外视频媒体，这一类媒体没有内容播出权，主要是通过锁定特定受众群的生活路径，通过广告内容高频次、长时间、潜意识地反复影响受众，从而使企业品牌和产品信息在受众中形成印象。
- 本章从行业环境、媒体特征、受众规模、到达率和广告经营对户外视频媒体的现状进行分析。在内容型户外视频中，主要以交通类移动电视为代表，分析节目的播出量、节目类型以及广告经营情况。在广告型户外视频中，主要以公共场所大屏、楼宇视频、商场视频为代表，分析广告视频的到达率和广告经营现状。此外，还从用户规模、用户特征、竞争格局等方面分别对交通工具类视频、楼宇视频、户外大屏的传播影响力和年度亮点进行描述。

公共场所户外视频

一、行业发展概述

（一）发展环境及媒体特征

1. 行业环境

户外视频媒体近年处于稳定发展期，良好的行业环境是其重要推动力之一。

一是宏观环境稳定。2008 年金融危机之后，宏观经济环境逐渐趋稳，GDP 增长没有出现明显波动，基本实现了政府的经济增长预期。相应的，广告主的投放信心得以增强。

二是广告主对户外视频有需要。受众的媒介消费碎片化趋势愈演愈烈，传播需要通过更多渠道、更便捷地触达到受众。同时，越来越多的广告主追求精打细算、有效传播，希望通过更具性价比的传播渠道补充传统的投放模式，户外视频媒体逐渐成为投放计划中的一个组成部分。

三是户外广告的资源调整对户外视频媒体发展形成了有利条件。户外大牌等传统户外广告的限制和拆除越来越多。例如，厦门、长沙等地对立柱广告等传统户外广告进行了大规模拆除。传统户外广告资源的减少，并不能阻挡广告主对户外传播的需求。户外视频媒体相对传统户外广告，在资源获取以及使用过程中受到的影响较小，顺势形成广告主户外花费的转移。

2. 媒体特征

随着户外视频技术的发展和普及，户外视频媒体与传统户外媒体相比，逐渐展现出独有的媒体特征：

首先，户外视频媒体得益于数字和视频技术的发展，使“电视”走出了家庭，在户外迅速成长起来。多样的户外视频媒体尽管尺寸各异，但均以声画结合的视频方式向受众传递信息。相对纸媒、广播而言，信息呈现方式更为丰富生动，在吸引受众关注方面具有先天的优势。

其次，户外视频媒体分布广泛，类型丰富。在户外公共场所，有具有视觉冲击力的户外 LED、信息及时的街边电子屏；在室内公共场所，如商场、楼宇、超市、车站、机场等场所均有视频媒体滚动播放信息，成为有限空间内信息传播的重要工具；在城市之中以及城际之间，还有一类不可忽视的户外视频传播力量，即交通类视频媒体。城市生活圈内，公交移动电视、地铁移动电视、出租车电视随处可见；城际间，高铁液晶电视、机载电视、列车电视、高速大巴电视也在蓬勃发展。由此可见，户外视频媒体通过传播位置精准锁定了受众人群，实现了真正意义的分众传播。

第三，户外视频媒体体现出寡头垄断、多元经营的特点。户外视频媒体的竞争核心是对传播渠道资源的占有。户外视频的渠道资源多半是有限的，比如公交、航空、地铁、轻轨，同时也包括这些交通工具相应的辅助场所如航空港、地铁（轻轨）站、公交站内等。在这类市场上，资源的垄断性比较强，竞争比较有序，利润空间也比其他渠道的媒体大。由于博弈的对手比较少，很容易形成规模和垄断。目前，国内的公交移动电视、地铁移动电视、楼宇液晶电视、户外 LED 等领域均体现寡头垄断的特点。另一方面，户外视频媒体类型的多样化也决定了经营主体的多元性。风投的青睐使得涉及公交移动电视、户外 LED、医院媒体、酒店渠道媒体、列车媒体等多个领域诞生了数以百计的户外视频媒体投资主体多元化的经营机构。

（二）到达率概况

根据 CTR-CNRS36 城市调查数据，2012 年至 2013 年，户外视频媒体周到达率从 89.7% 上升至 93.7%，增加了 4 个百分点。城市受众规模从 9239 万增加至 1.39 亿人，即每周覆盖的人群一年之间增加了 4702 万人。

图 5－1　2012—2013 年户外视频媒体周到达率及受众规模

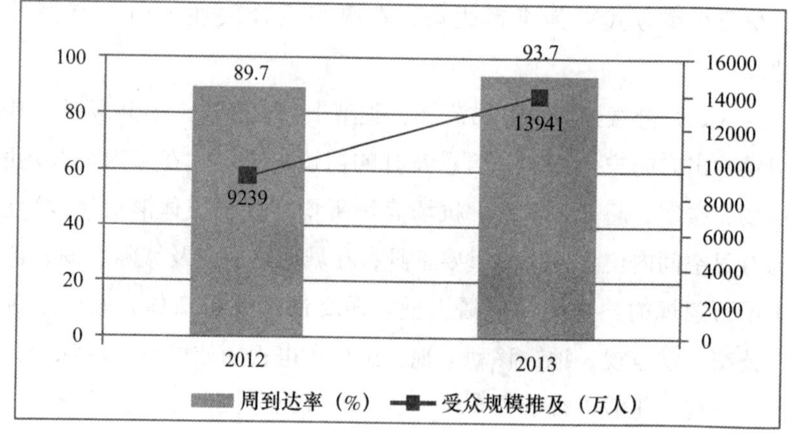

数据来源：CTR-CNRS（36 城市）

户外视频媒体周到达率以及受众规模的大幅增长原因是多方面的。一方面，户外视频终端资源在继续扩张。各种楼宇液晶视频、卖场液晶视频、公交液晶视频、地铁液晶视频等媒体终端资源都在增加；另一方面，城市功能和人们生活节奏的变化使得现代人群户外移动性加强，也带动了户外视频媒体的发展。比如，2012 年至 2013 年，每周乘坐公交或地铁/轻轨出行的人群比例从 65.2% 上升至 67.04%；2013 年，86.6% 的城市居民周末都会外出去商场等商业场所。

从细分类别看，户外视频媒体中，城市居民对卖场液晶视频的周接触率最高，其次是交通类户外视频、楼宇液晶视频和公共场所类户外视频。从每周能覆盖到的受众规模看，卖场类液晶视频和交通类户外视频都超过 9000 万，而楼宇液晶视频和公共场所类户外视频在 7000 万人左右。

在经济相对发达的一线至三线城市中，超市/大卖场/便利店成为人们必去的场所。在消费的过程中，卖场液晶视频的引导作用也越来越大。因此，卖场液晶视频的周覆盖规模成为四大类户外视频中最大的。而交通类户外视频伴随着城市化发展，迎来了越来越大规模的移动人群，交通类户外视频的周覆盖规模紧随卖场液晶视频。而楼宇液晶一般都处于商务写字楼等相对高端的场所中，覆盖人群相对固定，在规模上低于前两种。而火车站、飞机场等公共场所类户外视频所面对人群集中度有限，因此在规模上相对偏小。

图 5－2　2013 年主要类别户外视频媒体周到达率及受众规模

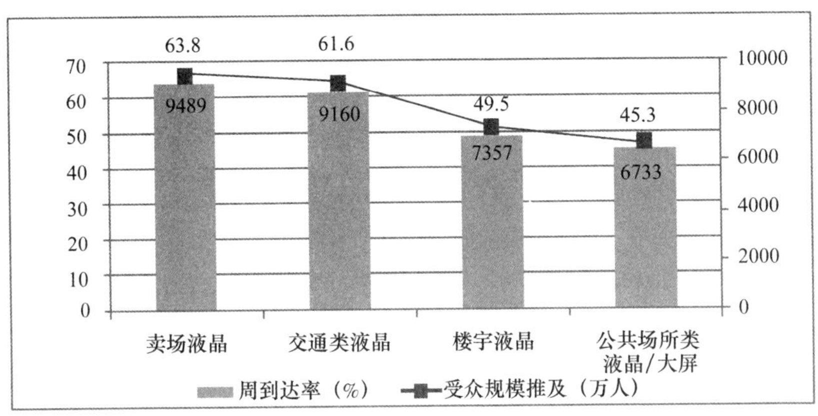

数据来源：CTR－CNRS（36 城市）

（三）广告市场概况

CTR 媒介智讯连续多年的广告主调查显示，广告主对户外视频媒体的使用比例从 2010 年的 55% 上升到 2012 年的 80%，反映出广告主对其广告效果的认同。

户外视频媒体相较于其他传统户外广告，更容易与周边的环境契合。这一方面是户外视频广告的创意告别简单直白的诉求方式，形势更加生动多样；另一方面，更多先进的技术应用也有力地推动了户外视频广告的表现力和与受众的沟通交流。如人们在寻找美食的过程中，可以与户外视频中展示的美食广告进行互动；可以在等公交时，通过候车亭的视频广告了解所去之处的美景。总之，户外视频广告正日益成为广告主与消费者亲密沟通的重要工具。

CTR 媒介智讯的研究显示，2013 年，商务楼宇液晶电视广告投放同比增幅达 27%，有不少品牌都追加了商务楼宇广告的投放。

二、内容型户外视频媒体发展概况

2007年底，国家广电总局向各省、自治区、直辖市广播影视局发出《广电总局关于加强车载、楼宇等公共视听载体管理的通知》（下称《通知》），对户外媒体的播放内容作了具体限制。《通知》按传输方式将公共视听载体区分为两类：对于通过广播电视网、互联网及其他信息网络在车载、楼宇、机场、车站、商场（商铺）、银行、医院及户外公共载体播放视听节目的，需按照《广播电视管理条例》和互联网视听节目服务管理的相关规定报广电总局批准。未经批准，不得播放新闻、影视剧、体育、科技、娱乐等各类视听节目。对于采用人工更换硬盘（CF卡、DVD）方式，在公共交通工具、楼宇内及户外设置的广告发布平台，广电总局要求“只限于播放广告内容，不得播放新闻和其他各类视听节目。已经擅自播放视听节目的，应立即停止播出”。

在此《通知》要求下，目前国内拥有节目播出权的户外视频媒体寥寥无几。除新华兆讯依托新华社“新华屏幕”工程拥有节目播出权外，其他如华视传媒、世通华纳等车载媒体主要是以与当地广电部门合作的方式来提供视听节目内容。

在具体研究中，我们将目前有节目内容播放的户外视频称为内容型户外视频媒体。

内容型户外视频媒体

（一）内容型户外视频媒体节目类型

1. 公交移动电视节目类型

公交与地铁移动电视目前主要是与当地广电部门来合作的方式在公交车、地铁车载视频媒体上为受众提供节目内容。根据公交和地铁乘客乘车时间有限的特点，公交与地铁移动电视的节目多以短小精彩见长，类型上较为丰富多样，家中电视可见的节目类型均以剪辑或精编的方式在移动电视终端有所展现。

具体而言，公交移动电视目前在播的节目类型包括生活服务类、新闻时事类、综艺类、专题类、音乐类、体育类、财经类、青少类、法治类、电影类等十余个类型。其中生活服务类、新闻时事类播出时长最长，是各地公交移动电视普遍在播的节目类型，其他各类型节目则因各地广电内容的资源不同而有所区别。以北京为例：根据2013CTR公交移动电视收视调查数据库，北广传媒的生活服务类节目《饭饭团》《惠购物》《网事》收视率较高；新闻时事类节目《路况直通车》《北京新闻》《教育新闻》等也赢得了观众的关注。

地铁电视节目目前在播类型包括新闻时事类、专题类、生活服务类、综艺类、音乐类、体育类、法治类、财经类等十余个类型。其中新闻时事类、综艺类、专题类、生活服务类播出时长最长，在地铁节目中占据较高比重。以北京为例：新闻时事类节目《路况直通车》、综艺类《最佳现场》《超级访问》等都是地铁电视节目中的佼佼者。

2. 新华兆讯户外LED节目类型

在新华社的大力支持下，北京新华兆讯文化传媒有限公司全面启动了以新华社新闻落地为核心任务的新华社“新华屏幕”工程。目前，新华兆讯已在北京、上海、广州、成都、深圳等城市的黄金商圈、交通要道点位投资建设了超大的“新华社快讯大屏幕”。

“新华屏幕”拥有节目播出权，播出内容以新闻类为主。常态节目包括《国际新闻》《瞬间》《热点连线》等。此外，在重大事件中，“新华屏幕”也是大事件新闻传播的渠道之一，如直播全国人大会议、奥运会开幕式等等。

（二）户外视频内容型媒体播出与收视

如前所述，内容型户外视频媒体数量寥寥，最具代表性的即为公交和地铁移动电视，其搭载的节目内容较为丰富。下面就公交移动电视的节目收视情况做一下盘点。

1. 交通类液晶视频到达率

- **一线城市76%，二线城市59.1%，三线城市45.5%**

城市公共交通的发达程度和居民对公共交通的依赖程度是交通类液晶视屏覆盖程度的关键因素。

数据显示，交通类液晶视频在不同级别的城市中表现出明显的阶梯状的覆盖水平差异：在城市交通最为发达的一线城市中，交通类液晶视频的周到达率达到76%，高出平均水平14.4个百分点；二线城市交通类液晶视频的周到达率低于一线城市16.9个百分点，为59.1%；三线城市的交通类液晶视频周覆盖率为45.5%，即在三线城市，一周之内交通类液晶视频能够覆盖到的居民不到城市人口的一半。

图 5－3　2013 年不同级别城市中交通类液晶周到达率（%）

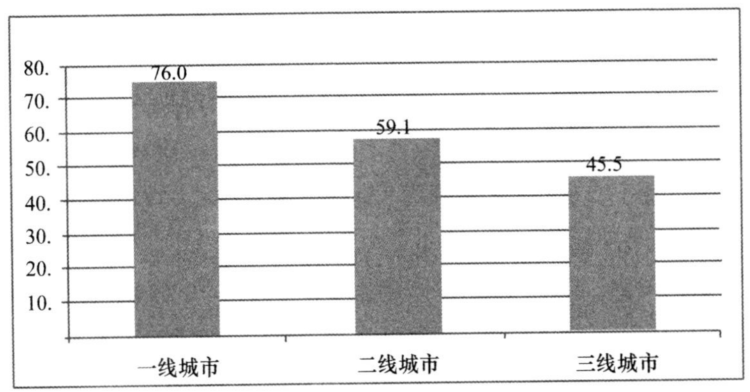

数据来源：CTR-CNRS（36 城市）

从区域来看：交通类液晶在经济发达的华南、华东与西南、东北和西北地区的周到达率水平相差不大，都在 63%—67% 之间；只有在华北和华中地区的到达率相对较低，约在 50% 左右。

图 5－4　2013 年不同区域城市中交通类液晶周到达率（%）

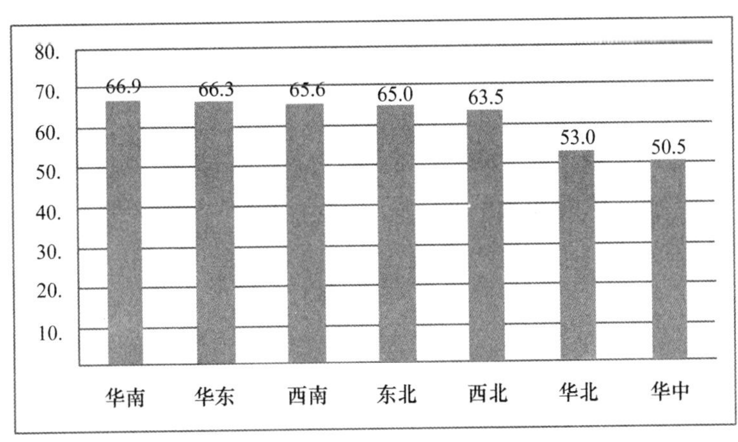

数据来源：CTR-CNRS（36 城市）

从覆盖情况看：交通类液晶覆盖率前十的城市表现为三个不同水平。乌鲁木齐和广州的覆盖率遥遥领先于其他城市，处于第一梯队，周覆盖率在 80%—85% 之间；上海、成都、深圳和苏州的覆盖率相当，形成第二梯队，周覆盖率在 75%—80% 之间；昆明、重庆、杭州和西安的覆盖率处于第三梯队，周覆盖率在70%—75%之间。

图5－5　2013年不同城市中交通类液晶周到达率（%）—Top10

城市	周到达率（%）
乌鲁木齐	84.6
广州	83.4
上海	78.2
成都	76.8
深圳	76.6
苏州	76.3
昆明	73.6
重庆	73.4
杭州	73.3
西安	71.9

数据来源：CTR-CNRS（36城市）

2. 公交电视节目播出量

• 节目逾60%，广告逾30%

公交电视节目播出比例

公交移动电视最早出现于新加坡，随后日本、韩国、英国、美国、西班牙、挪威、法国等相继投入运行。我国直到2000年才由国家计委宣布在上海、北京、深圳三个城市进行地面数字移动电视试验。

目前，我国公交移动电视已由量的增长阶段进入到了质的提升阶段。作为一种新型的大众媒体，公交移动电视具有传统电视所不可替代的优势，如移动接收、方便迅速、强制收视、到达率高等。公交移动电视媒体间的竞争也由单一的渠道竞争演化成了复杂的内容竞争，节目编排已成为公交移动电视市场内容竞争的有力武器。

公交移动电视的受众主要是城市居民。依照接近性原则，节目应尽可能贴近市民生活，节目的播出比例必须得到保证。以北京、广州、南京、成都、沈阳、厦门、长沙、太原、大连、宁波、无锡、武汉、苏州13城市公交电视；北京、上海、南京3城市地铁电视2013年1月7日至2月3日为例：在公交和地铁移动电视终端上，节目的时长占据主导地位，时长比例均超过了60%。

实践证明，公交移动电视节目的时长不宜过长，以免影响信息的完整接收率。节目时长较短，保证了受众在短时间内能最大限度地欣赏到一个完整的节目，有效提高了节目的受众到达率。公交的站间行驶时长高于地铁，因此，公交电视平均节目时长略高于地铁电视平均节目时长。

根据CTR对重点城市公交电视节目及广告的播出调查，节目的播出时长比例为64%，广告的播出时长比例为36%。平均单节目时长244秒。节目的播出条目比例为14%，广告的播出条目比例为86%。

图5-6　公交电视播出内容时长比例及节目条目比例

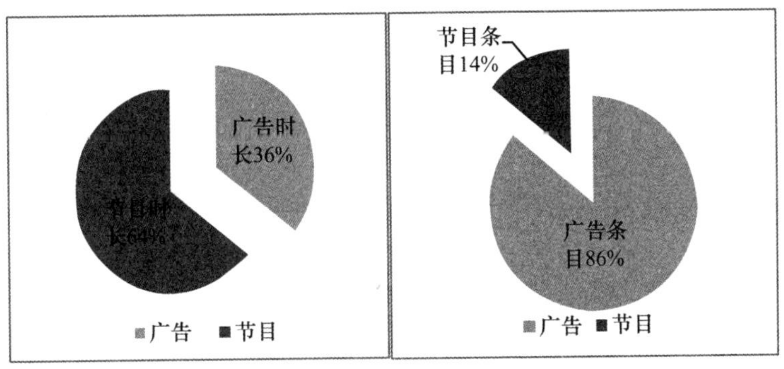

数据来源：CTR个案集群

地铁电视与公交电视类似，但节目的时长和条目都略多于公交。地铁电视节目的播出时长比例为68%，广告的播出时长比例为32%。平均单节目时长169秒。节目的播出条目比例为21%，广告的播出条目比例为79%。

图 5-7　地铁电视播出内容时长比例及节目条目比例

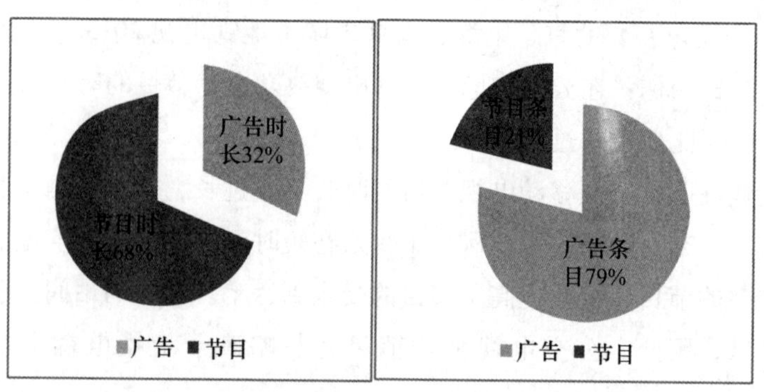

数据来源：CTR 个案集群

公交电视播出节目类型

作为公共交通的衍生物，公交移动电视理应关注城市公益，服从和服务于城市管理体系，为弘扬城市文化，建设和谐社会承担义不容辞的责任。无论在政府重要决策和政策的宣传、重大节庆的安排方面，还是在公共交通信息的通报和城市大型活动的开展等方面，公交移动电视都应发挥自身优势，在第一时间向市民进行宣传、告知。

数据显示：城市公交和地铁电视节目类型以生活服务、新闻/时事、综艺、专题四大类为主。这其中，因公交和地铁乘客结构和他们生活形态的差异，公交和地铁电视节目类型倾向略有不同，公交电视节目倾向生活服务类节目、新闻/时事类节目并重，而地铁电视节目新闻/时事类节目比例最高。

公交电视节目播出时长比例：生活服务类节目、新闻/时事类节目时长占较大，占比分别超过了 25%，合计比例超过 50%；综艺类节目、专题类节目时长比例也较高，比例分别为 15% 和 9%。

图 5－8　公交电视播出节目类型时长比例

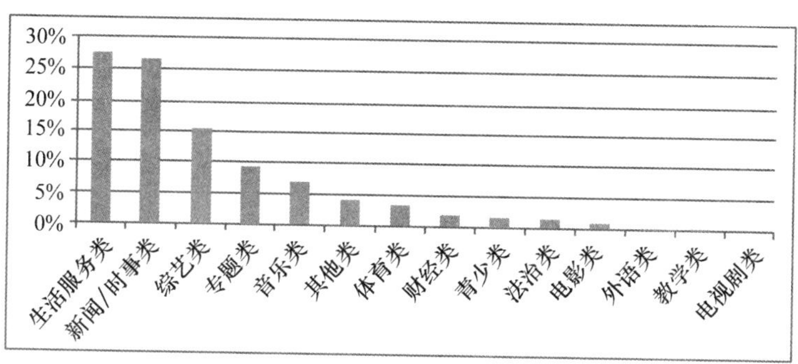

数据来源：CTR 个案集群

地铁电视节目播出时长比例：新闻/时事类节目时长占比较大，比例为 31%；专题类节目、生活服务类节目、综艺类节目比例也较高，比例分别为 18%、17%、15%。

图 5－9　地铁电视播出节目类型时长比例

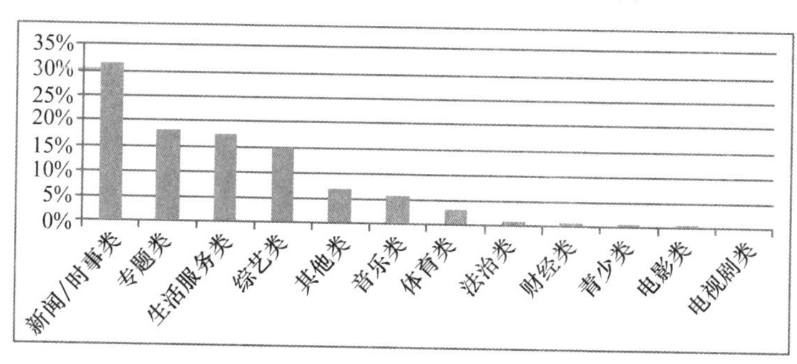

数据来源：CTR 个案集群

3. 公交电视收视前 10 名节目类型

● 综艺、新闻、财经最受关注

公交移动电视节目设置，既要考虑现有观众的收视习惯和爱好，在栏目设置和节目安排上要适应或迎合其固有的收视心理，增加节目的针对性，又要注重培养和引导受众形成新的收视习惯，增加新的收视点，开拓新的收视群体。

公交电视节目收视表现上：以 BTV 为例，其《剧情推动力》《路况直通车》《环球财讯》三档节目排名前三位，前 10 名中，综艺类节目上榜最多，共三档。

表 5-1　公交电视节目收视率 Top10

节目名称	节目类型	收视率（%）
BTV 剧情推动力	综艺类	1.29
路况直通车	新闻/时事类	0.91
环球财讯	财经类	0.74
饭饭团	生活服务类	0.69
悠悠团	综艺类	0.59
添富时刻	财经类	0.53
乐影磁场	综艺类	0.53
绿动北京	专题类	0.53
北京新闻	新闻/时事类	0.44
警视	法治类	0.44

数据来源：CTR 个案集群

地铁电视节目收视表现上：《魅力上海》《地铁即时信息》《动画片—小羊肖恩—讨厌的拖拉机》三档节目排名前三位，前 10 名中，青少类节目上榜最多，共三档。

表 5-2　地铁电视节目收视率 Top10

节目名称	节目类型	收视率（%）
魅力上海	专题类	3.38
地铁即时信息	生活服务类	2.65
动画片—小羊肖恩—讨厌的拖拉机	青少类	1.49
精彩回放	青少类	1.46
我爱记歌词	综艺类	1.43
添富时刻	财经类	1.41
生活一点通	生活服务类	0.88
24 小时资讯总汇	新闻/时事类	0.77
防范伴你行	法治类	0.72

（续表）

节目名称	节目类型	收视率（%）
动画片—小羊肖恩—油画大师	青少类	0.65

数据来源：CTR个案集群

4. 公交电视资源使用效率

● 财经、新闻节目利用率高

资源使用效率是衡量各类型节目的市场饱和度、市场受欢迎程度及收视贡献的重要指标。CTR针对公交和地铁移动电视的研究发现，在二类交通类视频媒体节目中，财经类、新闻/时事类节目资源都得到了有效利用，使用效率都在30%以上。而生活服务类节目在二类交通类视频中播出比重都居前列，收视比重虽也不算低，但却没有带来对应的资源使用效率。

二类交通视频媒体的节目资源效率也存在明显的差异，在公交电视节目中青少类节目资源使用效率超过30%，而在地铁电视节目中法制类节目资源使用效率高达50%以上。

通过公交电视节目资源使用效率数据可以看出：财经类、新闻/时事类、青少类节目收视比重大于播出比重，资源使用效率分别达到50.7%、31.4%和30.4%，资源得到了有效利用。而生活服务类播出比重高达27.5%居首位，但收视比重只有25.6%，资源使用效率虽为负值，也是收视比重仅次于新闻/时事类节目的第二大类节目。

表5-3　公交电视节目资源使用效率

	播出比重（%）	收视比重（%）	资源使用效率（%）
财经类	2.02	3.04	50.72
新闻/时事类	26.52	34.86	31.44
青少类	1.65	2.15	30.43
专题类	9.40	9.91	5.39
生活服务类	27.46	25.57	-6.88
综艺类	15.42	13.60	-11.78

（续表）

	播出比重（%）	收视比重（%）	资源使用效率（%）
法治类	1.60	1.35	-15.33
音乐类	6.96	5.07	-27.20
体育类	3.41	2.20	-35.34
其他类	4.21	1.84	-56.39
外语类	0.16	0.07	-58.78
电影类	1.00	0.34	-66.05
电视剧类	0.06	0.00	-98.69
教学类	0.14	0.00	-100.00

数据来源：CTR个案集群

通过地铁电视节目资源使用效率数据可以看出：财经类、法制类、新闻/时事类节目是资源使用效率最高的三类节目。其中，财经类节目的播出比重仅为0.8%，但资源使用效率高达94.9%，而法制类节目播出比重也仅为1.1%，资源使用效率也高达52.9%。播出比重最高的新闻/时事类节目收视比重也最高达42.1%，资源使用效率为34.7%。

表5-4　地铁电视节目资源使用效率

	播出比重（%）	收视比重（%）	资源使用效率（%）
财经类	0.76	1.48	94.89
法治类	1.07	1.64	52.91
新闻/时事类	31.29	42.13	34.66
生活服务类	17.36	15.67	-9.75
专题类	18.07	16.10	-10.91
电影类	0.58	0.51	-12.10
体育类	3.09	2.69	-12.99
青少类	0.65	0.53	-18.70
综艺类	14.54	11.25	-22.64
其他类	6.88	4.75	-31.04
音乐类	5.68	3.27	-42.52
电视剧类	0.03	0.00	-100.00

数据来源：CTR个案集群

（三）内容型户外媒体广告经营概况

市场环境风云变幻，媒体经营几多冷暖。下面以公交移动电视为例来分析近年来内容型户外视频媒体的广告经营状况。

根据CTR媒介资讯广告监测数据，公交移动电视广告收入近年增速持续放缓。从近五年数据可以看到，在2009—2011年，公交移动电视经历了一个迅速的上升期，2012年增速减低，2013年甚至出现了负增长。

表5－5　公交移动电视近五年广告花费增长率

年份	2009年 VS 2008年	2010年 VS 2009年	2011年 VS 2010年	2012年 VS 2011年	2013年 VS 2012年
广告增额	132%	17%	23%	2%	－15%

数据来源：CTR媒介智讯

从行业来看，公交移动电视吸引了各品类广告的投放，以2013年数据为例，共计22个行业在公交移动电视上有投放，分布广泛，类型多元。从投放量上来看，娱乐及休闲、商业及服务性行业、食品、邮电通讯、活动类产品在公交移动电视投放量较大。

表5－6　公交移动电视2013年行业花费排名

排名	行业	排名	行业
1	娱乐及休闲	12	房地产/建筑工程行业
2	商业及服务性行业	13	金融业
3	食品	14	交通
4	邮电通讯	15	家居用品
5	活动类	16	电脑及办公自动化产品
6	饮料	17	清洁用品
7	药品	18	衣着
8	化妆品/浴室用品	19	个人用品
9	杂类	20	工业用品
10	酒精类饮品	21	烟草类

（续表）

排名	行业	排名	行业
11	家用电器	22	农业

数据来源：CTR 媒介智讯

从品牌大客户来看，肯德基、麦当劳快餐品牌最为青睐公交移动电视，投放量位于公交移动电视前两名。此外，中国移动通信、赶集、太太乐、百事、珍爱、碧生源、乐虎、58 同城投放量较高，位列品牌投放的前十名。

表 5－7 公交移动电视 2013 年广告花费 TOP10 品牌

排名	广告花费 TOP10 品牌	排名	广告花费 TOP10 品牌
1	肯德基	6	百事
2	麦当劳	7	珍爱
3	中国移动通信	8	碧生源
4	赶集	9	乐虎
5	太太乐	10	58 同城

数据来源：CTR 媒介智讯

三、广告型户外视频媒体发展概况

受众在接触广告型媒体时，存在着与内容型媒体完全不同的方式。由于只有广告而没有其他内容的存在，受众在接触这类媒体时，缺乏由内容而产生的诱导接触过程，更多的是处在一种随机状态之下的突发性广告接触，这种突发性的接触使商家精心编制的商品和品牌信息直接展露在无防备戒心的受众面前，减弱了受众对于接触广告时的排斥心理或者说是还来不及排斥已经接触并接收

广告型户外视频媒体

到了广告内容。这一类媒体我们称之为广告型户外视频媒体。

广告型户外视频媒体类型众多，如户外大屏、楼宇电视、卖场电视、校园电视、商圈 LED 等。在众多上述媒体之中，楼宇视频媒体起步早，是业内的典型媒体。

（一）广告型户外视频媒体到达率

1. 公共场所液晶/大屏到达率

- **一线城市周达到率 92.7%，南方高于北方**

公共场所液晶/大屏的覆盖水平在各线城市间的差距相对较小。在人口流动性最高、公共场所最发达和繁荣的一线城市，公共场所液晶/大屏的周到达率为 92.7%，几乎所有的人都在公共场所看到过液晶/大屏媒体；在二线城市这一水平略低 5 个百分点，为 88.4%；在三线城市的周到达率又比二线城市低 5 个百分点左右，为 83.2%。

图 5－10　2013 年不同级别城市中公共场所液晶/大屏周到达率（%）

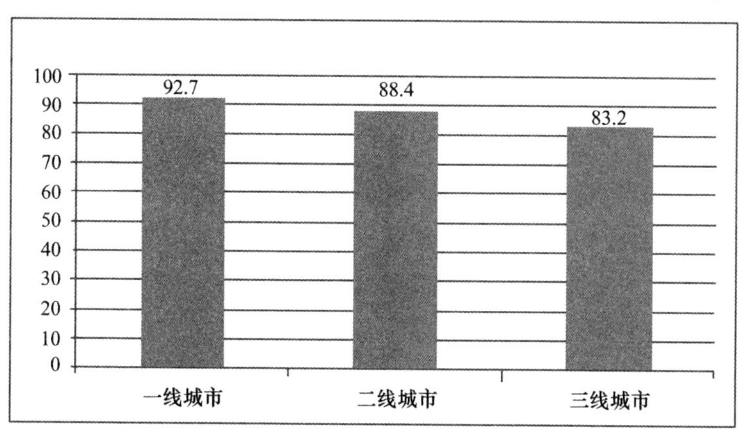

数据来源：CTR-CNRS（36 城市）

公共场所液晶/大屏在各区域间的覆盖率呈现由南至北小幅递减的现象。经济和休闲文化比较发达的华南、西南、华东地区，公共场所液晶/大屏的周到达率都超过 90%；在东北和华中地区，公共场所液晶/大屏的周到达率在 85%—90% 之间；公共场所液晶/大屏在华北和西北的周覆盖率相对低于其他五大区域，在 80%—85% 之间。

图 5－11　2013 年不同区域的公共场所液晶/大屏周到达率（%）

华南	西南	华东	东北	华中	华北	西北
94.7	91.3	90.9	86.7	85.0	84.3	82.5

数据来源：CTR-CNRS（36 城市）

从城市看，公共场所液晶/大屏的周到达率前十位的城市以南方城市为主。南宁、海口和长沙 3 城市排在前三位，周到达率都在 95% 以上。杭州、深圳、温州等 7 个城市中，公共场所液晶/大屏的周到达率在 94%—96% 之间，相差不明显，覆盖率都处于比较高的水平。

图 5－12　2013 年不同城市的公共场所液晶/大屏周到达率 Top10（%）

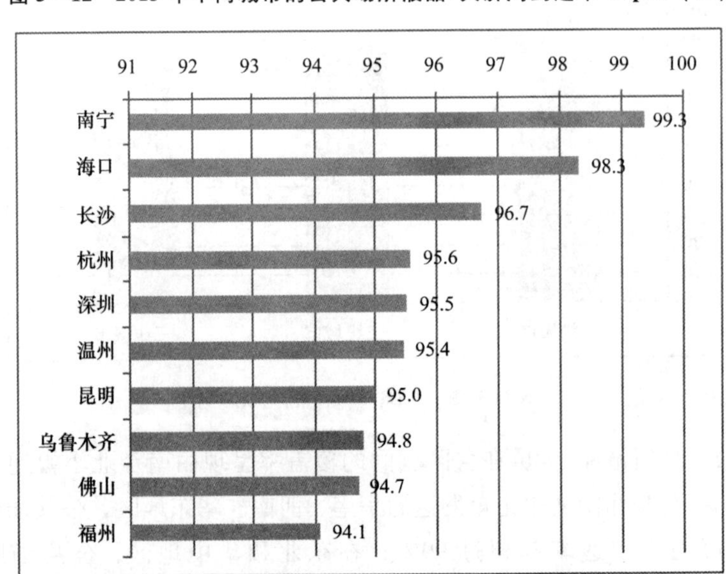

数据来源：CTR-CNRS（36 城市）

2. 楼宇液晶视频到达率

● 一线城市及华南、华东、西南地区均在55%以上

楼宇液晶视频的周到达率是从高线城市到低线城市呈现递减的情况。一线城市中，每周有55%的城市居民看到楼宇液晶视频，比二线城市高出6.4个百分点，比三线城市高出11.9个百分点。

图5-13　2013年不同级别城市中楼宇液晶视频周到达率（%）

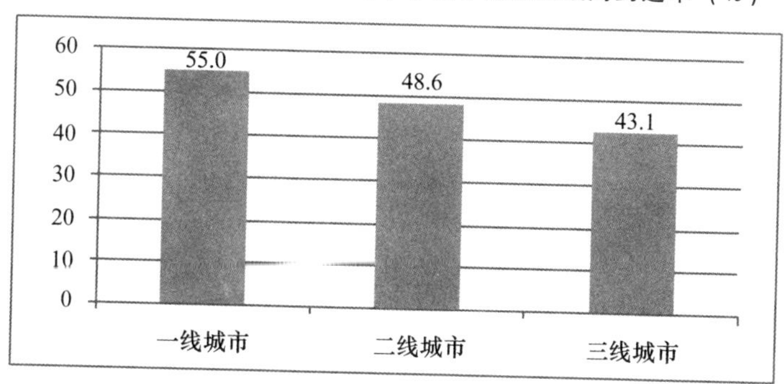

数据来源：CTR-CNRS（36城市）

从楼宇液晶视频的区域发展情况看：东部、南部与中部和北部形成明显的区域差异。华南、华东和西南的周到达率均在55%以上，整体高于华北、西北和华中、东北地区。

图5-14　2013年不同区域楼宇液晶视频周到达率（%）

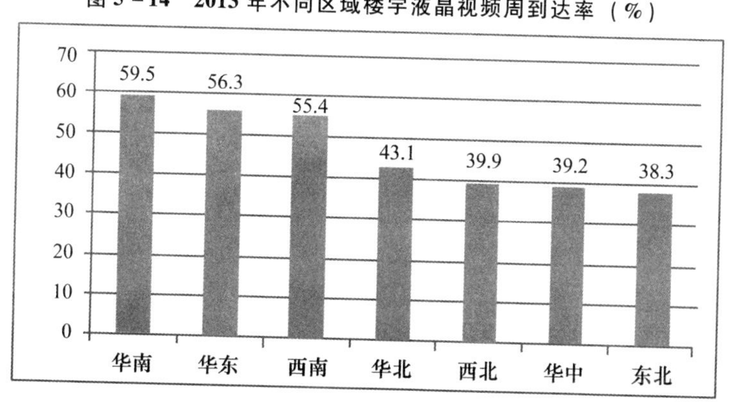

数据来源：CTR-CNRS（36城市）

从城市排名看，排名前 10 位的城市主要集中在华南和西南地区。其中楼宇液晶视频在厦门的周到达率遥遥领先于其他城市；海口、昆明和成都相当，位于第二梯队；其余 6 个城市位于第三梯队。

不同城市、不同区域的楼宇液晶视频到达率的差异，反映了楼宇液晶的普及状况。普及程度高的城市和区域，到达率也相应较高。

图 5 – 15　2013 年不同城市楼宇液晶视频周到达率 Top10（%）

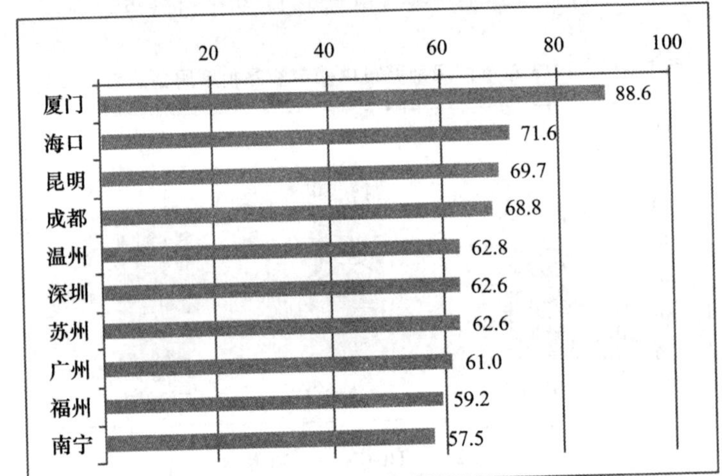

数据来源：CTR-CNRS（36 城市）

3. 商场（含超市、百货商场、便利店）液晶视频到达率

● 一线城市为 72.3%，西南、华东高于其他地区

卖场液晶视频在城市居民中的到达率也呈现从高线城市到低线城市递减的情况，各线城市间，周到达率相差 10 个百分点。在一线城市中，每周有 72.3% 的城市居民看到卖场液晶视频；二线城市中每周有 63.1% 的城市居民能够看到卖场液晶视频；三线城市每周约有一半以上的人能看到卖场液晶视频。

图 5－16　2013 年不同级别城市中卖场液晶视频周到达率（%）

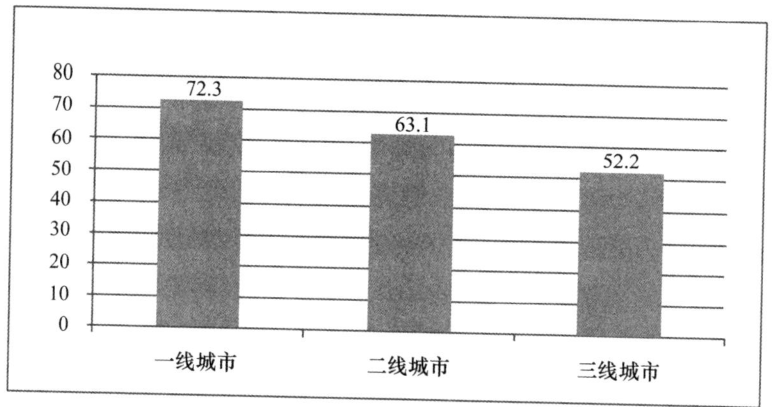

数据来源：CTR-CNRS（36 城市）

卖场液晶在各区域的发展存在较大差距。西南地区的周到达率最高，近八成城市居民能在每周看到卖场液晶视频；华东地区也比较高，达 72.8%；由南向北，卖场液晶的周到达率依次递减。

图 5－17　2013 年不同区域中卖场液晶周到达率（%）

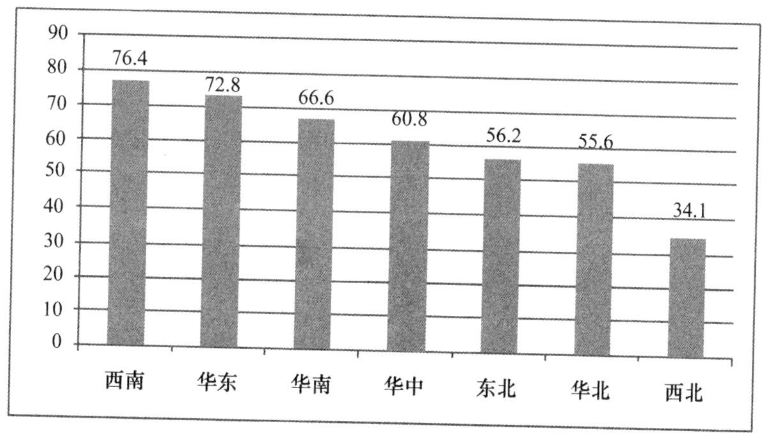

数据来源：CTR-CNRS（36 城市）

从分城市来看，卖场液晶视频的发展现状与楼宇视频媒体情况相同，一线城市总体表现好于二线城市，二线城市发展参差不齐。卖场液晶视频周到达率排名前 10 的城市主要集中在华东和西南。南京的卖场液晶周到达率排在 36 城市之首，为 84.3%，领先优势比较明显。上海、成都、苏州等8个城市的周到达率水平相当，都在75%—81%之间，无锡排在第10位，每周有71.6%的城市居民能看到卖场液晶。

图5－18　2013年不同城市中卖场液晶周到达率（%）—Top10

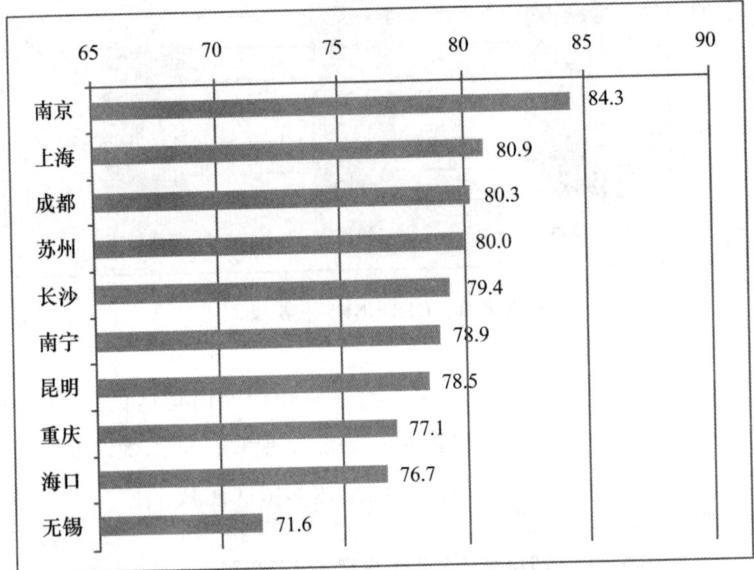

数据来源：CTR-CNRS（36城市）

（二）广告型户外视频媒体广告经营概况

广告型户外视频媒体分布广泛，类型繁多，使得其广告监测繁杂而成本巨大，任何一家调查机构都难以实施全面的调查监测。因此，下面仅以楼宇电视为例来分析广告型户外视频媒体的广告经营状况。

近年来，楼宇电梯视频媒体广告经营处于高速增长时期。CTR媒介智讯数据显示，2010年以来，楼宇电梯视频媒体广告增幅都高于广告市场平均增幅，呈现出良好的发展势态。即使在户外广告媒体整体低迷甚至出现负增长的2013年，楼宇电梯视频媒体的广告刊例收入与2012年相比仍然强劲增长27%，显著高于市场平均水平。在楼宇电梯视频媒体的广告投放行业中，邮电通讯类和化妆品/浴室用品类的广告投放量较大。

表 5－8　楼宇电视近四年广告花费增长率

年份	2010 年 VS 2009 年	2011 年 VS 2010 年	2012 年 VS 2011 年	2013 年 VS 2012 年
广告增额	27%	34%	15%	27%

数据来源：CTR 媒介智讯

表 5－9　楼宇电视 2013 年行业花费排名

1	邮电通讯	POST & COMMUNICATION
2	化妆品/浴室用品	TOILETRIES
3	交通	AUTOMOBILES
4	饮料	BEVERAGES
5	电脑及办公自动化产品	COMPUTER & OFFICE AUTOMATION PRODUCT
6	娱乐及休闲	LEISURE
7	食品	FOODSTUFF
8	酒精类饮品	ALCOHOL
9	商业及服务性行业	BUSINESS & SERVICES
10	活动类	CAMPAIGN
11	杂类	MISCELLANEOUS
12	药品	PHARMACEUTICALS
13	房地产/建筑工程行业	REAL ESTATE & CONSTRUCTION INDUSTRY
14	家用电器	HOME ELECTRICAL APPLIANCES
15	金融业	FINANCE INDUSTRY
16	家居用品	HOUSEHOLD
17	衣着	CLOTHING
18	清洁用品	CLEANSERS
19	个人用品	PERSONAL ITEMS
20	工业用品	INDUSTRIAL
21	烟草类	TOBACCO & ACCESSORIES

数据来源：CTR 媒介智讯

2013 年三大日化巨头（宝洁、欧莱雅和联合利华）都增加了户外媒体的投放量。从楼宇视频媒体 2013 年的十大投放品牌中，我们也不难发现宝洁与欧莱雅对楼宇视频媒体价值的肯定。

表 5-10　楼宇电视 2013 年广告花费 TOP10 品牌

1	肯德基
2	苏宁易购
3	玉兰油
4	欧莱雅
5	京东商城
6	多美滋
7	美素佳儿
8	剑南春
9	美即
10	雅培

数据来源：CTR 媒介智讯

四、户外视频媒体传播影响力研究

受众规模、到达率和受众的构成是户外视频媒体传播影响力的决定要素。下面主要从受众规模、到达率和受众构成，分析最常见的交通工具、楼宇电梯和户外大屏三类户外视频的传播影响力以及竞争格局。

(一) 交通工具视频媒体传播影响力

1. 观众规模

- **公交车 8452 万人/周，地铁/轻轨 3119 万人/周**

交通工具类视频主要包括公交车内液晶视频和地铁/轻轨的站内或车厢内液晶视频。从 2012 年至 2013 年，两类液晶视频的周到达率都呈现上升趋势。其中，公交车内液晶视频的覆盖已经达到较高的水平，超过一半的城市居民每周都能接触到公交车内液晶视频。而地铁/轻轨的站内或车厢内液晶视频受城市轨道交通发展水平的影响，每周能够达到的人群比例还不到公交车内液晶视频的一半。但随着城市轨道交通的大力发展，地铁/轻轨的站内或车厢内液晶视频也呈现出更高的上升幅度。

图 5－19　2012—2013 年主要类别交通工具类视频周到达率（%）

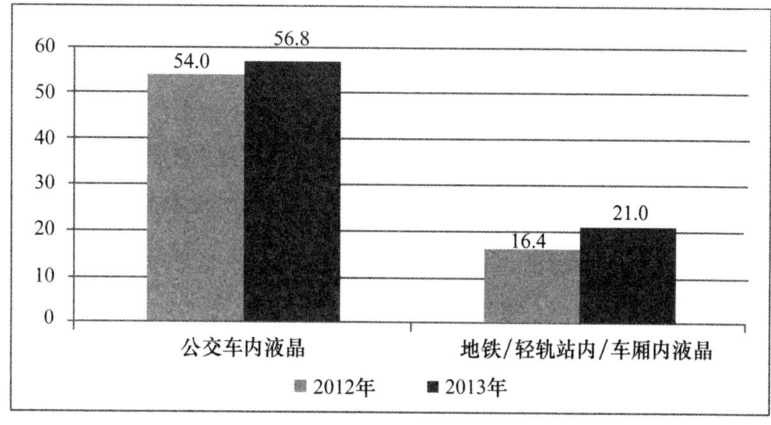

数据来源：CTR-CNRS（36 城市）

从每周能够影响到的人群规模看，2012 年至 2013 年，公交车内液晶视频每周的受众规模增长了 51.8%，从 2012 年的 5568 万人增长到 8452 万人；而地铁/轻轨的站内或车厢内液晶视频能影响到的人群 2012 年为 1688 万人，2013 年增长了 84.8%，达到 3119 万人。

图 5－20　2012—2013 年主要类别交通工具类视频周受众规模（万人）

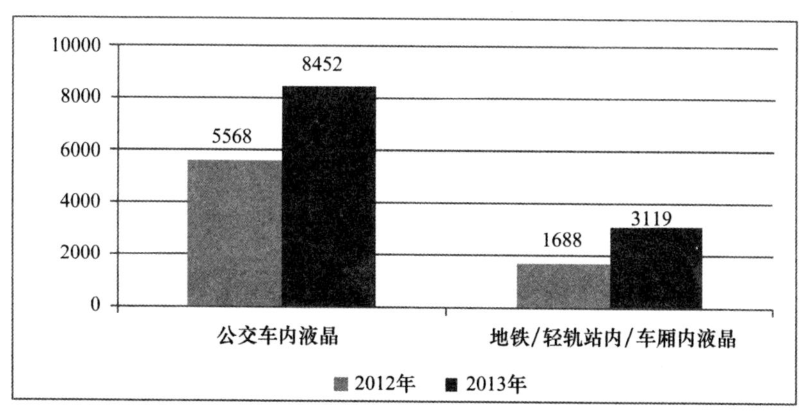

数据来源：CTR-CNRS（36 城市）

2. 用户特征

●地铁/轻轨受众年龄、学历、收入较高；公交车受众年龄、学历、收入相对较低

年龄结构/代群结构

从受众的年龄结构看：公交车内液晶视频的受众更年轻化，34 岁以下的 80 后和 90 后占到将近一半；而地铁/轻轨的车站、车厢内液晶视频的受众年龄要更大些，六成受众为集中在 24 至 43 岁之间的 80 后和 70 后人群。

表 5－11　公交地铁液晶视频受众年龄构成

年龄/带群	公交车内液晶视频受众（%）	地铁/轻轨站内/车厢内液晶视频受众（%）
15—23（90 后）	20	19. 2
24—33（80 后）	27. 5	37. 9
34—43（70 后）	18. 9	22. 2
44—53（60 后）	16	12. 2
54＋（50 及以上）	17. 6	8. 5

数据来源：CTR-CNRS（36 城市）

学历结构

地铁/轻轨站内/车厢内液晶视频受众的教育水平普遍高于公交车内液晶视频的受众。地铁/轻轨站内/车厢内液晶视频有 65. 0% 的受众拥有大学专科以上高等学历；而公交车视频的此类受众则低 19. 1 个百分点，为 44. 9%；有将近一半的公交车受众为高中及以下学历水平。

表 5－12　公交地铁液晶视频受众学历构成

学历	公交车内液晶视频受众（%）	地铁/轻轨站内/车厢内液晶视频受众（%）
高中及以下	45. 1	27. 7
中专/技校	10. 1	7. 4

（续表）

学历	公交车内 液晶视频受众（%）	地铁/轻轨站内/车厢内 液晶视频受众（%）
大学专科	21.6	26.1
大学本科	20.5	33.7
本科以上	2.8	5.2

数据来源：CTR-CNRS（36 城市）

职业结构

公交车内液晶视频与地铁/轻轨站内/车厢内液晶视频的受众都以企事业/公司的普通职员为主要人群。不同的是：公交车内液晶视频的受众更加平民化，在工人、个体户或商业服务人员的占比方面相对高于地铁/轻轨站内/车厢内液晶视频；而地铁/轻轨站内/车厢内液晶视频的受众在国家公职人员或企事业单位管理者方面的占比更高。

表 5－13　公交地铁液晶视频受众职业构成

职业/职务	公交车内 液晶视频受众（%）	地铁/轻轨站内/车厢内 液晶视频受众（%）
公务员	1.0	2.0
教师/医生/律师	2.6	3.7
企事业/公司高层管理人员	0.9	2.3
企事业/公司中层管理人员	5.4	9.6
企事业/公司基层管理人员	8.2	11.5
企事业/公司普通职员	31.9	34.4
制造业/生产企业工人	6.0	3.9
个体户	6.5	6.3
商业服务人员及其他	7.0	5.2

数据来源：CTR-CNRS（36 城市）

收入结构

个人月收入方面：公交车内液晶视频覆盖的受众的收入水平相对较低，月收入 3000 元以下低收入人群占到将近一半，另一半也主要集中在每月收入 3000—5999 元之间的人群。而地铁/轻轨站内/车厢内液晶视频受众的收入水平相对高于公交车内液晶视频受众，以月收入3000—5999元为多数，月收入6000—9999元的中高等收入人群也占到五分之一的比例。

表5－14 公交地铁液晶视频受众收入构成

个人月收入	公交车内 液晶视频受众（%）	地铁/轻轨站内/车厢内 液晶视频受众（%）
3000元以下	44.2	25.5
3000—5999元	41.6	44.2
6000—9999元	10.5	20.4
10000—14999元	2.5	6.7
15000—19999元	0.4	1.4
20000元及以上	0.3	1.2

数据来源：CTR-CNRS（36城市）

3. 竞争格局

● 行业成长迅速，三大运营商称雄

现代化城市生活节奏加快，一方面是人们为了满足自身工作、购物、餐饮、旅游、休闲等日益增多的需求而越来越多地停留在户外；另一方面，连年增长的交通压力促使政府在公共交通领域持续加大投入，改善基础设施建设，方便快捷的公共交通成为人们出行的首选。应运而生的公交移动电视以覆盖广泛、反应迅速、移动性强的特点迅速进入受众视线，有效拓展了户外电视的竞争空间。

资源持续扩张，行业成长迅速

在经济改革深入、人口流动限制放开、全国各地城市化进程加快的大背景下，根据“六普”数据，我国城镇人口从1990年的近3亿已迅速增长至2010年的6.7亿；城镇化率从1990年的26.44%，增长至2010年的49.68%。城市化进程带来了大批的外来人口，带来了产业结构的转变，带来了经济增长、收入提升，也带来了城市交通前所未有的繁荣。截止到2011年底，全国城市公共交通运营车辆数达45.8万辆，

运营线路网长度近 52 万公里，年公共交通客运总量达 743.9 亿人次。其中，轨道交通运营线路总长度 2006 年为 621 公里，2011 年增长至 1699 公里；客运总量从 2006 年的 18.1 亿人次增长至 71.3 亿人次。城市人口对公共交通日益增长的出行依赖和政策扶植下公共交通事业的快速发展共同推动了公交移动电视媒体的成长壮大，使之迅速成为城市生活圈内覆盖范围最广、屏幕数量最多、影响规模最大的新媒体之一。截止 2011 年，形成全国联网传播优势的公交电视媒体覆盖主流消费城市共 55 个，公交电视终端数约 33.5 万屏、地铁电视终端数约 6.5 万屏，触达数亿受众，在各类新媒体竞争中优势显著。

鼎立之势已成，主体更趋多元

从 2003 年 1 月 1 日，中国内地第一个移动电视频道——上海东方明珠移动电视正式开播，到 2013 年公交电视遍布全国大中城市，移动媒体已经走过了整整十年。十年间，移动电视行业覆盖城市超过 100 个，线路数量超过 7000 条，安装车辆数超过 17 万辆，屏幕数量突破 28 万块；十年间，经历了跑马圈地的初级发展阶段，移动电视媒体运营已然成熟，初步形成华视传媒、世通华纳、巴士科技三足鼎立之势。

目前，华视传媒在全国 88 个公交城市、14 个地铁城市强势布局，依托与广电的合作，通过 21 万个公交电视终端、8.6 万个地铁电视终端与受众进行沟通，是目前国内最大的无线发射技术车载电视媒体运营商。与华视在公交、地铁领域的运营重点不同，巴士在线则以求变的思路来迎接市场竞争，其对互联网的战略和业务的构思，推动公交行业的信息化进程，以及公交乘客环境的优化。而世通华纳则在短短数年之间，完成了对全国重点以及众多三、四线城市的覆盖，如在山东、湖北已经形成了省域公交媒体联播网，获得了真正意义上的全国同步精准传播效果，使媒体价值得到强势凸显。

除三大运营商外，多地广电机构也开始发力公交与地铁移动电视媒体，如深圳地铁电视目前即由深圳广电运营管理，发挥其内容优势，开办出移动电视频道，有效实现了电视的多渠道覆盖，也推动了电视产业的长足发展。

行业竞争激烈，华视领军发展

在激烈的户外视频媒体角逐中，渠道资源是竞争的基础核心，内容是抢夺注意力的介质，服务则是提升竞争力的保障。2012 年度在北京、广州、成都、南京和沈阳等 13 个城市开展的公交和地铁移动电视媒体的收视调查显示：在一线城市户外移动电视收视市场上，公交移动电视市场份额具有绝对优势，地铁移动电视则处于快速发展阶段。

表 5－15　部分城市移动电视媒体市场份额（%）

媒体	北京	广州	成都	南京	沈阳
公交移动电视	77.63	80.31	94.63	72.11	75.63
地铁移动电视	22.37	19.69	5.37	27.89	24.37
华视传媒公交 & 地铁移动电视	86.19	71.98	78.93	54.56	74.18

数据来源：2013 年公交移动电视收视调查

而华视传媒公交与地铁联播网的传播实力除南京外，在各城市均占据 50% 以上的份额，处于行业领军地位。

图 5－21　部分城市公交电视媒体市场份额

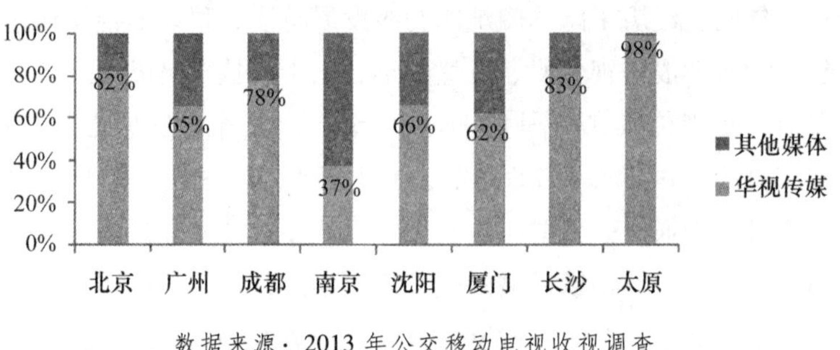

数据来源：2013 年公交移动电视收视调查

（二）楼宇电梯视频媒体传播影响力

1. 观众规模

● 7357 万人/周

2012 年至 2013 年，36 城市的楼宇液晶视频到达率也有明显的上升。2013 年有几乎一半的城市居民每周都能看到楼宇液晶视频，相比 2012 年上升了近 3 个百分点。从人群规模上看，增长了 2539 万人，增幅 52.7%，每周有 7357 万人都能看到楼宇液晶视频。

图 5－22 2012—2013 年楼宇液晶视频周到达率（%）

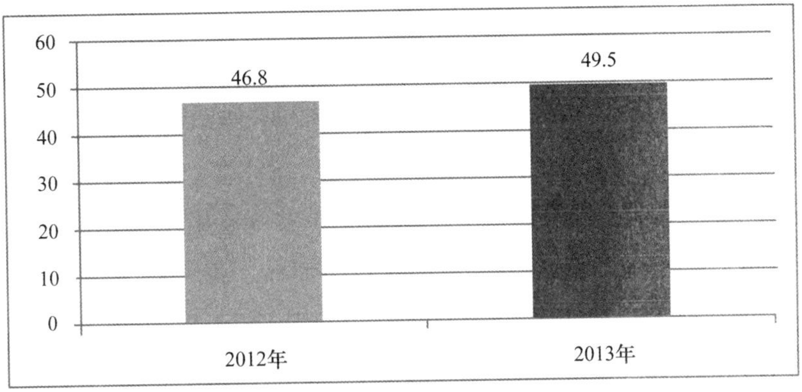

数据来源：CTR-CNRS（36 城市）

图 5－23 2012—2013 年楼宇液晶视频周到达受众规模（万人）

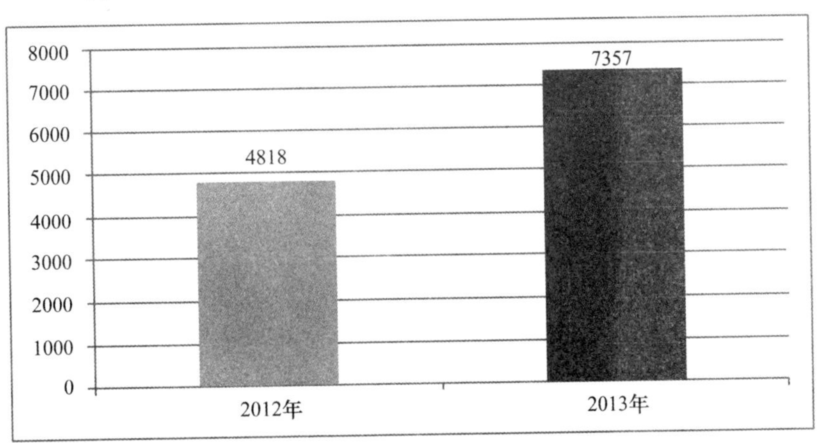

数据来源：CTR-CNRS（36 城市）

2. 用户特征

● 70、80 后，高学历，中等收入占比过半

楼宇液晶视屏用户的主体是社会中等阶层，以 70、80 后的中青年为主，具有较高的学历，中等收入，是企事业单位的普通职员和一般管

理人员。

年龄结构/代群结构

楼宇液晶视频的受众中，80 后最多，占到 32%；其次是 70 后，占到 23.3%；90 后排在第三位，为 16.7%。80 后与 70 后两个人群占到一半以上的比例（55.3%），是目前楼宇液晶视频的受众主体。

表 5－16　楼宇液晶视频受众年龄构成

年龄/带群	楼宇液晶视频（%）
15—23（90 后）	16.7
24—33（80 后）	32.0
34—43（70 后）	23.3
44—53（60 后）	15.9
54＋（50 后以及上）	12.1

数据来源：CTR-CNRS（36 城市）

学历结构

楼宇液晶视频受众中，有 52.3% 的受众拥有大专以上高等学历，受众的受教育水平与地铁/轻轨站内/车厢内液晶视频的受众的教育水平相当。

表 5－17　楼宇液晶视频受众学历构成

学历	楼宇液晶视频（%）
高中及以下	37.4
大专/技校	10.2
大学专科	24.1
大学本科	24.6
本科以上	3.6

数据来源：CTR-CNRS（36 城市）

职业结构

楼宇液晶视频的受众以企事业/公司普通职员为最多，占到 34.3%，其次是基层管理人员，占比为 10.1%。

表 5－18　楼宇液晶视频受众职业构成

职业/职务	楼宇液晶视频（%）
公务员	—
教师/医生/律师	2.9
企事业/公司高层管理人员	1.6
企事业/公司中层管理人员	7.8
企事业/公司基层管理人员	10.1
企事业/公司普通职员	34.3
制造业/生产企业工人	5.3
个体户	7.1
商业服务人员及其他	6.8

数据来源：CTR-CNRS（36 城市）

收入结构

楼宇液晶视频的受众中，中等收入阶层占了近六成，个人月收入在3000—9999 元的受众达到 58.6%。而 3000 元以下较低收入者也占到 34.8%。

表 5－19　楼宇液晶视频受众收入构成

个人月收入	楼宇液晶视频（%）
3000 元以下	34.8
3000—5999 元	44.5
6000—9999 元	14.1
10000—14999 元	4.1
15000—19999 元	0.9
20000 元及以上	0.7

数据来源：CTR-CNRS（36 城市）

3. 竞争格局

● 竞争日趋激烈，分众传媒领军

到达率平稳上升

在 2011 年，楼宇视频媒体的受众到达率比上年有了较大提升，一线城市提高了13个百分点，二线城市提高了9个百分点。在接下来的发展中基本保持平稳，一线城市到达率明显高于二线城市。

图5-24　楼宇电视到达率（%）

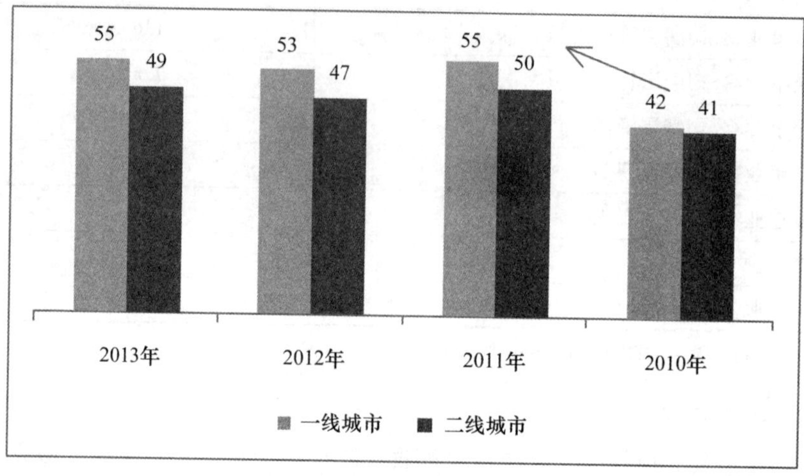

数据来源：CTR-CNRS（36城市）

通过2013年36城市周到达率排名可以看到：楼宇视频媒体在二线城市发展参差不齐。以某二线城市中心写字楼媒体情况来看，一幢楼宇中的媒体多达8家以上，一楼等候区就出现6种不同类型的媒体。其中楼宇视频媒体5家：分众传媒、云数传媒、渤海华视、楼宇电视联播网、超发文化传播，而屏幕面积最大的可以达到42寸。由此可见，二线城市的楼宇媒体环境较为复杂。

表5-20　楼宇电视部分城市到达率（%）

城市	到达率	城市	到达率	城市	到达率	城市	到达率
厦门	88.63	南宁	57.51	佛山	48.85	重庆	37.52
海口	71.59	贵阳	56.51	西安	47.99	武汉	36.88
昆明	69.68	上海	56.28	天津	46.04	济南	34.38
成都	68.75	杭州	56.07	乌鲁木齐	45.59	郑州	33.83
温州	62.75	大连	55.39	北京	44.3	合肥	32.42
深圳	62.64	宁波	52.56	无锡	43.38	石家庄	30.59
苏州	62.57	青岛	51.81	哈尔滨	41.19	长春	30.38

（续表）

城市	到达率	城市	到达率	城市	到达率	城市	到达率
广州	60.98	长沙	50.63	太原	40.29	沈阳	29.38
福州	59.2	南昌	49.21	南京	37.9	兰州	21.3

数据来源：CNRS（36 城市）

传播影响力不断扩大

伴随着楼宇视频媒体的蓬勃发展，业内对其广告效果的量化评估呼声愈发强烈。为顺应市场的需要，央视市场研究股份有限公司（CTR）于 2010 年正式推出 Infosys + OOH 户外媒体效果评估体系。该体系采用与传统电视收视率（Infosys + TV）一致的调研流程，Infosys + TV 的分析方法同样适用于 Infosys + OOH，可以进行受众分析、地域分析、媒体策略分析、时段及媒体组合分析。经过几年的发展和不断完善，该评估体系已成为媒体从业人员不可或缺的工具。截止到 2013 年，该项评估已经覆盖 20 个城市，且覆盖区域逐年扩大。CTR 将 Ratings/ GRP/ Reach/ Frequency 等诸多电视策划语言及量化评估指标引入户外媒体，使跨媒介的媒介计划被科学地量化及预判。

受众结构与当地居民构成基本一致

运用 infosys + OOH，可以清楚地了解各城市楼宇视频媒体受众的年龄、性别、婚姻状况、有无子女、教育程度、职业及收入等情况。研究发现楼宇视频媒体由于其高覆盖，使得受众结构与当地居民构成基本保持一致。具体特征如下表：

表 5－21　各城市楼宇视频受众结构比较

北京	上海	广州	深圳	二线城市包括厦门、成都等
楼宇视频媒体受众中 18—44 岁占比最高，达到了 65%	相比电视观众中 51% 为 50 岁以上特征，楼宇视频媒体受众中 18—44 岁占比达 56%	城市人口相对“年轻态”，楼宇视频媒体受众相对均等分布在各个年龄群中。18—44 岁居民与全市人口构成一致	城市人口“年轻态”，楼宇视频媒体受众相对均等分布在各个年龄群中。24 岁以下受众中，楼宇 LCD 联播网覆盖比例高于电视	楼宇视频媒体受众与城市人口结构基本保持一致

数据来源：2013 年楼宇电视收视测量数据

行业格局稳定，分众领军发展

在户外媒体中，楼宇视频媒体的竞争格局相对稳定。分众传媒经过多年的融资、合并、技术升级等运营调整，让楼宇液晶视频电视出现在商务楼宇、商厦、餐厅、酒吧、KTV、健身会所以及高层住宅楼的电梯入口或电梯内壁，占据楼宇视频媒体 90% 以上的市场份额，成为楼宇媒体产业的领跑者。

（三）户外大屏媒体传播影响力

1. 观众规模

● **受众约 1.3 亿**

2012 年至 2013 年，公共场所液晶/大屏的周到达率增长显著，从 72.4% 上升到 85.4%，一年之中增加了 13 个百分点，是户外视频媒体中增长幅度最高的一部分。从每周覆盖的人群规模看，一年中增加了 5243 万人。

图 5－25　2012—2013 年公共场所液晶/大屏周到达率（%）

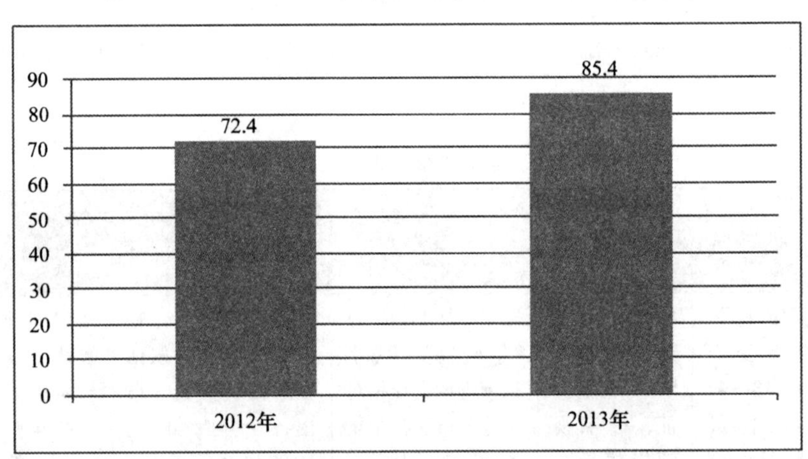

数据来源：CNRS（36 城市）

注：公共场所液晶/大屏包括：机场液晶、火车站液晶、公共场所的电子大屏

图 5-26　2012—2013 年公共场所液晶/大屏周到达人群规模（万人）

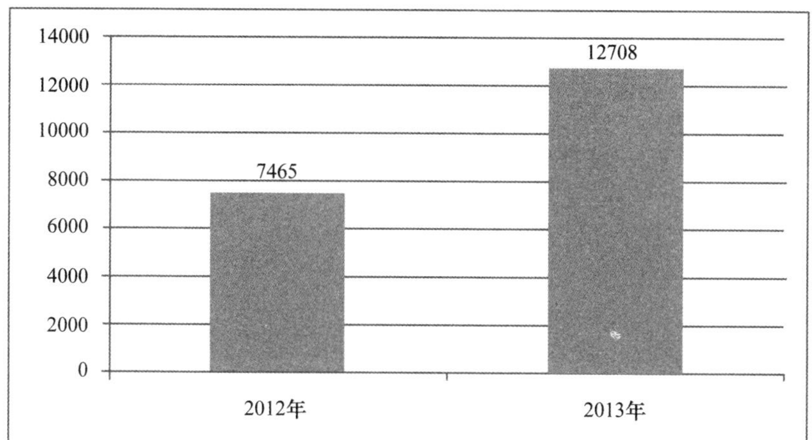

数据来源：CNRS（36 城市）

2. 受众结构

●青年为主、学历结构分散，普通员工、商业服务人员占比过半，收入水平较低

户外大屏的位置大都在户外公共场所，主要集中在人流量大的繁华区域，包括商业区、商务区、机场、火车站等。因此户外大屏的受众构成由这些区域的移动人群特征所决定。

年龄结构/代群结构

公共场所液晶/大屏媒体主要覆盖的是年轻群体，以 24—44 岁的中青年为主，其中 24 岁至 33 岁的 80 后人群占比最高，其次是 70 后，再次是 90 后和 60 后。

表 5-22　2012—2013 年公共场所液晶/大屏周到达人群年龄结构

年龄/带群	公共场所液晶/大屏（%）
15—23（90 后）	17.6
24—33（80 后）	29.8
34—43（70 后）	21.8

（续表）

年龄/带群	公共场所液晶/大屏（%）
44—53（60后）	16.5
54+（50及以上）	14.2

数据来源：CNRS（36城市）

学历结构

公共场所液晶/大屏受众的学历结构比较分散。基础学历和高等学历人群占比各半，但与城市总人口的学历构成比较，户外大屏选择的区域人口中高学历比例还是要高很多。

表5-23　2012—2013年公共场所液晶/大屏周到达人群学历结构

学历	公共场所液晶/大屏（%）
高中及以下	39.9
大专/技校	9.9
大学专科	22.4
大学本科	23.9
本科以上	3.8

数据来源：CNRS（36城市）

职业结构

从职业结构可以看出，公共场所液晶/大屏覆盖的人群主要是在各类机构、公司、企业上班的上班族。其中企事业/公司的普通员工、商业服务人员等人群占到半数以上，国家公职人员占5%的比例，企事业/公司管理层人员占到17.3%。

表5-24　2012—2013年公共场所液晶/大屏周到达人群职业结构

职业/职务	公共场所液晶/大屏（%）
公务员	1.7
教师/医生/律师	3.3
企事业/公司高层管理人员	1.4
企事业/公司中层管理人员	7.1
企事业/公司基层管理人员	8.8

（续表）

职业/职务	公共场所液晶/大屏（%）
企事业/公司普通职员	30.2
制造业/生产企业工人	5.4
个体户	7.2
商业服务人员及其他	11.3

数据来源：CNRS（36城市）

收入结构

普通员工和商业服务人员占比较高，决定了公共场所液晶/大屏媒体覆盖受众的收入水平比较低，主要集中在中低收入人群，82%的受众月收入不到6000元。

表5-25　2012—2013年公共场所液晶/大屏周到达人群收入结构

个人月收入	公共场所液晶/大屏（%）
3000元以下	41.3
3000—5999元	40.7
6000—9999元	12.2
10000—14999元	3.6
15000—19999元	0.8
20000元及以上	0.8

数据来源：CNRS（36城市）

3. 竞争格局

● 发展迅速，市场格局初成

随着大屏技术的快速提高，近几年户外大屏异军突起取得了长足的发展。户外大屏的到达率增长显著客观地表现了这种变化。2009年户外大屏的到达率仅为25.0%，而五年后的2013年已突飞猛进到85.4%。

图 5－27　2009—2013 年户外大屏周到达率（%）

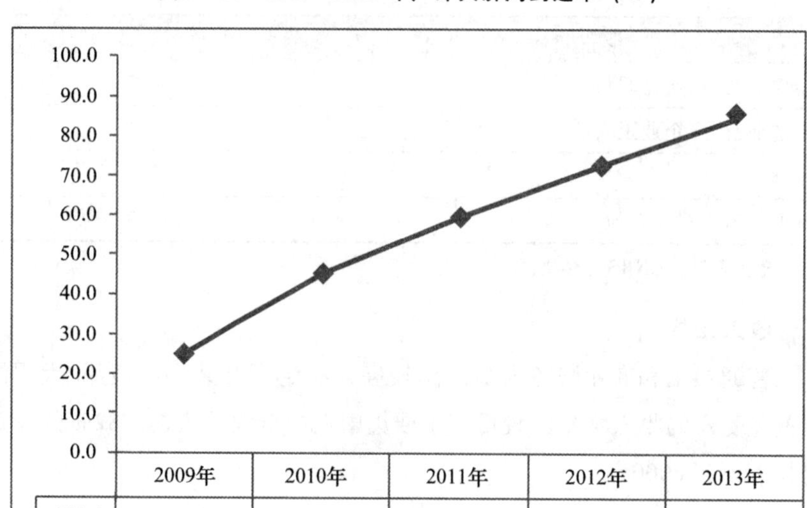

	2009年	2010年	2011年	2012年	2013年
到达率	25.0	45.2	60.1	72.4	85.4

数据来源：CNRS（36 城市）

从行业机构的成长与发展来看，户外大屏的市场格局已初步形成。都市类的户外大屏运营商主要有凤凰都市传媒、郁金香传媒、香榭丽传媒、北广传媒、电信传媒、新华兆讯等；机场类户外大屏运营商主要有航美传媒、北青航媒等；车站类的户外大屏运营商主要有永达传媒等。其中凤凰都市传媒以创意与技术为核心竞争力，成为行业的后起之秀；行业先驱郁金香传媒与香榭丽传媒，作为户外大屏的主流运营商，已形成了较为集中的市场占有格局，也构筑了较高的进入壁垒。

随着国家对户外电子屏媒体设置管理的进一步规范以及广告主更多的营销需求，目前户外 LED 大屏幕正在进入规范化发展和以创新和科技进步为核心竞争力的全新阶段。此外，户外大屏媒体对于资金的需求巨大，如无资本实力，很难快速扩张和持续发展。

据 CTR 个案集群研究的不完全统计，2013 年户外大屏媒体的广告收入在 20 亿元左右，市场规模保持增长趋势。在户外大屏媒体运营商中，收入较高的主要有凤凰都市传媒、郁金香传媒、香榭丽传媒等。

• 到达率 85.4%，媒体认知提升

随着户外大屏媒体规模的扩大，受众的认知和观看频次逐渐增加，

到达率整体呈现快速增长的趋势。根据 CNRS 调查，2009 年户外大屏的媒体到达率为 25%，而 2013 年户外大屏的媒体到达率达到 85.3%。户外大屏媒体已完全被公众接受，成为常态化媒体。

由于户外大屏的媒体运营商较多，行业竞争不时会“硝烟四起”。部分小运营商不顾及媒体的自身形象，大量引入低端广告，对户外大屏的媒体形象造成了一定的损害。根据 CNRS 调查，2013 年户外大屏的媒体信任度比 2012 年下降了 0.2 个百分点。

图 5-28 户外大屏的媒体信任度（%）

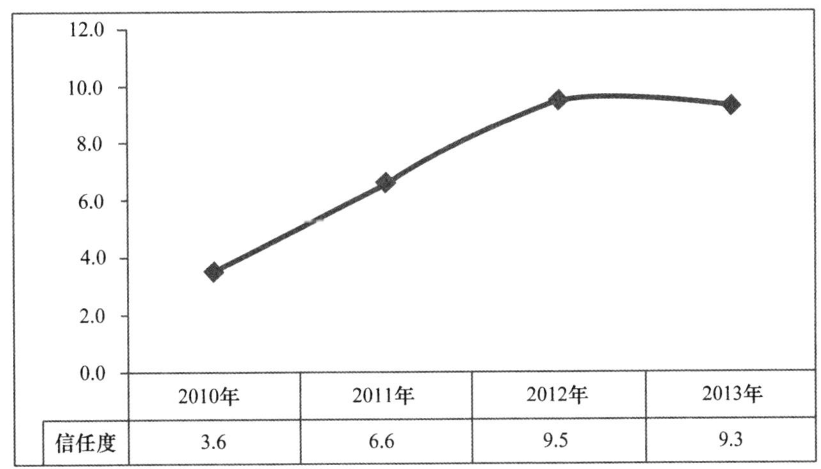

	2010年	2011年	2012年	2013年
信任度	3.6	6.6	9.5	9.3

数据来源：CNRS（36 城市）

此外，目前凤凰都市传媒、香榭丽传媒、郁金香传媒等较大的户外大屏运营商都在积极准备上市。

五、年度亮点

2013 年又被称为“大数据元年”。随着互联网、移动互联网对各个领域的渗透越来越深入，从政府到企业，从群体到个人无不席卷其中，户外视频也不例外。越来越多的户外视频媒体在这一年迈出了与互联网及其他媒体互动传播的重要一步。以下通过部分代表案例展现户外视频的年度亮点。

移动电视视频

（一）公交地铁移动电视年度亮点

1. 借中超火爆之势，展媒体营销盛宴

华视传媒是目前国内覆盖面最大的移动电视媒体运营商，国内唯一采用数字电视地面广播标准无线接收的户外数字电视媒体运营联播网。其拥有公交电视资源遍及 76 个城市，地铁电视资源覆盖 10 个城市，公交与地铁电视终端共计约 23 万个。2013 年，华视传媒成为中超联赛独家移动电视战略合作伙伴，首度试水多屏互动传播。

历经 20 年冰与火的洗礼，2013 年的中超联赛备受注目。在此机遇下，2013 年 2 月 28 日，华视传媒与中超公司共同宣布建立深度战略合作伙伴关系，华视传媒成为中超联赛未来 5 年公交地铁移动电视战略合作唯一户外媒体。这一合作具有划时代的意义：对于中超来说，是其在电视、报纸、网络和电台平台外，第一次拥有了户外数字传媒平台。自此，观众不仅可以通过家中电视、通过互联网络获取赛事信息，也可以在上下班途中观看中超，中超赛事实现了前所未有的全范围覆盖。另一方面，华视传媒通过引入火爆的中超内容资源，凭借其强大的媒体联播网，在为其核心受众提供视听盛宴的同时，也为企业实现品牌知名度的扩大、美誉度的提升提供了新的契机。

2013 中超联赛的传播广度、深度可谓史无前例，形成了“现场 + 电视 + 移动电视 + 手机”四重联播格局。具体而言，首先现场是第一重传播。2013 年赛季，每场球赛场均观众人数达到 1. 86 万人，240 场比赛累计总观众数量为 445. 7 万人次；其次是央视和卫视的二重传播。共计有 8 个省级频道、8 个市级频道、1 个卫星频道和 2 个中央台频道，共播出 3684 小时 21 分钟的 2013 中超赛季比赛，累计收视达 3. 4558 亿人次；第三，华视传媒通过覆盖 4 亿人口公交、地铁电视联播网将中超节目与品牌广告再度进行深度传播。还针对性地开发了华视中超手机互动 APP 平台。通过受众对中超赛事进行竞猜等互动参与，激发观众热情，增强媒体黏度，拉近内容及品牌与受众的距离。

可以说，华视与中超的联合实现了顺中超热力、借媒体优势、助品牌成长，是 2013 年中国移动电视市场的大亮点。

2. 特色定制节目，引领户外视频内容传播新模式

为了提升中超移动电视传播效果，华视传媒集结优秀制片力量，推出六档特色定制节目。《2013 中超超级盛典》以发布中超相关新闻资讯，展现中超赛场的精彩片段为主；《超级 V 表情》通过回放赛场精彩瞬间，展示足球作为一项竞技体育独特的力与美；《超级赛事》在中超每轮赛事前一周，预告各支球队的备战情况；《角斗士》挑选中超具有代表性的多位球员，通过纪实微电影的表现手法，全方位呈现球员背后的成长故事，打造城市英雄概念；《超级俱乐部》是一档体育资讯类的综合新闻节目；《翔·谈》是一档由名嘴足球评论员、美女主播共同主持的中超脱口秀节目。

纵观华视为中超特别定制的六档节目，时长在 20 秒到 2 分钟不等，非常契合公交或地铁车内的播出环境。内容短小精悍，类型丰富多样，涵盖新闻资讯、微电影、访谈多个节目类型。在整个中超赛事期间，六档定制节目紧跟赛程进展，连续提供了约 35 期的精彩内容，在路途中为关心中超的广大受众提供了及时、精彩的赛事资讯，提高了中超联赛在户外移动空间的传播力度。

展望未来，在“N 屏 1 云”的融媒发展趋势下，公交和地铁移动电视还将在多屏融合、互动传播领域走得更远。依托新的技术形式实现与移动互联网的无缝对接，是移动电视吸引受众参与媒体传播、提升媒体作为“渠道”竞争力的重要方向。

（二）户外视频媒体年度亮点

1. “圈地运动”延伸至三、四线城市

基于对户外大屏媒体广告投放的高预期，大大小小的媒体公司都在忙乎获取资源、圈地建屏。然而，户外 LED 显示屏媒体对于资金的需求巨大，如无资本实力，很难在行业得以快速扩张和持续发展。

目前在一、二线城市的户外大屏数量已接近饱和，建设新屏的空间降低。2013 年，随着媒体渠道的下沉，媒体运营商在三、四线城市发力，户外大屏在三、四级城市建设加速。

应该指出的是，网络化服务是户外大屏媒体发展的趋势，“圈地建屏”只是入门，后续的资本支持和稳健经营才是能在这个行业持续发展的基础。

2. 播出内容更加丰富

户外大屏现在已经不仅是单纯的广告展示平台，目前可以看到社会热点事件、重大赛事、新闻等信息在户外大屏上播出，同时也满足了政府机构公益宣传与城市形象宣传的需求；随着户外新媒体技术的提升，户外大屏幕媒体开始和互动技术、地理定位技术及信息搜索服务结合起来，成为媒体、企业产品与消费者实现沟通的重要的信息平台。

总之，广告与内容，传播与沟通服务的多功能结合是户外大屏的重要发展方向。

3. 向超高清显示发展

超高清显示技术被称为4K，目前尚处于初步发展阶段，显示屏价格也非常高。在2013年夏季举行的专业技术展示会上（InfoComm China 2013），各大主流显示屏厂商都集中展示了引发行业技术轰动的4K技术产品。

超高清显示技术的分辨率为3840×2160，图像的所有细节都可以被清晰展示，当观众远离大屏幕时，其优势会更加明显，色彩、层次和细节的呈现都是以往的显示技术无法企及的。

在接下来的发展中，户外大屏的超高清显示是重要的技术发展方向。

（三）楼宇电梯视频媒体年度亮点

比起内容，广告是无聊的。但是在等电梯或乘电梯时，比起无所事事，看广告又是好玩的。谁都不会想到，10年前江南春把一些彩电挂到写字楼的电梯口，然后把广告卖给那些品牌商，就使分众传媒成为现在广告界楼宇媒体产业的统领者。

1. 利用热门电视节目提升传播效果

比起几年前分众传媒“跑马圈地”式的扩张和在美国纳斯达克上市的风光，2013年的分众传媒没有吸引人眼球的重大创新，但悄无声息中，分众仍在改变。

2013年，面对荧屏上《中国好声音》等歌唱类选秀节目大制作的火爆，面对《爸爸去哪儿》的横空出世，分众借节目之势将广告与其融合，使广告产品和广告语自然穿插于节目花絮之中。这种电视节目与产品广告的融合制作提高了广告到达率，提升了品牌及产品知名度，也提升了楼宇视频媒体的受众关注度。

这种融合和改变顺应了目前媒体市场的发展与变化，使广告型媒体融入了内容元素，让消费者看屏幕的时候不是因为无聊而是因为有趣。对于广告主来说，这也算是一种特殊的定制服务。对于楼宇电梯视频行业来说，这种变化可以算是传播效果提升上的创新。

2. 集中资源加速变革

经过十年的长足发展，楼宇电梯视频行业下一步的发展方向是继续深入推进广告内容化、娱乐化、互动化等方面的创新尝试，深入洞察广告主需求，了解受众在特定的户外媒体空间中的注意力焦点、行为和心理，通过内容创新与服务创新来有效提升媒介价值。媒体不能仅仅依赖资本的力量和销售的力量来获得发展，而更应该从内容创新和传播创新上着手，才能凸显品牌价值和实现媒体的持续发展。

六、本章总结

本章的研究表明，随着户外视频技术的发展和普及，户外视频媒体与传统户外媒体相比，逐渐展现出独有的媒体特征：首先，户外视频媒体得益于数字和视频技术的发展，使“电视”走出了家庭，在户外迅速成长起来。其次，户外视频媒体分布广泛，类型丰富。在户外公共场所，有具有视觉冲击力的户外LED、信息及时的街边电子屏；在室内公共场所，如商场、楼宇、超市、车站、机场等地均有视频媒体滚动播放信息，成为有限空间内信息传播的重要工具。第三，户外视频媒体体现出寡头垄断、多元经营的特点。户外视频媒体的竞争核心是对传播渠道资源的占有。户外视频媒体类型的多样化也决定了经营主体的多元性。风投的青睐使得涉及公交移动电视、户外LED、医院媒体、酒店渠道媒体、列车媒体等多个领域诞生了数以百计的户外视频媒体投资主体多元化的经营机构。

目前，具有内容播出权的户外媒体并不多，公交与地铁移动电视目前主要是以与当地广电部门合作的方式在公交车、地铁车载视频媒体上为受众提供节目内容。节目多以短小精彩见长，类型上较为丰富多样，家中电视可见的节目类型均以剪辑或精编的方式在移动电视终端有所展现。公交移动电视目前在播的节目类型包括生活服务类、新闻时事类、综艺类、专题类、音乐类、体育类、财经类、青少类、法治类、电影类等十余个类型。其中生活服务类、新闻时事类播出时长最高，是各地公交移动电视普遍重点在播的节目类型。

受众在接触广告型媒体时，存在着与内容型媒体完全不同的方式。由于只有广告而没有其他内容的存在，受众在接触这类媒体时，缺乏由内容而产生的诱导接触过程，更多的是处在一种随机状态之下的突发性广告接触。这种突发性的接触使商家精心编制的商品和品牌信息直接展露在无防备戒心的受众面前，减弱了受众对于接触广告时的排斥心理或者是还来不及排斥就已经接触并接收到了广告内容。

从未来趋势看，户外内容型视频在播出内容方面更加符合受众在移动场所和移动工具内的特定空间短时间的观看要求，提高受众的互动性、参与性和关注度是内容建设的基本趋势。而广告型户外视频的趋势则是在广告内容化、娱乐化、互动化等方面创新的基础上，深入洞察广告主需求，了解受众在特定的户外媒体空间中的注意力焦点、行为和心理，通过内容创新与服务创新来有效提升媒介价值。

第六章　视频节目跨平台传播的价值评估

本章概要

- 视频媒体的多样性及内容为王的竞争驱动，为视频节目的跨平台播出提供了多样选择与流通动力。以电视媒体为代表的单一平台节目价值评估相对成熟与完善，但针对视频节目的跨媒体跨平台传播，如何进行全面的价值评估，在目前传播环境中已成为一个迫切需要解决的问题。
- 本章通过对跨平台视频节目的内容分布与受众规模、传播效果与价值评估现状、广告运营与营销发展、版权管理与分账机制等方面的梳理，展现视频节目跨平台传播的价值评估现状，并在此基础上提出视频节目跨平台传播价值评估体系构建的框架性思路。

一、视频节目跨平台传播的市场格局

视频新媒体与电视媒体在制作能力、节目资源保有量上的差距明显，电视媒体开展节目多平台播出的需求以及新媒体对视频节目的需求，共同促成电视节目与社会化制作节目在跨媒体平台间的流动与播出。

（一）电视剧与电视台自制节目是跨平台传播的主体

1. 电视台与节目制作公司制作内容是跨平台视频节目的主体

由于视频新媒体的节目自制能力较弱，自制节目资源量小，在不同的视频媒体上跨媒体播出的节目，绝大多数是电视台、电视剧及节目制作机构制作的视频内容。这些节目和电视剧为视频网站贡献了可观的流量，成为其流量的支撑。

视频新媒体自制节目的跨平台播出还处在起步阶段，2013 年在合肥电视台四套（影院频道）播出的《大鹏嘚吧嘚》是不多见的一例。

2. 跨平台节目类型多样，电视剧、综艺与新闻类节目占比高

跨平台视频节目类型多样化。以腾讯视频为例，除了影视剧外，电视台提供的视频内容在其网站上的分类包括：综艺娱乐、新闻、财经、体育、纪录片、生活、育儿、时尚、汽车等。

在各类节目中，电视剧与综艺类电视节目是互联网视频的主体内容，播放量占比最高，其次是新闻资讯类节目。在优酷，电视剧资源量占到30%—40%，在搜狐视频播出的综艺节目则囊括了省级卫视超过90%的综艺节目，腾讯视频上也不乏卫视热播剧。电视收视率高的电视剧和综艺节目在网络上的点击量相应也会很高，因此收视率成为视频新媒体购买内容的风向标，也导致了电视剧与综艺节目网络版权的争夺激烈。

来源于互联网视频的跨平台节目数量少，类型主要为自制脱口秀形式的娱乐节目、自制纪录片和人物访谈节目，来自网站的视频内容主要在电视地面频道播出。此外网友上传的UGC（User Generated Content，用户生成内容）内容也成为不少电视台新闻节目中的视频素材来源。

（二）视频节目跨平台传播的三种运营方式

视频节目的跨媒体运营方式有三种：一是不通过中间机构，视频媒体之间以版权售卖、资源置换等方式达成的直接交易；二是以节目制作或代理发行商业机构为主体的运营，如电视剧、纪录片等多以此为主要运营方式，少数电视媒体也将节目跨媒体发行或版权运营权委托给专门的代理机构；三是以持有新媒体电视集成播控牌照的机构为运营主体，这些运营者多具有广电背景，如央视国际旗下CNTV、上海文广旗下百视通等，通过提供内容集成播控平台服务，实现电视节目、网络视频等在IPTV、OTT、手机电视等新媒体平台上的播出。

（三）电视与网络视频平台上的跨媒体用户超过4亿

据CNNIC 2014年1月发布的第33次《中国互联网络发展状况统计报告》，至2013年12月，全国网民有6.18亿，通过包括PC端与移动端收看网络视频的用户规模达4.28亿。据CSM媒介研究2013年全国基础研究的调查数据，2013年全国电视观众为12.8亿；根据被访者在“过去半年”的媒体情况看，车载电视用户3.49亿，楼宇/户外电视用户4.45亿。

根据CINNIC与CSM媒介研究2013年全国基础研究数据综合分析可知，电视与网络视频是跨媒体收看规模最大的组合平台，在这两个平台上的跨媒体用户已超过4亿，其中15—44岁观众占到90%左右；同时在电视与车载电视、同时在电视与楼宇电视上收看视频节目的观众规模分别超过3.4亿和3亿；同时在上述4个媒体上收看视频节目的观众1.8亿左右，15—44岁观众占到90%左右。

跨媒体收看已形成了庞大的观众群体。

二、视频节目传播效果分析方法与现行体系

（一）电视收视率调查体系

1. 收视率调查简介

在世界电视业，从20世纪30至40年代开始，包括市场调查机构、行业组织、学界和媒体机构在内的各方人士对电视受众调查进行了多种尝试，通过电话调查、日记卡调查、测量仪调查以及面访法或参与观察法等方法来了解电视观众的收视行为。经过半个多世纪的发展，历经技术变革和方法完善，日记卡法和测量仪法最终成为连续性收视率调查的主流方法。

收视率调查是一种抽样调查，它采用连续性调查方式，采取概率抽

样方法，通过组建能够代表整体电视人群的固定样组，借助日记卡或测量仪等数据采集手段，长期持续记录样本观众在每个测量单位时间内的收视行为。由于收视率调查数据能够让使用者更为深入和详尽地了解观众的收视行为、习惯和动向，因此，收视率数据在各种受众调查中最受行业各方人士重视，并得到了最广泛的应用。

2. 收视率调查全球概况

目前，全球共有77个国家和地区开展了电视收视率调查。在北美和欧洲等经济发达地区，收视率调查的普及率相对较高。中国的收视率调查起源于20世纪80年代中期，随后经过几十年的发展，CSM媒介研究逐渐成为中国收视率调查的主要供应商。在大多数进行收视率调查的国家中，调查区域都仅仅集中在首都等经济发达的少数城市或区域。仅在中国、美国、澳大利亚和日本等幅员较广、人口较多、电视竞争较复杂的国家，才建成了多种层次和范围的收视率调查网络。在几乎所有进行大规模、多层次和多范围收视率调查的国家，收视率数据采集方法仍然是测量仪和日记卡并存的状态，在经济相对发达的市场和区域运用测量仪方法，在经济发展水平相对落后的区域采用日记卡方法。

3. 收视率调查准则

收视率调查有着国际通行的准则，即《全球电视受众测量指南（GGTAM）》，而我国的收视率调查也已经拥有通行的行业标准——《中国电视收视市场调查准则》，该准则由中国广播电视协会于2009年颁布实施。另外，我国收视率调查的国家标准——《电视收视率调查准则》也正在审核过程中，一经通过，将成为我国收视率调查的最高标准。

4. 收视率调查方法

收视率调查系统要求必须有科学的研究方法以及严格的、系统化的质量控制系统，以确保整个调查系统的有效性和可信度。收视率调查系统的建立包括收视率调查总体的界定、样本数量的确定、抽样方法的选择、样本组的建立和维护等一系列过程。

在现行的收视率调查体系中，收视率的调查对象，也就是收视率调查中调查哪些人，一般被界定为目标区域内 4 岁及以上的电视家庭人口。

收视率调查按照严格科学的抽样方法选取调查样本，然后基于调查样本的收视行为来推及调查观众总体的收视行为。收视率调查系统的建立，一般是一个两阶段的过程。首先需要进行一个大样本的基础调查，用以收集所需要的电视市场信息；然后，通过分析基础调查数据以及其他来源的有关数据，以基础研究调查的大样本作为抽样框，采用合适的抽样方法组建固定样本组。要构建一个高效的电视收视率测量系统，最为关键的问题是收视率调查固定样本组中的样本户对所选择地区的家庭总体具有代表性，而不能存在人为的偏差。想获得一个有代表性的固定样本组，首先需要采用一个可靠的概率样本设计，确保样本户随机地来自于总体；同时，还需要保证固定样本组的一些关键特征，即控制变量，与总体的分布保持一致。

不同市场的收视率调查遵循相同的执行规范，相同的数据处理原则，采用相同的指标体系，因此不同市场之间的收视率调查数据具有可比性。收视率在电视媒体和广告公司的广告交易中扮演“通用货币”的角色，成为电视媒体进行节目传播效果评估和考评的重要参考。

（二）其他平台收视行为调查

近几年，全球数字化技术和信息通信技术突飞猛进，在互联网化浪潮的推动下，网络新媒体正汇聚成一股汹涌澎湃的历史大潮，以网络视频为代表的新媒体市场在全球范围内得到迅速发展，给传统电视造成了较大冲击，这一两年来，网络视频行业更是脱离了单一的 PC 端的争夺，而进入包括移动端的多屏竞争。

1. 网络视频收视行为监测产生的背景

近年来，网络视频一直是我国传媒发展最快的领域，它成功地吸引了众多的受众，已成为中国最为普及的互联网应用之一，网络视频分流电视媒体观众的现象变得越来越清晰。应这一变化，作为传统电视媒体的研究机构也将自己的业务向互联网视频扩展延伸，而同时网络视频的高速发展，也催生了大量互联网视频内容监测和视频广告监测的研究公司和研究机构。

随着网络视频的快速发展，互联网广告市场规模也在不断壮大，市场对网络视频用户行为数据的需求逐渐加大，获取真实准确的网络视频数据，也成了众多网络视频公司、独立第三方数据调查机构努力的方向。

2. 视频网站监测数据的采集方法

视频网站监测数据的采集方法种类较多，主要分为播放平台内部监测和第三方监测。众多网络视频研究机构的产生以及业内对第三方视频监测服务需求的增加不断激励着监测方法的演进，网络视频监测技术也变得非常多样化，从 IT 技术到媒体资产管理技术均被应用至在线视频监测。在国内外众多研究机构的不断摸索中，从最基础的问卷调查逐渐演变成网络爬虫技术、数码水印技术、内容植码技术以及在国内外均较为普遍的 flash 插件技术、播放器植码技术、网页嵌码技术等技术手段。然而，由于视频监测涉及片源方、播放平台、受众以及监测方技术水平等多方制约，各种监测技术均显示出各自的技术优势以及一些本身难以克服的技术局限性，可监测到的指标不尽相同。为了尽量弥补某个监测技术带来的限制，现在很多监测机构在实际监测时会将多个技术结合使用，以提升监测效率。

通过上述监测技术可得到一些网络视频收视的基本指标，如视频的播放次数、用户观看时间、用户观看时长、观看次数、观看平台等信息，但是网络视频受众的特征及其收视行为，也是研究网络视频的重要组成部分，更是网络视频研究的难点。现阶段，网络受众的监测主要是通过统计抽样的方法实现，通过第三方监测软件实现对目标用户的监测的主动监测方法和通过唯一识别码与用户的访问记录实现匹配的被动跟踪这两种手段去获取互联网视频的受众数据。

我国网络视频自诞生以来，就成为一个竞争白热化的领域，网络视频市场被多家专业视频网站以及门户视频网站所瓜分，如何能够获取和整合完整的数据以及保证数据的准确性和客观性，成为网络视频数据监测面临的最大挑战，也是亟待解决的一个关键问题。

三、不同视频平台的价值评估现状

虽然在不同视频平台的节目内容、收看规模及受众特征各有不同，但对于视频节目的价值评估，总体上依循类似的商业逻辑，考虑的维度涉及多个方面，如不同视频行业间（如电视、网络视频）的市场分配格局，同一视频行业内不同媒体（如各电视台）的总体竞争力及增长预期，内容制作、购买和运营成本，对视频内容收看情况及广告收益的预估，此外还包括视频平台及内容的品牌影响力等。

（一）收视率是电视媒体价值评估的重要工具

收视率被称为电视交易市场的通行货币。收视率作为观众规模与观众收看时长的综合指标，反映了电视媒体在电视市场获得的时间资源占比。收视率因此成为电视媒体进行价值评估的重要工具。在此基础上，收视率指标体系中的收视点成本（CPRP）、千人成本（CPM）则是评估电视广告价值的重要指标。

随着电视节目网络化传播的日趋普遍，中央电视台等电视媒体逐步引入网络测评指标，将电视节目的网络收看情况纳入评估范围。此外，在电视媒体社交化发展的背景下，对社交媒体讨论的分析也逐渐进入媒体价值评估的范畴。

（二）播放量、用户量是网络视频价值评估的重要指标

视频节目播放量（VV）、用户规模（UV）是评估网络视频价值时考虑的重要因素。高播放量意味着广告的高曝光次数，用户规模越大则意味着越多的用户能看到广告。此外，不同级别城市用户量的占比分析，在广告定价与招商中也起到重要的作用，一线城市的用户占比越高，其商业价值越大。在视频网站的广告营销中，千人点击成本（CPM）则是行业内应用广泛的评估指标。

对于采购的电视节目，则需对该节目在电视和网络平台的表现进行综合考量与判断。电视台的平台影响力、该类型节目网络播放量、CPM的历史表现和未来预估、该类型节目的广告售卖力、相关推广运营成本、版权成本都会影响到节目的价值评估，其中视频节目播放量和广告售卖力占最大权重。简言之，来自强势电视媒体、电视收视表现好、未来网络流量预期高、广告售卖力强的节目价值更高。

网络视频节目价值评估目前还没有一个通行的规范化市场标准，从电视台等外部机构采购的单一节目从几万到上千万、过亿不等。在一些大型的视频网站，已形成一套流程化的价值评估体系，流程包括内容部门预估流量、定价或销售部门测算CPM、观众及行业人士打分、相关部门负责人打分等。

（三）千人成本（CPM）评估应用于移动终端及公共场所视频

移动终端视频媒体的价值评估，目前仍平移PC端的评估模式。移动终端视频受网速、流量及屏幕尺寸等现实问题的限制，在商业化模式发展上还存在瓶颈，这也成为移动视频实现其广告价值的制约。视频播放次数是衡量商业价值的基本依据，并在此基础上开展基于CPM的广告售卖模式，但移动端视频广告的有效性尚无衡量标准。

公共场所视频媒体的价值评估，人流量与广告曝光效果是评估价值的重要考量维度。在此基础上，千人成本（CPM）被用于衡量广告成本。

四、视频节目跨平台传播的广告与营销创新

视频节目的跨平台传播以资源互换、版权销售为主要交易方式。前一种方式下，一方提供节目内容，另一方提供相应价值的广告时间或推广营销资源。后一种方式下，虽然不同平台的独立招商仍为主流，但业已开始了联合营销模式的探索。

（一）广告是跨平台视频节目的主导盈利模式

跨平台视频内容中，尤其是电视台出品的节目，能够通过版权交易获得收益仍是少数。广告仍是跨平台视频节目盈利的主要方式，各平台的广告运营均平移了电视广告的操作模式与播出形式，如冠名广告、贴片广告、插播广告等。

1. 广告多屏联投突破各平台单独招商常态

目前多数跨平台节目运营还停留在各播出平台单独招商的状态。优质内容需要优质平台传播，放大广告传播与营销效果。针对具有高影响力的跨平台节目，广告主开展了广告多屏联投的尝试，通过与多平台合作，以台网联动的方式整合平台影响力，不仅赢得热门节目广告资源，还获得了互补性的观众，实现了垄断式曝光。如第二季《中国好声音》在搜狐视频独家播出，加多宝作为该节目的电视独家冠名，成为全程网络首席赞助，百雀羚作为该节目的电视特约播出品牌，同时加入了全程网络联合赞助的行列。

移动端视频价值货币化的主要形式仍是通过广告。移动端视频广告通常与 PC 端一起打包销售给客户，广告主成为多屏联投的媒介组成部分。

2. 电视媒体在广告联合营销中议价优势突出

在视频节目的跨平台联合广告招商上，电视台与视频网站等新媒体进行了有益的尝试。但在具体执行中仍存在各种困难，合作运营模式仍在摸索建立之中。

由于电视广告体量大、客户资源丰富，在探索跨平台节目的广告联合营销上，视频网站显示出更高的积极性，对获得电视广告客户的网络投放显示出更高的主动性。视频网站或针对跨平台电视节目，向电视节目的广告代理商提供一定价值的网络广告或营销资源，由后者将网络广告资源整合进电视的广告资源，进行整体打包售卖；或在获得电视节目网络播出版权后，再从电视冠名商等广告主处争取到其在网络平台的相关广告预算。虽然网络视频广告的增长空间更大，但目前电视媒体在跨平台节目的广告价值占比、议价能力远超过网络平台，在广告售卖上优势明显，盈利空间更大。电视广告收入在跨平台节目的广告收益中占据主体。

3. 植入节目内容提升广告的可视性与传播效果

公共场所视频媒体的广告收视流动性大，传播效果稳定性弱。针对这些问题，视频新媒体运营商围绕电视节目内容，创新广告内容呈现，使广告不像广告而具有内容性和娱乐性，从而激发受众收看兴趣。

分众传媒在这方面进行的尝试，是把广告和与该广告冠名或赞助的电视节目片花剪辑在一起，如将《妈妈咪呀》的片花和其电视赞助商贝因美的广告组合在一起。广告与节目内容元素的结合，不仅提升了广告的可看性，吸引更多人收看，也有助于增加观众在电视上收看该节目的可能性，最终在多平台上实现广告传播效果的优化组合。

（二）跨平台节目社会化、互动化营销

1. 跨平台节目积极开展社交化营销

在视频内容跨平台播出的同时，结合节目内容在社交媒体上形成热点话题，继而影响和提升收视热度，这种社交化营销成为跨平台节目常规营销推广体系中不可或缺的关键组成。跨平台节目的相关播出平台或借助微博、BBS、贴吧，或通过网络视频的分享与讨论功能，开展全方位话题传播。有的还设有专门的营销团队负责社交媒体的推广，他们参与节目策划会，及时对外分享节目动态，也会邀请主持人和明星参与到节目的微博互动和转发中，通过与粉丝的互动与交叉传播迅速炒热节目话题。

2. 衍生 APP 和手机游戏延展节目影响力

不少跨平台播出的电视节目围绕节目内容开发同名衍生 APP 和手机游戏，以增加节目播出时的互动性，同时延展节目下线后的影响力。电视节目衍生 APP 和同名手机游戏围绕节目内容提供大型社交网站或游戏网站上没有的互动和游戏服务，不仅符合观众跨屏收看、多屏互动的视频收看特点，还为受众带来更具专属性的节目互动体验。

CNTV 推出与 CCTV 热播栏目同名的社交游戏《我要上春晚》，河南卫视、爱奇艺共同推出的台网联动节目《汉字英雄》，不仅实现了电视、互联网、手机、平板电脑等多屏收看，还开发了同名手机 APP。湖南卫视节目《爸爸去哪儿》授权开发同名跑酷类敏捷游戏等。电视节目衍生 APP 和手机游戏在为玩家带来趣味互动的同时，也开辟了电视与手机新媒体跨屏实时互动的参与和营销模式。

五、视频节目跨平台传播的版权管理与分账机制

跨平台视频节目的版权管理涉及各播出平台，版权管理体系总体上有待完善和健全。视频内容拥有方的版权管理和保护主要体现在购销双方的合同约定中，新媒体播出平台对购买节目的版权管理相对完整。虽然视频网站对部分内容采用了分账的营销机制，但目前在视频节目跨平台传播中还没有应用案例。

（一）视频节目跨平台传播的版权管理

1. 跨平台节目版权管理系统化、规范化程度有待提高

在节目版权管理上，目前电视媒体及社会化节目制作发行单位普遍缺少统筹管理及相应的数字化版权管理系统。随着跨平台传播内容的增多以及视频网站对优质节目资源独占性播出需求的增长，通过版权管理实现和保障运营收益的增长等问题被进一步推到台前。

在视频节目的跨媒体传播上，版权方通过与相关播出平台签署协议，明确约定节目的版权使用，如播出方式与期限、是否可进行片段剪辑、是否可在网站移动端播出等。《中国好声音》出售独家网络版权为电视节目的版权运营探索提供了示范。2014 年，越来越多的电视节目以独家版权方式销售给视频网站，而后者对优质节目资源的独占性播出需求，也促使电视媒体重视跨平台节目的版权管理与保护。

2. 大型视频网站开展版权采购评估及信息管理

大型视频网站因有大量的外购电视节目、影视剧节目，因此多设有专门部门或内部流程，开展版权管理和采购评估。

由于优质节目内容资源的有限性，视频新媒体在版权购买上缺少议价能力。腾讯视频、搜狐视频等视频网站的版权采购评估应用比较普遍且规范，用以保障引进节目投入产出比的合理性，采购评估流程涉及内

容部门、销售部门、技术部门等。同时，内部设有版权查询软件系统，包括内容版权的基本信息及使用等。此外，还有专门的部门监测其他视频网站的侵权行为。

3. 版权保护环境及技术保障意识有待提升

在跨平台节目的版权保护上，电视媒体、电视剧制作发行机构目前还缺少采用技术手段开展版权管理的意识与实际做法，如在节目制作或开展版权发行时即植入代码或水印，为自主版权保护提供技术保障，以避免在其他平台发生盗播等侵权行为时，节目版权与播出方陷入技术追踪和法律取证困难的被动境地。

视频网站依靠技术优势，通常会采取必要的保护与反盗版技术手段，如保留节目台标、对非授权区域的用户做 IP 屏蔽，对视频信号做加密处理、加入防盗链等，避免其他网站盗播。但是，仅利用技术手段，视频网站仍难以防范盗播及网友上传等盗版现象。搜狐独家买断《中国好声音》网络版权后即高调声明："未经搜狐视频许可，任何网站以及手机、平板终端以点播、直播、下载等任何形式进行播放的行为，均将被视为侵权行为，并依法追究其侵权责任"，从一个侧面说明国内版权保护环境仍有待改善。

但是，对于视频网站制作发行的跨平台节目，由于还未形成规模化，因此并未采用技术手段开展版权保护。

（二）视频节目跨平台传播的分账机制

1. 分账机制多用于网络付费节目、PGC 和 UGC 内容

视频网站在付费频道（如电影频道）、PGC（Professional Generated Content，专业生产内容）和 UGC 内容的运营上，基于视频内容的用户订费、广告收益或点击量价值评估，与内容提供方采取了分账方式。搜狐视频按付费内容的实际收入与内容版权方进行分账，优酷按 UGC、PGC 实际广告收入进行分账。腾讯视频的 UGC 平台基于对流量的评估，

与UGC内容所有者进行分成，视频作者（CP）可按照“可分配利润×约定的分成比例”获得一定的收益，其中，可分配利润按照该CP上传内容的点击量计费。目前这种模式还在探索与发展中，用户原创视频通过产生大流量来获利的成功案例并不多。

2. 跨平台节目分账机制需要平等、公正、透明的市场环境

视频节目跨平台传播目前以版权购销与资源置换两种方式实现。以电视节目在互联网平台上的传播为例，网台之间目前还没有建立分账机制的案例。

主要原因在于发展跨平台节目运营的分账机制，不仅需要平等的市场竞争环境，还需要公正透明的第三方数据作为分账机制的运行和监管依据。

建立跨平台节目分账机制需要平等、公正、透明的市场环境，目前这种市场环境还有待进一步发展和完善。主要原因在于：第一，节目交易双方地位不平等，优质的高收视率电视节目在跨平台交易市场供不应求，对于这部分节目，电视媒体在定价、购销方式和付费形式上具有绝对主导权，一次性版权销售成为通行方式，视频网站缺少议价的余地与能力；对于竞争力较弱的电视频道及节目，电视媒体缺少议价能力，与视频网站的内容交易多体现为以网站为主导的资源互换；第二，缺乏独立第三方数据以支持分账机制的运行和监管，如目前网站使用的后台流量数据难以保证分账依据的公平与公正性。

六、视频节目跨平台传播价值评估体系的构建

视频节目跨平台传播价值评估需要公正、透明的测量数据与评估体系，以支持和保障良好的传播效果。跨平台传播价值评估体系的构建与实施过程是撬动整个视频行业建立内部新秩序的重要支点，也是在新老媒体竞合发展环境下，打破平台间壁垒、建立共识的过程。

（一）目标及原则

视频节目跨平台传播价值评估体系的建立，旨在推动在新的媒体传播环境下，视频节目的跨平台流动，促进视频内容生产与创新；推动视频行业形成以内容为核心的多元赢利模式；促进视频行业形成良好的市场生态，推动营建平等、公正、透明的视频节目跨平台交易的市场环境，引导视频节目跨平台传播交易市场的规范化发展。

视频节目跨平台传播价值评估体系构建需要遵循以下六个原则：第一，综合性，即评估体系涵括视频播出各平台共性的及各平台个性化的传播与评估要素；第二，统一性，即评估体系指标要素的建立与组成具有统一的逻辑；第三，客观性，即评估视角要客观，要能够真实客观反映视频节目跨平台传播的市场格局与实际状况；第四，科学性，即评估体系采用的调查方法、流程及指标体系设计具有理论与实践基础；第五，前瞻性，即评估体系在具有相对稳定框架与要素构成的前提下，针对于跨平台传播的发展变化预留开放式进口；第六，规范性，即数据来源、评估方法与指标应用规范。

（二）框架与方法

视频节目跨平台传播价值评估体系以视频节目评估为核心。针对电视内容是跨平台节目主体，且电视节目评估体系相对成熟的现状，框架设计应参考电视节目评估体系，以保证以电视节目为主体的跨平台节目价值评估的延续性与稳定性。

视频节目跨平台传播价值评估体系总体上应包括跨平台传播力、跨平台影响力、平台融合度、赢利能力、创新能力五个评价维度。其中，跨平台传播力从观众规模、收看时间等情况评估视频节目的传播广度和时间资源占有力等情况；跨平台影响力则用于反映观众对节目的态度与评价，以及该节目在市场上的品牌影响等方面的评价；平台融合力主要考察跨平台视频节目是否符合各播出平台的传播特点、各平台观众的收看特点；赢利能力则从节目的广告与版权运营等方面进行评估；创新能力则从内容及营销创新等维度对跨平台节目进行综合评估。

在评估方法上，充分考虑不同视频平台的用户规模、实际市场地位及价值、传播效果形成相应的评估权重。在调查方法上，采用抽样调查与大数据调查、定量调查与专家调查、定性调查与社交讨论语义挖掘相结合。

（三）指标体系

指标体系设计既要涵盖体现不同媒体平台传播共性的评估指标，也要纳入体现不同平台收看差异性的个性化指标。前者如收视率，后者如网络视频的播放次数、社交媒体讨论量及情感倾向等。

视频行业的竞争焦点是观众注意力，在反映观众收看的跨平台传播力指标中，收视率作为反映观众收看规模与收看时间的综合性指标，可成为体现不同视频平台传播共性的核心指标。在跨平台影响力指标体系中，包括观众满意度、以社交媒体讨论量及情感倾向为基础的网络口碑等。平台融合力评估包括内容适配度、观众适配度指标。在赢利能力评估上，除了目前在各视频行业广为应用的广告成本评价指标 CPM 外，收视点成本（CPRP）、版权运营收益率也是评估应用中的重要指标。在创新能力评估上，重要指标包括创意独特性、内容创新度、营销创新度等。

（四）数据来源

各视频媒体行业现有的通用数据来源分为两种，一是第三方数据，电视媒体、车载电视、楼宇与户外电视多采纳此类数据；二是媒体自有后台数据，如在网络视频行业调查中，第三方调查数据虽能反映行业整体状况，但难以细化到每个视频节目的收看情况，故在实际的评估应用中，网站后台数据不可或缺。

视频节目的跨平台传播价值评估涉及多种媒体平台，需充分考虑各平台调查数据采集与应用的特点与优长。在数据来源上，一方面采用独立第三方的行业调查数据，另一方面，科学、综合地应用大数据，如电视回路数据、视频新媒体及社交媒体后台数据等，通过数据来源的丰富性、互补性，为跨平台价值评估提供数据基础。

（五）应用体系

视频节目跨平台的价值评估，可为视频媒体、节目制作方规范内容管理、鼓励品牌内容跨媒体传播提供客观公正的评估管理工具，对节目交易、广告营销过程中的价值评估提供全面的支持与参考。

（六）问题与挑战

1. 多方合作契合度影响评估体系构建的进程与完整性

跨平台评估需要多方的共同参与，这既是视频行业内部打破平台间壁垒的过程，也是竞争条件下重塑平衡、达成共识、建立新秩序的过程。如对跨平台视频节目的评估需要视频节目所有者或运营者的支持，以建立跨平台节目的基础信息库，以支持全面性、整体性、系统性评估的实施。

2. 技术支撑的统一规范化版权管理处于零起点

跨平台评估对节目版权管理与保护的规范化、日常化提出了要求。目前对数字化平台上的节目监测均采用后端植码方式，如可在节目播出前端，即节目制作或播出时即统一植入代码或数字水印，则既可开展有效的版权保护，也可为跨平台的调查提供技术支持，但目前这种方式在国内视频行业基本还处于零起点。

3. 数据采集与认证需要机制设计与保障

评估数据生产者的第三方性将影响到评估基础数据的客观公正性。

目前突出的问题反映在大数据采集上，因视频网站、社交网站及其他新媒体平台的后台数据涉及商业机密或信息安全问题，第三方机构在原始数据获取上有相当的难度。经由大数据所有者获得数据后，如何开展认证工作，也需要一定的机制设计与保障。

4. 行业通用指标仍需统一的标准化重建

在评估基础指标生成的规范性上，目前各视频平台虽然有一些通用的指标名称，如观众规模、CPM，但在指标生成标准上还缺乏统一性标准，即使是在视频网站通用的独立访问者（UV）、播放次数（VV），其数据采集、处理和生产的技术标准和算法也不完全相同。这将影响到不同平台间的横向对比、指标的对应性分析及综合性指标的建立，如视频节目收视率。

七、本章总结

电视剧与电视台自制节目是跨平台传播的主体内容，随着视频新媒体普及，跨媒体观众已成巨量规模，我国电视与网络视频平台上的跨媒体用户超过4亿，不同视频平台的价值评估工具共性与个性并存。

CPM广告成本评估应用普遍。在广告与营销创新上，广告是跨平台视频节目的主导盈利模式，广告多屏联投逐渐突破各平台单独招商的常态，电视媒体在广告联合营销议价中保持着突出优势。

在版权管理上，虽然大型视频网站开展了版权采购评估及管理，但跨平台节目版权管理还需要完善的市场环境、规范化管理及技术保障的支持。

发展跨平台节目运营的分账机制，不仅需要基于平等的市场竞争环境，还需要公正透明的第三方数据作为分账标准、分账机制的监管依据。

跨平台评估体系标准的构建需要多方的共同参与，在新老媒体竞合发展的环境下，既是视频行业内部打破平台间壁垒的过程，也是竞争条件下重新平衡、达成共识、建立新秩序的过程。

第七章　无处不视频

本章概要

- 作为本书的结尾部分，本章分七个专题，就关乎和影响中国视频产业发展变革的内容生产、技术进步、版权保护、经营变革、国际视频市场发展状况以及视频产业未来走向进行了有一定深度和有独到观点的分析与研判，力求使读者对高歌猛进又相对混沌的视频产业市场的现状及未来有更加明晰的认知。
- 内容永远为王——多传播途径下的视频节目走向
- 真人秀节目——狂欢下的冷思考
- 技术引领未来——未来电视发展的技术因素分析
- 天才之火与利益之油——大力加强视频版权保护
- 金蛇狂舞——数字时代视频媒体经营变革
- 沸腾的蓝海——国际视频市场之发展观察
- 涅槃与重生——对中国视频产业的未来展望

一、内容永远为王——多传播途径下的视频节目走向

对电视界而言，“内容为王”已是老生常谈，这一理念将独特的节目模式、优质的视频内容作为电视媒体竞争的根基与吸引受众的核心。但是当渠道革命呼啸而至，视频内容的数量爆炸式增长，当视频内容的存在形式、观看方式、传播途径越来越丰富，跨平台融合像极速战车一样狂奔突袭的时候，内容是否依然为王，它的内涵和外延是否需要重新审视和定义呢？

2013—2014 年，来自浙江卫视的选秀节目《中国好声音》，在爱奇艺等视频网站推出的韩剧《来自星星的你》，优酷土豆制作的脱口秀《晓说》，以自媒体形式呈现、包括微信语音、视频、线下读书会的《逻辑思维》等不同渠道、不同经营主体、不同形式的节目，经由电视机、电脑、平板电脑、手机等不同终端，殊途同归地来到唯一的目的地

——观众面前，以令人无法忽视的收视率、点击率、影响力再一次证明了“内容”的王者地位。虽然，显而易见，无论什么渠道、由谁制作、怎么传播、什么题材、体裁、形式，优秀的或者特别的、符合受众心理需要的视频内容，依然是征服观众的终极法宝。但是同时，今天的“内容为王”已经呈现出完全不同的状态，在视频节目生产和传播的崭新环境中，它继续成立的可能性，必须建立在对“内容”概念的重新认识之上。更加重要的是，任何时代和任何环境下，能够真正“为王”的内容永远是少数。对于视频内容的生产和传播者来说，什么样的内容能够为王，为什么能够为王，这才是最重要的问题。

本节的目的，就是在纷乱的，甚至时而相互矛盾的现象中，尽可能梳理出视频内容发展的主线和趋势。

《来自星星的你》海报

《爸爸去哪儿》海报

(一)“内容为王”：老瓶新酒

1. 媒体分立时代的“内容为王”

- **核心要素：原创、独家、精品**

“内容为王”的说法在上个世纪曾经被广泛使用，维亚康姆公司创始人雷石东曾经说过：“传媒企业的基石必须而且绝对必须是内容，内容就是一切!”这里的内容，指的是媒体原创、特别是独家的精品内容。

在媒体分立时代，纸媒、广播电视有着较为严格的界限，即便同一公司同时拥有超过一种媒体形式，其内容也较少相互渗透，工作团队分工明确。就电视行业来说，哪家电视台独占了某项内容资源，或者成功开发出一种新的节目形态，哪家电视台就成为竞争中的胜利者。比如拥有很多重大赛事独家转播权的央视体育频道，拥有重大事件独家报道权的央视新闻频道，世纪之初开创了娱乐节目新形态的湖南卫视等。

- **产生原因：渠道固定、媒介形式单一**

过去，卫视频道的竞争是封闭渠道内的竞争，“内容”指的是节目的模式、尺度、语态、制作精良度等，只涉及节目内容是否好看、制作水平是否精良、与同类型视频（娱乐、新闻、电视剧等）相比是否更具吸引力，而不会涉及传播渠道。这是因为传统的媒介渠道泾渭分明，区隔明显。各个电视频道的渠道相同、受众相似，就像是一排一排整齐分列的责任田，经营者只要在自己的田地里精耕细作即可，因为田地数量有限，饥饿的观众总是会来各家田里收获内容。

2. 多媒体时代的“内容为王”

- **核心要素：“优质内容＋异质平台＋适合语态”**

由于互联网、移动互联网的出现，媒体形式逐渐多样化，视频内容的竞争已不只是传统电视行业内的竞争，PC 端、移动端、户外屏等多种渠道，使得“内容”的内涵和外延都有了很大不同。纯粹的“电视内容”这种东西已经不复存在，而代之以更准确的“视频内容”概念。今天所说的“内容为王”，也是指同时在多种媒体渠道和传播平台上呈现的，包含了多样化的延展可能性的视频内容。

- **产生原因：渠道丰富、媒介形式多样、用户细分、使用需求分层**

在渠道多样化之后，两种趋势同时存在。一种是赢家通吃，受欢迎的内容无论首发在什么渠道，最后会漫溢到其他渠道，比如《中国好声音》从电视台出发，再征服网络和社交媒体。它的高回报可能性会诱发高投入的冲动，视频内容的“高概念”、大制作会层出不穷，同时，只面向特定用户群，轻骑兵式的小制作也会蔚然风靡，为后一种趋势推波助澜的。另一种是媒体的平台化，为用户自制内容创造更方便的传播平台和工具，为用户使用内容提供更便捷的渠道。

用户的需求是多样化的，但在传统技术条件下，无法同时满足所有人的喜好。新媒体环境下“窄播”得以实现，用户细分，多样化的视频内容会找到多样化的受众。但是，观众需求的多样化只是一种表象，借助强大的跨媒体营销攻势，会有更多的内容攻城略地，成为跨媒体的征服者。面对多变的视频需求，内容制作要以用户为中心，找准平台和语态，以实现传播效果的最大化。

（二）视频内容生产、营销的新特点

由于视频内容的渠道多样、数量巨大、种类纷繁，其类型发展趋势越来越模糊甚至相互矛盾，要在其中找到一些基本趋向，需要先对视频内容生产和营销的特点进行梳理。

1. 高概念：一种商业模式

“高概念”（high concept）是一种商业电影模式，特指以美国好莱坞为代表的大投入、大制作、大营销、大市场的商业电影模式。在我国视频领域中出现类似高概念电影的模式还是 2010 年前后的事情，这是电视台之间、电视与网络视频之间竞争白热化所带来的影响。

大投入的趋势正愈加明显，这是“高概念”模式的基本先决保证。例如湖南卫视《中国最强音》投资规模为 2 亿；上海东方卫视《中国梦之声》制作费用 1 亿 6000 万；浙江卫视《中国好声音》第二季也造价高达 1 亿 2000 万。大投入、大制作意味着节目模式成熟、制作精良、品质上乘。比如 2013 年湖南卫视的《爸爸去哪儿》引进韩国的成功模式、制作团队几百人，每期更换不同的户外场景，每次户外拍摄 40 多个机位跟拍，每期节目录制上千小时的素材，用 150∶1 的片比剪辑出成片。

高概念大制作的电视节目大大抬高了竞争门槛，赢家通吃，不仅对其他电视台的收视率和市场份额带来影响，而且会产生跨渠道的影响力。大投入也带来大产出，一线卫视和二三线卫视的差距越拉越大。

2. 精英制作团队：成为竞争利器

值得注意的是，这种高概念的商业模式越来越集中于节目本身，单个节目的制作（营销）团队成为竞争的核心主体，尽管其背后有电视台、电视制作公司、视频网站和投资公司作为支撑，但是冲在前面进行浴血厮杀的就是节目的制作和营销者。这一点从湖南卫视的《快乐大本营》栏目成为全台发展的突破口时，就初露端倪，至江苏卫视《非诚勿扰》、浙江卫视《中国好声音》、湖南卫视《爸爸去哪儿》，已经是越来越明显的趋势。

国内电视台的行政管理体制已经多次改变，从台—中心—部—节目组的垂直管理，到以频道为单位的运营管理，而依目前的发展趋势，节目组将成为最基本和最有战斗力的竞争单元，精英制作团队会成为市场竞争的制胜利器。它可能属于电视台，比如《爸爸去哪儿》《非诚勿扰》的制作团队，也可能属于一家制作公司，比如《中国好声音》《中国好歌曲》的制作团队，还可能不属于任何单位，只是一个个人或者一群爱好者的松散集合。

高概念的制作模式本身就要求具有明星制作团队的品牌和实力，因为投入大，风险就大，资本不会冒亏本的风险去培养团队。优秀资源会集中于优秀团队，类似灿星的制作公司会有越来越大的发展空间。电视台之间、网站之间、电视台和网站之间都会有竞争，但是优秀团队却可以征服各个平台和渠道，成为竞争中的获益者，他们制造出的节目也会跨平台传播，获得超额收益。

《中国好声音》录制现场

3. 专业媒体内容（PMC）：大规模引进与原创冲动

• PMC（专业媒体内容），售卖的不只是节目模式

对于成功的节目模式，中国经历过大规模克隆模仿的阶段，现在开始大规模引进版权，这不只是意味着对知识产权的尊重。专业媒体高成本生产的视频内容（Professional Media Content，简称 PMC），不仅意味着节目结构、模式，还意味着隐藏其中的管理、制作、营销经验，大到节目流程设计，小到灯光舞美道具、机位设置和剪辑节奏。中国真人秀节目从最初引进时不温不火到近几年突然火爆，就是因为在引进节目模式的同时，全面引进了制作、营销和管理经验。

2013 年和之前的几年中，从国外引进的模式节目掀起狂潮，跟实体经济中引进生产线一样，这是快速成长的捷径。原创意味着未知和风险，海外成功的节目模式有较高的成功几率，制作单位敢于投入；而较大的投入又有利于节目制作水平和营销水平的提高。所以《中国好声音》《爸爸去哪儿》等引进模式的节目基本上都没有经过酝酿和培养期，从首播开始就引起强烈关注，收视率和关注度持续增长甚至形成年度热点。

在借鉴节目模式的同时，全面获得的制作、管理、营销经验，快速提升了中国电视内容的整体水平。近年来不断有引进模式的节目大获成功，模式本身固然重要，制作水平的提升才是内在原因。

• 从克隆到引进，再到原创

真人秀节目在本世纪初就曾经在中国登录过，模仿《幸存者》的户外真人秀、模仿《老大哥》的室内真人秀、模仿《谁能嫁给百万富翁》的征婚秀、模仿《学徒》的商业竞争秀都曾经出现过，但是并没有形成成熟产品，其原因就在于只克隆了外在形式，却没有内在实力支撑。引进节目模式不仅丰富了节目类型，而且快速提升了中国电视节目制作、营销团队的能力，这是发展原创内容的必要准备。没有这个过程，空喊原创没有任何意义，因为好的创意只是一颗种子，它与丰厚的

收益之间，还隔着整体水平的天堑。

目前中国还是电视模式的输入国，原创的优秀节目模式还比较稀缺，但是在中国市场对新模式无限渴望的饕餮胃口刺激下，产生原创模式的大制作并且向外输出只是早晚的事。而且，鉴于中国电视市场的吸引力，海外节目制作公司在中国加大投入，会出现越来越多样地引进模式和定制模式。同时，国内制作团队在引进模式的过程中获得经验，不断磨砺成长，也会促进自制模式的成熟，他们会逐渐引起国际市场的关注。《中国梦想秀》与其英国原版节目《就在今夜》的制作团队正在洽谈回购的可能性，相信这只是个开始，中国电视市场的巨大活力就像中国经济的活力一样，不可能不引起国际资本的青睐。

4. 全媒体化：内容概念的革命性变化

全媒体化是指视频内容的经营者使其内容产品适应所有媒体形式的一种努力。以湖南卫视的亲子节目《爸爸去哪儿》为例，它的电视收视、网络点击、微博微信提及率都取得了骄人成绩；同时，它又一头进入影院，取得5亿多的电影票房，一头开发手机游戏，一个月中达到4000多万的下载量，超过同期所有的手游。就目前来看，这个节目的全媒体化程度在中国还是一个孤例，但是其显现出的方向和前景却非常充分。

事实上，BBC和CNN等电视媒体早就开始了他们的全媒体化探索，这种探索远不止于把自己的节目变成免费的线上资源。1994年，BBC就开始正式经营网络服务平台BBC在线（BBC online），整合多种来源、多种形式的信息，成为一个多媒体的信息平台。除此之外，BBC的所谓“内容”形式还包括网络购物与交易平台；TV BLOG，用户在BBC网站建立的个人电视博客，既可以发布自己的观感，也可以发布自己制作的音视频节目；BBC iPlayer网络视频点播服务平台，可以兼容40种不同的设备和平台，在电视、电脑、平板电脑、手机等多种终端使用，可以把音视频嵌入到Wii体感交互游戏平台，通过声音手势进行人机互动，并且与facebook、twitter和windows live messenger等社交媒体和即时通讯系统协作。可以说只要是互联网上能实现的功能，BBC 都在开发和尝试，这种现实就是我们不得不对电视“内容”的概念进行颠覆的理由。

5. 用户创造内容（UGC）：社区化和平台化

全媒体化中的一个方面，是社区化和平台化。面对网络媒体和社交媒体的步步紧逼，传统电视媒体也在试图通过自己主导的网络社区和互动性的交流平台，让观众参与到内容生产中。这种内容生产既包括观众上传的视频内容，也包括他们的评论、吐槽。让观众——更准确的称呼应该是用户，成为内容的参与者。

中国的专业电视媒体在这方面一直处于被动状态，最典型的例证是“春晚”播出期间，观众的评论成为微博微信的重要内容，央视本身却只是被动承受甚至讳莫如深。但是，用户创造内容这一内容生产模式已经显示出强大的生命力，电视台应当有自己的平台和社区，不只是容纳而且要主动组织用户创造内容。在这方面，美国 CNN 的 iReport 做了很多尝试，可为中国媒体之鉴。iReport 刚创办时强调“公民新闻”的概念，提供方便的平台，并设置主题，由用户上传视音频或文字内容，CNN 审核并采用其中的 7% 左右。2011 年又增强了社交功能，使之更像一个新闻社区。

6. 网络自制视频内容：由边缘走向中心

近几年中，中国网络视频的基本格局都是大量的电视台节目 + 部分引进的海外影视剧和电视节目 + 少量小成本自制剧 + 散乱的用户自制、自主上传的节目，但是随着购剧成本走高，视频网络向自制剧发力，也出现了较高投入较高产出的作品。以搜狐自制系列剧《屌丝男士》第三季火热上线并在两周内点击量破亿为标志，网络自制内容正在从边缘走向中心。

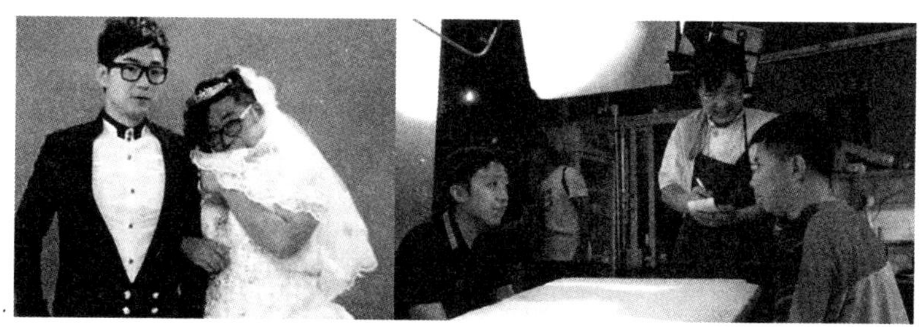

《屌丝男士》剧照

• 视频拍客的单打独斗

最早兴起的网络视频制作者被称为“拍客”，他们制作的视频可以区分为两种类型：一种是怀揣个人动机和理由，由个人完成上传的视频，这种类型一般带有很强的娱乐甚至恶搞的特点。YouTube网站有一位美籍日裔男生瑞安·比嘉（Ryan Higa）因为搞笑翻唱对口型的歌曲而爆红，后来他开设的Nigahiag频道在YouTube上排名前五，并曾一度占据首位，瑞安·比嘉目前就以创作视频短片为职业。在中国，后舍男生、筷子兄弟都属于这种类型。还有使用专业媒体的内容重新剪辑配音的网络视频，胡戈制作的《一个馒头引发的血案》、老湿制作的《不吐不快》是这种类型的代表。

第二种是受雇佣于视频网站的个人拍摄的视频，比如视频网站的职业拍客。由于在线视频网站越来越多地提供正版化和专业化的内容，“草根”气质越来越稀薄，需要有这类由个人制作的、不精致但有民间风格的视频作为补充。国内多家视频网站都有拍客频道，并有吸引拍客的奖励制度，鼓励拍客上传视频。

7. 在线视频工作室（OVS）：成为内容生力军

随着在线网络视频市场的不断成熟，拍客的升级版——在线视频工作室（Online Video Studios，简称OVS）不断涌现。它没有影视公司那么庞大，但是又比个体创作者更具组织化特征，关键是它专注于网络平台的视频制作，所以具有微视频风格化的特点。大多数 OVS 保持独立，体量较小。在美国，OVS 公司有五只领头羊：Machinima、Maker Studios、Fullscreen、ZEFR 和 BigFrame。

表 7－1　美国 5 家重要的 OVS

企业名称	成立时间	内容特点
Fullscreen	2011 年 1 月	为创作者和品牌提供平台，帮助传统电视业在数字时代生存成长，创始人是 YouTube 前合作伙伴开发经理
Maker Studios Inc	2009 年	寻找适合 YouTube 平台的演员，签约后制作发行推广视频节目
ZEFR	2009 年 12 月	Movie Clips2012 年更名为 ZEFR，目前除将电影的片花剪辑后标签化，还增加了体育、娱乐、电视内容
Machinima	2000 年 1 月	引擎电影的流媒体聚合网站，它的目标人群是 18—34 岁的男性用户
BigFrame	2012 年 6 月	专业于向 YouTube 提供优质的娱乐节目内容，发掘互联网视频公司的生存之道

数据来源：本文由 OVS 公司英文官网整理

在中国，也诞生了一批这样的在线视频工作室。OVS 出品的视频节目往往是在传统电视体制下找不到出口的那部分作品，它们的文化属性、制作品相、操作模式都具有明显特点，制作人往往都是身兼数职，前期后期不分家，集编、导、演于一体，有的甚至称不上是工作室，仅是依靠线上互动联系的松散团体。比如胥渡吧、淮秀帮、识丁工作室、草民影音坊、单丝映画、明恩传媒以及目前新出现的许多创业型微电影公司。

表 7－2　中国 OVS 出品的视频节目

机构名称	主创团队	风格特色	代表作品	制作方式
胥渡吧	胥渡　小俏妞	恶搞影视配音	春运来啦	通过网络协作
淮秀帮	湖咯咯　孟宪	恶搞影视配音	四爷很忙	网络协作配音
识丁工作室	刘咚咚　阿诺	恶搞歪歌吐槽	甩饼歌	工作室制作

（续表）

机构名称	主创团队	风格特色	代表作品	制作方式
草民影音坊	草民　朵儿	恶搞歪歌吐槽	保钓集结号	工作室制作
单丝映画	单线　等人	原创歪歌	低碳哥	视频创作团队
明恩传媒	赵家煦	时事动漫解说	法律那些事儿	公司集体制作

数据来源：本文由相关资料整理

● 视频网站自制内容的“逆向”输出

传统电视媒体的视频内容在其他平台播放已经司空见惯，目前视频网站的自制内容也开始“逆向”输出到其他媒体，比如优酷出品的《晓说》登录浙江卫视。另外，很多视频节目或者演艺人才从视频网站起步，继而获得传统电视媒体关注之后，成为大众明星；网络视频输出到移动端和户外视屏上，更是常见的现象。

在美国，安迪·萨姆伯格（Andy Samberg）和克里斯·帕奈尔（Chris Parnell）创作的《屌丝周末》（Lazy Sunday）于2006年登上了NBC《周六夜现场》。他们把自制视频《屌丝周末》上传到YouTube，引起轰动，又受邀到电视台，再继续通过YouTube的传播，而一炮走红。这种“网站—电视—网站”的路径，反映了多平台间口碑的互动效应，也反映了多平台受众的重合性。

一端是高概念的大投入大制作大营销；一端是平台化，小成本制作集成，让游击队发挥正规军的战斗力，或者自组队伍逆袭大制作，视频内容制作的渠道和方式变得多样化，使得视频内容的发展趋势也呈现出多种方向。

（三）视频内容的发展趋势

了解视频内容制作的特点，有利于我们把握内容本身已经呈现和即将呈现的趋势。虽然这些趋势不一定都是有序的、合愿望的，但是无论是要顺应还是要引导、限制，了解都是必需的。

1. 视频内容娱乐化：将进一步增强

娱乐化是后现代文化产品的共同特征，从30年前尼尔波兹曼出版《娱乐至死》开始，媒体的娱乐化就引起了关注和警惕，但是这个势头已经无法逆转，电视节目不仅未能免俗，还是其中的急先锋。当观众的注意力被越来越多的媒体形式和渠道所分散，从而变得越来越珍贵时，视频内容的娱乐化态势也会愈益强化甚至走向极端。

娱乐化有时会导向低俗化，比如电视剧的狗血剧情和过度戏说，网络视频中“很黄很暴力”的段子，但这只是娱乐化的低级表现形式，事实上它对视频内容的影响是深入而广泛的，比如叙述的故事化，无论是新闻节目、科教节目、法制节目还是服务节目，都放在故事框架中用悬念来推进；比如题材的奇幻化，瞄准离奇的反常态的生活素材等等。

2. 真人秀节目：投入加大，数量增多，类型分散

自1990年代末第一档真人秀节目《老大哥》面世以来，真人秀节目表现出强大的生命力，逐渐成为电视节目中的一个大家族。但是真人秀进入中国之初显得水土不服，主要原因并不是它不适应中国国情。这种介于纪实与虚构之间的新形态，在欧洲产生、在美国繁荣、在世界各地开枝散叶的前提，是纪实与虚构两种内容生产模式均已成熟，就像两个巨人结合，生出了一个健康的巨婴。而中国第一轮的真人秀浪潮，是在两种生产能力均未成熟的时候，凭借对节目模式的一知半解，仓促地推出大量节目，就像一对营养不良的父母，生产了一群先天不足的早产病儿，其命途多舛甚至早夭，是必然的。

第二波真人秀浪潮席卷而来的时候，这种状况已经改变，从《超级女声》到《非诚勿扰》《中国好声音》《爸爸去哪儿》，各家卫视集中优势力量的高投入得到了相应的回报，这会进一步刺激真人秀的蓬勃发展，紧接着到来的，就是真人秀节目的火拼。为了应对更加惨烈的竞争，后面谈到的两种趋势也将（但不只）出现在真人秀节目中：一线

频道、实力强大的制作团队和视频网站会全力出击，以高投入的“高概念”节目横扫市场，追求赢家通吃的全面胜利；为了在拥挤的节目市场中能够被迅速辨识、牢固记忆，节目的模式特征会愈加鲜明，题材会更加细分，对于实力强大者，这是掠夺注意力的手段之一，而对于实力较弱者，它却是分一杯羹的生存要诀。

鉴于娱乐节目竞争的白热化，真人秀节目的类型会趋于分散，以在差异化中求得生存空间，无论是引进模式、改进模式或自创模式。生活、服务元素、体育元素、教育元素、文化元素、财经元素等多种类型元素与真人秀元素相结合的节目会逐渐增多。湖南卫视大获成功的《爸爸去哪儿》就是以亲子互动作为真人秀的主要秀点。该模式产自韩国，而韩国还有大量的此类节目，比如《情书》引进交友节目的基本框架，秀的是明星半真半假的交友；《running man》组织当红明星进行体能和技巧游戏；《料理王》引进美食节目的基本框架，辅以竞技元素，以明星比拼厨艺作为主要手段；《少年探究生活》引进心理测验作为基本框架，观众观赏的是明星在极端情境下的表现和其中透露出的人格奥秘。

3. “高概念”商业模式：对视频内容的影响

前一部分谈到电视节目中类似“高概念”电影的运作模式，这种模式会对内容有着直接影响甚至起到决定性作用。

首先是明星资源的极致开发和使用，这是“高概念”模式和“娱乐化”趋势结合的必然结果。不仅演艺明星，体育明星、模特、商业明星等各行业的知名人物都有可能被用来娱乐大众，而且其娱乐功能会被用到极致，娱乐方式也会越来越花样翻新。从简单的唱歌跳舞，到明星亲子、明星跳水、明星救火、明星交友、明星做饭、明星商战等等，明星被频繁使用，也被塑造和包装得更有知名度、更具商业价值。

其次是电视节目的大片化和奇观化。大的资金集中于少量节目，使得节目的视觉和声音效果、内容质量都有大幅提升，加上强势营销，使得强者恒强，弱者愈弱。

“高概念”模式也将延续到电视剧的制作。很多制作精良的剧目如英剧《唐顿庄园》、韩剧《来自星星的你》、网络美剧《纸牌屋》等通过网络引进中国，一方面吸引了大量城市观众特别是城市年轻观众，另一方面也使得观众对电视剧的要求不断提高。虽然大量的廉价剧还将充斥屏幕，但是大投入的制作精良的剧目也会逐渐增多，通吃各个渠道和市场。电视台、制作公司、网络公司都有可能参与其中，分一杯羹。

《纸牌屋》海报

在较近的将来，高概念电视还会集中于真人秀节目，特别是引进既有成功模式的季播真人秀节目，加上前述的娱乐化需要，引进模式的明星真人秀会在众多节目样式中保持强劲势头。高投入的真人秀节目会向娱乐节目之外的题材和类型借力。原因在于，竞争的白热化使得娱乐节目本身的空间越来越拥挤，必须引入其他类型的内容或框架，使节目呈现出与众不同的特定的面貌。湖南卫视大获成功的《爸爸去哪儿》就是在明星真人秀中加入了亲子互动元素。而韩国真人秀节目《跑起来》（running man）引进体育节目元素，可以看做是明星趣味运动会。

可以预见，明星功能的极致开发和高概念真人秀节目的多样化将成为明显趋势，这是竞争白热化的必然产物。浙江卫视将推出的《12 道锋味》，由谢霆锋领衔，带领明星伙伴环游世界，搜寻、制作各地美食，就集中体现了这些特点。

4. 节目的模式特征或题材特征：将愈加鲜明

在日趋白热化的竞争中，制作单位已经不可能等待节目的自然成熟，在没有培育期，没有生长期，必须一炮打响的逐利冲动下，要求节目的模式特征或题材特征非常鲜明，一望而知，一瞥难忘，能够被迅速辨识和记忆。

笔者在2007年出版的《电视节目新形态》一书中提出了电视节目形态“限定性”的概念，并指出限定性越来越强是未来电视节目的发展趋势之一。七年过去，这个趋势有增无减，所以有必要重新提及。所谓“限定性”是指制作者通过自觉的设置对视频节目的内容与形式做出的比较明确的限制。它在节目创意阶段即开始形成，在节目制作过程中为所有工作人员明确知晓，并且在制作过程中予以贯彻。

成熟的节目模式本身就有很强的限定性，每个引进模式节目都有上百页的操作“宝典”，这是限定性的充分体现。除此之外，电视节目的题材还会进一步分散和细分。更多的新题材会被纳入电视节目视野，比如歌唱类选秀过于拥挤之后，喜剧选秀、脑力选秀就另辟蹊径而来。同时，在同一题材领域中，人们也会选择更有特点的方式，比如在歌唱类选秀中以“和声”作为卖点的《最美和声》。打个比方说，分蛋糕的人太多，一个办法是做更多的蛋糕，另一个办法是把蛋糕切成更小块。

与商业上的“通吃”相反，节目模式的强限定性，要求节目以“点状突破”，通过对题材、内容、结构方式、叙事方式的限定，将节目锁定于一种定位清晰、特征鲜明的状态。

5. 视频内容：延展性增强

延展性是物质的物理特性，指的是可锤炼可压延程度。借用在视频内容上，指的是在多平台传播时，内容的互通性和可移植性。视频内容的延展性是跨媒介、跨平台传播以获取更大商业利益和影响力的需要。

视频内容的延展性表现在不同媒体之间，网络与电视之间的延展已经屡见不鲜，如大量来自电视台的电视剧在PC和移动端的点击收视，优酷出品的《晓说》向浙江卫视输出；视频内容也在向影院延展，如湖南卫视的真人秀节目《爸爸去哪儿》在2013年大获成功之后，于春节期间推出电影版并获得6亿多票房，电视剧《北京爱情故事》推出电影版，于 2014 年情人节上映并获得 3 亿以上的票房。虽然有很多视频内容获得了成功延展，但多数内容并不是在推出之时就进行了有效设计，而是在一种媒体形式获得成功之后，推出后续产品。在未来的内容制作中，视频内容的延展性应该成为制作者自觉考虑并主动追求的因素。

视频内容的延展性，要求其适应不同的终端。除了 PC 和移动端之外，现在用户又有了一种新选择，连接电视盒子或者内置智能芯片，使得家庭中的电视机成为又一个视频终端。观众既可以收看实时播出的电视节目，又可以收看已经播出过的节目，理论上还能收看所有的互联网视频。视频内容是否可以分段浏览和传播，是否可以明确归类、便于搜索，对于其成功延展非常重要。所以专业媒体生产的视频内容有明显的版块化倾向，而且在进入网络和移动网络进行二次传播的时候，也会有意识地进行版块化操作，以取得更好的传播效果。比如《爸爸去哪儿》对每组父子都进行了个别包装，使他们每一组都能产生热点，既制造了电视收视的节奏，也便于网络分段传播。

6. 主流媒体新闻节目：资讯化与亲和力

新闻节目是电视节目中非常重要的类型之一，由于央视在资源占有方面具有压倒性优势，所以在电视系统内部，新闻节目的竞争并不充分，这也是在我国众多节目类型大发展的同时，新闻节目相对停滞的原因。但是这种竞争不充分的局面由于新媒体的广泛应用而有所改变，央视的新闻节目虽然没有受到国内其他电视台的明确挑战，却受到网络媒体和自媒体的挑战。作为应对方式之一，央视新闻选择了资讯化和亲民姿态。长寿节目《新闻联播》的街采节目和结尾的亲情彩蛋，集中体现了主流新闻节目亲民的努力；而央视新闻频道放弃一些名牌深度报道、访谈和评论节目，增强消息类节目的滚动播出，则体现出资讯化的明显倾向。这种趋势虽然引起了关注和好评，但是硬新闻、深度报道、评论节目的式微，与新闻节目的核心价值渐行渐远的现象也必须引起高度关注。

7. 类型化电视剧：紧紧围绕多屏时代的重合受众

2013 年 11 月 6 日，都市言情剧《咱们结婚吧》在央视一套和湖南卫视同时开播，当天收视率分别为 1.72% 和 1.71%。大结局在央视一套的收视率接近 3%，成为 2013 年的年度收视冠军。该剧在优酷等 12 家视频网站的总播放量也达到 40 亿，创造了 2013 年单剧网络点击的最高纪录。显示了类型化电视剧在多平台受众中的影响力，口碑可移植，价值可转化的特点。

《咱们结婚吧》剧照

电视剧的类型化是指在题材、故事情节、剧情结构、人物设置、剪辑方式等方面形成的固定叙事模式和生产方式。无论电影还是电视剧，类型化的市场号召力已经被证明，制作者只需要在类型框架内寻求一些创新，生产周期很短，可以唤起观众的固定期待，最大限度地满足观众的娱乐需求。

2013 年，腾讯视频举办“多屏时代下的中国电视剧发展趋势论坛”，《咱们结婚吧》的导演刘江表示，在主流媒体和新媒体都受欢迎的题材才是他要拍的。该剧是刘江所在公司推出的第一部作品，其市场表现也实现了多屏共亮的预期。

多屏时代的大数据挖掘也为电视剧内容生产提供了很好的决策依据，美剧《纸牌屋》就是 Netflix 公司根据受众的多方面喜好，寻找到最大重合面之后，按照观众需求定制的一部网络剧，播出后的确取得了良好的收视成绩。

8. 网络原创视频：强化轻灵感与刺激性

《晓说》海报

目前的主要网络原创视频包括微电影、网络剧、动画短片、脱口秀、访谈节目、资讯播报等，它们最重要的特点是节目短小精悍，要在几分钟之内给人以直观明了的视听冲击。因此，网络视频必须强化某种刺激性，除了如原创视频的编剧段子手所言，需要“色情、暴力、政治、屌丝逆袭”这些类型之外，它还可能主打“恐怖、悬疑、温情、狗血、恶搞、励志、催泪”等极端化卖点。在一些传统电视媒体受限的边缘领域，如亚文化族群的生活状态，较为新锐的观点等，也是网络视频的掘金之地。

优酷出品的明星文化脱口秀节目《晓说》，主打“野史范儿”，用八卦的态度剖析历史、吐槽世界。搜狐视频出品的《大鹏嘚吧嘚》是互联网上“经久不衰”的综艺脱口秀节目，它还在不断推陈出新。主创大鹏又创作了精品网络剧《屌丝男士》，短小精悍，有明星艺人客串，每个小故事独立成篇，可长可短，切合了当下网民的屌丝文化，在发笑之余让草根网民具有很强的认同感。搜狐视频之后又推出的女版“屌丝男士”《我的极品是前任》，从编剧到表演都与《屌丝男士》一脉相承，节目呈现形式也基本一致，是把成熟类型进行复制的商业模式。需要指出的是，不少网络剧的编剧是微博拥有 10 万以上粉丝的段子写手，擅长把握网民心理，不少演员也是网民乐见的各路“神仙”，其中有一些是无法进入传统电视媒体视域的，例如波多野结衣等日本 AV 女优。再如，腾讯视频出品的纪实类人物访谈节目《某某某》，关注的人群有同性恋、裸模、跨性别、男肚皮舞演员、90 后入殓师、赌场老千等，所选的人物要么对大众而言很陌生，要么就是有很强的刺激性和吸引力。

虽然一些网络公司开始对自制视频进行较大投入，甚至有人认为2014年是网络自制剧的井喷年，美剧《纸牌屋》也树立了网络自制剧高大上的新形象并引起关注和追随，但是大量网络视频还是会继续走“草根”路线。

不错，内容永远为王。但是“内容”的概念已经发生改变，内容的运作模式也在改变，“内容为王”只有在纳入这些改变的前提下，才能继续成立，内容生产单位也只有在认识这些改变的前提下，才能成为弄潮儿，而不被时代浪潮所淹没。

二、真人秀节目——狂欢下的冷思考

2012年的夏天，一个握着话筒同时用两根手指比出“V”手势的标志迅速风靡全国，随之走红的还有一句英文：“I WANT YOU”和一个口播速度超高的主持人华少。对大部分电视观众而言，这意味着他们在夏天又多了一档值得期待的节目。但对中国电视业而言，这档节目的影响更为深远。在这个夏天结束的时候，“真人秀”和“节目模式”两个词变得人尽皆知。国内的节目模式公司和真人秀节目制作团队忽然发现，他们不再需要向播出方费尽口舌地解释究竟什么是真人秀以及节目模式有什么用。相反，各大电视台纷纷与有实力的节目模式公司接洽，讨论的问题开门见山：有没有特别好的真人秀节目模式？有些则说得更加直接：钱不是问题，节目能火就行。

《我是歌手》海报

《中国好声音》海报

这种蜂拥群起追逐某个节目形态的场景在近些年来的中国电视业中并不罕见。2005 年湖南卫视的《超级女声》在引动全国观众疯狂投票后也引发了电视业选秀类节目的风潮。2009 与 2010 年交接之际，《我们约会吧》和《非诚勿扰》的成功让婚恋交友类的真人秀节目经历了与表演选秀型真人秀一样迅速的兴盛过程。2012 年《中国好声音》和《我是歌手》两档节目先后爆火既让沉寂许久的音乐表演类真人秀节目热潮回归又掀起了对节目模式的狂热追逐。出现成功市场案例—各台蜂起追逐—总局进行调整——近十年的中国电视真人秀节目始终处于这个轮回之中。

(一) 形式即内容：真人秀与节目模式

相较于其他类型的电视节目，真人秀节目生产过程的系统化、流程化、标准化程度更高。这得益于真人秀节目以模式为中心的生产方式。所谓节目模式，是一套针对某一类型节目的完整严谨的电视节目制作方案，它不仅包含形成节目的创意，更重要的是确保创意得以贯彻执行的标准系统。节目模式通过对节目制作过程中所涉各类因素、手法、实现途径等操作方式进行细致规定而确立了将某一节目与其他节目区分开来的内容与形态特征。一个可以交易的节目模式需要至少以文本的形式对节目基本创意与架构、人员构成及责任、制作流程、舞美音响及其他外部构成因素等四部分内容进行书面、系统的阐述。所涉各项因素须尽可能地进行细化且量化的表述，大而化之的概念化陈述不能称为“节目模式”。节目模式的呈现形态为依照其内容执行即可对某一电视节目形态进行复制的制作手册，通称为“制作宝典”（Format Bible）。“制作宝典”是节目模式的物质形式，通过形成“制作宝典”，节目模式获得了固定的形态，从而与一般的节目构想和创意区别开来。这种固定形态是节目模式得以交易、获利、受到版权保护的基础。

有别于新闻、纪录片、电视剧等节目类型以内容为主的交易方式，真人秀在跨国、地区流通时的显著特征是以节目模式交易为依托。以英国为例，据国际模式认可和保护协会（FRAPA）的报告，自 2006 年到

《美国偶像》海报

2008年间共有445个/次英国节目模式被销往国际市场，这一数字是2002年到2004年模式交易数量的两倍，节目模式交易额达到93亿欧元，比2002年到2004年间交易额相比增长了45%，而在这些被生产与交易的节目模式中，真人秀节目占据了主要部分[①]。这是因为构成真人秀节目文本的核心元素并非节目的呈现对象和呈现内容，而是经过策划、设计的对内容的呈现方式与呈现过程。这种方式与过程集中体现为一个通过对节目元素进行独特组织后形成的、系统化的叙事与组织结构。不同节目模式的内容可以是相近甚至相同，如《百里挑一》和《非诚勿扰》的内容都是男女嘉宾相识、了解、判断的过程，而对这一内容的不同呈现方式才构成了这两档节目的形态特征和文本差异。目前全球范围内比较优秀的真人秀节目，如《幸存者》《老大哥》、“偶像”系列、“舞林”系列、达人系列等莫不是以节目模式交易完成世界范围内的流通。以“偶像”系列为例，其节目模式由英国金牌制作人 Simon Fuller 、BMG 唱片公司的制作人 Simon Cowell 和 Fremantle Media 国际传媒公司共同完成，母版节目是英国 ITV 电视台播出的《流行偶像》，美国福克斯电视台购买节目模式后又制作出了《美国偶像》，随后“偶像”类节目通过节目模式交易的方式

---

① *TV stations gobble up European formats*《中国日报》. 2011年6月10日 http://europe.chinadaily.com.cn/epaper/2011-06/10/content_12670812.htm

传播至三十余个国家。

正因为与节目模式有着超乎寻常的密切关系，真人秀节目得以在过去十余年间借助节目模式交易的方式在世界范围内传播和获利。节目模式对真人秀节目的意义远大于其他节目类型，而世界范围内节目模式交易中也以真人秀的节目数量居多。

（二）一个疑问：引进模式为何不是“万灵药”？

优秀市场案例的示范作用让我国电视从业者和管理者在短短几年间就对节目模式的作用和重要性有了更深刻的认识。2013 年的戛纳电视节成为国内一线卫视参与最积极的一届海外电视节，而海外的版权模式对进入中国市场也怀抱着格外浓厚的兴趣①。纵观 2013 年我国荧屏上的综艺娱乐节目，属于模式引进的节目总数有近三十档，绝大多数都是真人秀节目。其中真正能称得上“成功”的不过四五档。既然模式的作用如此重要，真人秀节目在世界范围内如此火爆，为何不是每个通过模式引进的真人秀节目都能获得成功？

造成这种现象的原因是多方面的，其中一个主要原因是节目模式在移植过程中遇到了文化和价值观的冲突，影响了受众的接受度。性善论主导下的东方文化重视集体价值、倾向于沉稳含蓄的情感表达，在处理人际关系时更注重融洽与和谐。而西方文化更崇尚个人成功、不避讳表现人性弱点，因此一部分欧美真人秀节目模式，尤其是以个人竞技和多人约会为主题的真人秀，其节目主题定位和环节设计侧重于展露人性中的阴暗面、强化参与者间的利益和情感冲突。这一类模式在制作中国版过程中如果未能完成价值观的转变、弱化文化冲突，遭遇失败几乎成为定数。2010 年 12 月，深圳卫视试播了若干个新节目模式，其中有一档以美国真人秀《真心话大冒险》（The Moment of Truth）为原版制作的真人秀节目《别对我说谎》，其基本形态是一位自愿参与的挑战者在现

---

① 《限娱令目的：丰富节目类型 促进自主研发》，http://ent.sina.com.cn/v/m/2013-10-21/16244027896.shtml

场观众和作为嘉宾的父母亲友面前回答21个隐私问题。越靠后的问题隐私级别越高，相应的，真话说得越多获得的奖金数额也就越高。首期节目的嘉宾是2006年的“深圳先生”，回答的问题包括“你曾经与几十位女性有过亲密关系吗?”“你认为爸爸是一个失败的男人吗?”“你是否背着妈妈挪用过家族生意的钱?”等与自己和在场亲友密切相关的隐私问题。虽然主持人在节目进展过程中一直试图将节目的主题阐释为坦诚以待有助于增进亲人间的理解，但因为节目呈现过程中浓重的窥私性让这一主题很难成立。对传统价值观和观众接受底线的巨大冲击让这档节目仅经历一期试播即宣告结束。

《The Moment of Truth》海报

《别对我说谎》海报

再一个导致节目失败的原因是引进者对节目模式这一概念本身缺少正确的认识。真人秀这个概念在我国得到普遍认识不过是最近几年的事情，而直到五六年前节目模式与版权一说还没有进入业界普遍讨论的话题领域之中。除了央视《幸运52》《城市之间》等几档节目采用了版权引进，其他电视台对于国外优秀真人秀节目往往采用直接“借鉴”的方式进行简单模仿。2010年后，在几档优秀节目的示范作用下，模式的重要性逐渐得到重视，但这种重视更多体现在对模式版权的付费购买上，模式所具有的制作方法指导与制作标准规定的作用则大多被忽视了。缺失了这一部分重要内容的节目模式沦为一纸版权授权书，很多依照这种方式制作出的模式节目只能是有其名而无其实。英国Zodiak公司销售副总裁内奥米·寇（Naomi Koh）曾疑惑道：“现在中国很多有经济实力的电视台愿意花钱买模式、花钱出国考察，但我不理解为什么他们不愿花钱在制作上呢？”①

另一个影响节目质量的原因则在于引进者自身的制作能力没有达到节目模式的要求，虽然主观上做出了按照节目模式的指导进行操作的努力，但最终的呈现结果却不能令人满意。模式与制作团队的关系正如秘制菜谱与大厨的关系。菜谱提供的是诸如选用什么食材、调料如何搭配、采用什么制作步骤等内容。但仅凭这些并不能做出美味的菜肴，还得看刀工火候等厨师本身的专业水平和熟练程度。以老牌真人秀节目《美国偶像》为例，其灯光团队、音响团队、导播团队中有一半以上的工作人员已经跟随节目组 12 年，每一个工种不仅具备完成自己分内工作的能力，还要对节目的风格、走向把控到位，对整体的制作方式和流程了然于心。事实上，制作能力甚至已经影响到了我国版权引进方对节目模式的选择方向。纵观近两年新引进的模式节目，日韩已经取代美国乃至欧洲成为最受青睐的模式来源地。虽然近些年欧美并不缺少新的真人秀节目模式，但欧美真人秀节目尤其是美国真人秀节目已经进入高额投入高额产出时代，所需要的制作经费与制作水平远超世界其他地区。因此，中国电视行业节目模式来源国别之所以发生变化，除日韩与中国文化具有同源性、节目被接受度更高这一原因，欧美真人秀节目模式制作门槛抬高也是相当重要的影响因素。

主题错位通常意味着引进者在做购买决策时出现了判断失误，这一问题可以通过加强决策者对本国受众心理特点的认识和制作者对节目模式的改造能力来解决。而缺少正确认识和执行能力不足这存在于引进后生产环节的两大症结，却可能还需要一段时间才能看到变化。令人欣慰的是，2012、2013 两年出现的优秀真人秀节目提供的示范与借鉴作用促进了整个中国电视生产制作观念的转变，也推动了产业的升级。

---

① 《文化产品提高创新力需要良好环境孵育》，http://www.wenming.cn/wmpl_pd/yczl/201312/t20131217_1643429.shtml

（三）两颗金蛋：制作理念转变与产业链升级

1. 工业化、标准化的节目制作理念

自我国第一次播出电视节目到现在已过去半个多世纪，五十余年中电视节目的数量、质量和形态的丰富性都有着巨大的进步。但我国电视节目的生产一直是较为松散和粗放的，制作者主要凭借自己以往从业过程中积累的对节目的认识和经验进行制作，这种制作方式的直接后果是节目之优劣完全依赖主创人员的个人能力。

真人秀节目，尤其是季播真人秀节目的制作与播出具有目标性、阶段性、整体性、风险性、集权性等明显的项目特征。其形态消弭了节目与活动之间的界限，单纯的内容生产已不能满足其要求。因而将节目视为产品成为真人秀节目制作的理念，项目化生产成为真人秀节目的主要生产方式。

真人秀节目的制作人员组织方式则呈现出以职能为标准、多线并进的特征。当一个节目开始筹备生产时，制片人即承担起了项目负责人的责任，在其统一领导下组建负责部门——节目生产的各职能部门，如编导组、摄像组、人员组等。每个职能部门之下又根据节目需要进一步细分为小职能组。以英国一档以合唱团竞赛为主题的真人秀节目《终极合唱团》（Last Choir Standing）为例，根据节目的不同进度，摄影团队会以不同的分工方式进行有机组织。譬如在海选阶段，摄影团队被分为若干个与合唱团固定搭配的三人小组，每个小组的标准配置是 1 名主摄像，1 名助理和 1 名记录员。主摄像负责拍摄，助理负责辅助工作和收音，记录员负责记录镜头和并标注可能会用到的故事线。而在进入演播室预赛阶段后，摄影团队被重新按职能进行组织——五个配备了摄像场记、助理和操作助手的摄像组负责拍摄二十个合唱团相关活动，每组对应四个合唱团；两名摄像专门负责跟拍主持人；若干个固定机位摄像人员负责拍摄自己负责区域内相应景别的镜头；一名摄像专门拍摄签到处的场景；两名摄像专职跟拍合唱团的热身开嗓；一名摄像守在后台抓取

合唱团成员上台前的画面；两名摄制人员负责捕捉合唱团成员们在比赛之后的表现。除了对部门、小组、个人的工作职责做出明确划分外，工作方法、要点也都有深入细致的说明与指导。总之，不论如何分配，各摄像组都要在分工明确的前提下进行协同作业。摄像部门如此，其他职能部门概莫能外。

这一组织方式整合了人才队伍和设备资源，人员的专业化程度更高。将节目制作视为产品生产，细分为不同的工序进行流水线生产，从而大大提高了生产效率。由于职能清晰、人员分工明确，各项工作均可落实至某一明确的责任人并进行标准化评判。摒弃了由一个制作小组对单期节目全权负责所带来的制作资源分散、效率低下、责任模糊、节目质量不稳定等问题。真人秀节目所采取的制作方式工业化、标准化程度极高，在很大程度上排除了制作人员个体不稳定因素所带来的影响。

但这种制作方式下各工种分工细化程度较高，对每个工种的专业能力要求也更高，并且会涉及更多的协调和统筹工作，因而制作团队的专业程度成为影响节目制作的重要因素。此外，对真人秀节目制作团队来说，专业程度并不单指具体制作的业务能力的水平，还意味着其类型化生产运营程度较高。真人秀节目虽然是一个大类别，但其下属的各个子类型需要的制作能力依然差别较大。从世界范围来看，优秀的制作团队越来越注重向类型化、有针对性的专业方向发展。某个团队可能对演播室表演类真人秀节目的制作非常专业、另一个则更擅长户外竞技类的真人秀节目。这种团队的方向细分也是节目制作专业化程度提升后的一种必然。

随着国外的真人秀节目模式的引入，明确、可量化的工作方式随之被国内电视节目制作者所认识和认同，专业化的制作团队也成为热门需求。我国的模式引进者越来越重视版权方提供的专业咨询业务，甚至采用“人肉引进”而非仅仅购买制作宝典的方式，将原版节目的原版团队整个引进本土版节目的制作中，对从前期策划到后期制作涉及的每一个工种、每一个环节进行示范和指导。在原版团队的贴身指导下认真吃透节目模式和忠实模式要求进行制作，这不只是生产内容的过程，更是学习方法和培育理念的过程，是组建专门化和专业化程度更强的制作团队的过程。尤其是原本实力较弱的制作者，对待节目模式更要秉持不贪多但求精的态度，按照模式要求将制作过程的每一步扎实做到，方能在学习中缩小与世界水平制作团队的差距，让引进模式发挥在实践中为我国电视节目生产补课的作用。从这一点来说，承认节目模式的价值、尊重模式节目制作规律、学习先进节目制作方式，既是节目质量的保障也是下一步发展原创模式的基础。

科学、标准化制作的理念在真人秀节目乃至电视节目的生产环节已逐渐有燎原之势，但同样的理念尚未在节目模式的前期策划环节得到足够的重视和应用。而将工业化生产的理念引入策划环节、促进其水平提升正是促进本土原创模式发展的必要条件。

在欧美等节目市场发展较完备的地区，策划工作也早已引入了项目管理的概念。调查研究贯穿节目模式策划设计与内容生产制作生产过程，尤其是在节目模式的研发环节对调查分析倚重更多，每一个节目模式制作之前均会进行相关的调查分析工作，甚至进行小规模的试播来观察收视反映。其目的均在于尽可能避免盲目的投资生产，减少节目失败造成的生产成本上升，其生产过程是“以销定产”而非“以产定销”。目前我国真人秀节目制作者对调查研究的利用主要还集中在播出后的收视率和收视效果调查，前期调研显得不足。没有科学调研作为依据，让自创节目模式的制作者在前期策划阶段过多地依赖“感觉”和“经验”，也更容易受决策各方的意见影响而做出委曲求全的方案，这一切都意味着规范性的缺失。节目模式应当是规范性与准确性的实体化身，“攒”出来的节目却只有粗糙，这无疑阻碍了我国原创真人秀节目的成功。

科学的调研分析能够提升节目模式创新的成功率，但即便如此，节目研发者和决策者还是要正视一个颇为严酷的事实——新创节目模式通常都有很高的失败率。以澳大利亚主要的商业电视频道为例，所有新创的节目中只有十分之一能得到拍摄考虑，能够真正进行制作的节目就更少了。即使达到了拍摄标准，每年也大约有6个节目被弃用①。从某种意义上来说，一档成功节目的出现是不断“试错”的过程。承认新创

① 林楠：《真人秀节目版式的法律保护》，西南政法大学2011年硕士学位论文。

节目模式会有失败的可能，设置较高的容错率而非强令要求只许成功不许失败，是对节目模式研发规律的尊重。对正处于起步阶段的我国原创节目模式的研发而言更是如此。从这一点来说，试播是一种颇值得鼓励的方式。《别对我说谎》这档有偏差的节目能在显露问题后及时换挡止损，深圳卫视的“试播月”设置功不可没。

2. 开放而多层次的产业链升级

强大的盈利能力是真人秀节目成为目前数量增长最快节目类型的助推力。真人秀节目的商业模式相对于传统节目具有相当的优势。传统节目的价值实现环节多为节目制作。节目播放、节目收看和广告售卖。其一般实现流程为：从属于电视台的节目制作者制作节目内容，电视台播放节目内容以获得受众注意力，受众以付出注意力为代价换取免费节目，电视台通过将受众注意力出售给广告主换取广告费并进行下一轮节目制作。这一商业模式简单易行、便于管理，但其价值实现流程的闭合性较高，且参与其中的各方均有局限。对节目生产者而言，其收益完全来源于广告售卖所得，赢利模式单一，因而生产所承担的风险度很高；对广告主而言，与节目生产者的合作方式单一，广告传播效果难以得到保证；就受众来说，被动的接受者角色不符合互动化、目标化的传播趋势，也无法满足其多样化的收视需求与参与节目的心理需求；对节目自身而言，由于与网络等新媒体交融度不够，在电视观众逐渐流失的大背景下，不能通过其他手段与潜在受众发生接触。而真人秀节目的价值链的开放性、流通性和层级化程度较高。一档优秀的真人秀节目可以形成由前期调查、创意策划、内容生产、传播营销、受众互动与反馈后续、服务及周边产品开发等环节构成的全产业链。其价值链增值环节更多，且具有多种拆分与重组的方式，有利于吸收各个价值环节的价值增量。

就我国现状来看，目前尚未有能达到这一理想状态的真人秀节目，主要的变革发生在内容的生产制作环节和周边产品开发环节。即便如此，业已对产业的升级产生了不小的促进作用。

据央视-索福瑞媒介调查公司（CSM）在《中国电视综艺娱乐节目

市场报告（2006—2007）》中公布的统计数据，2005 年由电视台制作的真人秀节目占真人秀节目制作总量的 90%，节目总时长为 7110 小时。彼时较为成功的真人秀节目多为电视台或电视台下属节目制作公司制作，社会节目制作公司的工作内容以承接合作外包和提供具体的技术支持为多，其角色还停留在参与内容生产或出售制作好的内容这一层面，尚未成长为独立壮大的内容提供商。但最近几年这一情况已有了较大的改变，数年的真人秀节目制作让具备强大制作能力的制作公司崭露头角。决策者对制作能力的认可与重视更赋予他们较强的议价能力。这让优秀的社会制作公司逐渐有了成为节目生产过程中博弈者的可能。制作者和购买者、乃至版权方和引进制作方采用对赌方式进行合作、通过投资—利润分成获取各自回报的商业模式已开始出现在我国真人秀节目的制作方式中。

而开发后续服务、周边和衍生品成越来越被国内成功的真人秀节目所重视。这种重视不再仅仅停留在与选手签约这一层面上，有实力的电视台和制作公司甚至将自己的触角伸向从未触及过的领域。《爸爸去哪儿》在 2013 年掀起了现象级收视浪潮后乘势在马年春节推出电影版，大年初一上映首日票房近 9000 万，为华语 2D 电影首映票房纪录，上映四天票房已过四亿。这一现象甚至招致部分电影界人士发出不满的声音。而歌唱选秀类节目进入演唱会、艺人经纪、唱片发行领域似乎更是水到渠成。

衍生产品的开发可以为节目带来更广阔的发展空间。而衍生产品开发的实质是将在某一领域已经建立良好形象的品牌移植到新的产品类别中，新产品的市场表现除受本身质量等因素影响外更取决于原品牌的影响力。因此真人秀节目衍生产品的知名度与市场表现与节目品牌直接相关，原节目的收视群体数量与忠诚度直接决定了节目衍生产品的消费者数量。衍生产品是否符合原节目收视群体的需求和消费能力、销售渠道是否贴近这部分消费者则决定了衍生产品的成败。《爸爸去哪儿》大电影的成功恰是因为它在适当的时间——春节长假、适当的地点——休闲娱乐的影院、向目标人群——孩子和家长提供了适当的产品——合家欢电影带来的快乐家庭共享时间。《爸爸去哪儿》的成功固然令人瞩目，但并非成功的真人秀节目开发衍生电影的努力都能有如此丰硕的结果。寻找契合度较高的衍生产品领域、采用适合的开发方式将是决定其成败的关键点。

(四) 三个趋势：真人秀下一步走向何方?

1. 泛真人秀现象进一步加强

各种节目类型广泛使用真人秀元素而产生的泛真人秀现象是世界电视发展的一大趋势。泛真人秀现象的成因是多方面的。从节目创作的角度看，纪录元素、娱乐元素与剧化元素是电视节目创作中的基本元素，以往的节目往往以这三种元素之一作为主要元素，如纪录元素之于新闻节目与纪录片、娱乐元素之于综艺节目、剧化元素之于电视剧等。近年来，为了丰富表现手段、追求更好的观赏性，各类电视节目都呈现出程度不等的元素交叉渗透趋势，并因此演化出多种处于模糊地带的节目类型。譬如新闻和纪录片通常使用真实纪录为创作手段，但近年却出现了《新闻故事会》这样的剧化新闻节目和以《人质》(Hostages) 为代表的剧化纪录片 (Drama-documentary) 或称为纪录剧 (Documentary drama)。

元素融合与混搭本身就是真人秀节目的形态特性。如果按照功能性质划分，可将真人秀节目中使用的元素分为真实元素、剧化元素、娱乐元素和互动元素四类。其中真实元素包括参与者、拍摄手段和竞争过程，它们所承担的功能是让节目具有现实感、平凡性和亲近度。剧化元素则包括故事化、限定时空、设置冲突和制造悬念，它们所承担的功能是使节目内容得到戏剧化的集中呈现并完成情节叙事。娱乐元素包括规则制定、后期加工和主持、嘉宾的使用，它们所承担的功能是为节目内容提供主线情节之外的看点与惊奇感，进一步提高节目的观赏度。互动元素则包括选拔互动、现场互动和场外互动，使用这些元素的目的则是为了将观众卷入节目之中进行体验，以激发观众产生共鸣。

一言以蔽之，真人秀节目是各种元素融合的集大成者，泛真人秀现象则是这一融合形成新的鲜明特点的元素后与传统节目形态发生第二轮融合的结果。泛真人秀时代中的“真人秀”已不仅是一种节目形态，更是一种独特的节目元素与制作手段。随着这种制作手段在其他节目类型中的广泛运用，电视节目中的泛真人秀现象将得到进一步加强。

2. 真实元素和剧化元素比重加大，情境设置向剧情设置演化

前文论及真人秀类节目的元素可划分为真实元素、剧化元素、娱乐元素和互动元素四类，元素融合是真人秀节目的基本特性，但不同的真人秀节目可能会因主题和形式需要而更侧重表现某一类元素特点。譬如在第三届中国纪录片学院奖的讨论环节就有观点认为《爸爸去哪儿》应当归类为纪录片，这从一个侧面说明《爸爸去哪儿》中真实元素的使用比重较高。

在业界有一种普遍的看法，不同地区、国家对真人秀节目中各元素的配比和使用各有偏好。譬如日韩真人秀中明星嘉宾的使用程度较高、使用方式多样；美国观众则更喜欢偏重纪录形态、凸显真实元素的真人秀节目等。相对的，户外纪录形态的真人秀虽然在我国试水较早却并未引起较大影响，这种现象通常被解释为我国观众没有此类节目的收视习惯。根据观众口味“投其所好”固然是一种明智的选择，但还应审视这种差异的形成是来源于文化差异、受众收视还是其他因素影响。《爸爸去哪儿》的爆红带动了制作者对亲子题材的青睐，二十余档亲子节目迅速占据了各大卫视 2014 年的招商目录。但对真人秀节目制作者来说，《爸爸去哪儿》更重要的意义在于它证明了我国观众对记录形态真人秀节目的接受度并非如从前所想那样低，但这种接受是建立在高品质制作的基础之上的。不同于空间封闭、可控性较高的演播室节目，户外纪录形态真人秀节目对制作的要求更高。如果没有早期制作另一档户外纪录形态真人秀节目《变形计》的积累，《爸爸去哪儿》所呈现出的效果可能会大打折扣。

从世界范围来看，真人秀节目制作的另一个趋势是节目中剧化元素的使用比重加大，节目推动力由情境设置向剧情设置演化。有趣的是，

早期真人秀节目的兴盛恰恰与2007至2008年美国好莱坞编剧大罢工关系密切。这场因劳资纠纷引发的大罢工导致大量剧情剧和喜剧停止制作,《CSI犯罪鉴证科》《迷失》《反恐24小时》《英雄》《丑女贝蒂》等著名剧集的制作都深受影响。但真人秀节目由于对剧本和编剧的依赖程度较低，投入也比电视剧要小而成为各大电视台补救新剧集不足的倚重对象。《与星共舞》(Dancing with the Stars)、《急速前进》(The Amazing Race)、《舞林争霸》(So You Think You Can Dance)、《无谎言时刻》(The Moment of Truth)、《美国达人》(America's Got Talent)、《学徒》(The Apprentice)、《减肥达人》(The Biggest Loser)《下一个全美超模》(America's Next Top Model)等老牌真人秀节目几乎都是在这一时期获得了充分发展的机会。这一时期的真人秀节目主要以情境设置作为节目的内驱力，通过对时空的限定和规则的制定制造出一个假定的情境，参与者置身于这一假定情境中用自己的语言和行动来表现自己的本来特征。情境设置的优势在于假定的情境相对比较宽松、参与者行动的自由度较高，可能会出现出人意料的呈现效果，具有戏剧化的“命运模式”。其问题则在于这种宽松的设置在制作时控制难度较高，呈现效果的好坏过多依赖于参与者自身表现力和偶然因素，缺乏稳定保障。而情境设置向剧情设置的演变则强化了节目的可控性和呈现效果的质量。

剧情设置的趋向让编剧这一工种在真人秀节目的制作中扮演着越来越重要的角色。以往我国真人秀节目对编剧的使用主要是为参与者打造个体故事，这依然还停留在倚重参与者个人魅力的层次上。实际上，编剧还应起到设计、规划整个节目情节线的作用，这样真人秀节目可以减少对选手个体表现力等不确定因素的依赖，通过本身就具有冲突和跌宕起伏的情节线获得较好的呈现效果。2013年美国开播的真人秀节目《谁是真凶》(Who Dunn It?)就是剧情推进手法的代表。这档节目的主题属于并无新意的解谜类别，参与者需要破解一桩桩死亡案件的真相。但节目为此设置了极为精妙的剧情外壳——13个人受邀来到一个古老庄园，其中一个就是隐藏的真凶和庄园主人，主持人以被迫服从庄园主命令的管家身份出现，受害者则会在事先布置好的犯罪现场当着众人的面“死去”。参与者可以自由选择在犯罪现场、已知最后位置和停尸房三个场景中选择一项查看，通过自己寻找线索、与其他人交换信息完成对案情的还原，而解谜能力最差的人就将成为下一个“受害者”。借助特效化妆和特技手段，“受害者”要在众人面前出演自己的“死亡”，随后还要在停尸房扮演自己的“尸体”。节目环节完全按照设置好的脚本进行，其推进过程本身就是一出罪案剧情片。由于情节和场景非常逼真，第一集播出后观众纷纷打电话给电视台询问节目究竟是真是假。为了解决观众的困惑，制作者在后期专门增加了“死者访谈”环节，让画着特效妆容的“受害者”出镜接受访谈。精致的“作案过程”和逼真的“案发现场”是引入了影视剧的制作手段，紧张的情节推进则是按照剧本扮演。对剧化元素的充分使用极大地提高了节目的可视性，《谁是真凶》第一季收视率就与同档播出的老牌真人秀节目 Wife Swap《换妻》、热门剧集《双面法医》持平。

《谁是真凶 》第一季剧照

加强真实元素和剧化元素的使用成为当下真人秀节目创新突破的方向，也进一步促进了真人秀节目中真实与虚拟的交融。步入这一发展阶段的真人秀节目日益成为一出高举“真实”大旗的精彩“戏剧”大片。

3. “合作研发”将成为新的版权合作方式

引进模式数量过多成为管理者和从业人员的普遍忧虑。但是，引进节目模式数量多本身并不是问题，目前世界范围内引进节目模式数量最多的恰恰是美国这个并不缺乏原创力的真人秀节目生产大国。我国真人秀节目生产中的关键问题在于只有引进而没有产出，进口与出口之间存在的巨大贸易逆差令人忧心。

2013年以前，真人秀模式节目通常采用先引进版权后进行制作的方式。在这一过程中本土节目模式交易公司承担了为节目模式制作公司和节目模式的最终购买者提供交易渠道、居中调停协商以及提供节目模式引进过程中的改编、修整、本土化等顾问工作。近年来部分本土节目模式公司的业务也开始向制作延伸，而在广电总局对节目模式引进进行规制调整后，直接的版权引进受到了限制，但市场对节目模式的需求并未削弱。这意味着真人秀节目将会发展出其他的模式引进与制作的合作方式。

“合作研发”成为颇受青睐的合作方式。初期的“合作研发”在一段时间内还会延续以某一国外成熟节目模式为底版，引进方和原制作者协同进行本土化创新的方式。对我国真人秀节目制作者来说这种合作方式的好处颇多——不受限令制约、有成熟模式的经验指导，还能在短时间内速成“原创”节目。对我国的真人秀节目模式制作者和模式研发者来说，这一“合作研发”的过程或许是提高原创能力、学习模式制作方式的必经之路。节目模式不只是一个创意和一个点子，更是一整套由无数细节组成的、可实现创意目标的操作方法和操作流程。因此任何一档想进行模式化的节目都需要对从策划到制作的各项工作进行系统组织，对每一个环节如何执行制定尽可能量化的标准、对涉及节目策划制作的资料进行细致的收集和体系化的归类整理。在经历一段时间的“偷师学艺”和政策的引导后，那些较早树立工业化、标准化的理念，并能将这一理念贯穿节目策划制作始终的国内真人秀节目制作者中将会出现能够制作原创真人秀模式节目、乃至能将原创节目模式推向世界市场的领跑者。

小　结

因为有着元素混搭而带来的独特魅力，我国的真人秀节目在十数年间经历了迅猛的发展、引发一轮又一轮的热潮和追捧。但迅猛发展之下隐含着制作水平不足的忧虑，热潮涌动的背后暗藏着原创乏力的隐患，这恐怕并非真人秀节目发展的理想状况。对我国电视节目制作者来说，真人秀节目的意义不应只停留在几档热门节目上，更应是一个磨炼专业制作团队、树立专业制作理念、形成标准化、工业化制作方式、提高本土原创能力的契机。这个发展契机不只为真人秀节目所独有，更会促进整个电视节目生产方式的转变和推动产业的升级换代。当转变和升级完成之时，真人秀节目将会褪去身上附着的种种热切期望，回归为一种多元化、常态化的电视节目形态。而这一天的到来也将标志着我国电视节目的制作理念和水平已经迈上了一个更高的平台。

三、技术引领未来——未来电视发展的技术因素分析

（一）客厅的革命[①]

上世纪末产生的 PC 互联网，影响的主要是书房；而发端于 21 世纪第二个十年的移动互联网时代，则是移动革命和客厅的革命。

客厅革命，就是互联网对传统电视生态的颠覆。传统电视的生态链是由内容生产商、播出机构电视台、传输渠道有线网络和广告公司构成的封闭产业链，而互联网的发展颠覆了这个生态链，主要表现在重构了产业链，新的参与者进入，以及延伸出新的商业模式。

客厅革命的主要特征就是“跨界融合”。这种跨界和融合主要体现在产业参与者的融合：原有的封闭产业链被打破，通信、电视机制造、终端生产商、视频网站纷纷进入电视行业。尽管广电总局通过牌照进行管理，但开放的大门已经打开。

客厅革命发端于传输渠道的多元化，也就是视频的“泛在”，在我国主要分为两个阶段。

第一个阶段是 IPTV 的普及。以上海百视通为代表的广电运营商推

① 部分内容作者发表于《跨界和融合，我理解的客厅革命》，载《青年记者》2013 年 12 月。

出的 IPTV 首先对有线网的客厅垄断地位构成了挑战。IPTV 的快速发展成就了上海百视通在资本市场成功上市，并成为全国性的广电新媒体公司；与此同时，IPTV 使得地方广电集团和总台被迫在传输渠道方面进行左右手互博，形成了传输渠道的“竟合”格局。

第二个阶段是 OTT TV 的出现。互联网电视对电视分发渠道带来的最大冲击就是管道化，即 OTT。什么是 OTT？OTT（Over-The-Top）一词来源于篮球运动的“过顶传球”，强调服务与物理网络的无关性。OTT TV，是指基于开放互联网并覆盖各种终端的视频服务，即通过公共互联网面向电视等多终端传输的 IP 视频和互联网应用融合的服务。OTT TV 初期的终端主要是 PC，面向 PC 用户的视频网站应该算是早期的 OTT TV 形态；随着多屏技术的发展，OTT 终端已经扩展到电视机（包括互联网电视一体机或机顶盒 + 电视机）、电脑、Pad、智能手机等。从互联网的特性来说，IPTV 具有过渡性质，而互联网电视 OTT TV 必将取代 IPTV。OTT TV 的出现，彻底打破了电视传输渠道的垄断性，使得电视行业开始从封闭的花园走向互联网的蓝海。伴随着 OTT 的一路高歌，客厅革命真正到来了。

对于传统广电机构来说，客厅的革命带来的机遇和挑战并存。

机遇方面，客厅的革命使得电视行业开始从封闭的夕阳产业逐渐朝阳化。具有互联网特征的 OTT，带来了新的商业模式和运作模式，使得传统广电机构有可能成功转型为具有互联网基因的全国性新媒体公司。典型的如上海 SMG、杭州华数、湖南广电的芒果 TV 都有可能胜出。

但对于大多数广电机构来说，可能面临的挑战大于机遇。首先是各地有线运营商被管道化后面临的业务转型；此外在内容生产方面，开始面临视频网站等新进入者的竞争，国内几个大的视频网站在内容自制和内容版权方面，已经开始对电视台的传统强项构成威胁；在商业模式方面，传统的 4A 公司、数据公司和电视台的铁三角关系将被打破，电视台广告很难持续增长；在终端和受众方面，“观众”开始成为“用户”。OTT 盒子的大量出现，开始抢夺传统观众。传统电视一旦丧失用户和终端，将失去对电视产业链下游的控制，将彻底沦为内容生产商。

（二）影响未来电视的技术

随着移动互联网、云计算等技术的快速发展，电视所依赖的技术环境出现了巨大的变革，从云、管、端的角度，即内容生产和存储的云化、传输渠道的互联网化、终端的智能化和多屏化。

有线、卫星广播数字电视技术及网络视频资讯图片

据麦肯锡的一份研究技术对未来经济影响程度的分析报告指出①，影响未来的 12 项技术中移动互联网居首。到 2025 年，移动互联网经济约为 3.7 万—10.8 万亿美元。主要技术包括：无线技术、小型、低成本计算及存储设备、先进显示技术、自然人机接口、先进廉价的电池；关键应用包括：服务交付、员工生产力提升、移动互联网设备使用带来的额外消费者盈余。

技术变革的驱动是三网融合的基础和最主要驱动力，具体如下：

• 4G 移动网络的快速发展

随着 4G 网络 IP 化和宽带化建设进程的完成，使得移动网络的用户终端更趋于多样化，如手机、Pad 和计算机等都可直接接入 4G 网络，提供了更多灵活的接入方式和强大的终端能力。

① 麦肯锡：《展望 2025：决定未来经济的 12 大颠覆技术》。

● **数字广播电视技术的迅速发展**

随着 DAB、CMMB 等数字广播以及卫星广播技术的成熟，使得高清晰度和大容量的传播成为可能。同时广电接收终端的小型化和移动化，也使得和手机的融合成为可能。

● **网络视频企业的服务质量不断提高**

随着视频格式转换、内容分发、P2P 和 Web 2.0 等相关技术的不断成熟，视频网站的画面质量不断改善，以网络游戏和社交网站等为代表的网络应用不断增加，服务质量和用户体验逐步提升。同时，由于电信运营商的网络带宽成本下降，网络视频企业的运营成本必将大大降低。

● **音视频采编技术的成熟**

随着摄录设备和剪辑处理软件的日益普及，使得视频在网络上的传播有了广泛的用户基础，用户对视频质量的要求逐步提高，网络视频的传播和分享也在社会化网络中日益普及。

1. 移动互联网（Mobile Internet）：智媒体

2007 年，iPhone 以“重新发明手机”的姿态揭开了移动互联网发展大潮的序幕，进入 21 世纪的第二个十年，我们已经进入移动互联网时代。据 eMarketer[①] 数据显示，到 2013 年底，全球移动互联网用户已达到 19 亿人，占所有网民的 73%，并且在未来几年中，移动网民的增速仍会领跑整体网民增速。中国有超过 4.64 亿移动网民，移动网民规模和渗透率都居全球首位。手机已经超过电脑，成为第一大互联网接入设备。

移动互联网正从 PC 互联网的延伸逐渐转变为全新的互联网形态，颠覆着传统互联网模式。《连线》杂志创始人、《失控》作者凯文·凯利在不久前指出，从现在到未来十年将不会再使用“移动化”这个词，

① 市场研究机构 eMarketer 网站 http://www.emarketer.com/

将终结这个词，因为它将变成“我们呼吸的空气，成为自然而然的事情”。未来十年所有东西都是移动的，而现在的移动化还是慢版的。

移动互联网使得网民随时在线，媒体开始从实时化向全天候转变；手机和 Pad 等智能终端的随身性和私密性，真正实现了人的“自我延伸”，使得信息个性化和互动性增强。腾讯副总裁刘胜义认为移动互联网推动了大众媒体向智媒体的转变。

移动互联网加速了社会化媒体的发展。互联网的社会化趋势则颠覆了人与人，人与信息的交互方式，变革了信息的传递模式，对于政治、经济、社会、文化等方面的渗透在加速，互联网正推动社会形态的发展与变革。

截至 2013 年 12 月底，新浪微博注册用户数已超过 5 亿；腾讯通过微信、腾讯微博、QQ 空间、朋友网等在社会化网络方面进行了更加全方位的布局。特别是微信，目前的用户量接近 6 亿，2014 年将突破 10 亿，成为当前最为火爆的社会化应用。

2. 跨屏（Multi-screen）：泛在化

随着移动终端智能化以及 4G 网络的发展，为下一阶段移动应用的爆发奠定了基础。未来应用都将走入多终端跨屏时代，一款应用同步发行在多个终端平台，并且数据互通，会使得用户的体验更加流畅。

“跨屏”，也就是“多屏”（multi-screen），始于与视频网站的“网台互动”，这种合作竞争关系已经蔓延到了手机、平板、PC 之外的“第四屏”电视屏。我们已经进入多屏（Multi-screen）时代。目前主要的四个屏幕是电视屏、PC 屏、手机屏和平板屏，平板屏是个人电脑的产物，也是手机的产物。“跨屏联动”已经成为三网融合的重要切入点。目前有线电视网、电信网和互联网的三网融合存在诸多问题，如政策和体制层面，但从移动互联网领域和“跨屏战略”切入，将是网络融合非常不错的契机。

表 7-3　网络融合下的跨屏比较

传统传输网络	终端	终端功能特色	使用环境	主体人群	应用业务
广电有线网	电视机	具有丰富的显示能力、宽大的屏幕	客厅、卧室的沙发	群体为多	视频、线性直播、业务
通信网	手机和Pad	随身携带的便携性，输入能力和接受能力均衡	随身携带的口袋可以在任何场合	个人	语音业务
计算机网	电脑	强大的输入能力和通用的信息处理能力，IP 化	办公室或书房	个人为主	双向的数据处理和共享业务

数据来源：杭州华数传媒内部资料

谁是第一屏？一种观点认为，在多屏时代，用户的注意力开始被不同屏幕的行为所分割。这使得电视屏在伴随性方面开始逐步接近于广播，已经成为其他屏幕的伴随屏和背景屏。在多屏时代，电脑、平板、手机等小屏与电视大屏进行多屏互联和互动，构筑成现代化的家庭信息应用平台，客厅中的电视重新成为中心，成为家庭网络的控制中心。还有学者观点认为，在移动互联时代，从占用时间上来说，手机屏应该超越电视屏，成为第一屏。

在多屏时代，屏幕开始泛在化：屏幕的形式日趋多样化，屏幕也将无处不在，在家具、家电、户外建筑都会有屏幕。未来屏幕同人的交互方式也会改变，除了用手触摸屏幕外，屏幕还能与人双向沟通。屏幕将变得更加智能和个性化。屏幕的选择取决于我们所处的环境（Context），环境有三种因素：所处的位置、可以支配的时间以及我们想干什么。

3. 大数据（Big data）：新的石油

从2013年开始，“大数据”一词越来越热。大数据是继云计算、物联网之后IT产业又一次颠覆性的技术变革，被亚马逊前任首席科学家Andreas Weigend称作是“新的石油”。大数据将对包括电视在内的大视频行业带来深刻的变革，包括行业生态、内容生产方式、内容的价值评判标准和商业模式等。在大数据时代，内容提供商、电视台、广告商以及数据调查公司原本形成的稳固生态链开始被打破。视频网站、IPTV和OTT TV等基于互联网的视频运营商掌握了大量用户信息，这些信息可以被挖掘，从而进行产业链上下游的拓展。

大数据从根源上讲其方法论不过是传统的统计学。只是随着人类的信息被数字化，数据越来越多，再加上存储与计算能力逐步提高，此时把统计学和庞大的数据融合在一起便对很多产业产生了颠覆效果。我们可以依托大数据分析与挖掘技术，从海量数据中提取出数据的价值，在内容生产、营销与广告等方面进行探索。

在上游的内容生产领域，内容生产的模式由传统的B2C模式转变成C2B模式，我们通过了解用户的喜好、兴趣点以及用户行为来定制内容，真正做到用户想看什么，就提供什么。这也就解释了国内外的视频网站纷纷进入内容原创领域的原因。《大数据时代》的作者维克托·迈-尔舍恩伯格认为，大量的数据能够让传统行业更好地了解客户需求，提供个性化的服务。

在内容生产领域，国外最早采用大数据制作的儿童节目是《芝麻街》和《天线宝宝》。另外一个案例就是美国奈飞公司（Netflix）的《纸牌屋》。Netflix在美国有2700万订阅用户，全世界有3300万，每天用户在Netflix上产生暂停、回放或者快进等3000万多个行为，订阅用户每天还会给出400万个评分，300万次搜索请求。Netflix通过上述大数据分析用户喜好，进而指导自制剧的生产。《纸牌屋》的热播是利用大数据进行内容生产的典型应用，也为视频网站打开了自制的想象空间。《纸牌屋》被称为算出来的电视剧，它的成功是大数据与大视频行业联姻的成功。《纸牌屋》的生产过程完全绕开了美国传统电视的生态环境，《福布斯》杂志对其评价是“它不仅仅是很棒的节目，而且是电视史上的大事件”。

在国内，乐视公司成立了乐视影业，盛大文学也成立编剧公司，依托“大数据”创作电视剧本。C2B①：工业时代的标准化产品已经越来越难以满足当前消费者挑剔的眼光与需求，对于标准产品的 C2B 个性化定制成为一种新的潮流与趋势。C2B 通过聚合分散分布但数量庞大的普通用户，形成一个强大的采购团体，以此来改变传统模式中平台与用户一对一出价、一对一购买的弱势地位，使之享受到以大批发商的价格买单件商品的利益。湖南卫视《我是歌手》的网络独播平台乐视网基于大数据应用，推出了全新剧情热度分析技术。该技术通过分析用户观看习惯，得出视频播放热度曲线，在为用户提供精彩内容引导的同时，也为湖南卫视后续内容创作提供了有力的参考数据。

在下游的收视评估环节，由于视频运营商掌握了海量和精确的用户和收视数据，原本就充满争议的样本抽样模式开始过时。广告主们虽然仍然坚信尼尔森们的真实性，但也开始逐步采纳网络、手机等运营商的精确数据。如此一来，传统抽样数据市场将逐步萎缩，数据市场将从抽样模式进入到精确模式。

但尼尔森们也在与时俱进。2013 年，尼尔森决定扩大对收视率的定义，不再局限于传统电视网络，推出一个针对 OTT 互联网电视以及微软 Xbox、苹果 iPad 等多屏的收视率调查系统。尼尔森计划在 23000 多户采样家庭安装新的硬软件统计工具，其中仅有 75% 来自传统电视网络。但尼尔森的与时俱进，目前还是主要建立在基于样本户抽样调查的基础之上，是否能够延缓抽样调查行业的衰落尚难定论。

在下游的另外一个领域是与收视数据紧密相关的广告市场。传统电视是免费商业模式的开创者，即向观众提供免费的节目，然后用观众的注意力换取广告主投放，并获取广告收入，在这个过程中，收视率成为各方通用的交换货币。但大数据的应用将彻底改变这种商业模式，传统

① C2B 是电子商务模式的一种，即消费者对企业（customer to business）。

的收视率受到质疑，广告商、电视台和数据商多年形成的铁三角关系也将被打破。

大数据最主要的应用是能够挖掘出事物间内在的关联关系。早在上世纪 90 年代，沃尔玛就凭借遍布全球的卫星信息系统，把关联关系应用于购物篮（market basket analysis）中，可以说是大数据商用的鼻祖。刊登在 1998 年《哈佛商业评论》上的“啤酒与尿布”故事已经成为全世界 MBA 的经典教学案例并广为流传。这个故事是这样的：20 世纪 90 年代，沃尔玛的管理人员分析销售数据时发现了一个令人难于理解的现象，“啤酒”与“尿布”两件看上去毫无关系的商品会经常出现在同一个购物篮中。经调查发现，这种现象通常会出现在年轻的父亲身上。最终的原因是，在美国有婴儿的家庭中，一般是母亲在家中照看婴儿，年轻的父亲前去超市购买尿布。父亲在购买尿布的同时，往往会顺便为自己购买啤酒。

沃尔玛的大数据是建立在这家零售业帝国遍布全球的庞大信息系统之上，而基于开放互联网的大数据，为很多行业的直接应用提供了便利。同上述“啤酒与尿布”案例不同的是，大数据中的关联关系是很难找到直接原因的，但这并不影响这种关联关系被应用到商业中。在电视行业，大数据的关联信息为广告的定向推送和 O2O[①] 模式的电子商务留下了发展空间，从而重新定义了电视的商业模式，也给电视的未来发展模式留下了很大的想象空间。

广电系的上市公司上海百视通，作为全球最大的 IPTV 运营商，这些年也在布局大数据，探索定向内容、定向广告、关联电视等领域。百度公司最近在收购 PPS 后，依托海量搜索数据，打通爱奇艺和 PPS，推出精准的贴片广告形式“一搜百映”，这种大数据在视频广告的应用，必将加速其广告变现能力。

大数据时代，数据挖掘注定成为包括电视台在内的视频运营商的杀手级应用，谁真正获得大数据的基础数据和商业开发能力，谁就会在下

① O2O 即 Online To Offline（线上到线下），是指线下的商务机构与互联网结合，让互联网成为线下交易的前台。

一轮发展中占据高位。拥有数据优势的运营商如视频网站和OTT运营商，将会越来越具有竞争优势，传统电视台的市场份额将会逐步被蚕食，视频网站行业的寡头竞争格局必将会在传统电视行业重现；对于电视台来说，建立并提高数据部门的战略地位，从粗放式管理转为精细化管理，用互联网的思维来运营电视，是应对竞争的不二选择。

4. 云计算（Cloud computing）：社会基础服务设施

第二次工业革命本质上是电带来的工业革命。100年前最重要变化，是电变成一个通用的公共事业，从而带动整个社会生产力的向前发展。云计算，就是在任何时候、任何地点，只要接上互联网，就有计算能力的提供。你要多少用多少，用多少记多少，这就是云计算。云计算开始像电和石油一样，成为这个社会的基础服务设施。

在传媒领域，云计算的重要应用领域就是动漫制作。2014年春节期间的3D动画大片《熊出没》出自深圳华强集团，这家公司的核心竞争力是什么？无外乎大量的动画制作人员和重装备投入。动画靠的是创意，但更依赖设备的投入和资本投入。以渲染为例，在整个动漫变成电影过程中，最大的一个投入叫渲染，就是把原始的画，变成3D的影像。一个像样的动漫公司，至少需要1000台以上的服务器才能勉强做渲染工作。越大的企业越有这个优势，小的创业团队根本没有办法把创意变成一个相对高质量的产品。

最近的一个案例就是第86届奥斯卡“最佳动画短片奖”《哈布洛先生》。这部片子背后的云渲染技术来自深圳的一家公司，中国瑞云科技。渲染技术需要云计算的投入，基于云计算平台的动画渲染技术获奖，体现了中国的动画技术平台已在某些领域

动画短片《哈布洛先生》海报

领先，这同时也是“文化 + 科技”模式的成功。目前，在动画制作领域，瑞云公司、深圳华强集团以及广州奥飞动漫均已通过这种模式获得了市场的认可。未来，以技术为先导，践行‘文化 + 科技’的理念，有望成为动漫影视行业走出去的重要路径。

另外一个进军影视领域的 IT 公司就是著名的电商公司阿里巴巴。阿里巴巴利用服务器的闲置计算能力，推出了阿里云服务。淘宝的计算机群的计算量是非常大的，每天有将近一亿的人访问淘宝、有几百万的卖家、几亿的商品，高峰的时候占用资源非常大。阿里巴巴利用服务器的错峰，把晚上的计算能力释放出来，用于动漫公司的渲染。

5. 物联网（Internet of things）：真实与虚拟世界之融合

移动互联网使人们摆脱了对于时间、空间的限制，能够随时随地得接入互联网，实现了人与信息的无缝链接，而物联网的发展将推动信息、人、物的连接，特别是车载智能平台、智能电视、智能家居，乃至 Google Glass 这样的可穿戴式智能设备，都有可能成为物联网的一部分，而基于多元平台的物联网应用将成为推动物联网发展的重要力量。

物联网的普及使得互联网功能发生重大转变。在人际交流的基础之上，它使得物物交流成为可能。到 2015 年，不仅将有 75% 的世界人口可以接触到互联网，同时还有 60 亿台设备可以接入互联网。届时，计算机网络、传感器、执行器以及所有使用互联网协议的设备将构成一个彼此相互联系的全球系统，它拥有改变我们生活的巨大潜力，因此也常常被视为下一代互联网。

物联网使得真实世界与虚拟世界相融合，所有物品都变得智能。当所有东西开始联网时，原本的价值创造体系将遭受冲击。腾讯公司马化腾认为，电子设备成为器官的延伸已经越来越明显。器官通过计算器延伸、增强，这是前所未有的。而且人和设备、设备和设备、人和服务之间都在建立连接，微信公众号就是人跟服务建立连接的尝试。

物联网使得视频的泛在化进一步加剧，视频变得无处不在。电视台作为视频的提供商，将拥有更多的传播渠道和终端。与此同时，电视也面临着大视频生态的变革。

（三）未来的电视

在移动互联时代，尽管以湖南、江苏为代表的上星卫视娱乐节目一片繁荣，但电视行业普遍弥漫着一种悲观的论调，即电视即将消亡。这个观点最主要的依据是电视的开机率最近几年开始大幅度下降。目前年轻用户离电视越来越远，其主要原因在于目前电视的用户体验不足、电视内容可选择性不够、被动地接受节目、操作的便捷性和人机交互不够。未来电视还会存在吗？

其实开机率只是代表了直播电视的市场走势，对整个电视行业来说，电视屏不会消亡，给电视提供内容或者提供连续视频画面的机构也不会消亡。未来相当长的时间，电视机这块屏幕应该还会在客厅长期存在，电视台这个内容提供和播出机构也会存在，当然会面临市场份额的下降，但是直播电视这种形态未来能否继续占据主流，尚待观察？

电视首先是家庭的象征，电视强调三个“在”，即在场、在线、在播，这是其他媒体形态所无法替代的，如“在场传播”营造出一种时空同步的物理场，让受众在丰富的信息场中获得身置其中的心理感受。

其次，电视节目或者说是视频的消费量也会持续增加。由于受到网络视频的冲击，电视机的开机率在下降，收视率也在下降。但目前这个数据测算的是基于用户样本的直播电视的数据，对于点播、IPTV 和互联网电视是无法测量的。实际上，随着视频的“泛在”和屏幕的增多，视频的消费量在迅速增加，视频的市场也在扩大。

中国的老龄化社会也在加速到来。众所周知，中国电视机前的用户主要是老人和小孩，对传统电视来说，这是个巨大的市场。

此外，电视作为大众媒介，还具有较强的公益属性和政治属性，所以它的生命周期还不完全与市场化媒介等同。

概括起来，未来 5—10 年后的电视，大概会有如下几种特征：

首先，在产品和服务形式上逐渐多样化，除了传统的视频直播形态，还包括点播、互动、社交、游戏、电子商务、上网等多种功能，实现多屏联动和多渠道分发。

第二，在显示技术上的变化。随着 OLED① 技术逐渐成熟，电视机尺寸会越来越大，未来电视甚至可以卷起来；投影技术也在发展，随着新型投影技术的普及，投影的光源能够满足高清、超高清的需求，以后可能用小设备投影，墙面将是显示屏。

第三，人机交互技术的突破和用户体验的改善，这也是未来电视的关键。未来电视将从以设备为中心，转为以用户为中心。苹果 iPad 成功的关键在于好的用户体验，它基本没有学习成本，老人和小孩上手即用。智能电视的人机交互技术包括语音、摄像头、体感等多种形式。但目前除了传统的电视遥控器，其他交互方式还没有实现像 iPad 那样没有学习成本、上手就能很快操控的模式。

第四，多屏互动是未来发展趋势。未来的应用场景将是客厅电视和移动终端融合的模式，实现多屏的无缝转换体验。随着移动互联网的发展，电视将成为整个移动网络经济和移动智能终端产业中的主要表现形式。移动终端的智能化与电视终端的智能化，将会相互促进，相互推动，唯有如此才能更好地互动融合。

第五，用户的中心有可能会转移到智能手机。未来所有的用户体验都是从手机出发，电视则成为更好的视频显示终端。用户体验、私密性和伴随性是其重要的原因，如手机、Pad 等用户体验感好的产品能够跟日常生活密切相关。移动终端将成为视频的入口，个性化、碎片化和移动化将带来视频产业的大发展。

总之，电视不会消亡，但它会与时俱进：在产品的服务上会更加多元化；在技术上会更加智能化，有更好的用户体验；在传播上会实现多屏联动和多渠道分发的有效融合。在这里，最重要的关键词是“变化”——因为，面对视频行业日新月异的变革，唯一不变的就是变化本身。

---

① OLED，有机电激发光二极管（Organic Light-Emitting Diode）由于同时具备自发光，不需背光源、对比度高、厚度薄、视角广、反应速度快等特点，被认为是下一代的平面显示器新兴应用技术。

四、天才之火与利益之油——大力加强视频版权保护

放眼望去，我国视频产业规模已是十分庞大，而且还在快速的发展。除了电影、电视剧、动画片、电视节目等最常见的视频内容形式外，还出现了各种新的视频内容形态，比如微电影、层出不穷的各种形态短视频等等。视频的传播方式更是日新月异，院线放映、电视播放、网络传播、手机电视、大屏幕显示、交通器放映、微信传播等，传播渠道和终端日益丰富。在一片繁荣表象的背后，潜伏着巨大的隐忧，那就是优质内容偏少，市场竞争秩序混乱。

在文字、图片、音频、视频等各种媒介表达方式中，视频因其直观性、生动性而具有超强的传播效果。但精致的视频制作相对于文字、图片、音频而言，制作较为复杂，投入成本较高，参与制作的作者、表演者、录制者、传播者等权利人之间的版权关系也较为复杂，版权关系的处理、版权运营也对各方利益的有效合理兼顾是传播业一个新的课题。作为创意产业的核心，版权保护对视频产业整体发展影响巨大，需要特别的关注。

(一) 视频作品版权的基本知识

《中华人民共和国著作权法》封面

首先要说明的是，在我国，版权与著作权是同义语。我国关于版权的法律叫《著作权法》，但人们习惯于用版权的概念。版权就是作者对其创作的作品所享有的权利。版权制度除了保护作者的权利外，同时保护与作品有关的表演者、录制者、传播者的权利。

视频是一种作品形式。在我国《著作权法》中，视频是与文字、口述、音乐、戏剧、舞蹈、美术、建筑、摄影、图形、模型等作品类型并列的作品类型之一，法律术语称为“电影和以类似摄制电影的方法创作的作品”。有的国家也称为“视听作品”。为了符合本书的需要和读者理解方便，本章使用“视频作品”的通俗概念。视频作品包括电影、电视节目、电视剧、纪录片、动画片、微视频等形式。

在此需要特别说明的是，某一视频作品是否受版权保护与作品水平无关，比如手机随意拍摄的一段视频也是受版权保护的，电视新闻节目自然也是受版权保护的。从《著作权法》的原理上讲，作品是否受保护，取决于作品的独创性和可复制性，而不是作品的质量和水平。

视频作品著作权归制片者所有。我国《著作权法》规定，电影类作品的“著作权由制片者所有”、“剧本、音乐等可以单独使用的作品的作者有权单独行使其著作权”，也就是说，整个视频作品的版权由组织创作并承担责任的主体享有，比如电视台、文化公司、网络公司、自然人。剧本、音乐等作者可以对其作品在该视频作品外另行使用，比如出版剧本的图书、发行音乐唱片。当然，各种参与创作的人可以通过合同与制片者约定报酬、作品的使用范围和方式，可以做出某些权利保留。

制片者对其视频作品享有的权利有：发表权、署名权、修改权、保护作品完整权、复制权、发行权、出租权、展览权、表演权、放映权、广播权、信息网络传播权、摄制权、改编权、翻译权、汇编权。

视频作品版权有法定的保护期，作者的署名权、修改权、保护作品完整权的保护期不受限制，发表权和其他各项规定的权利的保护期为50年，截止于作品首次发表后第50年的12月31日。已过保护期的作品可以自由使用。

（二）视频作品版权的基本特点

视频作品版权特点之一

视频作品是多种权利的集合。即参与创作的权利人较多，包括编剧、导演、演员、摄像、音乐、美术、服装、道具、剪辑等各种权利人，其中有相当一部分参与的人享有著作权或与著作权相关的权利。如果是动画片，主创人员还包括人物造型设计、场景设计。当然也有一些视频作品可以由一个人独立完成。尽管视频作品整体的著作权由制片者享有，但各权利人仍然可以通过与制片者签署合同明确自己的权利。

各国法律关于视频作品版权归属和权利行使的方式规定有所不同。按我国法律规定和业务实践，制片者可以控制整个视频作品权利的行使，基本不会受到其中个别参与创作者的制约。但欧洲一些国家规定视频作品版权的行使由各主创人员与制片者合同约定，比如未经导演、编剧、主要演员的同意不得修改作品，向国外发行或出版发行 DVD 等使用方式需要另行与主要权利人签约并约定利益分配办法。

视频作品版权特点之二

视频作品可以有多种利用形式。版权产品的特点是可以无限复制，制作成本投入是一次性的，但产出却是多次的，而且可能是长期的。有些产品还可以有多种形式的利用。以电视台制作的电视节目为例，除本台播放外，节目版权的价值还有下述多种可利用形式，比如，除本台首播、重播外，还可以许可其他电视台播出、出版发行音像制品、自行或许可网络运营商在互联网上传播、作再创作素材、出版发行图书、许可报刊摘登文字、许可音频广播、许可 VOD 点播、IPTV、手机电视、移动电视、客户端等新媒体使用，以及利用电视节目中的造型、图案、标识、名称等元素加工产生玩具、文具、服装、饰物、工艺品等电视节目衍生产品。

视频作品版权的上述两大特点提示制片者，首先，在制作过程中，要与所有参与创作的人通过合同明确约定视频作品版权的归属和权利行使方式等利益关系，并要整理保存这些文件作为档案；其次，要善于经营视频作品，合理安排版权利用档期，保护版权免受侵害，及时妥善处理版权纠纷，最大限度发挥作品的版权价值。这些工作属于版权管理事务，应该作为视频作品制片者的核心业务之一。

（三）视频作品版权的侵权行为

视频作品版权关系复杂，版权经营专业性强，因而发生版权纠纷的概率较大。视频版权侵权一般可分为两类，一类是视频作品制作过程中的侵权，一类是视频作品传播过程中的侵权。在我国，视频作品领域的侵权十分严重，恐为世界之最，对视频产业整体健康持续发展损害巨大，需要全行业的觉悟，需要尽快达成共识，并协力采取切实措施予以改进。

视频制作过程中的侵权

制作视频作品常常要使用他人的文字、图片、音乐、动画、视频片段等许多作品元素。按照法律规定，使用他人作品制作视频作品需要事先获得许可才能合法（使用已过保护期的作品除外）。一件视频作品，哪怕是100集的电视剧，只要侵权使用了他人一张照片或一段音乐，整个剧就存在版权瑕疵，也属于侵权作品，只要权利人起诉，就可以禁止其发行利用。长期以来，一个普遍的问题是，许多视频制片者，包括电视台、文化公司、网络公司等各种机构，存在大量未经许可就侵权使用他人的文字、音乐、照片等内容的现象。

视频作品传播过程中的侵权

视频作品传播方式包括影院放映、电视台播放、网络传播、VOD点播、IPTV、大屏幕放映、微信、交通器放映、客户端发布等等。不论何种方式，合法传播的前提是获得制片者许可，签署合同，支付报酬。但是，众所周知，我国的各种视频作品传播中侵权现象十分普遍。比较严重的侵权行为有，电视台之间互相侵权使用电视节目，许多台存在大量侵权行为，有些小台靠侵权维持播出；网站侵权传播电视节目和电影，有的传输网设置了可以回放的功能却没有获得电视台的许可，几乎没有一家开展视频业务的网站的视频版权是完全清晰的，不少网站的视频业务是在侵权的基础上发展起来的；新媒体之间互相侵权，比如，有的网络机构利用播放器软件盗链其他网络公司的视频内容，有的通过OTT机顶盒盗播他人内容。

总体上看，我国视频版权侵权十分普遍而且非常严重，守规矩的吃亏，肆意盗版的获取暴利，国际上抗议不断，国内诉讼不断，市场秩序极其混乱。在2013年电视台新闻协作会议上，大家普遍认为网络肆意侵犯电视新闻节目版权已在整体上影响了电视行业的重大利益，需要联合维权。2013年11月，搜狐、优酷、腾讯、乐视、中国电影著作权协会、美国电影协会、万达影业、光线传媒等机构联合向法院起诉百度索赔由此带来的损失3亿元，这一事件反映了网络媒体竞争中盗版已危及许多人的利益，版权保护已成为许多媒体的生命线。

（四）侵犯视频版权的法律责任

我国有关侵犯版权的法律责任分为民事责任、刑事责任、行政处罚三类，分别规定在《著作权法》及《实施细则》《刑法》、行政法规、司法解释等法律文件中。

关于刑事责任。我国《刑法》第217条规定，以营利为目的，违法所得数额较大或者有其他严重情节的，处三年以下有期徒刑或者拘役；违法所得数额巨大或者有其他特别严重情节的，处三年以上七年以下有期徒刑。第218条规定，以营利为目的，销售明知是侵权复制品，违法所得数额巨大的，处三年以下有期徒刑或者拘役。最高刑期是七年。

构成犯罪的底线标准由司法解释规定，目前执行的标准是，违法所得数额在3万元以上的，非法经营数额在5万元以上的，侵权复制品数量合计在500张（份）以上的，销售侵权复制品违法所得数额在10万元以上的。通过信息网络传播侵权作品行为的定罪处罚标准是，非法经营数额在5万元以上的，传播他人作品的数量合计在500件（部）以上的，传播他人作品的实际被点击数达到5万次以上的，以会员制方式传播他人作品注册会员达到1000人以上的。

关于民事责任。《著作权法》规定，侵犯著作权或者与著作权有关的权利的，侵权人应当按照权利人的实际损失给予赔偿，实际损失难以计算的，可以按照侵权人的违法所得给予赔偿。赔偿数额还应当包括权利人为制止侵权行为所支付的合理开支。权利人的实际损失或者侵权人的违法所得不能确定的，由人民法院根据侵权行为的情节，判决给予50万元以下的赔偿。赔偿实际损失的原则意味着没有惩罚性赔偿，不能查清的50万封顶。

关于行政处罚。《著作权法》及《实施细则》规定，侵权“同时损害公共利益的，可以由著作权行政管理部门责令停止侵权行为，没收违法所得，没收、销毁侵权复制品，并可处以罚款，情节严重的，著作权行政管理部门还可以没收主要用于制作侵权复制品的材料、工具、设备等。非法经营额5万元以上的，著作权行政管理部门可处非法经营额1倍以上5倍以下的罚款；没有非法经营额或者非法经营额5万元以下的，著作权行政管理部门根据情节轻重，可处25万元以下的罚款。我国著作权行政管理部门包括国家、省、市三级机构。

与发达国家有关侵犯版权法律责任相比，我国法律规定的侵权责任偏轻。比如，美国法律规定，只要是为了商业利益或个人私利的侵权，或在180天内复制或者发行（包括以电子方式）一部或一部以上的一件或一件以上的总零售额超过1000美元的复制品或录音制品，都可以追究刑事责任。（不论是否出于商业目的超出1000美元的侵权都可追究刑事责任）民事赔偿除了实际损失、诉讼费、律师费外，还可以（一般）采取惩罚性赔偿，侵权使用一件作品可以判赔15万美元以下，法官可以酌定赔偿额，根据侵权的性质和程度可以判决赔偿至倒闭。其次，执法不严，许多应该追究刑事责任的没有追究，法院判决经济赔偿往往只有几千元或几万元，多的也就几十万。行政处罚经常面临取证难，人情阻拦，打击力度有限。总的来说，现有的法律制度设计不能使侵权人受到应有的惩罚，不能起到威慑和遏制侵权的效果。

（五）版权保护对视频产业发展的意义

我国视频作品数量庞大，传播渠道和终端几乎是全世界最丰富的，但我国优质的原创视频内容却偏少。问题出在哪儿呢？当然有许多原因，但笔者认为主要出在版权保护严重滞后上。

制作优质的视频作品，需要好的创意、好的剧本、好的导演、好的演员、好的摄像、好的音乐等各种创作元素。激发创作者的创作热情靠什么？美国前总统林肯有句名言“专利制度就是在天才之火上浇以利益之油”，这句话也完全适用于版权制度，极其深刻形象地揭示了创作和版权保护的关系。个体创作是视频作品的源头，合理的回报是优秀作品产生的前提。

生产视频作品，除了各类创作者的参与，还需要投资，视频作品是智力与资本的集合。投资者的回报如何保证？只能通过版权经营取得收益，获得回报。如果盗版横行，投资者回报无法预期，就会影响产业的规模和效益，从根本上损害产业发展。

制片者的版权利益需要通过传播实现，视频作品制片者与视频传播者之间有一个产业链利益关系，双方的利益关系要靠版权制度衔接起来。视频作品在传播市场上有竞争，只有靠版权保护制度，才能实现优质高价，高价厚报。

作者、表演者、制片者、传播者各方的生存发展是互相依赖的，虽然各方在利益上有天然冲突，但在互相尊重版权、共同维护市场秩序的问题上，各方有着最大的利益公约数，需要各方共同努力，为视频产业的健康发展创造良好的社会环境。在秩序混乱的市场环境下，大多数人都是受害者。

严格保护版权是世界各国繁荣国家和民族文化艺术的最重要最有效的手段。世界各国在文化领域最重要的立法就是《版权法》，用法律手段保护作者、表演者、制片者、传播者的名和利，从而激发人们的积极性，进而解决作者、表演者、制片者、传播者与受众的利益关系，才能从根本上激发文化发展的动力，才能从根本上建立起产业发展的利益链，才能从根本上形成文化发展的良性循环秩序。在文化发展繁荣方面，一切社会措施的总和都比不上严格保护版权的有效作用。

（六）加强视频版权保护需要解决的问题

我国《著作权法》颁布已有20多年了，建立了一系列与国际接轨的版权制度，基本的规范是有的。但长期以来，我国的版权市场十分混乱，究其原因，笔者认为有五个方面的问题需要解决：一是提高国民和从业者的版权意识；二是从立法上加重对侵权行为的惩罚；三是严格执法；四是完善市场主体内部管理制度；五是主动开展行业自律。

提高国民和从业者的版权意识

媒体要担负起提高全民版权意识的重要责任，大力宣传，深入讲解，反复强调，长期坚持，让国民普遍理解版权保护的重大意义。媒体首先要成为版权保护的模范，尤其是国营重要媒体，必须带头遵守《著作权法》和国际公约，树立合法传播的基本观念，通过培训教育和制度管理避免各种违法操作行为，把遵守法律规定作为行为底线。要纠正为了宣传就可以侵权使用或无偿使用的错误观念，纠正国营机构之间就可以互相随便使用的错误观念和习惯。要解决大多数从业者普遍缺乏基本版权知识的问题，通过培训教育，促使养成良好的习惯。各文化单位要举办各种普及宣传活动，提高从业者版权意识。

从立法上加重对侵权行为的惩罚

立法的改进是一个缓慢的过程，不能一蹴而就。但是，可以预期的是，建设法治中国、文化强国已成为国家战略，严厉打击侵犯知识产权行为的大方向已明确，从立法上加大侵权成本是大势所趋，不容置疑。首先要修改司法解释，大大降低刑事责任门槛，其次是确立惩罚性赔偿的法律原则，让侵权者付出沉痛代价，同时加大行政处罚力度，发现一起处罚一起。通过立法导向在全社会形成尊重版权的制度环境和社会风气。

严格执法

对于侵权行为，能够追究刑事责任的，公安机关要及时立案侦查，对于民事诉讼，法院应在诉讼保全、举证责任、判赔额度等方面，尽可能朝着有利于被侵权者的方向把握。著作权行政管理部门应加大对侵权者的处罚力度，及时公开通报处罚案件，定期发布有关信息。在现有侵权法律责任偏轻的情况下，严格执法非常重要。

加强制片者和传播者内部版权管理

不论是视频作品制片者还是传播者，为了保护自身长远的利益，在制作和传播过程中，始终要把版权管理作为核心业务，重视品牌维护，妥善处理版权关系，专业化经营作品版权，设置专门版权管理机构，配置相应数量人员，制定内部管理规章制度，严密而系统地进行版权管理，追求视频作品版权价值最大化。

主动开展行业自律

在我国，规范版权秩序政府责无旁贷。下发指导意见，制定部门规章，促进（行）法律修订，处罚公示侵权行为，都是可以采取的措施。新闻出版广电总局，管理着全国的图书出版社、杂志社、报社、电台、电视台等传统媒体，国家互联网信息办公室管理着全国互联网公司，可以制定部门规章要求所有媒体机构建立健全版权管理或法务机构，定期公布严重侵权行为，对长期存在严重侵权行为的单位负责人追究领导责任。我国有各种行业协会组织，如中国版权协会、中国广播电视协会、中国互联网协会、中国文化产业协会、中国电视剧产业制作协会等，这些社会团体，不论是官方的还是民间的，都是有效的交流协作平台，可以提议发起制定版权保护协约，向社会公示，进行行业自律。同时行业内部，不同行业之间，都可以建立版权保护同盟，共同促进市场秩序的规范。其中实力居前的机构应该带头倡导，率先垂范。诚如是，则我国视频版权的保护就会前进一大步。

视频产业乃至整个文化产业都属于版权产业，都是以内容制作与传播为主业的行业。十八届三中全会《中共中央关于全面深化改革若干重大问题的决定》第一次在党中央的正式文件中提出了“加强版权保护”，提出“推进文化体制机制创新”和“以激发全民族文化创造活力为中心环节，”这是发展文化产业的根本之策。激发创作活力和建设公平的市场竞争环境的关键手段是加强版权保护。在建设法治中国和文化强国战略方针指导下，相信视频作品版权保护的环境会越来越好。

五、金蛇狂舞——数字时代视频媒体经营变革

如果说传统 TV 基本上是属于行业和专业的话，那么，在如今的大视频时代背景下，video（电视、视频）则完全可以跳脱 TV 的局限，被赋予更多延伸、扩展的可能：任何人都是 video 的生产者，任何网络都是 video 的传输者，任何终端都是 video 的呈现者……正如本书题名《无处不视频》昭示的那样，以“电视”为源头成长至今的“视频”产业已经成为人们生活的重要组成部分，视频化的浪潮正全方位地改变着信息传播的产业格局与媒体形态。

从视频媒体的类型来看，无论国内还是国外，最主要的几大参与角色无外乎电视媒体、网络视频媒体、手机及移动终端视频、户外视频媒体四大类，大视频产业的市场也基本由这四类媒体类型共同支撑。在 2013 年，正是这四大媒体形态共同推动了视频媒体经营的变革，以“金蛇狂舞”之势，书写了视频媒体经营发展的新篇章。

（一）稳定基调之上的多元变奏

将媒体的经营等同于广告资源经营与销售显然是错误的。但是谈及视频媒体的经营，广告经营又是不可能跳过的重要一环。所以，尽管业界反复争论整个媒体广告市场是否增长速度放缓，广告花费是否已经从传统媒体流向新媒体，网络视频广告是否将取代电视广告，却没有人能够否认广告对于视频媒体的重要性。从近年来的媒介产业发展动态来看，广告虽然在视频媒体的经营中保持着绝对的重要性地位，但是在这种稳定基调之上的多元变奏正逐渐成为主流：以广告经营作为基本增长点，配合灵活多变的经营手段、不断更新的经营理念以及多元丰富的盈利模式共同支撑着视频媒体产业持续性地成长与壮大。

根据《广电蓝皮书·2013 年中国广播电影电视发展报告》的统计

数据显示，2012 年我国的广播电视创收收入构成中，广告收入 1270. 25 亿元，同比增长 13. 12%，增速降低 6. 34 个百分点，但仍然是广播电视创收收入的主要来源。五年来，广播电视广告收入在创收收入中的比重从 2008 年的 52. 01% 下降到 2012 年的 45. 31%；而广播电视的其他收入则呈逐步上升趋势，从 2008 年的 20. 62% 上升到 2012 年的 31. 11% 主要依赖广告的收入结构正逐步得到调整和改善。[①] 央视市场研究（CTR）媒介智讯的统计数据则显示，2013 年电视媒体广告花费比上年增长 9. 6%，而商务楼宇视频广告增幅达到 27. 0%。[②]

在互联网视频媒体方面，无论是桌面互联网还是移动端，这种趋势也表现的同样明显。根据艾瑞咨询 2014 年 2 月所发布的研究报告显示，2013 年，中国在线视频市场规模达 128. 1 亿元，同比增长 41. 9%（未来几年预计仍将保持较快增长态势，2017 年市场规模预计将达 366. 0 亿元）。2013 年，在中国在线视频市场中，广告收入所占份额最高，达到 75. 0%，预计到 2017 年，其份额将小幅上升至 77. 1%。艾瑞咨询认为，由于在线视频企业具有典型的媒体属性，广告在目前及未来几年都将是其最为主要的流量变现方式。目前在线视频移动端业务的营收绝大多数也来自于广告，而随着移动端流量的不断上涨以及商业化的深入，非广告流量变现方式（如应用中心、游戏中心等所带来的营收）在移动端营收中的占比将会得到一定的提升。[③]

根据易观国际的监测数据显示，2013 年第三季度，优酷土豆、爱奇艺（包括 PPS）、搜狐和腾讯视频占据中国网络视频市场广告收入前 4 名，其中优酷所占份额为 27. 85%，爱奇艺 16. 48%，搜狐视频 10. 34%，腾讯视频为 8. 55%[④]。这四家视频网站共同瓜分了中国网络视频广告市场 60% 以上的份额。

从以上这些数据我们已经可以看到，虽然广告目前是视频媒体的最

---

① 数据来源：《广电蓝皮书 · 2013 中国广播电影电视发展报告》，国家新闻出版广电总局发展研究中心，社会科学文献出版社 2013 年版。

② 数据来源：CTR 媒介智讯，2014 年 2 月发布。

③ 数据来源：艾瑞咨询，2013 年中国互联网年度数据，2014 年 2 月发布。

④ 数据来源：易观国际，2013 年第三季度网络视频行业监测数据。

重要经营手段，但是运营者们已在努力尝试，希望能够在保证广告收入基本稳定的前提下利用更多的经营手段来拓展盈利来源。具体来说，内容产品交易、用户付费、产业化跨界经营、资本运作等方式是近两年视频媒体经营领域中逐渐得到凸显的重要方式。由于内容产品交易（即版权交易）在本书的其他章节已经做过详细论述，因此，在本篇中，将重点探讨版权交易之外的视频媒体经营热点。

（二）重视对软性营销资源的经营成为主流

不论是视频媒体的运营者、广告主，还是视频媒体的观看者，对于“硬广”的感情总是爱恨交加、一言难尽。在传统电视媒体圈，由于主管部门相应的政策规定，“硬广”的播放受到了一定的限制，逼迫着电视媒体的经营者不得不改换其他方式去“挣回这笔广告费”。对于其他视频媒体的运营者来说，虽然理论上广告主从腰包中掏给电视台的“硬广”费用少了，但是要真正挣到这笔钱也不容易。所以，在诸多因素的促使之下，“软性”广告资源的开发成为各类视频媒体的主流。

在2013年里，我们亲眼见证了《我是歌手》《中国好声音·第二季》《爸爸去哪儿》等一众强势综艺节目卖出的天价冠名费用；也听到了业界关于“2013年国内影视植入广告体量将突破10.2亿，植入广告或许将成为电视剧制作业的‘救命稻草’”的消息。在央视以及湖南卫视热播的《咱们结婚吧》中一共出现了49个品牌，涉及丰田、百合网、立白、金六福、平安车险、碧生源、御泥坊等等，可谓“在广告片中插播电视剧”的经典。强势电视媒体日益增加的“定制剧”为软性植入广告提供了广阔的舞台，甚至从剧本创作与修改阶段就已经考虑到了合作品牌如何更加完美地进行植入的问题。

即便是在这一年中的视频网站自制内容，也同样力图玩转软性营销和植入式营销。例如，优酷在2013年推出的自制剧《万万没想到》，其台词中密集的笑点让这部剧集把段子、恶搞和反讽发挥到了极致，连广告植入也变成了网民津津乐道的内容，在开播两个多月里就突破了2亿的点击量。

优酷自制剧《万万没想到》剧照

百合网等品牌在《咱们结婚吧》的植入

与前些年相比，植入式广告显然已经不可同日而语。对于如何把握植入的角度、数量、曝光的频率，如何将植入内容与故事进行较好的嫁接，甚至成为内容不可或缺的组成部分、重要道具，如何让观众在明知其为植入广告却不反感，这些问题在近两年里都得到了一些可圈可点的回答。

即便是以广告为生存之本的户外视频媒体，也同样不甘于单纯“硬广”的播放，孜孜以求适合户外视频媒体特征的软性营销资源的开发。以户外 LED 大屏幕为例，在过去这一两年中，该行业的三大市场主力军——凤凰都市传媒、香榭丽传媒以及郁金香传媒的重要努力就是用技术改变户外 LED 大屏幕媒体的属性，各类互动技术被频频运用在广告营销活动中。活动营销、事件营销、人屏互动等灵活多变又新颖的营销方式正逐渐成为行业热点以及未来的重要发展方向。

（三）媒体融合带来的跨界经营浪潮

媒体融合与各类智能终端的出现，使得传媒产业链条中的各种媒介角色形象被赋予了更加多元的身份、更加丰富的可能性。从近两年视频媒体的经营发展热点来看，依循产业链内部逻辑的跨界经营浪潮已经袭来，最为明显的特点就是各大视频媒体开始向视频产业的下游发展，都在抓紧“终端”上的布局——利用终端制胜，视频媒体可以更加有力地抓住受众，也可以构建更加多元的盈利模式。

1. 发力软件终端布局

对于“软性”终端的布局，近年来各类视频媒体的 APP[①] 产品层出不穷是最佳例证。在这个领域内，所有视频媒体似乎都站在了同一条起跑线上。在传统电视媒体中，湖南卫视的“呼啦”先声夺人，在 2013 年大放异彩；而各视频网站的移动端布局更是毋庸置疑地成了其获得流量、收入增长的重要来源。

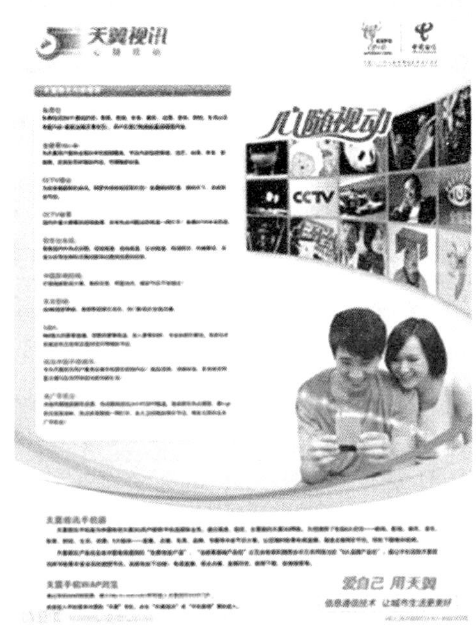

中国电信大力推广的天翼讯业务

在此，我们不能忽视的是视频媒体的另一支力量，也就是通信运营商。

根据中国移动的官方数据显示，截至 2012 年第三季度，中国移动手机视频累计信息费收入达 12 亿元；月访问用户数达到 5106 万户，月使用用户数 2014 万户，订购用户数 661 万户；手机视频内容储备达到 320 万条，总时长 750 万小时，直播/滚播 62 路。而中国电信也在 2012 年的八大产品基地改制中实现了手机视频业务的率先赢利。其中作为中国电信的手机和在线视频服务提供商的天翼视讯公司用户达到 7000 万，2012 年前九个月累计拉动流量超 1100T[②]。

---

① 英文 Application 的缩写，一般译为“应用”。

② 数据存储单位，万亿字节，英文 Terabyte 的缩写。

表 7-4 国内三大运营商开发的部分手机视频 APP

运营商	移动 APP	主要内容
中国移动	手机视频	包含影视、娱乐、原创、体育、音乐等各类音视频内容直播、点播、下载服务的业务
中国联通	沃视频	包含沃看直播、沃看影视等视频内容，为联通手机用户打造多种类型的视频体验
	沃拍客	联通旗下 UGC 视频分享应用，可通过人人网、QQ、新浪微博等多方账号登录，收看及分享原创视频
	看沃北京	北京联通开发的视频手机客户端软件，包含国内外热点事件、体育赛事、综艺、电影、电视等精品视频内容
	津门视野	天津联通与华数合作开发，包含国内外热点事件、体育赛事、综艺、电影、电视等精品视频内容
中国电信	天翼视讯	天翼视讯视频网站手机客户端，内容涵盖丰富的电影、电视剧、娱乐、纪实、原创等热门视频领域
	爱动漫	中国电信动漫运营中心开发，包含国内外众多热门、经典动漫剧集，支持在线观看、下载、提醒、收藏、评论、分享等功能

数据来源：根据公开资料整理

2. 抢占硬件终端市场

对硬件终端领域的争夺，从各种“盒子”到 2013 年升级热炒的 OTT TV① 就是各类视频媒体这种硬件终端布局战略的绝佳体现。

在 OTT TV 的产业链中，内容牌照方是我国该市场的特色产物。由于政策限制，目前在我国 OTT TV 的运营中，所有的终端都不能直接接入互联网，必须要与获得了广电总局颁发的内容集成平台牌照的运营商进行合作，通过它们来提供视听服务。目前共有 7 家广电机构获得了集成牌照，它们也成 为了 OTT TV 产业链中非常重要的力量。

① OTT TV 是“Over The Top TV”的缩写，指互联网公司越过运营商，发展基于开放互联网的各种视频及数据服务业务，终端可以是电视机、电脑、机顶盒、平板电脑、智能手机等等。意指在网络之上提供服务，强调服务与物理网络的无关性。

华数的彩虹 BOX 中业务产品极为丰富

这 7 家内容牌照方的核心优势在于内容，它们可以通过 OTT TV 绕过网络运营商直接把内容推送到用户家中，从而扩大自己的市场规模，提升内容价值。而随着业务的进一步深入，它们已不再满足于必须依靠与终端企业合作来提供内容服务，开始自己直接涉足终端生产，提供自有品牌的机顶盒产品。目前，已经有百视通的“小红”、华数的“彩虹 BOX”、芒果 TV 的“芒果派 M210”等产品问世。

对于上述内容牌照方来说，它们的自主品牌机顶盒产品仍然会以特色内容和服务作为主要卖点。比如，芒果派就突出宣传湖南卫视独家节目授权，与凤凰卫视、华娱卫视等合作引入内容等；彩虹 BOX 的五屏模式，强调海量内容库、个性化内容推荐、多种应用服务。这些功能都延续了它们在过去的电视运营过程中所积累的经验，也是其他终端所不具备的。

与此同时，互联网企业也是近年来推进 OTT TV 的重要力量，主要包括综合网站、视频网站、视频版权服务商等，国际市场上谷歌是最典型的代表，在我国则有乐视、PPTV、优朋普乐等企业参与其中。对于这些互联网企业来说，它们在互联网视频领域已经积累了大量内容资源、服务经验，只局限于互联网领域渐已不能满足它们的“胃口”，而庞大的家庭电视市场就成为它们新的目标，它们希望能够以互联网进入家庭客厅，拓展自己的产业空间。

以乐视网为例，它在内容牌照上与中国网络电视台（CNTV）合作，在终端生产上与富士康合作，于2013年5月7日正式推出了四核智能电视机“乐视TV超级电视”，售价6999元。2013年9月，TCL与爱奇艺共同发布了互联网电视产品“TCL爱奇艺电视—TV+”，其牌照合作方为江苏电视台。TV+聚合了爱奇艺及PPS的高清视频资源，将免费为用户提供更多清晰、流畅、丰富的内容，号称能带来极致的操作体验与一站式互联网服务，售价4567元。

从产业链的角度，进入终端领域之后，视频媒体可以依靠售卖产品马上获得直接的现金收入，在此之后，服务收费和广告市场必须成为视频媒体机构下一阶段重点发展的市场。目前，华数彩虹BOX收取10元/月的基本服务费；乐视盒子C1S采取的是服务费包年的方式，半年290元，一年490元。在广告投放方面，海外的谷歌TV是一个值得借鉴的模式，它通过后台的广告投放和大数据分析系统，能够打通各种屏幕，实现广告的精准投放，从而撬动OTT TV的广告市场。

（四）以更加成熟的方式撬动资本市场

传媒与资本永远无法两分。经营的本质就是为了获得更多的社会资源，而资本正是最为重要的一种资源。笔者早在1996年提出媒介产业化的时候就曾说过，产业化内含三个动因，第一个就是媒介大市场的形成，千亿规模的市场出现，难以用“创收”“补贴”所涵盖。2012年8月，笔者写过一篇题为《五问资本与传媒的金钱游戏》的文章，论述资本与媒体之间的紧密联系，以及新时代传媒资本游戏的规则与技巧。今天，当我们讨论无处不在的“电视”、视频媒体的经营时，同样也绕不开资本这个“既新且旧”的话题。

1. 传统广电媒体的资本游戏：产业化重提

由于我国特殊的媒体体制，传统广电媒体的资本运作一直格外需要小心谨慎，相比其他视频媒体而言，其借助资本的力量去提升经营效能的步子也迈得小一些。近两年，广电媒体在资本运作上的一个重要特征就是重提“产业化”，在与自身主营业务相关的影视方面的投融资动作极为显著。

相对来说，影视剧的投资是众多广电媒体最容易去尝试，也是最容易获得成功的一条资本运作道路。我们也都能看到，在最近这一两年中，实力较强的电视台都参与了不少大电影、大剧的投资拍摄，在影视基地和影视产业园方面也获得了更大的进展。

《全民目击》海报

例如，安徽广电旗下的安徽华星传媒投资有限公司在近两年内投拍了《画壁》《全民目击》《一九四二》等电影，以及《乱世佳人》《永远的忠诚》《不曾逝去的岁月》等电视剧，获得了良好的收益与口碑。重庆广电控股的重庆电影集团则从影视投资、营销拓展、影院经营、基地建设等多个方面入手，试图打造影视产业的全产业链，用这些产业与投资项目来反哺重庆广电的发展。中央电视台旗下的上市公司中视传媒在 2013 年上半年的影视城旅游业务收入达到 8528 万元，其中无锡旅游业务收入为 7596 万，南海旅游业务收入为 932 万元，较 2012 年同期增长 12. 25% ，是中国传媒公司的重要收入来源，成为央视成长过程中的一大重要裨益。

此外，部分广电媒体机构也成立了专业的投资机构进行相关的资本运作。例如，电光传媒已经搭建起“达晨创投 + 中艺达晨 + 华丰达晨”的达晨系私募基金管理平台，分别涉足创业投资、艺术品投资、并购基金领域。其中，控股子公司深圳市达晨创业投资有限公司主打大文化投资平台的概念，管理项目 190 余个，其中 IPO 排队的就有 19 家，成为国内首屈一指的创投公司。

2. 视频网站的资本联姻：以盈利为根本目标

在 2013 年里，爱奇艺与 PPS 整合、苏宁弘毅收购 PPTV 这两件事无疑是继 2012 年优酷土豆合并之后视频网站行业内最为重磅的资本联姻新闻。因此，也有不少人将 2013 年称为“互联网视频的收购年”。除此之外，“嫁入豪门”的还有风行网和酷 6，前者委身于上海文广，而酷 6 则是归属了盛大。短短两年的时间内，我国的视频网站行业格局发生了天翻地覆的变化，原本的两大市场巨头成了一家，第二、第三乃至前五的几家实力都在伯仲之间。爱奇艺的背后是百度，搜狐视频的背后为大搜狐，腾讯视频依托企鹅帝国……优酷土豆集团董事长兼首席执行官古永锵在 2012 年 8 月份接受媒体采访时曾表示：“如果没有通过资本运作的方式实现优酷、土豆这样的合并，恐怕现在我们还会是在恶性竞争，打口水战，很多资源、成本上同质化竞争，更无法达到规模化发展。”

业界皆知，从资本的角度，国内视频网站这些年的发展其实都是构筑在“烧钱”之上，其发展依赖的就是资本。在优质内容版权价格居高不下的今天，不管这些视频网站是主打 UGC① 路线还是重推技术流服务，版权购买都是其经营成本中的最大头，要想抢占市场就不得不走上这样一条“烧钱”道路。曙光是在 2013 年前后出现的，以优酷土豆为代表的视频网站开始向“扭亏为盈”迈进。在市场格局三分天下的版图基本定下之后，控制成本、实现盈利成为大多数视频网站生存发展的第一要务。

“盈利就在这一季”，古永锵宣布 2013 年第四季度网络视频行业将到达盈利拐点，优酷土豆也将成为第一家盈利的视频网站。在 2013 年中，视频网站经过大幅度的并购重组，相互间的资本实力差距已经明显

① 互联网术语，全称为 User Generated Content，也就是用户生成内容的意思。

缩小，从各家的布局上看，内容独播和多屏互动会成为新一年的竞争焦点，而体量实力将是未来市场竞争的主导因素。因此，我国的视频网站势必还将在资本运作的道路上持续性地走下去。

(五) 进一步培育用户付费市场

国内视频媒体的用户付费市场开拓一直都举步维艰，因此，如何拓展来自用户的盈利一直是我国视频媒体在经营上的重要问题。在这一两年中，国内的视频媒体机构通过对用户市场的精细化切分、内容产品的丰富化和用户服务的完善化等一系列操作，在用户付费观念和习惯的培育上取得了一定的进展。

例如，从 2003 年开始，广电总局提出了有线电视数字化整体转换的概念并制定了各地整体转换的时间表，我国的有线数字电视从此开始迅速发展起来。到了 2013 年的第十个年头，我国广电系统中已经有 7 家有线电视类的上市公司，包括：电广传媒、湖北广电、歌华有线、广电网络、天威视讯、吉视传媒和 2012 年才刚刚借壳上市的华数传媒等。综合各家公司的情况可以看到，有线网络运营商都纷纷加大了在增值业务和融合业务方面的投入，高清、互动成为重点，多网融合的新媒体业务成为战略方向，“DVB + OTT”[①] 这一新兴事物也在多家公司的报告中被提及，“有线网络运营商”正在向“综合服务提供商”转变，以进一步提升用户的 ARPU[②] 值，扩大来自用户的付费收入。

从 2013 年上述几家公司公布的年报来看，华数传媒 2012 年的主要营业收入中占比较高的视听费和互动电视业务有稳定增长，2012 年分别实现收入约 5.1 亿元和 3.3 亿元，同比增长 7.99% 和 13.64%；在深圳天威视讯的年报中，2012 年公司以“高清互动”和“高速宽带”为业务重点，高清交互用户数达到 41.21 万户，占公司有线数字电视用户终端总数的 36.4%，高清业务的用户付费已经成为公司重要的利润来

---

① DVB 是数字视频广播 Digital Video Broadcasting 的缩写，是由 DVB 项目维护的一系列国际承认的数字电视公开标准。

② ARPU 指每用户平均收入，是 ARPU - Average Revenue Per User 的缩写。

源；陕西广电网络传媒（集团）股份有限公司2012年的经营业绩也受益于高清互动等新业务的开展，公司2012年实现营业收入17.24亿元，同比增长21.48%。

视频网站在用户付费层面的努力亦是没有停止。为了增加盈利收入，各家视频网站也纷纷试水用户付费模式。如优酷在2010年10月推出“优酷院线”，主打新片收费服务，精品节目源包括与时代华纳、梦工厂等在内的好莱坞八大主流电影公司达成合作供片协议，2013年底其付费平台已拥有超过3000部正版电影。截至2013年上半年，“优酷院线”已拥有超过200万名用户使用，收入规模较2012年增长300%以上。除此之外，国内多家视频网站近年来也不断推出付费频道和VIP专区，尽管目前用户的付费习惯尚在培养阶段，但从优酷的数据来看，付费模式未尝不是视频网站盈利的一大机遇。

表7-5　主要民营视频网站的付费业务

视频网站	付费专区	主要付费业务及服务	资费
优酷	优酷院线	上千部正版影片免费点播观看，其中有来自好莱坞的多家主流电影公司的片源，用户可进行包月观看，无广告	15元/月
爱奇艺	VIP专区	院线大片免费，超大VIP会员片库，独家军事纪录片。每月更新8—10部最新电影。无广告，超清1080P	VIP超值套餐19.8元/月 VIP功能套餐9.8元/月
搜狐视频	VIP专区	独家教育课程，同步院线大片，无限量离线下载，超清蓝光1080P，点播影片享受半价	9.9元/月
腾讯视频	好莱坞影院	周周更新好莱坞片库，好莱坞北美院线同步上映大片，点播片库享五折，会员专区免费看，无广告。大QQ客户端登录面板点亮好莱坞会员图标	20元/月

数据来源：根据各视频网站公开资料整理

小　结

2013 年是中国媒体产业的转型变革年，而变化最为明显的就是媒体的视频化潮流已经成为现实，一个由众多力量参与的、全方位影响社会大众生活的、全面改变了参与机构运营发展状态的媒体大视频产业应运而生。

如果说在 2013 年里，“视频无处不在”是从一种理想逐渐变为部分现实的话，那么，在接下来的发展中，服务升级、技术进步、市场重构、经营创新等一系列媒介生态巨变的大戏已经盛大开场，让我们拭目以待处处视频、处处生机的未来。

六、沸腾的蓝海——国际视频市场之发展观察

（一）国际视频市场年度概览

1. 全球在线视频产业的规模和格局

● 全球网民占世界人口 39%，移动用户占 27%；广告、版权分销、付费服务、移动互联网和视频增值业务增长迅速，潜力巨大

● 互联网使用情况

根据国际电信联盟（International Telecommunication Union）公布的数据，2013 年全球网民占世界 71 亿人口的 39%。但数字鸿沟依然存在，发展中国家互联网用户占其总人口的 31%，发达国家互联网用户占其总人口的 77%。一方面，固定宽带订阅用户占世界总人口的 9.8%，其中又分别占发展中国家人口的 6.1%，占发达国家人口的 27.2%；另一方面，移动网络用户有大幅增长，其使用人数从 2010 年

占世界总人口的11.3%增长到2013年的27.2%。近三年来，发达国家使用移动网络的人数增长了近一倍，从总人口的42.9%增长到74.8%；而发展中国家移动网络的发展更为迅猛，使用人数从2010年到2013年翻了两倍，从总人口的4.4%增长到19.8%。

根据调查机构comScore①在2012年12月公布的数据显示，美国互联网用户占全球互联网总用户的比例从1996年的66%降到2012年的14%，表明美国已经不再是世界互联网使用中心。截止到2013年7月，全球网络人口分布情况为北美洲14%，拉丁美洲10%，欧洲27%，亚太地区41%，中东和非洲8%。从独立访问用户增长情况来看，亚太地区增加人数最多并持续保持增长态势，而拉丁美洲是增长率最高的地区。全球独立访问用户在互联网花费的平均时间为每月24.5小时，其中，北美地区人们平均每月花费35.9小时，遥遥领先于欧洲（25.8小时/月）和拉丁美洲（25.4小时/月）；亚太地区虽然拥有最多的网络用户，但每人平均在网络上花费的时间只有每月21小时；中东和非洲地区则以每月17.6小时远远低于全球平均值。

在网络视频方面，2013年全球每月平均有13亿人口每人平均观看162个在线视频。视频网站平均每天的独立访问人数达4.49亿，而每月总视频观看数达2060亿个，总时长数达13080亿分钟。

● 视频活动数据

在线视频营销

观看视频已经成为最重要的网络活动之一。全球78%的网络用户每周至少观看一次网络视频，而有55%的用户每天都会观看。据市场营销调研公司（Econsultancy）的调查数据显示，品牌广告视频内容可以被近半数（46%）英国互联网用户观看，而其中超过一半的观看者（54%）会点击品牌网站进行查阅。而来自在线出版商协会（OPA）的数据则显示，80%的互联网用户会记得他们近三十天在网上观看过的视

① comScore公司是一家全球性互联网信息服务提供商，是美国知名的互联网统计公司、互联网流量跟踪分析公司和市场调研公司。

频广告，其中的 46% 在看完广告后有所行动。市场分析网站（B2B Marketing）也肯定了视频推广效果可以达到纸质印刷品和在线平面广告效果的 6 倍以上。而市场资讯公司（Marketing pros）的资料表明，81% 的高级营销管理人员现在在他们的营销计划中会使用在线视频方式。由 comScore 做的一项调查发现，平均每位网站访问者会因为观看视频而在该网站多停留两分钟的时间，在 10 位消费者中有 4 位会直接因为观看了广告视频而浏览其网上商店或去实体店购物①。

社交媒体视频

优凸（YouTube）公布数据显示，每月有超过十亿独立用户访问 YouTube，而每月在 YouTube 上播放的视频时长超过 60 亿小时。另外，每天在脸谱（Facebook）上播放的 YouTube 视频时间长达 438 万小时（500 年）。根据 comScore 在 2013 年 1 月 14 日公布的美国在线视频排名情况，平均每位 YouTube 用户月观看视频时长为 388.3 分钟，远远高于音乐视频平台（VEVO）（39.3 分钟）和脸谱（Facebook）（16.4 分钟）。社交媒体内容策略专家 Zuum② 表示，视频已成为当下脸谱（Facebook）上分享最多的品牌内容。而网络客式营销公司 Hubspot③ 调查显示，五分之一的推特（Twitter）用户每天从发布的链接中观看视频，而且三分之二的推特（Twitter）用户觉得品牌通过推特（Twitter）推送的视频值得观看。

在社交媒体与传统收视之间的关系方面，尼尔森公司（Nielsen）提供的一项新的独立研究数据证明，电视节目的收视与推特（Twitter）围绕该节目的讨论互为影响。该项研究运用时序分析来确定推特的活动是否提高了电视的收视率，以及电视的收视是否促使推特的活跃度有所增加。研究显示了推文对不同节目类型的收视率的影响因节目类型而

① 文字整理自英国网络视频动画制作公司 Three Motion 发布的 2013 年网络视频数据分析视频——《网络视频的力量（The Power of Online Video）》。

② Zuum 是一个社交媒体内容策略工具，主要通过关注三种数据类型：标杆管理、内容发布和网络社区，向市场营销者提供帮助在粉丝或关注者间扩大影响的内容策略。

③ Hubspot 公司是一家网络分析和在线市场咨询公司，在 2006 年创立于麻省理工学院，主张通过病毒式视频、Twitter、在线研讨会和年度报告的方式推行客式营销概念。

异。受推文影响最大的是竞争性真人秀节目，近一半的节目（44%）收视率受其影响而变化；喜剧类节目（37%）和运动类节目（28%）的收视受推文影响而有所增长的比例也较大；而戏剧类节目受推文影响略小[①]。

搜索引擎优化（SEO）视频

视频的运用对优化搜索的影响同样不可小觑。据英国市场营销周刊（Marketing Week）报道，谷歌（Google）2012 年搜索排名中前 100 项里有约 70% 的搜索结果为视频。而市场分析网站（B2B Marketing）的分析数据表明，YouTube 占谷歌搜索内容超过 28%。此外，著名的 SEO 工具提供商 SEOMOZ 指出，视频的关联内容在搜索时是纯文本帖子的三倍多。据市场营销调研公司（Econsultancy）的调查数据显示，视频搜索结果比纯文本搜索结果的点击率高 41%。由于搜索结果因视频内容而大大增加了出现频率，视频对搜索引擎优化的潜力空间更加令人期待。

移动视频

得益于 4G 所释放的数字洪峰，在 3G 时代被传输速率束缚的移动视频或将在未来呈现爆发之势。根据 Bytemobile[②] 的手机分析报告显示，在线视频占所有移动流量的 50%，某些网站甚至高达 69%。Comscore 的一项调查报告也显示，从 2011 年 5 月到 2012 年 5 月，网络视频消费量增长了 38%。而在另一项 Cisco[③] 的调查报告中表明，63% 的手机视频不是边走边被观看，而是在家里完成。在美国，这一趋势更加明显。研究机构 BI Intelligence[④] 的一项报告显示，目前，YouTube 有 40% 的视频流量来自移动设备终端，而在 2012 年和 2011 年，这一比例还仅为

---

① 艾瑞网：《社交媒体与与电视收视率之间的因果关系》，http://web2.iresearch.cn/others/20130827/209989.shtml

② Bytemobile 公司（Bytemobile, Inc.）是为网络运营商提供移动互联网解决方案的全球领先企业，是移动网络运营商视频优化和智能存储业内解决方案的供应商。

③ 思科系统公司（Cisco Systems, Inc.），简称思科，是全球领先的互联网解决方案供应商。

④ BI Intelligence 是知名科技媒体《商业内幕》旗下市场调研部门，专注于数字化的深度调研。

25%和6%。同时，另一互联网巨擘亚马逊公司（Amazon）目前已拥有1670万"亚马逊金牌会员"（Amazon Prime），他们可以通过Kindle①设备和亚马逊的移动应用程序获取视频流。此外，音乐视频平台VEVO用户中，一半都是通过移动设备观看视频的。

电子邮件视频

电子邮件营销方案中，利用视频推广已经成为必须提上日程的迫切事宜。根据来自Get Response②公司的数据显示，从该公司提供的邮件营销账号发送的80多万封电子邮件中，附加视频的邮件比未附加视频的邮件平均打开率高5.6%，点击播放率高96.38%。市场资讯公司（Marketing pros）估测数据表明，76%的高级市场营销人员认为插入视频会提高电子邮件的点击率。信用调查公司（Experian）调查显示，当市场营销者在邮件主题项中用了"视频"一词，邮件打开率可以上升7%—13%。有效的电子邮件营销越来越依赖于视频，但如何制作一个符合邮件接收习惯而又短小精简可以抓住眼球的视频，对于商家来说仍然是一个挑战难题。

● 多屏产业模式

在过去两三年内，平板电脑、智能手机及移动互联网的普及使得在线视频服务获得迅速发展。由此，视频业务供应商们纷纷推出多屏服务以提供无处不在的视频接入，将直播电视频道及点播电视节目以OTT（Over The Top）③的方式提供给苹果及安卓等移动设备端，从而保证自身用户的观看忠诚度并尝试建立新的盈利模式。

目前，多屏视频业务仍处于早期发展阶段。虽然广播电视网及互联网服务提供商们认为用户对多屏视频业务的需求巨大，并纷纷投入重金进行战略部署，但是目前尚未找到良好的可以回收投资实现盈利的商业

① Amazon Kindle，是由Amazon设计和销售的电子书阅读器（以及软件平台）。

② Get Response是一家从事电子邮件市场的服务商，帮助客户简单快捷的收发邮件。

③ OTT是"Over The Top"的缩写，是指通过互联网向用户提供各种应用服务。这种应用和目前运营商所提供的通信业务不同，它仅利用运营商的网络，而服务由运营商之外的第三方提供。目前，典型的OTT业务有互联网电视业务、苹果应用商店等。

模式。当前的很多视频业务都是免费向用户提供，如何实现盈利尚无清晰的解决方案。

纯 OTT 服务提供商正在努力地进行探索和实践，寻求适合多屏视频服务的盈利模式，比如在点播视频中插入或植入广告、业务订阅（交月租或年费等）、即时付费点播（相当于以前有线电视的 PPV 按次付费业务）等。

欧洲数字电视组织（Digital TV Europe，DTVE）① 从 2013 年 8 月开始面向 160 余家视频企业和机构进行了一项关于《多屏视频版权现状》的调研，结论是目前多屏视频业务所面临的首要问题是消费者们对于多屏视频业务的付费意愿。面对成本收不回来的局面，视频创作者和播放平台必须认真思考如何进行有效而且双赢的合作方式。②

● 收入构成

视频网站的收入来源一般为广告收入、版权分销、付费服务、移动互联网增值业务和视频增值业务。从 2013 年的网络视频市场来看，广告收入仍然占据绝对优势。根据数字电视调查机构（Digital TV Research）③ 2013 年 10 月 16 日公布的相关数据，OTT（Over The Top）行业 2013 年广告收益将达到 74 亿美元，而这个数字在 2010 年只有 24 亿美元。该调查机构预测，这种快速增长的趋势仍会继续，到 2018 年，全球在线电视和视频的广告收益将达到 164 亿美元。OTT 行业增长最快的另一收入来源是付费服务，如美国付费视频网站网飞（Netflix）和葫芦网（Hulu）的付费服务收入在 2013 年都取得了历史性的突破。全球在线电视和视频付费服务的收入从 2010 年的 10 亿美元增加到 2013 年的 60 亿美元，预计到 2018 年会达到 130 亿美元。尽管受到快速增长的付费视频订阅业务影响，PPV（pay-per-view 按次付费）和租赁市场的

---

① 欧洲数字电视组织（DTVE）是发布有关各交付平台上宽带业务和付费电视商业信息的全球领跑者。

② 易观网：《欧洲 Digital TV 组织：2013 年多屏视频版权现状调研报告》，http://data.eguan.cn/wangluoshipin_177019.htmlhttp://data.eguan.cn/wangluoshipin_177019.html

③ 数字电视调查机构（Digital TV Research）是一家专注于提供电视行业最前沿商业资讯的市场调研公司。

收入也仍将快速提升，预计到 2018 年将增长到 21 亿美元（2010 年为 2 亿美元）。此外，视频下载购买 DTO（download-to-own）业务也是一个有增长潜力的收入来源，它也将由 2010 年的 3.3 亿美元增长到 2018 年的 35 亿美元。由此可见，整个在线视频服务的蛋糕都在迅速膨胀，为视频网站带来了无限的市场机遇，各个业务板块收入的相对比例也在动态的调整中。

根据 Digital TV Research 的预计，全球在线电视和视频的收入（通过固定宽带网络）将在 2018 年达到 349.9 亿美元，相比 2010 年的 39.8 亿美元及 2013 年的 159.4 亿美元有巨大增长。到 2018 年，全球将有 40 个国家的 5.2 亿个家庭观看在线电视和视频（包括付费和免费的），而 2010 年收看的家庭只有 1.82 亿个。①

图 7－1　全球在线电视和视频收益（美元/百万）

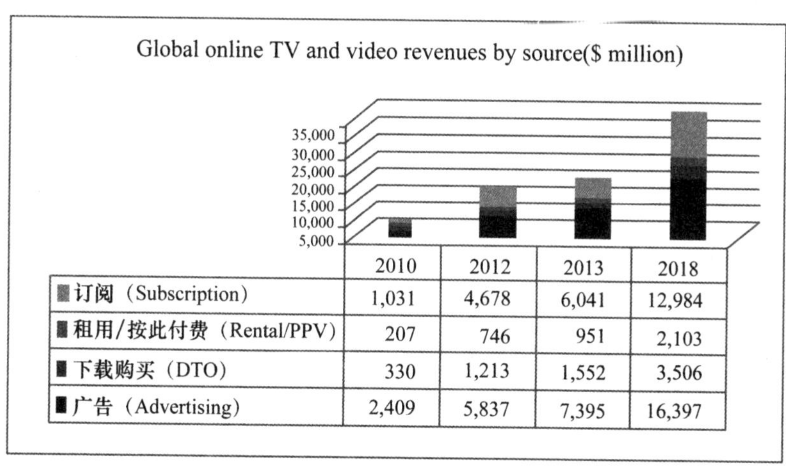

	2010	2012	2013	2018
订阅（Subscription）	1,031	4,678	6,041	12,984
租用/按此付费（Rental/PPV）	207	746	951	2,103
下载购买（DTO）	330	1,213	1,552	3,506
广告（Advertising）	2,409	5,837	7,395	16,397

数据来源：Digital TV Research

① Digital TV Research：《在线电视和视频预测报告（Online TV and Video Forecasts report）》。

2. 网络视频广告发展

• 成为广告商最青睐的投放形式，营销业从电视向网络媒体转移达到新拐点

Millward Brown① 在 2013 年 11 月发布的《视频广告投放趋势洞察》白皮书显示，视频广告的投放已超过综合门户网站，成为广告商最青睐的网络广告投放形式。此外，广告商在 2014 年更加追求广告创意与媒体产品（比如定制剧目、软植广告等）的深度结合，其中冠名赞助、频道合作、病毒视频以及微电影等等，都是广告商乐于尝试的新形式。

视频广告购买变得愈趋复杂，有众多的网站、广告网络和需求方平台（DSP）可供广告主选择。总的来说，视频广告购买的核心跟传统电视广告购买并无差异，对于广告主而言，了解如何到达目标受众并适应不同阶段的变化是打开其市场营销大门的钥匙。

2013 年法国最大的广告与传播集团阳狮集团（Publicis Groupe）进行了一系列令行业震惊的大举措。7 月 28 日阳狮集团与美国宏盟集团（Omnicom）披露了价值 350 亿美元的合并计划，此举将重塑全球广告行业，影响全球各大品牌——从电视网络到谷歌（Google）与脸谱（Facebook）——的巨额广告支出。随后在年末，阳狮集团旗下的两家数字营销龙头企业睿域（Razorfish）和乐必扬公司（DigitasLBI）又与谷歌（Google）公司签署了价值 1 亿美元的广告投放协议，涉及的谷歌（Google）旗下产品包括视频平台 YouTube，社交媒体 Hangouts、Google 移动和 banner 广告联盟。业内普遍认为，这是一件足以让“电视行业感到恐惧”的大事件，营销行业从传统电视媒体向互联网媒体转移达到了一个新的拐点。

除了传统的视频网站广告投放形式，广告商在国际视频市场惊涛骇

---

① Millward Brown 是一家致力于为客户提供拥有广阔视角的解决方案和专业咨询建议的全球领先的市场咨询机构。

浪的大变革中寻找新的栖息之地。在移动广告方面，研究机构（BI Intelligence）发布的《移动视频报告》显示移动视频广告已成为了广告投放的新宠。根据英国互联网广告局（IAB UK）① 公布的数据，英国移动视频广告支出在 2013 年增长了 126%，而大西洋彼岸也有着同样的景象。在美国，数字视频消费比上年增加了 24%，移动广告收益比去年同期增加了 145%。而在移动视频广告投放价值方面，平板电脑用户的价值最高。网络视频平台服务商（Ooyala）② 发现，在平板电脑用户所观看的视频中，有 63% 的长度在 10 分钟以上，这为一直看好 30 秒时长的传统视频广告商们带来了更多机遇③。目前广告客户已经找到了相对简单的应对移动视频广告的解决方案，就是将他们的电视广告“改造到”手机上，通过短小精练的视频内容抓住用户的眼球。一轮新的移动视频广告的市场营销战役已硝烟四起。

3. 移动视频消费

● 智能手机和平板电脑正逐渐成为最主要的网络应用设备

移动智能设备的普及给很多产业带来变革，人们越来越倾向于在手机或平板电脑上消费内容——玩游戏、看电子书、购物等等，当然视频节目也是主要需求之一。在移动设备上看视频已成为很多人的自觉选择，智能手机和平板将逐渐取代个人台式电脑，成为消费者最主要的网络应用设备。因此，绝大部分的数据流量将从固网转向无线网络。市场调研机构 Strategy Analytics④ 的分析师认为，随着越来越多的人使用移动设备，全球无线网络流量将会大幅飙升，从现在的 5 艾字节（Ex-

① 英国互联网广告局（IAB UK）是英国数字广告贸易协会，代表了大多数英国前沿品牌、媒体所有者和机构。

② Ooyala 是一家美国网络视频服务提供商，也是一家网络视频创业公司，提供各种设备的个性化视频体验，是网络视频管理、发布、分析和货币化领域的领先企业。

③ 搜狐 IT：《平板是移动视频广告主最爱》，http://it.sohu.com/20130415/n372694222.shtml

④ Strategy Analytics 是全球著名的信息技术、通信行业和消费科技市场研究机构。

abyte，2 的 16 次方字节）上升至 2017 年的 21 艾字节[①]。

随着不少欧美国家以及中日韩等亚洲国家开通了 4G LTE 网络，网络视频观看获得前所未有的顺畅体验。更高速的网络、更普及使用的智能手机、更庞大的网络用户群体及人们对 YouTube、Netflix 和移动视频摄制及 Vine（由 Twitter 所有）等移动视频分享应用服务的兴趣上升，这四大关键因素推动着移动数据流量的飞速增长。同时，巨大的移动视频数据流量消费也催促着各大通讯商加速通讯网络的基础建设。

全球最大的移动通讯设备商爱立信（Ericsson）在其最新发布的移动业务报告中表示，伴随着 LTE（Long Term Evolution，长期演进）[②] 网络连接技术的快速普及，从现在到 2018 年，移动数据流量将增长 12 倍。其中，移动网络上的视频流量每年将增长 60%，这一增长态势将一直持续到 2018 年年底，届时它将占据全球移动数据流量的一半。[③] 美国移动运营商 Verizon 也对移动数据流量使用做了同样的趋势预测：目前公司 50% 移动网络流量来自视频服务，预计到 2017 年这一比例将达 2/3。[④]

在 Unruly Media[⑤] 的一项调查显示，视频在智能手机和平板电脑上的点击率在过去的四个季度里增加了两倍多。事实上，由于智能手机的普及使用和 4G 网络的高覆盖率，通过移动设备观看视频的用户越来越多，在移动设备上的视频平均点击率（13.64%）是电脑上视频平均点击率（5.45%）的近三倍。受此影响，相对于传统电视主要是被动接收的状况来说，观众的参与度也大大增加，2013 年视频观看的互动率达到 22.64%，比 2012 年年底增加一倍以上（10.56%）。

---

① 腾讯科技：《2017 年全球移动流量将较目前增长三倍》，http://tech.qq.com/a/20130704/001558.htm

② LTE 即长期演进技术，2010 年国际电信联盟正式称其为 4G。LTE 是应用于手机及数据卡终端的高速无线通讯标准。

③ 福布斯中文网：《2018 年前移动数据流量将增长 12 倍》，http://www.forbeschina.com/review/201306/0026189.shtml

④ 易观网：《Verizon：无线流量 50% 被视频占用》，http://data.eguan.cn/yidonghulian_160064.html

⑤ Unruly Media 是社交视频市场的全球领导者，是世界社交视频洞察平台。

此外，在内容消费上，短视频也已不再是移动设备端视频消费的唯一重头戏，随着平板电脑的普及和智能手机大屏幕化，电影、电视节目等长视频也成为用户青睐的观看内容。根据市场咨询公司（Magid Advisors）① 的调查，38%的智能手机用户经常观看视频，其中约10%观看全长电视节目。摩托罗拉公司对13个国家的9000名消费者的调查显示，平板电脑用户平均每周观看6.7小时的电影，而没有平板电脑的用户只看5.5小时。

（二）视频发达国家年度市场观察

1. 美国

● 规模与格局

2013年美国网站品牌TOP10

2013年，美国门户网站的访问量都大幅降低，脸谱（Facebook）、优凸（YouTube）和问答搜索（Ask Search Network）的年变化更是超过10%。网站访问量的普遍减少现象，证明大批互联网用户正开始使用移动终端应用程序（App）作为自己的首选搜索服务。亚马逊（Amazon）及微软视窗和在线翻译（MSN/WindowLive/Bing）则凭借其在线网站更全面的应用服务，访问量仅分别减少了1%和2%。

表7-6　2013年美国网站品牌TOP10

排名	网站品牌	月平均独立用户	年变化（%）
1	谷歌 Google	164，805，000	-6
2	脸谱 Facebook	134，943，000	-16
3	雅虎 Yahoo	129，801，000	-9

① Magid Advisors是一家专注于企业战略和投资市场的咨询公司，其服务对象主要是从事媒体、娱乐和传媒领域的公司以及投资公司。

（续表）

排名	网站品牌	月平均独立用户	年变化（%）
4	微软视窗和在线翻译（MSN/Windows Live/Bing）	121，031，000	-2
5	优凸 Youtube	119，242，000	-14
6	微软 Microsoft	83，039，000	-6
7	美国在线 AOL Media Network	81，037，000	-7
8	亚马逊 Amazon	79，673，000	-1
9	维基百科 Wikipedia	72，591，000	-6
10	问答搜索 Ask Search Network	64，249，000	-18

2013 年 1 月至 2013 年 10 月每月独立用户平均值的排名，如：2013 年每月平均有 1.648 亿美国独立用户访问 Google。

数据来源：A. C 尼尔森

2013 年美国在线视频网站 TOP10

由于越来越多的网络用户转向手机和平板屏幕，只能通过电脑浏览的网站的点击率逐渐下降，但网络视频的观看量继续增长。YouTube 保留了其在主流平台中的霸主地位，每月有 1.28 亿美国人通过 YouTube 观看视频。拥有大量优质体育赛事节目内容的多媒体体育内容集团（PerformGroun）2013 年用户增幅达到 58%，一跃进入前 10 位。

表 7-7　2013 年美国在线视频网站 TOP10

排名	网站品牌	月平均独立用户	年变化（%）
1	优凸 Youtube	128，436，000	-6
2	音乐视频多媒体网络 VEVO	37，209，000	-9
3	雅虎 Yahoo	35，412，000	-8
4	美国在线多媒体视频 AOL Media Network	26，448，000	5
5	微软视窗和在线翻译 MSN/WindowsLive/Bing	19，784，000	6
6	The CollegeHumor Network	18，351，000	-6
7	Perform Group	15，978，000	58
8	Hulu	13，117，000	-2

（续表）

排名	网站品牌	月平均独立用户	年变化（%）
9	ESPN Digital Network	12，644，000	4
10	Netflix	11，946，000	1

2013年1月至2013年10月每月独立用户平均值的排名，
如：2013年每月平均有1.28亿美国独立用户访问YouTube观看视频。
数据来源：A. C尼尔森

2013年美国智能手机APPS[①] TOP10

2013年美国智能手机应用TOP10给出的全线飘红的统计令人振奋，图片分享和地图网的增幅达到66%和64%，最低涨幅的谷歌地图也达到了14%，市场需求的井喷态势一目了然。从内容和功能方面来看，社交、搜索服务、娱乐是用户的主要需求。

表7－8　2013年美国智能手机APPS TOP10

排名	APP	月平均独立用户	年变化（%）
1	脸谱 Facebook	103，420，000	27
2	谷歌搜索 Google Search	75，984，000	37
3	谷歌表演 Google Play	73，667，000	28
4	优凸 YouTube	71，962，000	27
5	谷歌地图 Google Maps	68，580，000	14
6	谷歌邮箱 Gmail	64，408，000	29
7	图片分享 Instagram	31，992，000	66
8	地图网（苹果）Maps（Apple）	31，891，000	64
9	股票网 Stocks	30，781，000	32
10	推特 Twitter	30，760，000	36

2013年1月至2013年10月iOS和Android系统的智能手机每月独立用户（满18岁）平均值的排名，如：2013年每月平均有1.03亿智能手机用户使用Google Search。
数据来源：A. C尼尔森

① APP，APPlication的缩写，指智能设备上的应用程序。

● 在线视频市场

观看设备

超高速4G网络和令人眼花缭乱的高清屏幕让台式电脑不得不默默退居移动设备的身后，而智能手机作为一个功能强大的社交、通信及生活助手，成为人们寸步不离的生活伴侣。美国观看视频的习惯虽然依旧以传统电视为主（平均每周35.1小时），但是在互联网（平均每周1.5小时）和移动设备（平均每周1.3小时）上观看视频的时间在逐渐增加。①

播放平台

在美国，葫芦网（Hulu）、苹果电视（Apple TV）、网飞（Netflix）和谷歌电视（Google TV）是喜爱电视剧的网络观众的首选平台，尤其是移动设备用户更是倾向于舍弃付费电视订阅服务，这些都给互联网视频供应平台提供了前所未有的发展环境。美国视频网站葫芦网（Hulu）在2013年5月1日宣布其付费订阅服务Hulu Plus用户突破400万，其付费订阅服务每月费用为8美元，与美国另一视频服务商网飞（Netflix）的订阅服务费用相同。前者主要提供电视节目回放视频，并在中间插播广告；而后者则提供无广告的视频内容。目前Netflix付费用户数已达约3000万，远远高于Hulu Plus。不过Hulu Plus开展业务还不到三年就取得了如此惊人成绩，这让其他视频供应平台也都摩拳擦掌，奋起直追。虽然Hulu Plus提供的视频内容大多是电视节目回放，甚至有些内容还在Hulu视频网站上免费提供，但该业务的最大卖点在于，用户能通过手机、平板电脑等多种移动设备观看节目。②

---

① 尼尔森：《媒体观察——跨平台报告》，2013年12月。

② 易观网：《美视频网站Hulu付费订阅用户逾400万》，http://data.eguan.cn/wangluoshipin_161764.html

图7-2　Hulu Plus付费订阅用户数量

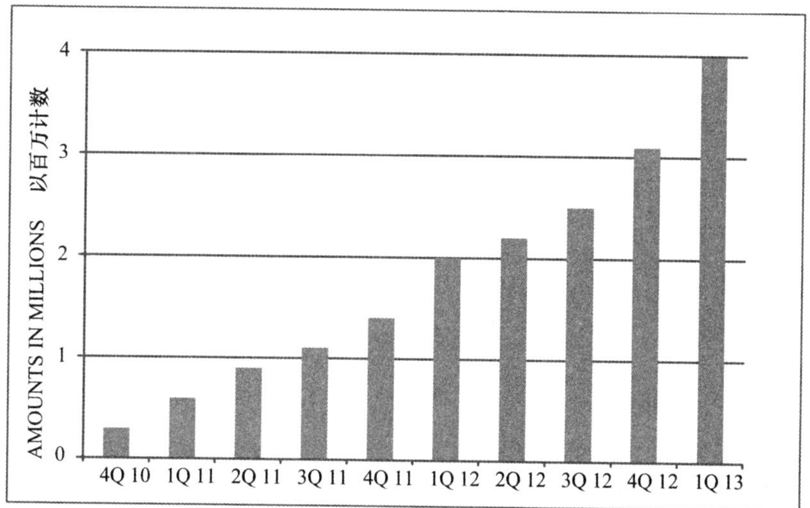

美国视频网站Hulu在2013年5月1日宣布其付费订阅服务Hulu Plus用户突破400万

数据来源：易观网

此外，图片分享（Instagram）和藤（Vine）等社交平台凭借其短视频上传功能成为2013年美国互联网上最为活跃的视频平台，视频分享已成为最当红的网络行为。根据2013年10月市场调查机构皮尤研究中心(Pew Research Center)① 公布的一份有关美国在线视频市场的研究报告，在所有成年互联网用户中，约18%的用户会自己拍摄和创建视频，并发布到互联网进行分享。大量的自制视频的上传和分享行为，预示着互联网视频不再只是单向传播，而是进入视频创作者和视频观看者同体的双向传播模式的时代，并且能通过社交分享达到多向病毒式传播。

除了传统的视频观看平台，电子邮件也成为市场营销者发布视频的另一选择。对于市场营销者来说，邮件重点在于击中目标客户，而有视频内容的推广更利于实现购买转化。2013年2月由The Relevancy Group② 所做的调研发现只有1/4的商家在电子邮件营销活动中使用视

① Pew Research Center（皮尤研究中心）是美国的一间独立性民调机构，提供与影响美国乃至世界的问题、态度与潮流相关的信息资料。

② The Relevancy Group是一家主要提供市场调研数据和数字营销咨询服务，帮助商家与网络经济的紧密联系起来的咨询服务机构。

频，在电子邮件营销中运用好视频对于市场营销者来说仍然是需要学习和研究的新领域。eMarketer① 估计美国电子邮件广告的支出将从 2013 年的 2.293 亿美元增长至 2017 年的 2.56 亿美元。② 电子邮件作为视频播放平台的前景值得期待。

另一方面，聊天平台的视频应用也在逐渐趋于流行。由于美国网络视频通话主要服务商 Skype 被微软收购整合，在过去的三年中使用视频通话的用户比例翻了三倍，从 2011 年的 7% 增长到 2013 年的 21%。同时脸谱、谷歌等服务商也相继推出了移动视频聊天和通话功能。随着 4G 网络和智能手机的普及使用，视频聊天将成为继语音聊天后又一流行通讯方式。③

收视分析

从收视人群来看，在美国所有互联网用户中，18—49 岁的用户为在线视频市场的主要消费群体；高收入家庭呈现出比低收入家庭更乐于观看在线视频的趋势；男性用户观看网络视频的情况要高于女性。

从节目类型来看，美国互联网用户观看的视频类型包括电视节目、UGC（User Generated Contect 用户生成内容）、电影、音乐视频、新闻、个人视频和普通网络视频等。根据 IPG Media Lab④ 和 YuMe⑤ 所做的关于美国互联网用户不同年龄组在线观看不同类型视频内容的统计显示，网络视频中个人视频是最不受欢迎的节目，而电视节目和用户 UGC 内容则更受喜欢。新生代（18—34 岁）比婴儿潮一代（55 岁以上）更喜欢观看网络视频，但比起其他内容的节目，两个年龄段的人都更喜欢看电视综艺节目。而 X 一代的人群（35—54 岁）比婴儿潮和黄金一代更喜欢观看新闻。搞笑类和教育类（how-to）是 UGC 视频中最受欢迎的，音乐视频呈现大幅跃进之势。2009 年，搞笑类和教育类视频分别以

---

① eMarketer 是一家全球知名的市场研究机构。

② 199it：《Relevancy：电子邮件营销插入视频成为趋势》，http://www.199it.com/archives/126126.html

③ 美国民调机构皮尤研究中心：关于智能手机使用情况的调查。

④ IPG Media Lab 是一家为新兴媒体和营销技术提供试验平台的智库公司。

⑤ YuMe 是一家多屏视频广告公司，主要提供数字视频品牌广告解决方案。

57%和50%的观看率成为互联网视频领域的冠亚军。2013年，教育类型的视频已获得56%的互联网用户关注，而音乐视频则从2009年的32%，增长至2013年的50%①。

图7-3　美国不同年龄组视频内容网络观看量

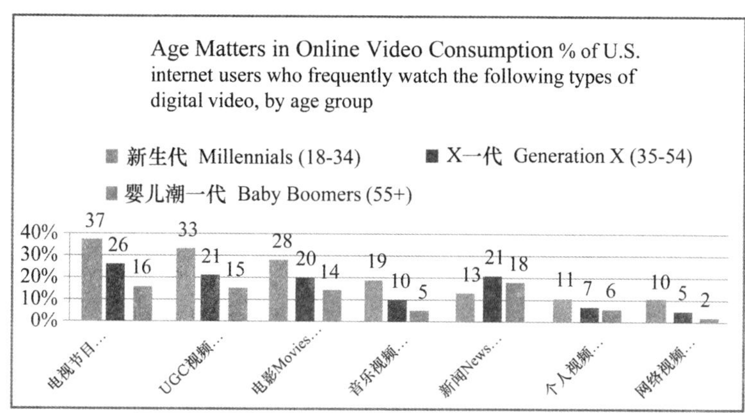

资料来源：IPG Media Lab

产业发展综述

社交视频成流行

"社交"视频是指那些由社交媒体提供的，从创作到分发过程都具有影响力的视频内容。观众已不再是游走于多个电视频道之间或通过查阅电视节目指南来选择观看自己喜爱的视频内容，而是通过社交媒体推送内容或朋友分享和推荐来获得其想要观看的视频内容。

2013年1月24日，推特网（Twitter）推出了一款名为藤（Vine）的智能手机流媒体服务平台——能够让用户记录6秒短视频并且在Twitter上分享的iPhone应用。该应用在发布之日即登上了苹果应用商店社交类应用榜的首位。2013年6月20日，一直与Twitter争夺社交分享领域头把交椅的脸谱网（Facebook）在其Instagram（图片分享）平台

① 网易科技：《皮尤：美国18%网友上传视频实现内容病毒式传播》，http://tech.163.com/api/13/1011/03/9ASIV6VT000915BF.html

推出视频功能，与受到用户青睐的 Vine 平台展开激烈的社交视频大战。相比 Vine 允许其近 2000 万用户分享 6 秒的视频，Instagram 平台允许其 1.3 亿用户分享的视频时间长达 15 秒，Instagram 更长的视频分享帮助 Facebook 在这场社交视频大战中占得上风。Vine 视频数量在 6 月 15 日达到近 290 万最高值后，于 6 月 21 日（Instagram 发布视频功能 1 天后）大幅减少到 135 万，跌幅超过 50%①。然而，Instagram 和 Vine 的竞争对手却不仅限于彼此，由莱茨克（Raichyk）在 2011 年创建的微视频社交网络 Keek 在 2013 年 8 月 10 日的用户数量突破了 5800 万。用户可以通过台式或移动应用来观看 Keek 视频内容，关注其他用户，并对视频内容进行评论。Keek 凭借其可以发布最长时间为 36 秒短视频的功能，发展势头迅猛，每天新增用户达到 25 万，而且已经在全球 18 个国家和地区成为使用量最多的第一大视频应用②。除此之外，Youtube 创始人乍德·赫利（Chad Hurley）和陈士骏（Steve Chen）最新创建的 MixBit 视频分享平台也为社交视频领域注入一股新的力量。

图 7-4　2006—2013 年互联网成人用户通过社交视频分享网站观看在线视频情况

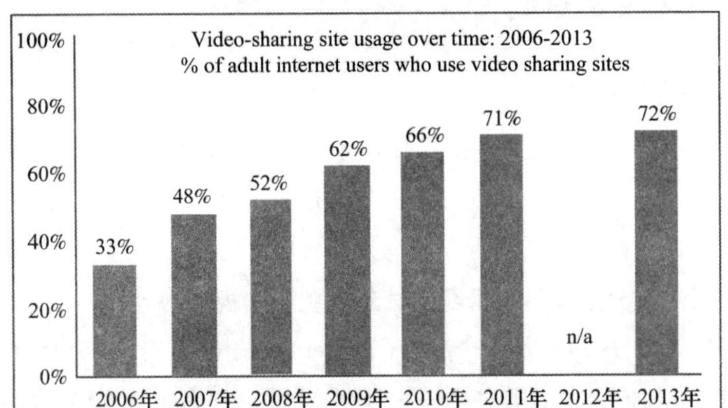

数据来源：皮尤研究中心 Pew Research Center

---

① 腾讯科技：Instagram 视频功能致 Vine 视频分享数量下跌 50%。http://tech.qq.com/a/20130624/012938.htm

② 199IT：微视频社交网络 Keek 用户数 5800 万估值超 6 亿美元。http://www.199it.com/archives/139676.html

根据2013年10月10日市场调查机构皮尤研究中心（Pew Research Center）公布的一份有关美国在线视频市场的研究报告，从2009年到2013年，主动上传或发布在线视频内容的美国成年互联网用户已由2009年的14%增长至2013年的31%。其中，18%的用户上传了自创的视频内容，并成功实现内容的病毒式传播。此外，下载或观看在线视频的美国成年互联网用户也由2009年的69%增长至2013年的78%。视频分享网站如YouTube等已成为驱动该市场增长的主要势力。自2006年起，通过视频分享网站观看在线视频的用户，其占总互联网用户的比例已由33%增长至现在的72%。[①]

根据著名市场研究机构商业智能（BI Intelligence）2013年7月的报告分析，在网络上受社交媒体影响的视频内容的观众规模已远超非社交视频，这些人群现在已成为互联网主流，并将在未来大幅增长。他们通常通过社交媒体平台，如YouTube、Facebook以及移动社交视频应用平台如Vine等，搜索和观看视频及电视节目内容。YouTube在2013年5月初宣布，其观众每月观看视频超过60亿小时，相当于68.4万年，比2012年同期增长了逾50%，《广告时代（Ad Age）》前100大品牌无一例外都在YouTube上投放了广告。

大数据成就《纸牌屋》

在2013年火爆全球的美剧中，《纸牌屋》当数最受热议的一部。它能在全球40多个国家热播的原因可不只是如中国网友戏称为“白宫甄嬛传”的美国政治悬疑剧的剧情，更主要原因是它的诞生开启了互联网视频创作的新方向。这部剧的制作方既不是电视台，也不是传统的电影公司，而是一家类似于优酷土豆的在线视频播放网站Netflix（网飞）。Netflix是北美最大的付费订阅视频网站，在2012年就准备推出自制剧。在决定拍摄内容和方法时，Netflix推出了自己的秘密武器——大数据。通过精确分析网站上用户每天产生的行为，如收藏、推荐、回放、暂停和搜索请求等，Netflix最终发现一部影片如果同时满足这几个要素——BBC同名剧、导演大卫·芬奇、老戏骨凯文·史派西——就可能大卖。

① 网易科技：《皮尤：美国18%网友上传视频实现内容病毒式传播》。

如此，《纸牌屋》就这样应运而生。

除此之外，《纸牌屋》第一季开播时，没有沿袭传统电视网“首播剧集”和“追剧”的概念，也没给剧情预测者留时间，而是将全季的完整内容在午夜零点一次性发布到网站上，这样的决定也是Netflix分析“大数据”的产物。因为Netflix观测到观众的收视习惯已经发生改变，不再是在固定时间守在电视机前等着收看电视剧的最新剧集，而是等整季剧情全部播放完后，选一个自己方便的时间，在电脑或iPad上“狂看”。主创们把这部电视剧当做一部13个小时的电影，以精确的市场需求数据为依据，从而更好地控制节奏和力度，也让观众在收看时更清晰剧情细节处的寓意，更好地理解整个剧情的发展。①

在2013年第65届美国黄金时段电视艾美奖提名名单中，《纸牌屋》揽获9项提名，不仅使凯文·史派西和罗宾·怀特成功摘获了“最佳男主角”和“最佳女主角”的桂冠，同时还叫板《国土安全》《唐顿庄园》《广告狂人》《权力的游戏》以及《绝命毒师》五部传统强剧，争夺最具含金量的“最佳剧情类剧集”。虽然最终《纸牌屋》成为了最大的陪跑者，但是作为历史上第一部闯入艾美奖“正赛”的网络剧，它标志着艾美奖第一次对网络剧彻底敞开大门。如今《纸牌屋》第二季挟盛大声势与高收视率归来，Netflix也确认将继续拍摄第三季。大数据捧红的《纸牌屋》掀起的收视热浪在短时间内是不会消退的。

网络视频成重要广告市场

当海量的目标受众已经将目光从传统电视和平面媒介上转移到网络平台，广告商们也不得不调整预算开始主攻网络广告。比起综合门户网站，网络视频成为了重要的广告市场。

对视频消费来说，目前正在进行一场明晰的变革：视频内容正变得越来越具有直接性和按需提供。在美国的网络视频市场中，Vine和Instagram发布的数秒长短的视频格式已释放出新一轮的UGC（用户生成内容）潮流，YouTube几乎囊括了所有的视频形态（除了非常专业的视频）。广告商投放视频广告时最看重的就是平台对信息源的控制能力、

① 易观网：《大数据如何捧红纸牌屋》，http://news.eguan.cn/yiguantuijian_174078.html

可以通过多种设备递送程序化（programmatic）广告以及拥有获取优质内容的途径三个方面。而对上述需求，Google（谷歌）、Facebook（脸谱）和 Twitter（推特）处于最佳地位，其中推特因其直接性和从传统电视业所获得支持的两者之结合而拥有强势地位。如此看来，社交化和程序化广告的发展趋势将愈加明显，而其收益预测也相当可观。

当前美国网络视频广告市场约占全球市场的 1/3，据美国精品投行 Evercore Partners 预测，网络视频广告在 2014—2016 年间将有大幅增长，至 2016 年美国网络视频广告市场将增至 81 亿美元。假定未来三年中推特把握全球视频市场 5% 的发展机遇，至 2016 年预计推特约 60 亿美元的营收将有 17% 来自视频。① 所以，从 2014 年伊始，该投行就因上调网络视频广告预期和看好程序化数据的发展趋势而大幅调升推特、雅虎、美国在线、谷歌和亚马逊五大网络科技股目标价，引起了美国广告和媒介市场的广泛关注。不难想象，越来越多的广告商家将选择社交平台进行营销推广，网络视频广告市场又将上演激烈的争夺大戏。

● 未来趋势

移动视频短小化、社交化

Twitter 推出的互联网微视频功能由 Vine 引发用户潮，随即出现众多竞争者，包括 Instagram 视频功能（15s）、MixBit②（16s）、Tumblr GIFS③（和 Vine 相似的微动画）以及众多小运营商如 Viddy、Qwiki、Tout 和 Klip。移动设备与社交媒体的交集将对视频市场的未来有巨大影响，视频在移动设备上被使用和共享的情况正在增多，但都是通过社交媒体渠道。在 2014 年，通过移动设备上传视频的数量将继续大幅增加，而视频短小化的趋势也将继续。短视频要求制造者更专注于内容的创造

① 新浪科技：《Evercore 大幅调升 Twitter 等 5 大科技股目标价》，http://tech.sina.com.cn/i/2014-01-02/23219063494.shtml

② 视频制作服务 MixBit 由 YouTube 两位联合创始人查德·赫尔利（Chad Hurley）和陈士骏（Steve Chen）共同打造。MixBit 是一款以“拍摄、混合和分享”为理念的服务，与 Vine 和 Instagram 相比，支持创建更加复杂的视频故事。

③ Tumblr GIFS 是目前全球最大的轻博客网站 Tumblr 推出的一款允许用户用网络摄像头拍摄四帧 GIF 图像的应用服务。

性和简洁性，这也是社交媒体观众群偏爱零散视频片段的必然结果。

电视已不再是分发和观看视频内容的唯一渠道。互联网和社交网站如今既提供了内容创作者，也提供了广告商，并以具有成本效益的方式来发布视频。微视频比起传统线上视频分享率更高，研究显示，通过 Vine 发布的广告视频是传统线上视频分享率的四倍。① 品牌广告热衷于刺激性视频的扩散，而社交化推动了视频的病毒式传播。对于一个品牌，一段视频成为“病毒”，在 YouTube 上获得超过百万计的点击，这意味着该品牌赢得了数百万的印象，而这一切都不需要付费。品牌商正尝试破解视频的奥秘，以正确利用消费者情绪，促发大规模的共享行为。

大数据推出自制大剧

《纸牌屋》的一炮而红在整个影视剧制作行业掀起了一场自制剧风潮。美国视频网站中几大巨头之一的 Hulu（葫芦网），因其背后坐拥上亿正版视频版权的 NBC（全国广播公司）、Disney（迪斯尼公司）、21th Century Fox（21 世纪福克斯公司）三家实力派股东，拥有一片无人能敌的“正版视频 + 广告增值”业务领域。看到 Netflix（网飞）自制剧的巨大收益，Hulu 也增加了自制剧投资，2013 年的自制剧数量达到 20 部，但总投资和影响力仍不及 Netflix。面对同样的市场诱惑，Amazon（亚马逊）决定避开 Netflix 选择的题材，主打喜剧和儿童自制剧，并采用试播的方式让用户决定剧集的故事走向。然而，因为不具备大数据支持下的决策系统，Amazon 不得不一边建设数据系统一边“摸着石头过河”。

2014 年美国视频行业必将延续这场自制剧的风潮，而建立大数据系统已成为各视频网站要先做的必不可少的功课。完全依靠受众喜好和收视习惯创作的剧集，要想不火都不容易。随着美国主流娱乐圈对于网络剧模式的普遍认可，越来越多的顶尖行业人员将投身于网络剧的制作中，更多以大数据为依托的自制大戏让人期待。

内容营销推动广告市场

广告商盯着 YouTube 点击率一点点上升的日子已经一去不复返，市

---

① MillwardBrown：《2014 数字媒介预测报告（Digital Predictions 2014）》。

场营销者开始专注于创作内容和分销策略，促进深层次的购买，比如分享、数据采集和在线购买等。

福特公司的首席营销官吉姆·法利说：“在社会中，我们学会了内容生成是多么的重要。你必须有很好的可共享的内容，这是不容易创作的。但是你又不能只通过用内容来独自做到这一点，你还必须要依靠广告宣传。”在内容市场中，分享是赢得社会认可的有效传播方式。要想扩大品牌认知，必须发掘如何制作并打造可以被大规模分享的内容。

根据社交视频洞察平台 Unruly Media 的调查数据，与前些年相比，2013 年有更多的人分享了品牌广告视频，让分享创益的想法取得了成效。2011 年美国视频广告前十名的收益为 1690 万，2012 年上升至 1900 万，但是 2013 年跳跃性增长到 2880 万，比上年增长了 52.1%。这也意味着消费者的媒介消费习惯正在继续迅速发展变化。

分享是当今互联网用户的普遍行为，如何做到让用户更多地分享就是市场营销者费尽心力要做的事情。对于未来的广告市场，精心设计和创造的内容营销将能获得更多的广告收益。

2. 欧洲

● 规模与格局

根据 comScore 针对 2013 年全球互联网使用情况的调查数据统计，截止到 2013 年 7 月，欧洲互联网用户占全球互联网用户总量的 27%。独立访问用户比去年同比增加 5%，独立用户每月平均在网络上花费 25.8 小时，主要分布在 15—34 岁（46%）的黄金一代以及 35—54 岁（38%）的 X 一代，婴儿潮一代（55+）用户占 16%。

根据 2013 年 2 月 comScore[①] 公布的数据，在欧洲五大互联网国家中，德国拥有最多的在线视频观看用户（4660 万），是意大利和西班牙视频观看用户的总和，比法国和英国之和多近 1000 万用户。德国人平均每月观看视频总量达 82 亿个，总时长为 590 亿分钟。平均每月每位

① comScore，2012 年 2 月到 2013 年 2 月德国视频市场统计数据。

用户观看 175 个视频，平均时长为 1271 分钟。

comScore2013 年《移动数据变化》报告就欧洲英国、德国、法国、意大利、西班牙五个国家 2013 年的移动设备使用情况统计结果与 2012 年对比显示，智能手机和平板电脑的持有率继续上升，具体表现为黑莓手机使用率大幅降低，iPhone 在法国和西班牙出现小幅减少，而安卓手机和 Windows 手机的使用率都有大幅增加，平板电脑的持有率在每个国家都有 6% 到 17% 的涨幅。五国的移动用户总量为 2.41 亿，30% 的西班牙用户会选择通过移动设备观看视频，为五国之最，而最低的是法国为 16%。五国中，男性使用移动设备观看视频的情况多于女性，而最喜欢观看视频的年龄组是 25—34 岁（英国、德国、法国）和 35—44 岁（意大利和西班牙）。

表 7－9　欧洲五国移动数据变化（2013 年 Q3 对比 Q2）

	英国	德国	法国	意大利	西班牙
网络	1%	2%	1%	5%	3%
社交媒体	3%	5%	1%	9%	0%
观看视频	0%	4%	－5%	5%	－3%
APP	2%	2%	1%	6%	3%
扫二维码	－1%	－1%	－5%	6%	1%
玩游戏	2%	2%	－2%	－1%	－1%
发信息	1%	0%	1%	－1%	－3%
Android 手机	3%	4%	9%	12%	9%
iPhone 手机	4%	2%	－3%	6%	－1%
黑莓手机	－7%	－14%	－16%	－7%	－20%
Windows 手机	7%	－1%	12%	11%	12%
平板电脑	10%	6%	7%	10%	17%

在播放平台方面，谷歌（Google）、优凸（YouTube）、亚马逊（Amazon）、脸谱（Facebook）在所有视频平台中排名靠前。

数据来源：comScore 对欧洲五国 2013 年移动数据调查 Q3

● 产业发展综述

台网融合成气候

在欧洲的数字媒介环境中，台网融合的情况越来越多，电视台的经营者们在努力寻找通过网络平台恢复收益和影响的机遇。例如，电视在线播放平台 Roku，目前在英国和爱尔兰可以提供包括 Netflix 点播在内的 300 多个频道，通过视频与语音内容吸引了大批用户[①]。传统电视已无法单一生存，它们对于开发在线项目有迫切需求。台网融合的现象依然会是 2014 年传媒产业发展的趋势之一，欧洲视频市场处在从传统电视向互联网转移的重要发展阶段。

视频观看移动化

欧洲视频市场在视频观看量总体上涨的情况下，移动视频观看量增幅最大。截止到 2013 年 2 月，欧洲拥有 5190 万移动视频观看用户，比 2012 年 2 月增长 164%[②]。在英、德、意、西、法五国中，英国移动视频观看用户最多，达到 1187 万，而德国（1150 万）位居第二，紧随其后的是意大利（1039 万）、西班牙（1020 万），法国（783 万）移动视频观看用户最少[③]。德国移动化发展最为迅速，2013 年初德国移动视频的用户比上年增长了 215%。超过 30% 的德国人通过智能手机观看视频或电视节目，其中男士比女士更愿意为观看视频而付费，而 18—34 岁年龄段用户和高收入家庭更容易选择付费观看视频。

欧洲视频市场移动化趋势明显，移动视频市场处于蓬勃发展阶段，移动视频观看用户数量仍将有大范围增长。

质量重于数量

comScore 对欧洲三国（英国、法国和德国）所做的媒体趋势调查数据显示，这三个欧洲国家三年来独立观看用户和视频观看量 2010 年呈停止增长，2011 年有所上升，在 2012 年趋于平稳。在一个视频观看正成为一种主流收视活动的时代，观看总量下降说明如今已不再是以数量取胜市场，内容更是驱动市场发展的重要因素。虽然用户生成内容大范围爆炸，然而这些内容却难以成为视频市场的主力军，因为它们的制作成本低，质量往往很难保证。相反，专业影视机构的高质量视频越来

① 综艺报：《英国天空电视台注资 Roku 在线视频》，http://www.broadcast.hc360.com

② comScore，2013 年 2 月德国视频市场统计数据。

③ comScore，2013 年 2 月欧洲五国移动市场统计数据。

越抓得住观众的眼球，比如 2013 年 2 月德国人访问 ARD Mediathek① 的总量为 20.5 万人次，观看视频数达 76 万个，平均每位访问者花费 78.6 分钟，同比上一年增长 36%。

视频广告程序化

视频程序化（programmatic）是指保证广告通过视频投放给特定受众的技术。

如今，网络视频广告在欧洲日益普及。2012 年，尽管欧洲宏观经济环境疲软，整体广告市场呈现下滑趋势，但是网络视频广告的收益在欧洲五大市场（法国、德国、意大利、西班牙和英国）持续飙升，在德国增幅 36.3%，在西班牙增幅 103%。

随着网络视频广告成为增长主流，无论是在投资回报率的衡量上，还是用户的寻址能力方面，广告商的要求也越来越高。在这样的背景下，视频广告程序化在欧洲市场发展势头迅猛。从 2012 年到 2017 年，欧洲程序化广告视频市场将以平均 77.1% 的收益率增长，这一市场将在五年内逐渐走向成熟：到 2017 年，欧洲所有的在线视频广告收入的三分之一将通过程序化生成，而 2012 年这一比例只有 4.6%。通过程序化的广告购买，将提高广告客户对投放效果的可测量性、目标受众的精准性和投资回报率等因素更加精准的判断。英国在 2012 年成为欧洲五国中视频广告程序化最超前的国家，到 2017 年仍将是最大的程序化市场，紧随其后的是法国②。

3. 日本

• 规模与格局

日本是世界第四大互联网人口大国，网络用户已超过 7360 万。同

---

① ARD Mediathek 是德国一家音视频播放平台，为用户提供德国 ARD 电视台的广播和电视节目实时观看及下载服务。

② 调查公司 IHS Electronics & Media：Video goes programmatic：Forecasting the European online video advertising landscape

时，日本还拥有1.02亿移动用户，其智能手机市场增长迅速，普及率已高达34%。

在网络人口年龄方面，日本网络用户老龄化严重，只有34%的用户在35岁以下，其55岁以上的互联网使用者人数是全球平均人数的两倍。男性比女性对互联网的使用更频繁。

图7－5　日本娱乐网站访问TOP10

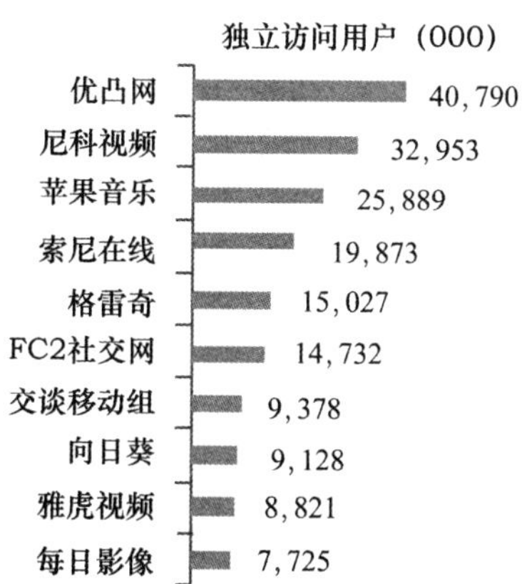

数据来源：comScore，2013年5月媒体统计数据

日本网络用户与全球用户相比，他们花费更多的时间观看娱乐资讯和网络视频，其平均花费在娱乐节目的时间是亚太地区平均值的两倍。YouTube拥有最多的独立访问用户（4079万）；而用户在Nico Video①平均花费时间最多（每月331.6分钟），其中以年轻男性为主，35岁以下男性在Nico video上观看视频的时间是35岁以下女性的两倍。

可能是由于生活习惯的原因，日本互联网用户访问社交网站的比例比全球平均量要低得多。2013年虽然移动端社交网络的使用频率有所上升，但是使用传统社交网络的用户却减少了16%。在日本社交网络用户排名中，虽然相差不多，但是Twitter还是击败Facebook成为日本人使用最多的社交网络。在用户访问时间上，本土社交网络Ameba Pigg

① Nicovideo是日本知名的视频分享网站，其在视频播放中加载弹幕评论的特点使其在日本广受欢迎。

排名第一[①]。

● 产业发展综述

视频消费大幅增长

PC 端视频消费

日本互联网人口保持相对稳定，83%的 PC 使用者会观看网络视频，2013 年在 PC 端的视频消费上有大幅增长。根据 comScore[②] 公布的一项关于《15 岁以上用户通过家用或工作 PC 对互联网的使用情况》的统计数据，全球平均每个用户全年观看视频数量为 184 个，比 2012 年 5 月增加 19 个，而日本平均每个用户全年观看视频数量为 308 个，比上一年增加 68 个。

移动设备端消费

日本通过智能手机观看视频的用户数相对稳定，但保持上升趋势（2012 年 707.8 万，2013 年 5 月 770.6 万）；使用功能性手机观看视频的用户数在逐渐减少（2012 年 5 月 1128.8 万，2013 年 5 月 771.1 万）；非 PC 端网络流量从 12.0% （2012 年 5 月）增长到 20.6% （2013 年 5 月），这意味着网络用户逐渐向移动设备转移。但无论是 PC 用户还是移动用户，他们都增加了观看视频的频率和时间。

《怪兽大学》剧照

《怪兽大学》——2013 年日本第二卖座的电影，可以在即时视频

① comScore：《聚焦日本数字化未来 2013 报告》。

② comScore，2012 年 5 月至 2013 年 5 月，日本移动用户统计数据。

（Instant Video）在线平台进行观看。

市场竞争日益激烈

日本的网络视频市场的蛋糕可谓分食激烈，除了 GyaO[①]、Tsuta-yaTV[②]、NotTV[③] 和日本最大的有线网络企业 JCOM 等本土运营商，美国在线视频供应商葫芦网（Hulu）、苹果公司和电子商务巨头亚马逊也在日本开辟了分战场。

《霍比特人》三部曲海报

日本亚马逊在 2013 年 11 月 7 日推出了即时视频（Instant Video）在线平台，昭示着美国亚马逊公司正式进军日本拥挤的网络视频市场。即时视频平台主要向用户提供来自日本各大制片厂和电视网出品的电影和电视剧的流媒体播放、下载租赁以及购买服务，目前平台有超过 2.6 万部的国内外电影和电视节目供用户观看。24 小时租赁费用从 1 美元（100 日元）起算，比如，在日本票房红极一时的《怪兽大学》租一天需要 5 美元，购买需要 25 美元；而《霍比特人》三部曲的首部可以花 20 美元购买；一些老片子，如《生化危机》和《致命武器》系列只需要花 1 美元。当然也有一些视频是可以免费观看的，比如美国 FOX 电视台的情景喜剧《欢乐合唱团（Glee）》和电视连续剧《24 小时》，以及当地热播偶像剧《花样男子》《流星花园》第一季等。

---

① GyaO 是一个在线观看视频的网站，主要栏目有电影、音乐、动画、综艺节目、运动、教学、新闻等，网站的口号是“所有节目免费观看”。

② TsutayaTV 是一款面向电视等的 VOD（Video On Demand 视频点播技术）服务，消费者只要将电视接入互联网就能够观看 TsutayaTV 的内容。

③ NotTV（智能手机电视台）是日本首个专门为智能手机提供电视节目服务的电视台，10 分钟长短的节目供人们随时随地观看，并支持互动功能，可以通过社交网络进行分享或评论。

亚马逊在线视频平台租赁和购买的受益者包括好莱坞电影公司、东宝（Toho）和松竹（Shochiku）等本地电影巨头，以及NHK、富士电视台、TBS和NTV等电视网络[①]。

移动终端应用程序或成为视频主打新市场

据《日本经济新闻》报道，美国App Annie公布的一项调查结果显示，截至2013年10月，日本智能手机和平板电脑等移动终端应用程序（APP）市场规模已超过美国，成为全球第一。日本移动终端应用程序市场2013年10月的销售额与2012年同期相比增长3倍，而美国同期的增长率约为80%。

调查报告称日本智能手机2012年普及率仅为28%，但是2013年迅速增至42%，目前已超过美国，成为世界第一大移动终端应用程序市场。同时，日本的这一市场规模是排在第三位的韩国的近3倍，是排在第四位的英国的5倍以上[②]。

日本在移动终端应用程序市场中的消费能力也预示着日本视频市场移动化趋势，并给视频平台开发商提供了新的营销思路。通过移动终端应用程序（APP）消费视频播放平台品牌和视频内容商品，或将成为未来日本视频市场重要营销模式，而移动终端应用程序很有可能成为视频主打新市场。

（三）国际视频市场发展趋势展望

1. 屏幕不定性：视频成为不确定的媒介[③]

2014年，市场上关于用户在线上、线下或移动设备上消费视频的讨论将不再成为争议问题。

---

① The Hollywood Reporter：Amazon Launches Online Video Service in Japan. http://www.hollywoodreporter.com/news/amazon-launches-online-video-service-660546

② 人民网：《日本移动终端应用程序市场规模扩大至全球第一》，http://world.people.com.cn/n/2013/1213/c1002-23836049.html

③ Millward Brown：《2014数字媒体预测报告》。

屏幕的不确定性既是指消费者面对视频内容所采取的观看方式，同时也是指市场决策者在做视频推广策划时所采取的思维方式和行为策略。市场营销人员要充分考虑各种屏幕的尺寸和其对应内容的适切度。他们要采取一种不定性的观点，因为观众消费视频内容的方式将是通过任何一种在既定时间内最便捷的媒介进行观看，由此可见，最大化的收益取决于传播渠道的有效优化组合。当然，内容永远为王，屏幕仅仅是一扇窗户，让消费者可以透过它看到里面真实的景象，但任凭窗户多么琉璃梦幻五彩斑斓，终究吸引过客驻足的仍旧是窗户里面令人心动的画面。

屏幕的不确定性会产生一种新的视频格局：长视频在移动设备上播放，而短视频也会出现在传统电视上。这意味着你可以在晚上活动时用手机观看你喜欢的剧集，回到家后打开电视接着看，随后躺在床上用平板电脑再看下一集。同样的，你可能工作时在笔记本上看到一段非常棒的视频，晚上又可以通过智能电视分享给你的伙伴们。

像 Chromecast① 和 Apple TV② 等设备已使得视频跨屏幕观看不费吹灰之力，而 YouTube 也发现它的许多网站注册用户都转到移动端设备上去观看视频了。视频内容的极大丰富和科技的高速发展允许通过不确定媒介进行视频观看成为可能，屏幕不定性将成为 2014 年视频市场发展的主要目标。

2. 微视频增多：挑战市场营销者智慧③

在 2013 年，互联网出现了一种新的趋势：微视频。现在有许多网站允许用户上传短视频，尤其是手机短视频。这种趋势由 Vine 引发，

---

① Chromecast 是谷歌在 2013 年 7 月 25 日发布的全新连接设备，可以插入电视 HDMI 接口上。在同一无线网络环境下，用户通过 Chromecast 能将电脑或其他设备上的流媒体内容推送到电视上。

② Apple TV 是苹果公司推出的一款高清电视机顶盒产品，用户可以通过 Apple TV 在线收看电视节目，也可以通过 Airplay 功能，将 iPad、iPhone、iPod 和 PC 中的照片、视频和音乐通过传输到电视上进行播放。

③ Millward Brown：《2014 数字媒体预测报告》。

它是 Twitter 的一项允许回环 6 秒钟视频的服务。然而竞争者很快出现，包括 Instagram（图片网，15s）、MixBit[①]（16s）、Tumblr GIFS（短动画片，和 Vine 相似），以及很多小的运营商如 Viddy、Qwiki、Tout 和 Klip 等。

在 2014 年，这一趋势将继续，更多的视频将通过分散的平台装置上传。这一现象可能更集中于手机，但是电脑上对智能手机流媒体服务平台 Vine 的使用也会变得很普遍。西方国家的微视频市场将继续由 Vine，Tumblr[②] 和 Instagram-Vine 主导，因为 Vine 的形式已广泛普及，图片网（Instagram）已有大范围的用户基础，而 Tumblr GIFs 的独特性也让它在普遍形式中极具复苏力。

微视频比起传统在线视频为企业品牌推广上提供更多机会，带广告的 Vines 是传统在线视频分享率的四倍，这一趋势吸引着广告商争先恐后进入微视频领域。短形式的视频要求制作者专注于内容的创造性和简洁性，这一趋势可能从微视频蔓延到传统电视，甚至影响电视广告。市场销售者也许更倾向于使用图片网（Instagram）提供的较长时长的视频格式（15 秒时长），因为它更像一个传统的广告执行长度，但是这一倾向却无法适用到 Vine 和 Tumblr 所提供。并已被数千万受众使用的格式要求（6 秒时长）。现在，大量的品牌内容不需要付费推广就能被疯狂传播，如果一些平台如 Twitter 和 YouTube 上的广告依然沿袭之前的模式，那么几年之内这些平台上的商业广告就会屈指可数了。

微视频的普及，加上其可以在手机、平板电脑、PC，甚至电视上随意观看，将使微视频最终成为最便捷的跨屏视频格式和重要的广告传播平台。

---

① MixBit 是一款以“拍摄、混合和分享”为理念的视频制作服务，支持创建复杂个性的视频故事。

② Tumblr 是目前全球最大的轻博客网站，2013 年 5 月，被雅虎以 11 亿美元的高价收购。

3. 多屏时代传统电视应对的三个命题

• 技术融合：话语方式转型

媒介融合绝非单纯的技术命题，美国学者亨利·詹金斯（Henry Jenkins）认为媒介融合并非“纯技术性”，不能仅被理解为使用一种媒介设备提供多种媒介功能的技术过程。相反，融合代表的是一种文化转型：消费者被鼓励去寻求新的信息并在弥散的媒介内容中制造出关联①。技术融合改变了传统的传播路径和话语权分配方式，从而诱发了媒介文化的转型。由于技术的平民化，在以电视台、报社等传统内容生产者为主导的路径之外，出现了以“粉丝”文化为主要特征的、带有特定的亚文化审美特征和目标的新的传播样式。这就要求新的媒介内容一方面要能成为“粉丝”的聚合点——实质是将有相似生活样式的消费者聚合在特定内容的附近；另一方面，也要求媒介内容给这些聚合在一起的“粉丝”以文化想象和参与的空间，从而形成各种文化景观，进一步加强他们对于特定媒介内容的身份认同感。

在传统媒介时代，内容生产的权利被媒介生产者所霸占，受众则被假定为被动的接收者。而粉丝文化的出现则改变了这个单向的、自上而下的过程。在新媒介环境中，亚文化传播在虚拟社区中交流信息、彰显自我，社会的每一个成员都有接近、使用大众媒体（特别是网络）的权利，信息准入的门槛大大降低，原本不具有话语权的人通过新媒介发挥主动性和创造力，大胆表达特殊爱好与兴趣，发表不同于大众常识的独特感受与价值观，从而形成了不同于主流价值观与审美取向的亚文化群体②。尽管一度遭到主流文化的排挤，但随着亚文化现象的普及，网络内容生产走向个性化、分众化，媒介内容生产技术走向平民化，受众

---

① Henry Jenkins, Convergence Culture: Where Old and New Media Collide, (New York, 2006), p. 3.

② 周敏、杨富春：《新媒介环境与网络青年亚文化现象》，载《新闻爱好者》2011年第19期。

从被动的身份重新获得了积极的主体地位，他们不但可以对传统媒体提供的内容进行再解读、解构和嘲讽，并且甚至可以直接利用自媒体进行内容生产，完成角色的逆转。

- **集体智慧：媒介内容的参与式生产**

社交媒体时代，特定媒介内容的文化群体可以更加容易地在网络平台中聚集，形成虚拟的网络社群。媒介内容将有相似兴趣的人吸引到一起，同时汇聚的还有受众积极的、创意性的解读和二次生产。形形色色的粉丝文化景观正是以这些具体的“内容”为核心来展开和呈现的。作为内容原创者和发布平台，视频网站要赋予受众以更多的技术、资金支持和话语权，进行在线内容的生产动员。

对应早期关于媒介的“消极观看”（passive spectatorship），亨利·詹金斯提出“参与式文化”，并将其特点归纳如下：（1）对于艺术表达和民主参与有相当低的门槛；（2）对于创作和对创作的分享有强力的支持；（3）存在类似师友的关系，一些最有经验的人会把已知的知识和技能传授给新手；（4）成员们相信他们自己的贡献有所价值；（5）成员们能感受到和其他某些人一定程度的社会联系①。

如今，参与式生产成为 Web2. 0② 的媒介生态下新的媒介内容的生产方式。这个过程不仅是受众自身对于媒介的涉入，更重要的是受众在媒介消费中的社会互动活动，消费成为了一个集体过程，这也是詹金斯所说的“集体智慧”的涵义。在媒介融合的大环境下，社群对个体发展起到最积极的作用，从核心消费者到边缘粉丝，他们对于媒介内容的消费过程并非孤立的，而是在信息的分享、交流中建构了属于特定媒介内容的场域。

传统上，集体智慧被认为是消费者与商业文化抗争的武器，但事实上在社交媒体时代，通过集体智慧对媒介文本进行的演绎，反过来又可

---

① Henry Jenkins, Confronting the Challenges of Participatory Culture: Media Education for the 21st Century, http://www.henryjenkins.org/2006/10/confronting_the_challenges_of.html.

② Web2. 0 是相对 Web1. 0 的新的一类互联网应用的统称，更注重用户的交互作用，其显著特征是去中心化、开放和共享。

以大大地丰富原媒介内容的内涵和外延，文化权力在这两个同构的趋向中协商，取得认同①。新媒体语境下，媒体内容在商业上的成功需要依靠一个充满活力且生机勃勃的网上粉丝社区的形成与增长，它积极地推销产品，同时也为原始节目文本创建内容扩展空间以及添加物。

分享与点击：社交媒体时代的"新收视率"

在 Web2.0 网络世界中，传播的特权不再掌握在特定媒体手中，每个消费者都可以成为信息发布的源头，也可以成为文本制造者，由此也形成了一条无比庞杂的信息洪流。无论信息的真假好坏，只有当尽可能多的消费者愿意分享转发它时，它才可能被传播，乃至成为舆论焦点，否则就会被彻底埋没，丧失生命力②。

如今，以推特、微博为代表的社交网络用户开创了"第二屏幕"的收视体验革命。社交媒体上的信息流已经成为电视节目收视情况的最直接反映和电视节目实时渗透率等数据的最重要来源。而基于新媒体生态的节目评价体系还在探索阶段，美国就已经出现了 Bluefin Labs 这样的社交电视分析公司，它通过对 30 多亿条网络评论的分析，来了解公众对广告、电视节目和政治辩论的态度，从而帮助企业出售广告或制作电视节目。2012 年年底尼尔森调查公司（A C Nielsen）宣布将与推特（Twitter）联合推出"Nielsen-Twitter 收视率"，作为未来衡量电视节目的社交网络影响范围的标准指数，并将从 2013 年秋季开始逐步实现该指标的商业化③。

传统电视媒介的内容在新媒体的传播介质中，同样也可以成为消费者进行社交性传播的"流通货币"。如果说传统的收视率考量体系的最大特征是将收视率"货币化"，那么在未来，基于社交媒体内容和分享行为的收视率评估将不仅仅是传统收视率的补充，而将成为社交媒体时

---

① 蔡骐、彭欢：《亨利·詹金斯：新媒介及粉丝研究》，载《中国传媒报告》2011 年第 4 期。

② 蔡骐、彭欢：《亨利·詹金斯：新媒介及粉丝研究》，载《中国传媒报告》2011 年第 4 期。

③ 艾瑞网：《社交网络收视率成正规军》，http://web2.iresearch.cn/weibo/20121218/189371.shtml

代视频节目评价的“新标准”与“新货币”。

小　结

国际视频市场的蓝海在继续沸腾，2013 年刮起的一系列视频旋风（社交视频、自制大剧、移动多屏等），在 2014 年愈演愈烈。在这场视频市场翻天覆地的变革中，各大通讯商们已在紧锣密鼓地搭建高速移动网络；广告商家们也正在重新调整营销方式和定位，来适应消费者们多屏化、移动化、社交化的视频观看行为；而作为具有核心竞争优势的视频供应商们则在调整好风帆，顺应风势，在蓝海中重新扬帆起航。

七、涅槃与重生——对中国视频产业的未来展望

当视频像海潮一样汹涌而来的时候，我们不禁要问：视频到底是什么？视频是电视吗？应该不是。视频是一种新的媒介形态吗？应该也不是。视频是内容吗？好像也不是。那么视频是什么呢？本文对视频产业的定义是：视频产业是在新的媒介形态环境下，由电视内容业和互联网与移动互联网等传输业交叉产生的一种媒体新业态。

这种新业态的崛起，首先冲击的是传统的电视行业，其次是互联网门户网站行业。而目前最大的获益者其实是宽带电信业。

网络视频方面，2013 年全球每月平均有 13 亿人口每人观看平均 162 个在线视频。视频网站平均每天的独立访问人数达 4.49 亿，而每月总视频观看数达 2060 亿个，总时长数达 13080 亿分钟。每月有超过十亿独立用户访问 YouTube，每天在 Facebook 上播放的视频时长有 500 年，每分钟有超过 700 个 YouTube 视频在 Twitter 上被共享。平均每位 YouTube 用户月观看视频时长为 388.3 分钟。如今，视频成为 Facebook 上分享最多的品牌内容。五分之一的 Twitter 用户每天从发布的链接中观看视频，而且三分之二的 Twitter 用户觉得品牌通过 Twitter 发布的视频值得观看。我们的生活被各种形态的屏幕所包围着，电视屏、电脑屏、手机屏、PAD 屏、LED 屏、电影屏幕，甚至连工作台、卫生间乃

至汽车座椅上也都是屏幕，并美其名曰“多频互动时代”。多频互动的现代生活让人眩晕，也把电视业给搅浑了。当下的中国电视行业正处于困惑、探索、寻找方向的转折时期，面对日新月异的视频传播新技术，中国电视业面临无穷的挑战和机遇。多屏融合视角下的内容产业发展、台网融合的突破与节目创新成为业界和学界关心的核心命题。

（一）视频产业与内容产业

纵观全球的媒体环境，宽带网络和互联设备持续普及推动了对传媒及娱乐产品消费需求的扩大和广告需求的增加。数字化革命使任何形式的内容都能够通过数字化的形式制作、储存和传播。互联网成为沟通制作、储存和传播环节的渠道和平台。在 2014 年美国传播媒体展（NAB）上，爱立信展示了如何通过高速互联网实现以视频为中心的高效网络技术，提供了“视频无处不在”的体验，同时还发布了其最新的调研结果：到 2020 年，全球人口将达 90 亿，其中超过 80 亿人将是移动宽带用户，而数字电视家庭用户将达 15 亿。终端技术的革新、网络基础设施（特别是无线互联网）技术的换代、消费习惯的变迁等诸多动因正催化着世界网络视频市场这块蛋糕的迅速增长。这些都将成为电视行业面临的挑战，也将成为电视行业面临的机遇。

互联网的发展从多方面改变着中国的传媒生态环境。门户网站的出现改变了人们获取资讯的方式，报业深受打击。在线视频网站的发展和各种多媒体终端、移动终端的普及又将新媒体的冲击带给了电视业。

新媒体对电视媒体的影响最先反应在广告收入上。艾瑞咨询数据显示，2012 年我国网络广告收入超越报刊，2013 年网络广告市场规模达到 1100 亿，几乎追平电视（图 7－6）。网络广告市场的增长主要得益于垂直搜索和视频网络广告，技术和媒体成为网络营销的重要驱动力①。

① http://a.iresearch.cn/others/20140109/224661.shtml,2014 年 3 月 26 日

图 7-6 2013 年中国广播电视行业收入及增长率

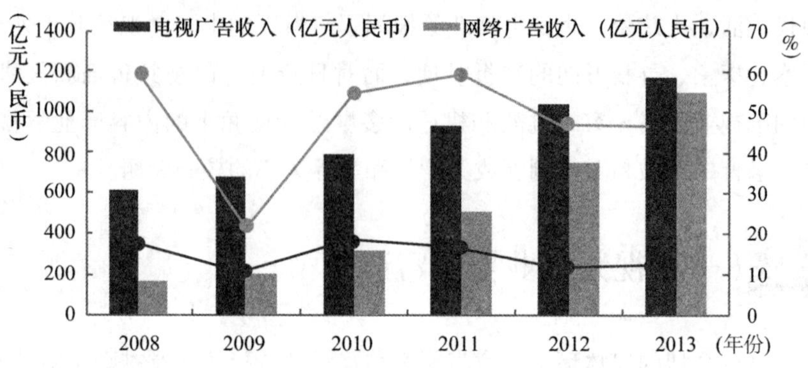

数据来源：国家新闻出版广电总局、艾瑞咨询，2014 年 2 月

新媒体对电视媒体的影响在观众数量的变化上也有所体现。CSM 媒介研究的报告显示，从总体观众的收视量上看，电视观众的流失已呈不可扭转的态势①。2013 年观众的平均到达率由 2010 年的 72% 下降至 66.5%，而近四年来每个实际电视观众的收看时长却呈不断增长的趋势（图 7-7）。

图 7-7 2010—2013 年观众规模及收视时长（历年所有调查城市）

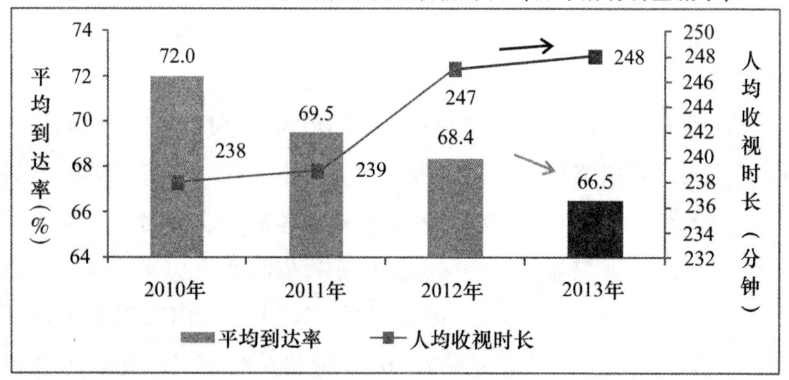

数据来源：CSM 媒介研究

① 杜宇宸《媒介发展新趋势下的蜕变——2013 年电视收视市场回顾》，《2014 传媒蓝皮书》，社科文献出版社，2014。

但是，在多屏融合的趋势下，电视业并不会成为“第二个报业”。艺恩咨询的统计表明，2009—2013 年上半年，电视平均收视率持续下滑，而网络收视率则呈现出稳定增长（图 7－7）。这意味着观众并不是不看电视了，而是换了看电视的方式。客厅不再是看电视的唯一方式，电视节目的播出与收看也不再是单方向的传播过程。观众可以主动点播电视节目，选择性观看自己喜爱的电视内容，家庭集体看电视的客厅文化也逐渐被部分的个体收看视频所取代。同样，网络已经成为电视剧的重要播出平台和收视平台，预计在接下来的一段时间内仍然会保持这样的变化趋势。

图 7－8　2009—2013 年传统及网络平台电视剧收视情况

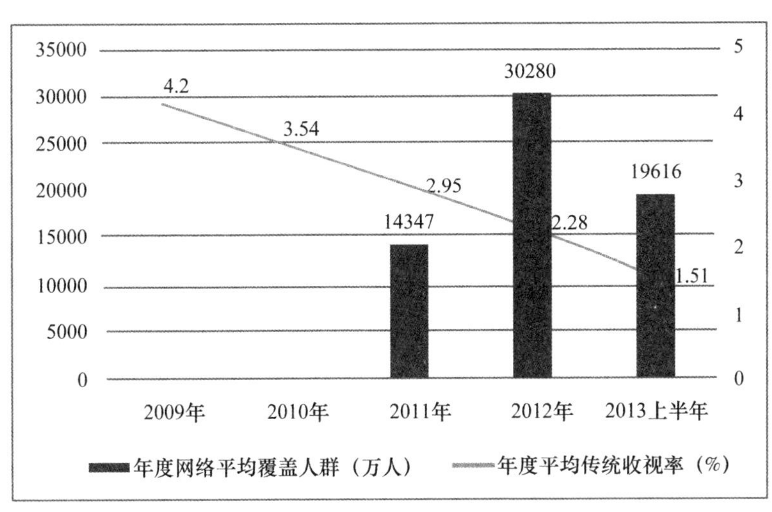

数据来源：艺恩咨询《2013 年中国电视剧市场年中观察》，http://www.199it.com/archives/146657.html，2014 年 3 月 25 日

新媒体成为电视内容的重要输出渠道，弥补了既有平台的不足。随着电视业向新媒体转型的推进，在今后的发展中，以“内容”为主要商品的电视、视频产业的分界线将会变得越来越模糊，包括 OTT TV、在线视频网站等在内的新的媒介渠道将成为新的版权分销渠道。例如，搜狐视频斥资 1 亿元买下《中国好声音》第二季的网络独播权，而这一价格在一年内被迅速刷新，腾讯视频豪掷 2.5 亿元买下第三季《中国好声音》独家网络版权，涨幅高达 250%。在 2013 年中国最火的综艺

节目《爸爸去哪儿》开播不到一个月，爱奇艺就以高达2亿元的版权费用获得了《爸爸去哪儿》《康熙来了》《快乐大本营》等五档综艺节目2014年的独家播放权①。以上种种都扩大了电视内容的收入模式和空间。

在硬件方面，自2011年全球首款4K电视（超高清分辨率电视，分辨率为4096×2160，相当于高清电视的4倍）问世后，我国电视厂商也加快了4K电视的研发和生产，到2013年，几乎所有的中国电视厂商都推出了4K电视，但由于面对价格过高、片源不足等问题，4K电视多被评价为华而不实。2014年4月，联想和乐视TV先后发布了低价4K智能电视，随着4K电视价格的平民化，其销量有望迎来真正的爆发。2014年4月10日，全球首个4K频道在韩国开播。日本总务省也表示，相当于目前高清电视（2K）像素4倍和16倍的4K、8K高清电视也已开发完成，并将于2014年世界杯期间开始4K试播、于2016年奥运会期间开始8K试播。虽然我国暂时还没有明确的日程表，中央电视台、北京电视台、上海广播电视台等也均涉水4K内容制作，一些专业影视公司也开始了4K作品的拍摄，相信4K在内容制作业界的普及之日不再遥远。

正是新媒体和新技术的迅速发展为电视带来了突破单一屏幕的束缚，以更多元的形式通过互联网、移动互联网等呈现在电脑、平板电脑、智能手机等多屏上；并且随着互联网企业的加入，也将给电视业带来创新和科技企业的理念；通过视频点播构建的内容生态盈利模式，通过社交媒体互动、提供数据服务等方式为观众带来更好的用户体验。内容资源的重新整合将成为今后电视、视频产业竞争的核心，尤其随着版权意识的加强，“内容为王”必将产生更多的商业价值。

（二）政策监管与政策支持

2013年10月12日，国家新闻出版广电总局下发了《关于做好

---

① 周逵、马云：《2013中国在线视频产业发展报告》，载《2014传媒蓝皮书》，社科文献出版社2014年版。

2014 年电视上星综合频道节目编排和备案工作的通知》（广发［2013］68 号文），对引进版权模式节目、歌唱类节目做了控制和调整，还重新明确了“新闻、经济、文化、少儿、体育、纪录节目”的播出比例，被称为是继 2011 年 10 月下发“限娱令”之后的“加强版限娱令”，要求每季只有一档歌唱类选拔节目进黄金档，每天至少播出半小时国产动画片。[①]

近年来，总局多次下发各种与电视节目播出内容相关的“禁令”，一方面说明了近年来我国电视节目市场较为活跃，另一方面也反应出各大卫视的确存在的一些问题。例如，此次《通知》所要求的“卫视每年新引进境外版权模式节目不得超过 1 个”的要求，会让各大卫视引进节目模式时更为慎重，同时也鼓励了国内原创节目模式的发展。对动画片及纪录片的播放要求则体现了电视台公益传播的重要性，同时也体现了国家对国内动画及纪录片制作行业的扶持。

在政策支持方面，最令人关注的要属三网融合。2010 年 1 月，国务院常务会议决定“加快推进电信网、广播电视网和互联网的三网融合”，从国家战略的高度揭开了三网融合实质性推动的序幕。2013 年 8 月国务院发布的《关于促进信息消费扩大内需的若干意见》提出，到 2015 年，信息消费规模超过 3.2 万亿元，年均增长 20% 以上，带动相关行业新增产出超过 1.2 万亿元。此外，“十二五”规划也将“三网融合”确定为下一代国家信息基础设施，明确提出“实现电信网、广播电视网、互联网三网融合，构建宽带、融合、安全的下一代国家信息基础设施”。这些政策支持都将积极推动三网融合的发展。

（三）视频产业的发展趋势

在线视频产业作为一类因媒介融合而产生的相对独立的新媒体业态，正在发生着巨大的变革，一方面的动力来源于自上而下的政治、经济、文化体制改革，另一方面则受到了新媒体技术革命的深远影响。以

① http://www.sarft.net/a/139973.aspx,2014 年 3 月 28 日

往的在线视频产业分类往往只针对在线视频播放网站，随着三网融合的推进，在线视频的产业逐渐变得多元化。手机电视、IPTV、互联网电视、OTT TV、网络视频等利用新型传输技术进行传播的媒体形态都将并入视频产业，这种变化给内容供应方提供了更大的发展空间，也创造了更加多元的营销模式，其接下来的发展会对多个行业产生深远影响。

多屏互动成就无处不视频

多屏时代改变着电视能为人们带来的服务的形式和范围，也改变着电视的定义。随着多屏设备的普及，并不是电视被其他终端设备取代，而是传统的电视机作为客厅文化不可或缺的部分依然有其存在意义，多屏时代的到来使电视内容有了更大的传播空间，其他视频内容也可反向进入电视，丰富电视的已有内容。

中国视听新媒体行业经过并购、重组和整合后，在广告收入、用户规模、内容生产等发面都实现了爆发式的增长。这种增长得益于强强联合，亦得益于多屏时代对用户收视习惯的培养。多屏、移动、进军客厅、网络独家、反盗版，在线视频产业在高速成长期的竞争战线也随之越拉越长。2013 年 12 月 4 日，工信部正式向中国移动、中国电信和中国联通颁发“LTE/第四代数字蜂窝移动通信业务”经营许可，标志着我国电信进入 4G 时代。虽然目前其收费较高，但 4G 超过百兆的带宽将给包括在线视频产业在内的多个互联网产业带来巨大变化。

强强联合推进寡占格局

自 2012 年起，我国的视频网站就开始了积极的洗牌过程。2012 年 3 月优酷与土豆合并，二者的强强联合使其重叠的业务内容有所整合，优化了内部资源，降低了内容成本。2013 年 5 月，百度以 3.7 亿美元收购 PPS 视频业务，将其与爱奇艺合并，合并后双方间的业务取长补短，在 PC 端颇有优势的爱奇艺获得了 PPS 相对成熟的移动端业务。

视频网站的并购并不仅仅局限于同业之间，追溯到 2009 年，盛大收购酷 6，2011 年人人收购了 56，2013 年苏宁又收购了 PPTV，这些并购与重组一方面说明了视频网站在发展中存在着资金流动及业务重叠问题，另一方面也反映出非视频网站互联网公司想要参入该行业的热情。

而随着强强联合的推进，优酷土豆、爱奇艺、搜狐视频、腾讯视频和乐视网这五大网站基本站稳在线视频产业的第一阵营，展现出强有力的发展势头。

强强联合使得行业整体寡头垄断格局愈加明显，也使得进入该行业的壁垒变得越来越高。就行业整体而言，充分的资源整合有利于优势互补，增强自身竞争力、减少行业同质化。行业竞争进一步加剧后，各寡头企业也会面临包括版权费、冠名费、制作费等内容制作费用的增加，以及为用户提供更好网络体验所需要的增加带宽等渠道成本的增长，可以预见，在今后的一段时间内，在线视频产业依然会继续推进强强联合，这种联合既包括同业之间的联合，也包括非同业之间的联合，并且会呈现出积极的态势。

优质内容竞争促进版权市场快速发展

2013 年，热门综艺节目、电视剧等优质长视频内容对在线视频产业的增长产生了积极的影响，在线视频产业也为更多的内容资源提供了播出渠道。从最早的联合采买到如今的跑马圈地，在线视频产业对内容的投入依然会处于迅猛的势头。

最早尝到独播甜头的要数乐视网对《甄嬛传》的独播，随后各领头视频网站都开始意识到独家优质内容的重要性，搜狐斥资 1 亿元独家播出《中国好声音》第二季，腾讯又巨资拿下《中国好声音》第三季的独播网络版权，而用户们则不得不费力地去记清楚自己想要收看的节目是哪家网站在独播。

优质内容的特性决定了收视人群会呈现出“哪家播出看哪家”的墙头草特性，更换网站或 App 也会变得如同拿遥控器换频道一样。因此想要通过独家播出来保证点击率以确保广告收入，就需要长期对优质内容进行投入。但是除了部分大播大热的优质内容资源外，与昂贵的影视版权费用相比，广告收入并不能抵消视频网站的开支，而在会员付费制市场尚未形成规模之前，主要依靠广告收入的视频网站至少需要维持现有投入状态才能确保市场份额，在接下来的一段时间里，各家对优质内容的“烧钱”式争夺仍然会呈现白热化的趋势。

移动用户付费习惯培养成为持久战

根据CNNIC的统计显示，截止2013年6月月底，我国网民使用手机视频业务的比例为34.4%，手机网络视频保持了18.9%的增长率①。2013年年底，工信部正式发放4G牌照，这为广大手机网民创造了更加便利的上网条件和优良的网速体验。虽然其资费标准暂时较高，但随着4G业务的推广，其资费下调将是必然趋势，而这也会给在线视频产业带来更加光明的市场前景。

从目前移动用户的类型来看，手机在线直播用户比例较大，说明视频用户对即时播放的需求增加，尤其随着手机视频和电视节目同步播出的增加，极大吸引了手机视频用户对在线直播的观看流量，移动用户娱乐时间的“碎片化”也将逐步增长，这种用户行为的变化对电视节目的用户分流依然将会持续。

从商业模式来看，移动用户的增长确实能够带来广告播放率和点击率的增加，但由于尚未形成基于新媒体生态的节目评价体系，如何有效对多屏收视率进行统计或将成为进一步提高广告收入的拦路虎。从用户付费业务来看，目前市场尚不理想，包月、点播等服务也多集中于50元以下。手机支付方式的多元化为用户提供了更加便利的付款方式，想要让习惯了免费大餐的中国网民掏出口袋中的钱，运营方势必要以无法替代的内容来满足用户的需求，进一步加强用户收费习惯的培养和商业模式的探索的工作将成为持久战。

在线视频公司深度涉入内容制作业

视频产业的快速发展对传统影视产业上下游也产生着深远的影响。曾经火热一时的视频网站自制剧一度使得传统电视产业感到危机，而优质版权内容交易又为收视人群逐年缩减的电视提供了内容分销的渠道。2013年火爆全球的美剧中，《纸牌屋》当数最受热议的一部。它能在全球40多个国家热播的原因可不只是如中国网友戏称为“白宫甄嬛传”的美国政治悬疑剧的剧情，更主要原因是它的诞生开启了互联网视频创

① 数据来源：CNNIC《第32次中国互联网络发展状况统计报告》。

作的新方向。这部剧的制作方既不是电视台，也不是传统的电影公司，而是一家类似于中国土豆和优酷的在线视频播放网站 Netflix。Netflix 是北美最大的付费订阅视频网站，在 2012 年就准备推出自制剧。在决定拍摄内容和方法时，Netflix 推出了自己的秘密武器——大数据。通过精确分析网站上用户每天产生的行为，如收藏、推荐、回放、暂停和搜索请求等，Netflix 发现一部影片如果同时满足这几个要素，就可能大卖——BBC 同名剧、导演大卫·芬奇、老戏骨凯文·史派西。《纸牌屋》就此诞生。

对于传统影视产业来说，在线视频产业逐渐变得让他们又爱又恨。对于在线视频公司来讲，因为渠道一直在延续，渠道的品牌在积累，涉足内容制作、提高内容制作水平有利于对版权成本的削减。从以往的自制剧、自制娱乐节目亦可看出在线视频公司的内容制作水平正在逐渐提高。

乐视网于 2011 年创办乐视影业，这家互联网时代有互联网背景的影业公司为多屏联动及在线视频产业的 O2O 提供了更多思考。在线视频产业不再是单纯的垂直产业，在拥有渠道的基础上拥有内容，既可以将优质内容提供给自家渠道使用，也可以再授权给其他视频网站或电视台。通过多元化的发展丰富收入结构，能够有效提高市场竞争力，而这种深度涉入内容制作的模式在未来一段时间内也会有更多在线视频公司涉水。

多屏互动推动广告营销新模式

随着网络融合的推进，互联网电视、电视终端、手机电视的集成播控服务将会成为主流，技术的发展和新的媒体形态改变着观众的收视习惯，也改变着国人的客厅文化。随着技术的发展与智能终端的普及，多屏收视、多屏互动、社会化媒体互动等新的在线视频服务模式也将带来新的广告营销模式。

从现有的在线视频服务来看，无论是在线视频网站、智能电视、OTT TV，还是其他使用在线视频服务的途径，对于多屏互动仍处于探索阶段。热门内容播出时，往往会在微博、微信等社会化媒体中形成话题，用户活跃程度高，但目前为止并没有十分成功的双向互动，营销传播也未能形成体系。大数据为我们提供了分析海量数据的环境，在线视频产业的服务模式决定了其在多屏市场推广后更容易收集数据进行精准营销，作为商家营销的重地，在接下来的一段时间内产业与广告主都会积极探索多屏收视与社会化媒体互动推动广告营销新模式。

结束语

作为本书的主编，我们在此最想说的唯有感谢。

首先要感谢的是中国广播电视协会会长张海涛、秘书长张莉、副秘书长周然毅，他们在本书的政策把握、内容选择、写作风格等方面都给予了高屋建瓴的指导与帮助。此外，本书还正在争取成为国家新闻出版广电总局2014年重点社科项目。

接下来我们要深深感谢的是央视-索福瑞媒介研究有限公司（CSM）和央视市场研究有限公司（CTR）的总经理陈若愚。没有她对本书的指导与把握，没有她领导的两家中国顶级媒介调查公司一流研究团队的参与以及在资金上的鼎力支持，本书难以付梓。

我们当然必须要深深感谢本书写作小组的29位优秀同仁，他们分别来自清华大学、中国传媒大学、北京电影学院、中央电视台中国国际电视总公司、央视-索福瑞媒介研究有限公司和央视市场研究有限公司等单位，是他们杰出的专业水平和严谨的写作态度，才使本书得以达到现有的高度。

最后我们还要感谢的是中国民主法制出版社，以及本书编辑刘春雨、路爱军，她们为本书的出版发行做了许多细致而卓有成效的努力。

张海潮、郑维东

2014年8月8日

作者目录

第一章　中国视频媒体生态大观

——中国国际电视总公司副总裁、博士生导师　张海潮

北京工商大学艺术与传媒学院讲师、博士　孙铭欣

第二章　电视媒体市场年度观察

一、新闻类节目

——CSM媒介研究客户服务部副总监　吴　东

二、影视剧节目

——CSM媒介研究客户服务部经理 李红玲

三、综艺类节目

——CSM媒介研究客户服务部主管　吴　凡

四、体育类节目

——CSM媒介研究体育赞助研究部主管　李若丹

五、教育类节目

——CSM媒介研究客户服务部主管　张　嫕

六、服务类节目

——CSM媒介研究客户服务部主管　张　嫕

第三章　网络视频市场年度观察

——央视市场研究股份有限公司资深研究顾问、教授　姚　林

央视市场研究股份有限公司整合营销部研究总监　方　敏

央视市场研究股份有限公司 iCTR 研究经理　陈　烨

央视市场研究股份有限公司 iCTR 研究员　贾立英

央视市场研究股份有限公司媒介与消费行为研究部研究经理　张　镝

第四章　移动视频市场年度观察

——央视市场研究股份有限公司资深研究顾问、教授　姚　林

央视市场研究股份有限公司整合营销部研究总监　方　敏

央视市场研究股份有限公司 iCTR 研究经理　陈　烨

央视市场研究股份有限公司 iCTR 研究员　贾立英

央视市场研究股份有限公司媒介与消费行为研究部研究经理　张　镝

第五章　户外视频市场年度观察

——央视市场研究股份有限公司资深研究顾问、教授　姚　林

央视市场研究股份有限公司媒介智讯研究部副总监　黄　磊

央视市场研究股份有限公司整合营销部研究总监　方　敏

央视市场研究股份有限公司个案研究部研究经理　袁　琳

央视市场研究股份有限公司媒介与消费行为研究部研究经理　宋丽敏

央视市场研究股份有限公司媒介智讯研究部研究副经理　李　聪

央视市场研究股份有限公司媒介智讯研究部高级研究员　陈子莹

第六章　视频节目跨平台传播的价值评估

——CSM 媒介研究市场部副总监、博士　张天莉

CSM 媒介研究首席统计师、博士　王建平

第七章　无处不视频

一、内容永远为王——多传播途径下的视频节目走向

——清华大学新闻与传播学院副教授、博士　张小琴

清华大学新闻与传播学院硕士毕业生、《中国金币》杂志社编辑　张晨光

二、真人秀节目——狂欢下的冷思考

——北京第二外国语学院讲师、博士　李星儒

三、技术引领未来——未来电视发展的技术因素分析

——北京电影学院管理系副教授、博士、高级工程师　张　锐

四、天才之火与利益之油——大力加强视频版权保护

——中央电视台总编室副主任 法学硕士　石　村

五、金蛇狂舞——数字时代视频媒体经营变革

——中国传媒大学广告学院院长、教授、博士生导师　黄升民

中国传媒大学广告学院讲师、博士　刘　珊

六、沸腾的蓝海——国际视频市场之发展观察

——中国传媒大学新闻传播学部电视学院讲师、博士　周　逵

中国传媒大学新闻传播学部电视学院硕士研究生　刘胜楠

七、涅槃与重生——对中国视频产业的未来展望

——清华大学新闻与传播学院副院长、教授、博士生导师　崔保国